孙绍振 著

名作细读
微观分析个案研究
（修订版）

上海教育出版社

在语文课堂上重复着一望而知的东西，我上中学的时候对此就深恶痛绝。从那时我就立志，有朝一日，我当语文老师一定要讲出学生感觉到又说不出来，或者以为是一望而知，其实是一无所知的东西来。

2007年10月

1. 大学毕业时 2. 1962年，在华侨大学旋转扶梯上 3. 2009年，在西安
4. 2007年，在绍兴禹陵 5. 福建作家沙龙：庆祝七十大寿

目 录

修订前言之一	1
修订前言之二：答读者问13则	4
自　序	1
第一章　在大自然面前的审美心灵变幻	1
前言：夏天为什么缺乏诗意经典	3
春天：九种不同的古典诗情	6
江南春(千里莺啼绿映红)/杜牧	6
游园不值(应怜屐齿印苍苔)/叶绍翁	9
玉楼春(东城渐觉风光好)/宋祁	11
鹧鸪天　代人赋(陌上柔桑破嫩芽)/辛弃疾	12
春夜喜雨(好雨知时节)/杜甫	15
咏柳(碧玉妆成一树高)/贺知章	17
早春呈水部张十八员外二首(其一)(天街小雨润如酥)/韩愈	21
钱塘湖春行(孤山寺北贾亭西)/白居易	23
祝英台近　晚春(宝钗分)/辛弃疾	25
春天：两种不同的现代诗情	28
春/艾青	28
初春/王宜振	31
春天：两种不同的散文美	35
解读朱自清的《春》	35
解读林斤澜的《春风》	40
秋天：六种不同的古典诗情	43

山行(远上寒山石径斜)/杜牧 ... 43

渔家傲(塞下秋来风景异)/范仲淹 ... 46

苏幕遮(碧云天)/范仲淹 ... 48

天净沙 秋思(枯藤老树昏鸦)/马致远 ... 51

秋词(自古逢秋悲寂寥)/刘禹锡 ... 54

登高(风急天高猿啸哀)/杜甫 ... 56

一种秋天的当代诗意 ... 60

采桑子 重阳(人生易老天难老)/毛泽东 ... 60

秋天：一种现代散文美 ... 63

——解读郁达夫的《故都的秋》

两种不同的冬天的美 ... 72

卜算子 咏梅(风雨送春归)/毛泽东 ... 72

沁园春 雪(北国风光)/毛泽东 ... 75

对自然美的科学阐释 ... 80

——解读贾祖璋的《花儿为什么这样红》

第二章 艺术家心灵奥秘的多维透视 ... 85

前言：刹那心灵颤动的审美价值 ... 87

超出平常的自己和伦理的自由 ... 89

——《荷塘月色》解读

以《背影》为例谈方法问题 ... 96

在政治幻想和艺术幻想之间挣扎 ... 102

——解读李白的《下江陵》

天知、地知、你知、我知 ... 108

——解读徐志摩的《再别康桥》

解读萧红的《回忆鲁迅先生》 ... 117

解读余光中的《当我死时》 ... 121

寻找精神的"旅店" ... 123

——读余华《十八岁出门远行》

第三章　崇高的三种趣味：情趣、谐趣和智趣　　131

前言：不能拘泥于情趣　　133

解读杨振宁的《邓稼先》　　134

解读《居里夫人和一克镭》　　138

解读《爱因斯坦与原子弹》　　143

解读文天祥的《过零丁洋》　　147

解读陈毅的《梅岭三章》　　150

花木兰是英勇善战的"英雄"吗？　　154
　　——兼谈多媒体与文本分析的关系

叙述胜于描写　　160
　　——解读叶兆言的《闲话章太炎》

谐趣和理趣的交织　　164
　　——鲁迅《自嘲》解读

解读臧克家《有的人》　　167

"愚公"还是"智公"　"智叟"还是"愚叟"　　172
　　——解读《愚公移山》

象征和系列意象　　175
　　——解读高尔基的《海燕》

附：

《水浒传》里的英雄观　　177

第四章　童心、童趣和心灵宝库　　181

前言：贴近混沌初开的心灵的精彩　　183

还原法分析和关键词解读　　184
　　——解读《从百草园到三味书屋》和《阿长与〈山海经〉》

进入孩子的感觉世界　　197
　　——解读鲍尔吉·原野的《雪地贺卡》

文本语义和幽默感　　200
　　——解读舒婷的《童年絮味》

《皇帝的新装》中的人物为什么没有个性? 204

解读哈谢克的《黑信》 209

解读聂绀弩的《我若为王》 211

附：

《朝花夕拾》中含笑的批判 214

——走近伟大作家的童心

契诃夫小说中的儿童心理 219

舒婷诗歌中人的价值 222

第五章　亲子之爱的诗意和卑微　　227

前言：在非诗意的亲子之爱面前睁开眼睛 229

《背影》背后的美学问题 231

解读梁晓声的《慈母情深》 234

解读川端康成的《父母的心》 238

听觉、记忆、动机发生变异的奇观 241

——"安娜·卡列尼娜回家看儿子"片段解读

解读里柯克的《我们是怎样过母亲节的》 248

解读泰戈尔的《金色花》 253

第六章　生命的价值和尊严　　257

前言：生命的价值不限于人类 259

词典语义与文本情景语义 260

——《最后一片叶子》解读

解读梁实秋的《猫的故事》 266

解读蒲松龄的《狼》 271

解读刘基的《说虎》 274

解读周晓枫的《小地主》 276

附：

《西游记》中动物的特点 279

第七章　进入小说艺术的审美世界的程序　283

前言：情节就是把人物打出常轨　285

为什么吴敬梓把心理疗法改为胡屠户的一记耳光？　287
——审美价值和实用价值拉开距离

薛宝钗、繁漪和周朴园是坏人吗？　295
——真善美的统一和错位

为什么都德不写从落后到转变的全过程？　301
——情节和心理"突转"的临界点

孩子杀死婴儿后为什么情节中断？　306
——从外部的临界点和内心的临界点来阐释作品

杜十娘和陈奂生走向高潮的过程有什么不同？　309
——古代小说和当代小说的细节

巴尔扎克为什么那样残忍地折磨于洛夫妇？　313
——把人物打入非常轨道

为什么中国古典小说强调一波三折？　317
——将人物打入第二环境

表层心理与深层心理的反差　321
——从心理结构看《最后一课》

阿Q死到临头还不痛苦是不真实的吗？　328
——以喜剧写悲剧

安娜·卡列尼娜的"人格面具"是如何当众丢落的？　332
——人物内心动荡和外部动作之间的不平衡

通过假项链、真项链、假金币暴露人物的内心隐秘　339
——超现实的和现实的第二环境及其功能

屠格涅夫的《木木》比莫泊桑的《珂珂特小姐》高明　344
——前提条件的充分、心理氛围的饱和同结局的关系

祥林嫂真的是穷死的吗？　350
——情节的理性因果和情感因果

关公不顾一切放走曹操为什么是艺术的？　356
——人物的情感逻辑超越人物的理性逻辑

抓住人物的执迷不悟　　　　　　　　　　　　　　　　　　360
　　　——人物情感逻辑的起点
安德来公爵对同一棵橡树为什么先后有相反的感觉?　　　367
　　　——找到人物的变异感觉、记忆和动机
李斯特尼次基为什么觉得奥尔加分外漂亮?　　　　　　　374
　　　——人物肖像的表面感觉和纵深感觉
海明威修改了三十九次的对话有什么妙处?　　　　　　　378
　　　——人物的对话和潜对话
为什么猪八戒的形象比沙僧生动?　　　　　　　　　　　384
　　　——拉开人物感知、动机和行为的距离

修订前言之一

《名作细读》出版以后,受欢迎的程度大大出乎我的意料,已经重印了一次,眼下,又告罄了,趁此再度重印之际,我作了一些调整和补充。

删节的文章有《一个西方诗人眼中的秋天》《卑微的纯粹——解读杨新雨的〈养母〉》《希腊寓言和中国民间故事中的动物》和《解读贾平凹的〈落叶〉》。增补的篇幅是在全书七章之前都增加了"前言",从宏观美学理论上对全章加以阐明。

《无痛之痛是为至痛——解读余华的〈十八岁出门远行〉》,写于1992年夏天。当时我还在美国,从俄亥俄州的托利多市立图书馆中借到一本香港出版的《年度小说选》(好像是二十世纪八十年代后期的),为香港一家报纸写专栏书评,但那时对余华的这篇成名之作感悟不够深刻。十多年后,也许是自己水平提高了,也许是写作态度更加严肃了,我重写了《踏上人生的旅途,寻找精神的"旅店"——读余华〈十八岁出门远行〉》,论述上有了重大变化,篇幅也增加到原来的四倍。

《〈背影〉背后的美学问题》,原文比较简单,现将后来写的论文《平等对话和教师心理图式的深化》中有关《背影》的部分,节录如下:

> 权威的论述,固然是历史的水平的标志,同时也不能不渗透着历史局限的遗迹。就叶圣陶对《背影》的论述来说,最大的感知盲区,不仅在于作者对"母爱一样的父爱"的不领情,而且在于,当他为父亲艰难的("不潇洒"的)攀爬而感动得流下眼泪时,发现父亲回来了,连忙把眼泪擦干,不让父亲知道。这才是父子之爱真正的特点:对父亲的爱的拒绝是公然的,而为父亲感动流泪却是秘密的。亲子之爱这种"错位",不仅是时代的,而且是超越历史的,渗透着一代又一代重复着的人性。我在深圳讲到这一点以后,一位中学教师告诉我,她班上一个女同学的一篇作文,可以作为我的论述的例证。
>
> 这个孩子的作文里写,下雨天她打完球回来,浑身湿透,往沙发上一坐,看电视。妈妈就开始数落:衣服鞋子这么湿,还看电视,还不赶快换上干净鞋子,湿湿

的衣服捂在身上,不得病才怪。这女孩子想,你用这么多时间唠叨,还不如把鞋子衣服拿来给我换上。没想到,妈妈一面数落,一面就把衣服鞋子拿出来帮她换上了。但,妈妈的唠叨并没有停止:打球这么累了,还看什么电视!还不赶紧去床上躺一会儿。她只好躺下了。妈妈又唠叨起来。为什么不把被子盖上?感冒了,明天考试怎么办?她听着直感到烦,心想,用这么多时间数落,还不如拿被子来给我盖上。就装着睡着了,不予理睬。没想到妈妈果然又小心翼翼地把被子替她盖上了。此时,她感到眼眶一热,流下了眼泪。妈妈似乎感到了什么,弯下身来,她连忙把头埋在枕头里,不让妈妈看到。

这位老师的话,使我深受震动。经典文本的历史性和当代青少年之间的隔膜,是一个重大难题,但,并不是不可沟通的,只有具有深邃的认知图式的教师才能得心应手,构建起历史经典文本和当代青少年精神这巨大跨度之间的桥梁。

对《愚公移山》中"夸娥氏"的理解有了新发展。以下见解可以作为对《"愚公"还是"智公" "智叟"还是"愚叟"》一文的补充。

教学《愚公移山》,强调多元解读,活跃了学生的思想,出现了许多新思路,如,愚公要移山,是因为山挡了他家出门的路。但移山的任务太艰巨了,与其移山,不如把家搬到山前面去。又如,愚公移山的结果是把山投诸"朔东"和"雍南",那人家那里的交通不是也成问题了吗?再说愚公移山都是靠手工人力进行,不可能移动大山,而且,在很长一段时间里,也不可能有效益,谁能保证他的子子孙孙,能够坚持不懈呢?所有这一切思路,都不无道理。

从阅读学来说,这一切都是读者主体的高度发扬。但是,阅读并非由读者主体决定一切,起作用的还应有作者主体。当然,作者主体是相对的,作者的主观意图在文本中可能并未实现,而写作完成后,作者就可以说退出了作品,文本就由读者主体来解读了。读者主体可能对文本主体进行多元同化,甚至可能超越作者的"意图"。但是,读者主体也不是绝对的,而是受到文本主体的制约的。作者的生命有限,读者也一代一代更迭,只有文本可以说是永恒地存在着,是相对稳定的,甚至可以说有相对的绝对性。阅读《红楼梦》,如鲁迅所说,"经学家看见《易》,道学家看见淫,才子看见缠绵,革命家看见排满,流言家看见宫闱秘事",这些见解肯定都是没有价值的,因为都背离了文本主体。只有接近《红楼梦》文本主体的见解,例如,在政治和经济危机中的接班人,特别是男性接班人的危机,才可能逼近不同读者的"共同视域"。

　　就《愚公移山》而言,文本主体显示了一种坚定不移、顽强不息、为实现既定目标而奋斗、不达目的誓不罢休的精神,这是思维正常的读者都能感觉得到的。这样的概括不完全是阅读主体精神的发扬,而是读者主体与文本主体的交融。这在《愚公移山》文本中,有明确的提示。最后,山是被"夸娥氏"二子背走的。这个"夸娥氏",在一般的课本中注解为"神话中的大力天神"。最近甘肃《天水师范学院学报》和《语文建设》上,有学者考证出,"夸娥氏"的"夸",就是夸大的"大"的意思,而"娥",在古代汉语中,同于"蚂蚁"的意思。夸娥氏,就是大蚂蚁。愚公移山,就是大蚂蚁移山。全文就是一首大蚂蚁移山的颂歌。读者主体并不是绝对的,要受到文本主体的制约。从这个意义上来说,脱离了这一点,就是脱离了文本主体,有可能成为反历史语义的空谈。

如果允许我引申一下的话,所谓多元解读,不是绝对自由的,应该是以文本主体的和读者主体的历史性结合为基础的。而这种解读的多元性,是应该以一元为基础的。多元阅读,不能以歪曲特定历史内涵为代价。

　　在进行多元解读的时候,不论是从理论上,还是从实践上,都不能不考虑这一基本原则。

2008 年 12 月 5 日

修订前言之二：答读者问 13 则

《名作细读》出版之后，不少语文教师来信，提出一些有意思的问题，《语文学习》编辑部的徐泽春女士也从《语文学习》杂志上为我整理了一些来自教学第一线的问题。趁修订的机会，专门回答一下。

问题 1

柳永的"今宵酒醒何处？杨柳岸晓风残月。"千百年来，人们都说好得不得了。到底好在哪里？

福建语文学会会长　王立根

用我的"还原法"很好解释。第一，如果把"今宵酒醒何处"还原成"昨夜酒醉何处"，一系列矛盾或者差异就显现出来了，就可以分析了。酒醒是酒醉的结果。没有醉哪里有什么醒？偏偏不写酒醉，把酒醉故意省略了，这是有讲究的。前面有一句"对长亭晚"，说明是昨天晚上就喝了。这一句留下空白，让读者想象醉得多么长久，是什么原因造成的。第二，醉到什么时候才醒？"晓风残月"，一个"晓"，一个"残月"，说明醉了一夜，天已经亮了。第三，在什么地方醒来？醒来以后竟还不知道身在"何处"，可见酒之酣；醒来还迷迷糊糊，可见酒醉后是随地倒下的。不是在室内，而是在露天，暗示读者，他已经大醉到不觉夜寒(当时是清秋)。第四，为什么要醉成这样？因为离别，这是一首送别词。一般人的大醉不至于此：如此大醉，不仅感情强烈，而且完全任性。第五，更不可忽略的是，醉汉本该酒气熏人，衣襟污秽，但是，这些全不在感觉之内。而且全无狼狈之感，视觉所见唯有杨柳、残月，触觉所感，只有晓风吹拂。词人用三个细节把醉汉醉酒转化成写意画幅，把狼狈的姿态转化为自我炫耀。可见感情多么深沉、心态多么自如。

问题 2

"君不见黄河之水天上来，奔流到海不复回……"

看着学生摇头晃脑地朗诵,仿佛进入诗歌描绘的意境之中,不由一阵窃喜。展喉朗诵几遍之后,只见学生三三两两或倾情吟味,声情并茂;或窃窃私语,不弃话题;或托腮搔头,低眉沉思。这时,在几位同学的鼓励声中,素有"快嘴"之称的A同学提出了一个问题:"老师,我们反复吟诵,感到'君不见黄河之水天上来,奔流到海不复回'写得很有气势,也很优美,但又说不出它具体'美'在哪里。"顿时,班上附和声起,看来大家颇有同感。

武汉市第十四中学　靳立鸿

这个问题看似简单,实质上,很不简单,涉及诗歌意象的结构以及如何分析的问题。分析的对象是矛盾,但是,诗句天衣无缝、水乳交融。这就得用还原的方法。

"君不见黄河之水天上来",黄河之水是不是天上来的呢?不是。黄河的水是在地上奔流的。如果说,黄河之水地上流,那是大实话,没有什么诗意,而"天上来",却给人的情感和想象以强烈的冲击。为什么呢?这涉及诗歌的"意象"的构成。

"意象"是对象的特点和诗人感情的特点的猝然遇合。

"黄河之水天上来",这里有黄河的特点——汹涌澎湃,气势宏大。但光有黄河的特点,充其量不过是自然景观的描绘,没有诗人感情的特点,还不成其为诗歌的意象。这里还有诗人感情的特点——黄河一泻千里奔腾澎湃的宏大气势唤起了诗人心中豪迈的感情。感情冲击了感觉,激发出"天上来"的虚拟、想象。这种想象和虚拟并不显得虚假,除了表现了李白的感情,它还和"奔流到海"一起提供了一个从天边到海边的宏大空间。这个空间不是地理的自然景观的空间,而是诗人的想象空间。"天上来"的空间意象表面上是显性的,但同时又蕴含着隐性的视角,那就是登高望远,上下宇宙尽收眼底的视野。这不仅仅是生理的视野,而且是精神的高度。李白很善于驾驭这样浩瀚的空间来表现精神气度。在《望庐山瀑布》中有"疑是银河落九天",在《蜀道难》中有"蜀道难,难于上青天"。王之涣"欲穷千里目,更上一层楼"的精神空间算是宏伟了,李白则更胜一筹。

李白这句诗的好处,就在于把主观精神的豪迈与客观景观的宏伟在想象中结合得天衣无缝、水乳交融。

如果光就李白的这句诗而言,它的好处,大致就是如此。但这句诗并不是孤立的,而是一首诗中的一句,和这一句紧密相连的还有下面一句:"君不见高堂明镜悲白发,朝如青丝暮成雪。"可以说,"君不见黄河之水天上来"的功能,就是为了引出后面这一句。后面这句可以说是直接抒情,把感情倾泻出来了:从镜子里看,令人悲观,早晨头发还是青黑色的,晚上,就满头白发了。人生短暂到这样一种程度,这当然是夸张,为了点出感情的特点:"悲"。为人生短暂而"悲",是古典诗歌的传统主题,早在曹操的《短歌行》中就有"对酒当歌,人生几何!譬如朝露,去日苦多。慨当以慷,忧思难忘。何以解忧?唯有杜康。"《古诗十九首》中有"生年不满百,常怀千岁忧。昼短苦夜长,何不秉烛游!"悲的都是生命的短促。《短歌行》中,曹操以杜康解忧,《古诗十九首》中,诗人以秉烛夜游及时行乐来解忧。虽然并不太悲观,但是,多少有点无可奈何。而李白也有"人生得意须尽欢,莫使金樽空对月"的感叹。秉烛夜游和金樽对月,思绪相近,情怀却相去甚远。李白的姿态放达,气概豪迈,把忧愁置于广阔的空间和视野中,就显得豪迈了。忧愁转化为一种美,净化为一种壮美。汉语里,有"享乐"的说法,欢乐是一种享受,但是,在李白这里,忧愁也是一种享受,一种审美的享受。这首诗的全部底蕴就是"享忧",豪迈地享受着忧愁的精彩。

问题 3

高中《语文》第五册(人教版试验修订本·必修)选了李白的《蜀道难》这首诗。在正文之前的导读中,关于这首诗的主题有这样的说明:这首诗"充分显示了诗人的浪漫气质和热爱祖国河山的感情"。"诗人的浪漫气质"这一点当然毫无疑问,而"热爱祖国河山的感情"这种说法我认为值得商榷。我以为,《蜀道难》并没有表达"热爱祖国河山的感情"。

甘肃嘉峪关市一中　狄国虎

问题提得非常深刻。从理论上来说,涉及读者主体和文本主体的关系。不管读者主体多么强势,都不能离开文本主体。"热爱祖国河山的感情"的说法,不是文本里概括出来的,而是这位语文课本编者脑子里冒出来的。

李白这首诗的关键语句,就是反复提了三次的"蜀道之难"。要害在于"难",难得很极端,难到比上天还难。唐朝时候,没有飞机,"难于上青天",不但是难得不能再难,而且难得很精彩、很豪放。这句诗至今仍然家喻户晓,其原因,除了极化的情感以外,还有,一句中连用了两个"难"字。第一个"难"字,是名词性的主语,第二个"难"字则是有动词性质的谓语,声音重复而意义构成了某种错位,节奏和韵味就比较微妙,耐人寻味。

本来,"蜀道难"是乐府古题,属相和歌辞,是个公共主题,南北朝时阴铿有作:

> 王尊奉汉朝,灵关不惮遥。
>
> 高岷长有雪,阴栈屡经烧。
>
> 轮摧九折路,骑阻七星桥。
>
> 蜀道难如此,功名讵可要。

诗中形容蜀道艰难:高山积雪,阴栈屡烧,轮摧九折,骑阻星桥,蜀道难成为功名难的隐喻。唐朝张文琮的同题诗作,也无非是积石云端,深谷绝岭,栈道危峦,主题为"斯路难",也就是自然环境之艰难。当李白初到长安时,贺知章一看他的《蜀道难》就大为赞赏,说他是"谪仙人",从天上下放的人物。显然,李白在这首诗的艺术追求上下了很大的工夫。

李白的工夫下在哪里呢?

他的"难"不是一个"蜀道之难",而是重复了三次的"蜀道之难",每一个都和别人的"难"法不一样。

阴铿们的诗作中,"难"就是道路之难,自然条件和人作对之"难",价值是负面的,虽有形容渲染,但是,还没有难到变成心灵的享受,而李白则调动他的全部才能把三个"蜀道之难"美化起来,难到激起了他的热情和想象。

第一个"蜀道之难",有多重美学内涵。首先,美得悠远、神秘,在几千年的神话、历史中遨游:蚕丛鱼凫,四万八千年,开国茫然,缥缈迷离,但是,由于与"秦塞"(中原文化)隔绝,这里是闭塞、蒙昧的。这引发了征服闭塞的壮举。于是,天梯石栈钩连了,然而,地崩山摧壮士死。这就不但美得悠远,而且美得悲壮,并渗透到蜀道的形象中:六龙回日、冲波逆折、百步九折、扪参历井,这是悲与壮的交融。

《蜀道难》之所以成为千古绝唱,其难能可贵,就在于突破了乐府古题的单纯空间的夸张性铺排,呈现出多维复合的意象系列和情致起伏。在时间上,纵观历史,驱遣神话传说;在空间上,横绝云岭,驱策回川;在意象上,横空出世,天马行空,色彩斑斓,纠结着怪与奇;在情绪上,交织着惊与叹、赞与颂。

仅仅这第一个"蜀道之难",内涵就这么丰富多彩,把此前的《蜀道难》都比下去了。把这仅仅归结为"热爱祖国河山",说明编者不但内心感受很贫乏,而且很封闭,只能认同政治性比较明显的方面,不能体悟更丰富复杂的艺术信息。

第二个"蜀道之难",悲鸟号古木,子规啼月,听之凋颜、愁满空山。悲中有凄,凄中有厉:但是,这种凄厉,不是小家子气的,不是庭院式的,不是婉约轻柔的,而是满山遍野的,上穷碧落,下达深壑。李白的悲凄,带着雄浑的气势,蕴含着豪迈的声响。

在此基础上，李白引申出一个新的意念，那就是"险"。在这以前，是诗绪在想象的奇境中迷离恍惚地遨游，豪放不羁，想落天外，追求奇、异、怪。到了这里，却突然来了一个"险"，固然是奇、异、怪的自然引申，但句法上显得突兀：由诗的吟咏句法，变成了散文句式——"其险也如此"。由抒情铺陈，变成了意象和思绪的总结。这个"险"，不是环境的"险"，而是社会人事的"险"：

> 其险也如此，嗟尔远道之人，胡为乎来哉！
> 剑阁峥嵘而崔嵬，一夫当关，万夫莫开。
> 所守或匪亲，化为狼与豺，
> 朝避猛虎，夕避长蛇，磨牙吮血，杀人如麻。

第二个"蜀道之难"到此，不但意象转折了，节奏也一连串地转化为散文的议论句法，从地理位置的"险"的赞叹，变成了独立王国潜在的凶险的预言以及可能产生军阀割据的忧虑。

这就中止了对于蜀道壮、凄的意象的营造，不再是以自然环境的奇、怪、异、险为美，不再是难中难的兴致高昂，心灵的享受，而是作反向的开拓，以社会的血腥（狼豺、猛虎、长蛇、磨牙吮血、杀人如麻）之恶为丑，情致转入低沉。这就和前面的"蜀道难"，形成了一种壮美和丑恶、高亢和低回的反衬，在情绪的节奏上，构成了一种张力。

第二个"蜀道之难"不但是情绪的，而且是思想的转折。这里似乎有某种政论的性质，但是，这个转折，似乎是比较匆忙的，思想倒是鲜明了，情绪和意象却不如前面饱和而酣畅。当代读者对这样的不平衡难免困惑。因为，四川当时的首府成都，也是个大都会，在后来的安史之乱中，并未成为军阀割据的巢穴，李白这种忧虑似属架空。"形胜之地，匪亲勿居"，警惕战乱的发生，也是袭用晋张载的，不能完全算是他自己的思想。但是，在此基础上，第三个"蜀道之难"的旋律又排闼而来：

> 锦城虽云乐，不如早还家。
> 蜀道之难，难于上青天，侧身西望长咨嗟！

享受了酣畅淋漓的《蜀道难》的情致的读者也许期待着李白在情绪意象的华彩上更上一层楼，来一个思绪的高潮，然而却来了一个"锦城虽云乐，不如早还家"这样的结句，给人一种不了了之的感觉。预期失落的感觉是免不了的。面对这种思想与艺术形象之间的不平衡，一种做法是，老老实实承认，诗作到了这里，有一点强弩之末。二十世纪五十年代末何其芳先生就指出过:"'锦城虽云乐,不如早还家'这样的思想""不高明"。他说,这种抽象的思想并不重要,重要的是诗歌中丰富、生动的形象,诗人正是以这些生动的形象"描绘了雄壮奇异的自然美,并从而创造了庄严瑰丽的艺术美"(新诗话——李白《蜀道难》,《文学知识》,1959年第3期)。何其芳不否认在这样的杰作中,也有些软弱的诗句,只是把它看得不重要,可以忽略。最重要的是那些难得豪迈、壮阔的诗句,那才是诗歌的生命。这是"可以引起我们对祖国河山和祖国的文学艺术的热爱的"。这个说法带着二十世纪五十年代主流意识形态的烙印。也许就是这句话,使得课本编者认为这首诗"充分显示了诗人……热爱祖国河山的感情"。其实,他的说法和何其芳先生的说法,是有些差距的,何其芳先生说的是,可以"引起"我们对祖国河山的热爱,并不一定是就诗歌文本本来意旨而言的,这种"热爱"是那个年代某些读者的感受。虽然在文字上,差异不大,但是,在思想方法上,却混淆了作者主体和读者主体的界限。

和何其芳相反的是,许多学者,努力为这些软弱的诗句寻找重要的社会政治含义。这就产生了好几个说法:一说,杜甫、房琯在西蜀,冒犯了剑南节度使严武,将对他们不利。一说,讽刺唐王朝的另一个节度使章仇兼琼。一说,是为安禄山造反后,唐玄宗逃难到四川而作。这些讲法,都有捕风捉影的性质,考证学者早已指出了其不合理。

另外一些学者则比较实事求是,如明人胡震亨和明清之际的顾炎武都说过,李白"自为蜀咏""别无寓意"。

正确的方法,还是从文本出发进行分析为上。在文本以外强加任何东西,都是对自己的误导。

从理论上来说,不管读者主体多么强势,还是要尊重文本主体。

问题4

人教版全日制普通高级中学教科书《语文》必修第三册《其他古诗词读背篇章》选有柳宗元的《渔翁》:"渔翁夜傍西岩宿,晓汲清湘燃楚竹。烟销日出不见人,欸乃一声山水绿。回看天际下中流,岩上无心云相逐。"编者在"学习提示"中说:"这首诗的最后一联,不少评家认为可以删去,读后说说你的看法。""删去"末联理由何在? 又有何种不同意见?

何铭

从第一句看,这个渔翁夜间宿在什么地方? 是在山崖边上。他的生活所需从什么地方获得？取之于山旁水边。这里没有和大自然的矛盾，相反是和大自然融为一体的。"燃楚竹"与"汲清湘"对仗，显示其环境的整体和人的统一依存关系。这是一种靠山吃山、靠水吃水的自然生存状态。接下去：

> 烟销日出不见人，欸乃一声山水绿。

这一句很有名声，可以说是"千古绝唱"。苏东坡评这首诗说："以奇趣为宗，以反常合道为趣。"①这话很有道理，但是并未细说究竟如何"反常"，又如何"合道"。其实，从文本中分析出"反常合道"并不太困难。"欸乃一声山水绿"，是把读者带进一种刹那感觉之中，这种感觉的"反常"在于，并不单纯，其中隐含着两个层次的"反常"转换。第一层次的"反常"是：点燃楚竹，人在烟雾中；烟雾散去，人却不见了。第二层次的"反常"接着就来了：面对视觉空白之际，传来了一个听觉的"欸乃"，突然从视觉转变成了听觉。这就带来微妙的感悟：声音是人造成的，应该是有人了吧。看不见人，却可以听到人的活动的声音（"欸乃"）。但是，循着声音看去，却没有人，只有一片"山水绿"的开阔图景，仍然是空镜头，没有人。这是第二层次的"反常"。连续两个层次的"反常"，不是太不合逻辑了吗？然而，所有这一切，却又是"合道"的。"烟销日出不见人"，和"欸乃一声山水绿"，结合在一起，强调的首先是，渔人动作的轻捷，倏然而逝，不着痕迹，转眼之间，就隐没在青山绿水之间。其次是，"山水绿"，留下的是一片色彩单纯的美景，同时也暗示，是观察者面对空白镜头的遐想。不是没有人，而是人远去了，令人神往。正如"山回路转不见君，雪上空留马行处"、"孤帆远影碧空尽，唯见长江天际流"一样，空白越大，画外视觉持续的时间越长。两个层次的反常，又是两个层次的"合道"。这个"道"，不是一般的道理，而是视听交替和画外视角的转换。这种手法，在唐诗中运用得很普遍而且很熟练。所以，这个道是诗歌的想象之道。最后两句：

> 回看天际下中流，岩上无心云相逐。

要注意的是，这里不是从画外的视觉，而是从画内渔翁的角度写渔舟之轻捷。"天际"说的是，江流之远，因高而快，也显示了舟行之轻之快捷。"下中流"的"下"字，更点出了江流来处之高。由天而降，而舟行轻捷却不险，越发显得悠然自在。如果这一句还不够明显，下面的一句"岩上无心云相逐"，就点得很明确了。回头看到从天而降的江流，有没有感到惊心动魄呢？没有，感到的只是，高高的山崖上，云的飘飞。这种飘飞的动态是不是有某种乱云飞渡的感觉呢？没有。虽然"相逐"，可能是运动速度很快,但却是"无心"的,也就是无目的的,无功利的,因而也就是不紧张的。

可以说,这两句,是全诗思想的焦点。但是,苏东坡却说:"其尾两句,虽不必亦可。"由于苏东坡的权威,一言既出,就引发了近千年的争论。南宋严羽、明人胡应麟、清人王士禛和沈德潜,都同意东坡的话,认为此二句删节为好。而宋人刘辰翁、明人李东阳和王世贞则认为不删节更好。刘辰翁的理由是,如果删节了,就有点像晚唐的诗了。(《诗薮内编》卷六引)李东阳也说:"若止用前四句,由与晚唐何异?"(《怀麓堂诗话》)但晚唐诗有什么不好?一种解释就是一味追求趣味之"奇",而忽略了心灵的深度内涵。而苏东坡,就是认为这首诗删节了最后两句,就有了奇趣;加上这两句,就没有了奇趣。但是,这种把晚唐仅仅归结为"奇趣"的说法,显然比较偏颇。今人周啸天说:

> "晚唐"诗固然有猎奇太过不如初盛者,亦有出奇制胜而发初盛所未发者,岂能一概抹煞?如此诗之奇趣,有助于表现诗情,正是优点,虽"落晚唐"何妨?"诗必盛唐",不正是明朝诗衰弱的病根之一么?[②]

这显然是很有见地的。但是,只说出了人家的偏颇,并未说明留下这两句有什么好处。在我看来,最后一联的关键词,也就是诗眼,就是这个"无心"。这个"无心",是全诗意境的精神所在,"烟销日出不见人,欸乃一声山水绿",心情之美,诗的意境之美,就美在无心。自然,自由,自在,自如。在无心之中有一种悠然的心态。这个"无心",典出陶渊明的《归去来辞》:"云无心以出岫,鸟倦飞而知还。"这种无心的、不紧张的心态,最明显的表现就是"悠然见南山"中"悠然"。悠然,就是无心。云本身无所谓无心有心,这里的无心的云,是由无心的人的眼睛中看出来的。如果是个有心的人,看出来的云就不是无心的了。这种无心的云,表现了陶渊明式的轻松自若,超然飘逸。以后,就成了一种传统意象。李白在《送韩准、裴政、孔巢父还山》中说:"时时或乘兴,往往云无心。"李商隐在《七绝》中说:"孤鹤不睡云无心,衲衣筇杖来西林。"辛弃疾《贺新郎·题傅岩叟悠然阁》词在写陶渊明的时候,也是说:"鸟倦飞还平林去,云自无心出岫。"这是诗的意脉的点睛之处,如果把它删节了,可能会有一种趣味,有一种余味无穷的感觉。"欸乃一声山水绿",感觉的多层次转换运动之后,突然变成一片开阔而宁静的山水。动静之间,以山水绿的发现,作为结果,声画交错,触发遐想,于结束处,留下不结束的持续回味的感觉。但这种回味,只是回到声音与光景的转换的趣味,而趣味有什么特点呢?"无心",不管有人无人,有声无声,有形无形,不管多么美好,美的极致,都是以"无心"为特点的。"无心"是意境的灵魂,把意境深化了。但是,如果不通过天边相逐的云点出来,这个"无心"的特点,对读者的提示是不是充分呢?在我看来,也许是不够明确的。当然,这里还有很大的研究余地。

问题 5

学《咏雪》(人教版七年级上册)即将结束时,师生共同讨论"研讨与练习三"中的问题:谢安以"白雪纷纷何所似"为题设问,谢朗回答说"撒盐空中差可拟",谢道韫说"未若柳絮因风起"。这两个比喻哪个更好?

孙富中

这个问题,光凭印象就可以简单解答,谢道韫的比喻比较好,但是,要把其中的道理讲清楚,就要涉及比喻的结构分析,揭示比喻的内部矛盾。我在《文学创作论》(海峡文艺出版社,2004 年)中曾经作过系统分析,这里结合这个问题再作一些阐释。

通常的比喻有三种,第一种,是两个不同事物或概念之间的共同点,这比较常见,如"燕山雪花大如席""问君能有几多愁,恰似一江春水向东流";第二种是抓住事物之间的相异点,如"桃花潭水深千尺,不及汪伦送我情";第三种,把相同与相异点统一起来,如"遥知不是雪,为有暗香来""你有花一样的色彩,但没有花一样的芬芳"。第二和第三种,是比喻中的特殊类型,修辞学上叫作"较喻"。通常遇到的,最大量的是,表达不同事物或概念之间的共同点的。

比喻有两个基本要素:首先,从客观上来说,本体和喻体必须在根本上、整体上有质的不同;其次,在局部上有共同之处。如《诗经》"出其东门,有女如云"。首先,女人和云,在根本性质上是不可混同的,然后,才是在数量众多给人的印象上,有某种一致之处。在显而易见的不同中发现了隐蔽的美学联系,比喻的力量正是在这里。比喻不嫌弃这种暂时的一致性,它所借助的正是这种局部的,似乎是忽明忽灭的,摇摇欲坠的一致性。当我们说"有女如云"时,明知云和女性的区别是根本的,却仍然能够为某种纷纭的感觉所冲击。如果你觉得这不够准确,要追求高度的精确,使二者融洽无间,像两个相等半径的同心圆一样重合,那就没有别的选择,只能说"有女如女"了,而这在逻辑上就犯了同语反复的错误,比喻的感觉冲击性也就落空了。在日常生活中,我们说牙齿雪白,因为牙齿不是雪,牙齿和雪根本不一样,牙齿才能像雪一样白,才有形象感,如果硬要完全一样,就只好说,牙齿像牙齿一样白,而这等于百分之百的蠢话。所以纪昀(晓岚)说比喻"亦有太切,转成滞相者"。

比喻不能绝对地追求精确,比喻的生命就是在不精确中求精确。

朱熹给比喻下的定义是："以彼物譬喻此物也。"(《四库全书·晦庵集：致林熙之》)这只接触到了矛盾的一个侧面。黄侃在《读〈文心雕龙〉札记》中说："但有一端之相似,即可取以为兴。"这里说的是兴,实际上也包含了比的规律。王逸在《楚辞章句·离骚序》中说："'离骚'之文,依诗取兴,引类譬喻,故善鸟香草,以配忠贞,恶禽臭物,以比谗佞,灵修美人,以比于君；宓妃佚女,以譬贤臣；虬龙鸾凤,以托君子；飘风云霓,以喻小人。"《楚辞》在比喻上比之《诗经》,更加大胆,它更加勇敢地突破了以物比物,托物比事的模式,在有形的自然与无形的精神之间发现相通之点,在自然与心灵之间架设想象的桥梁。

关键在于,不拘泥于事物本身,超脱事物本身,放心大胆地到事物以外去,才能激发出新异的感觉,黏滞于事物本身只能停留在麻木的感觉上。亚里士多德在《修辞学》中说得更具体、更彻底：

> 当诗人用"枯萎的树干"来比喻老年,他使用了"失去了青春"这样一个两方面都共有的概念来给我们表达了一种新的思想新的事实。
> ——《西方文论选》(上),上海译文出版社1979年版,第94页

在一般人的印象中,枯树与老年之间的相异占着绝对优势,诗人的才能,就在于在一个暂时性的比喻中,把占劣势的二者的相同之点在瞬间凸显出来,使新异的感觉占据压倒性的优势。对于诗人来说,正是拥有了这种"翻云覆雨""推陈出新"的想象魄力,才能构成令人耳目为之一新的比喻。

自然,这并不是说,任何不相干的事物,只要任意加以凑合一番,便能构成新颖的叫人心灵振奋的比喻。如果二者的共同之处没有得到充分的突出,或是根本没有揭示,则会不伦不类,给人无类比附的生硬之感。比喻不但要求一点相通,而且要求在这一点上尽可能的准确、和谐。所以《文心雕龙·比兴》中说："比类虽繁,以切至为贵。"不准确、不精密的比喻,读者可能产生抗拒之感。亚里士多德批评古希腊悲剧诗人克里奥封说,他的作品中有一个句子："啊,皇后一样的无花果树。"他认为,这造成了滑稽的效果(《西方文论选》(上),上海译文出版社1979年版,第92页),因为,无花果树太朴素了,而皇后则很堂皇。二者在通常意义上缺乏显而易见的相通之处。这说明,比喻有两种,一种是一般的比喻,一种是好的比喻。好的比喻,不但要符合一般比喻的规律,更要求精致,不但词语表层显性意义相通,而且在深层的、隐性的、暗示的、联想的层面上,意义也要相切。这就是《文心雕龙》所说的"以切至为贵"。

有了这样的理论基础,我们就可以正面来回答问题了。

以空中撒盐比降雪,符合本质不同、一点相通的规律,盐在形状、颜色上与雪一点相通,可以构成比喻。但以盐的下落比喻雪花的下落,引起的联想,却不及"柳絮因风"那么"切至"。因为盐粒是有硬度的,盐粒的质量大,决定了下落有两个特点,一是下落路线是直的,二是速度比较快。而柳絮,质量很小,下落路线不是直的,而是飘飘荡荡的,很轻盈,速度也比较慢。再说,柳絮飘飞是自然常见的现象,能够引起经验联想。柳絮纷飞,在当时的诗歌中,早已和春日景象联系在一起,不难引起美好的联想。而撒盐空中,并不是自然现象,而且撒的动作,和手联系在一起,空间是有限的,和满天雪花纷纷扬扬之间的联想是不够"切至"的。

从这个意义上来说,谢道韫的比喻,不但恰当,而且富于诗意的联想,而谢朗的比喻,则是比较粗糙的。

比喻的"切至"与否,不能仅仅从比喻本身来看,还要从作者主体来看。

比喻的"切至",还和作者主体的气质有关系。谢道韫的比喻之所以好,还因为与她的女性身份相"切至",如果换一个人,比如关西大汉,用这样的比喻,就可能不够"切至"。古代有咏《雪》诗曰:"战罢玉龙三百万,败鳞残甲满天飞",就含着男性雄浑气质的联想,读者从这个比喻中,可以感受到叱咤风云的将军气度。

比喻的暗示和联想的精致性,还和作者追求的风格不可分割,如果不是追求诗意,而是追求幽默,那比喻可能就不以"切至"为贵了。如同样是咏雪,有打油诗把雪比作"天公大吐痰",固然没有诗意,但是,有某种不伦不类的怪异感、不和谐感,在喜剧文体中,出于丑角口中,也可能成为某种幽默的趣味。诗意的比喻,表现的是情趣,而幽默的比喻传达的是另外一种趣味,那就是谐趣。举一个更为明显的例子,如"这孩子的脸红得像苹果,不过比苹果多了两个酒窝。"这是带着诗意的比喻。如果不追求诗意,就可以这样说:"这孩子的脸红得像红烧牛肉。"这是没有抒情意味的,缺乏诗的情趣的,但是,却可能在一定的语境中,显得很幽默,蕴含着谐趣。

什么问题都不能简单化,比喻的问题也一样有相当复杂的道理,这里就不一一细说了。读者如有兴趣,可以参阅我的《文学创作论》(海峡文艺出版社2004年版,第329—331页),或者我的《文学性讲演录》(广西师大出版社2006年版,第131页)。

问题6

有一位教师在课堂上反复说,白居易的《钱塘湖春行》中有两句:"乱花渐欲迷人眼,浅草才能没马蹄",很精彩,写出了早春的美丽的景色,花是如此美好,把眼睛都看花了,春草长出来,就在我的马蹄下。可是我还是觉得这位教师讲得不是很到位。你能把这两句分析得更到位吗?

一读者

我想,这两句诗有两种分析方法。

第一种方法就讲,这两句好处在两个方面。第一,这两句并不是早春的一般美景,而是早春的特殊美景。两句之间其实隐含着对比,一方面是春天的花开得很茂盛,太茂盛了,满眼都是,把人的眼睛都看"迷"了。这个"迷"字,就是这句诗的亮点。如果仅仅写花很繁茂,作为诗,并没有什么了不起,一般的诗人,都有这个水平。白居易更杰出的才华表现在接下来的"浅草才能没马蹄",这是很有特点的,一般情况是,花比草来得慢,先是草长起来,长高了,花才慢慢开。而这里却是花已经开得满眼都是,令人眼花缭乱了,草却还是"浅草"。

第二种方法,把两句放到原诗的语境中去。读者可以参阅本书第一章第一篇——《春天:九种不同的古典诗情》中对白居易这首诗的详细解读。

问题 7

有教师分析辛弃疾的《西江月·夜行黄沙道中》的句子"明月别枝惊鹊,清风半夜鸣蝉"时,指出其中有"以动衬静"的特点。教师让学生回忆类似的诗句。学生纷纷举手,提出了"空山不见人,但闻人语响"、"鸟宿池边树,僧敲月下门"、"蝉噪林愈静,鸟鸣山更幽"、"月出惊山鸟,时鸣春涧中"。我总觉得,其中有些杂乱,你能帮我分析一下吗?

一读者

我想,这位教师所说的以动衬静,是有一定道理的。"明月别枝惊鹊","别"如果当作动词,就是离开的意思。明月移动,离开了树枝,竟能把乌鹊惊动,可见其境之静。这样理解,大概没有多大问题。但是,下面一句"清风半夜鸣蝉",是不是以动衬静呢?好像没有什么动态的可视意象啊。同样的,学生所举的诗句中,"空山不见人,但闻人语响""鸟宿池边树,僧敲月下门"和"蝉噪林愈静,鸟鸣山更幽",好像也不完全是以动衬静。更准确地说,应该是,以闹衬静。"空山不见人,但闻人语响"是用人的声音来表现山的空,山的静。"蝉噪林愈静,鸟鸣山更幽"更是这样。正是蝉的喧闹,鸟的喧哗,才更加显得山林幽静。

这里有个有趣的现象,明明是以有声来衬托无声,人们却往往对之视而不见,感而不觉,不能实事求是地说是以有声衬无声,以闹衬静,却偏偏要说以动衬静。

如果以静的意念为核心,联想本来可以向两个方向发展:

动——静——闹

但是,一般人往往偏执于静和动的对比,却抹杀了静和闹的对比。这是为什么呢?因为"以动衬静"这个词太现成了,现成到自动化了,自动化了就可能不顾事实了。一切流行话语、现成话语、权威话语,都或多或少有这种遮蔽性。本来静的意思,就是静止,以动衬静,就是以运动、位置的变动,来衬托静止状态。这种现象是常见的。但"以动衬静"作为一种固定话语,却造成了某种思维定势。这种定势之强大,使人们变得盲目,甚至忽略了与静相对的另外一个方面,那就是喧闹。"蝉噪林愈静,鸟鸣山更幽",蝉噪得越是喧闹,鸟叫得越是清脆,就越是显得山里幽静。"月出惊山鸟,时鸣春涧中",这是王维的名句,辛弃疾的诗句就是从王维的名句中脱胎换骨而来的。本来变动的是月光,月光是无声的,怎么会把熟睡的鸟给惊醒了?仅仅是一只鸟,断断续续地叫了几声,在这偌大的山中,都听得那么清晰,可见山里是多么宁静了。在心理上,自发地感受这一点并不难,难就难在,以这种现象为根据,颠覆以动衬静的遮蔽性,进行思想的突围,把它概括为"以闹衬静",使之与"以动衬静"并列起来,给予平等的合法地位,这需要语言的创新的命名能力。

问题 8

有教师在分析李白《送孟浩然之广陵》时,充分发挥了你所说的"还原"性想象:此时孟浩然四十多岁,李白二十多岁。他让学生想象李白登上黄鹤楼时的情景——朋友要远行,长江滔滔滚滚,时间是三月,烟花就是薄雾、柳絮。如果你在黄鹤楼会如何?一个学生回答说,我想看风景。另一个学生说,我想喝一些酒。同学都笑了。还有一个学生说,我想着老朋友要远去,很有点惆怅。对这个回答,同学们都很认同。可是前面两个同学的说法(看风景、喝酒),难道不会是读者的真情实感吗?同学们为什么笑起来呢?对最后一位同学的说法,为什么都十分认同呢?

一读者

我想这涉及语文教学中很普遍的矛盾,就是经典文本的历史性和当代青少年的经验距离问题。古代诗人在黄鹤楼送别自己的朋友是很惆怅的,因为当时交通不便,从武汉到扬州,波涛凶险不说,就算能平安到达,再见的机遇也是很渺茫的。而今天的青少年,不管是登临黄鹤楼,还是在想象中登上这座名楼,都没有古人那样的相见时难别亦难的忧愁。在他们的想象中,游历名胜古迹,乐趣只在观赏风景和饮酒。然而,把当代经验和古代经典文本联系起来,难免会脱离文本的规定情境,暴露出当代青少年的心理和古代诗人的忧愁的错位,当然就有点好笑了。而最后一个同学之所以得到认同,就是因为,他进入了文本的规定情境(再见何时)。

问题9

有教师在分析李白的《送孟浩然之广陵》时提出:当时正是盛唐,长江上应该是千帆竞发,不可能只有一条船,而李白却说"孤帆远影碧空尽,唯见长江天际流"。为什么只看见一条船呢?回答是,他眼中只有孟浩然,只有长江水。他舍不得朋友离开。远远的,船帆已经消失了,李白还站在那里,久久地凝视,他的心已经随孟浩然远去。这样的分析,你以为如何?

——一读者

我觉得,这位教师分析得相当到位。特别是他用还原的方法,说在黄鹤楼下,肯定不止一条船,而李白只看见朋友的那一条。船已经消失了,他仍然站着,这充分表现了他恋恋不舍的情绪。我们在课堂上听了许多次"一切景语皆情语",说得太多都没有感觉了。其实,作些分析,就有感觉了。

首先,这句话说得有点绝对,事实上,第一,并非一切景语都是情语。有些流水账式的景语,就不是情语;第二,并非一切表现了情感的语言都是精彩的情语;第三,把情与景之间的关系处理得比较独特的,才可能有深邃的诗意。这里"孤帆远影碧空尽",当然是景语,其杰出之处在于,其中不仅有景,景观意象是显性的,景观意象背后还有一个隐性的视觉,暗示了一个人的专注的目光。景是写在文字上的,眼睛却是隐藏在文字以外的。要分析景语和情语的关系,就不能停留在显性的字面上,而要通过字面以外的隐性视野还原出来。这位教师还原出孤帆的"孤"字,突出了李白只关心朋友的船的那双定格的、似乎是静态的眼睛。但是还没有分析"远"字和"尽"字。忽略了这两个字,就忽略了眼睛注视的过程。从文字上看,这个过程至少有三个阶段:首先是,选择了孤帆。其次是追随远影,本来近在眼前的船帆渐渐远去,都变成影子了,眼睛还看着。最后是"碧空尽",就是一直看到帆影消失了,还在看。这里动人的不仅仅是语言之内的景,景之外的目光更是从追随到固定。这个从追随到固定的内涵,就是情。这样的景语才是深邃的情语。不从字面上把字面以外的目光还原出来,说什么"一切景语皆情语",就是空的。

望着消失的孤帆,本来就够深情的了,可是还没有完:"唯见长江天际流。"一般人送行,送到朋友看不见了,就可以结束了,感情更深一些的,送到朋友的船不见了,也应该回头了。可是这里还有"唯见长江天际流","唯"字表明只有长江在流,只看到长江向天水连接处流去。这就是说,船帆的那一点远影消失了,他还盯着向天边流去的水。这里暗示有一双眼睛,朋友的船只越远越小,越难以辨认,就越是专注,专注到帆影已经消失了,这眼睛还盯着那一片空空的流水。这说明,离别的忧愁让他发呆了。

这种用空白景观表现离别的忧愁的,在唐诗中并不是个别现象。岑参在《白雪歌送武判官归京》的最后几乎用了同样的办法:

山回路转不见君,雪上空留马行处。

朋友和他的坐骑已经消失了,眼睛却留恋着留在雪地上的马蹄印,这也是用一个主观性很强的空白画面来提示感情的深厚。这种技巧有点像现代电影中的空镜头。空镜头不是空的,只是景物是空的,而眼睛、心灵、感情却是实的。

这个问题,之所以值得一谈,就是因为涉及阅读中两种规律性现象。一种是明明作品里有的,读者,包括很有水平的评论家,往往视而不见。这种倾向比较普遍,如明明"月出惊山鸟,时鸣春涧中",是以有声衬托无声,以闹显静,人们却往往说是"以动衬静",又如,明明"孤帆远影碧空尽",写的是诗人越看越远,越看越出神,越看越发呆,许多读者可以感觉得到,可就是说不出。另一种现象是,明明作品中没有的东西,却神乎其神地看到了。这些所见其实都不是作品中有的,而是他们自己心目中固有的。他们看到的是自己。

作品分析之难,就是因为,人的本性,人的心理结构,天生就有这样的局限。

这是有心理学上的根据的。皮亚杰的认知心理学认为,人们并不是如美国的行为主义者所设想的那样,有了外部的信息刺激就会有相应的心理反应的。自己原本内心的准备状态,用心理术语来说,就是心理"图式"(scheme),或者翻译为"格局",只有被这种图式"同化"(assimilation),才能有反应。没有同化,就没有反应。读者之所以对明摆着的东西视而不见,就是因为现有的图式太狭隘,太封闭。只有那些心理图式比较开放,具有比较强的"调节"(accommodation)功能的读者,才可能比较顺利地认知自己陌生的东西。从这个意义上说,学习文本分析,其实就是努力使自己的心理图式开放,提高心理图式对陌生信息的同化功能。这就要丰富自己已有的图式。从哲学上、美学上、文学上、文化上,多方面提高、深化、丰富,最后还要学习在语言上争取创新的表述,这是一个在质量上提高自己精神能量的过程,是需要长期、刻苦的磨炼的。

问题 10

> 分析是不是解读作品的唯一法门?是不是一切作品都需要分析?有时非常简单的一首小诗,可能就无法分析。例如:"锄禾日当午,汗滴禾下土。谁知盘中餐,粒粒皆辛苦。"这怎么分析?再说不分析,不是也能感受到它很精彩吗?
>
> 福建师大文学院　冯直康

分析不是解读作品的唯一法门,其理论根据是:可以在整体感悟的基础上理解。但是,整体感悟有深浅之别。感觉到了的,不一定能够理解,理解了的,才能更好地感觉。所以不能单纯依靠感受,在生活中也不能绝对地跟着感觉走。感受是需要深化、准确化的,不能不建立在理解的基础上。理解要深化,只能通过分析。分析作为哲学方法,是普遍有效的,篇幅再小,也不例外。不过,篇幅比较小的要用微观的分析方法。

从方法论来说,分析的层次递进是无限的。庄子说:"一尺之棰,日取其半,万世不竭。"宇宙万物,大千世界,可以分析到微观的分子,到原子,到原子核,到质子、中子、介子、夸克,至今还没有完结,何况,这首诗的篇幅并不是最小,还没有达到感知不可及的程度。

全诗四句,形象统一完整,天衣无缝,水乳交融,要找到分析的切入口,用我所提倡的还原法,不难。作者要说的是,粮食("盘中餐")是人生之必须,人们虽然熟视无睹,但是,不能忘却全系农民辛苦劳作所得。诗的核心思绪、亮点就是"辛苦"。直接讲出来,没有形象的可感性。诗人通过"汗滴",把抽象思绪转化为可感的形象。

但是,这汗珠,不是一般情况下的"汗滴",而是特殊情景下的。

在农民一年四季的辛苦劳作中,诗人选取了很有特点的一个场面,就是夏天在烈日下锄禾。那么,春种秋收的场面呢?省略了,让读者用想象去补充。为什么?因为,夏日锄禾的场面很有特点,对想象的冲击和召唤的效果比较强大。当然这并不是说,这是唯一的选择。同样是李绅,在写另外一首诗的时候,就选择了春种秋收的场面:"春种一粒粟,秋收万颗籽。四海无闲田,农夫犹饿死。"这就把夏日锄禾省略了。其对情感的冲击效果,也是很强的,因为其中的"一粒"和"万颗"有强烈的对比。

回到这首诗上来,它的第二个好处在于语言的精致和谐。

全诗的关键词是汗"滴"和谷"粒",就是汗珠变成了谷粒。这里的用词是很见功夫的。二者本是不同的东西,一个固体,一个液体。诗人想象的高明,就在把二者的不同隐藏起来,使其间的相似性突出为整体。这两个关键词语用得很精致,不但完成了表意的功能,而且在相关句中有联想和呼应。汉语里潜藏着"汗滴禾下土"的"滴"和"粒粒皆辛苦"的"粒"之间畅通无阻的渠道。"滴",从字面上来看,它表达的是,汗水往下落,但又不仅仅是往下落,还隐含着"粒"的联想和意蕴。如果改成:

锄禾日当午,汗"落"禾下土。

谁知盘中餐,粒粒皆辛苦。

诗人的感情,也可以领会,但是,比之"汗'滴'禾下土",效果如何呢?其中微妙的不同,是不可忽略的。问题就在,"滴"字和后面的"粒"字在读者想象中,比之"落"字的联想,更为自然顺畅。从心理上来说,一方面,从汗珠到谷粒的想象是大跨度的飞跃,另一方面,依仗的是相似、相近的联想的轨道,构成天衣无缝的效果。首先,"滴"引起的联想,是液体的下落,而"落"引起的联想,则包含着固体;其次,"滴"引起的联想,只能是椭圆形的,而"落",则隐含着任何形状;第三,"滴"引发的联想,是小而细微的,而"落"则不排除体积比较大的;第四,"滴"引发的联想,是连续的,而"落"则可能是一次性的。这四者就决定了,"汗滴"和"粒粒"之间高度的相似,而汗"落"则缺乏这样的程度上的相似性。

"滴"与"粒"的四重隐性联想,构成了潜在意蕴的高度和谐。

再次,还可以分析的是第三句"谁知盘中餐"中的"谁"。

盘中之餐,粒粒皆来自农民辛苦,明明是作者已知,为什么要说"谁知"?

这是偶然的吗?不是。在四句式的古风和绝句中,像第三句这种"谁知"疑问句式,并不是偶然的。请看高适《送兵到蓟北》:

积雪与天迥,屯军连塞愁。

谁知此行迈,不为觅封侯。

白居易《昼卧》：

> 抱枕无言语，空房独悄然。
> 谁知尽日卧，非病亦非眠。

白居易《闺怨词》：

> 朝憎莺百啭，夜妒燕双栖。
> 不惯经春别，谁知到晓啼。

白居易《初见刘二十八郎中有感》：

> 欲话毗陵君反袂，欲言夏口我沾衣。
> 谁知临老相逢日，悲叹声多语笑稀。

钱起《蓝田溪杂咏二十二首·石上苔》：

> 净与溪色连，幽宜松雨滴。
> 谁知古石上，不染世人迹。

张继《读峄山碑》：

> 六国平来四海家，相君当代擅才华。
> 谁知颂德山头石，却与他人戒后车。

这么多诗作，在最后一联，居然都有共同的句式，应该是一种必然的追求。五七言诗在节奏上高度统一，不但在显性形象上，而且在隐性的联想上都统一了；但统一得太单纯了，太绝对了，就难免单调。为了抑制这种单调，诗人就在句法上，作些调整，让它有些变化。故在前面都是陈述句的情况下，把第三或第四句改为疑问或感叹句式。有了这个"谁知"引起的疑问句式，在统一的陈述语气中，就有了一点变化，韵味就比较丰富了。如果不是这样，不用疑问语气，而继续用陈述语气，就只能是这样：

> 锄禾日当午，汗滴禾下土。
> 须知盘中餐，粒粒皆辛苦。

整个诗句变成了教训式的了,韵味就差了许多。不但句式单调了,情感也缺乏转折和变化。正是因为这样,这种以"谁知"表现情绪转折的句式,成为收尾的一种结构方式,一种套路,被普遍运用,并不限于四句式的结构。如李端《与苗员外山行》:

> 古人留路去,今日共君行。
> 若待青山尽,应逢白发生。
> 谁知到兰若,流落一书名。

这种句式在律诗中也用得很多。如杜甫《寄邛州崔录事》:

> 邛州崔录事,闻在果园坊。久待无消息,终朝有底忙。
> 应愁江树远,怯见野亭荒。浩荡风尘外,谁知酒熟香。

刘长卿《送李员外使还苏州,兼呈前袁州李使君,赋得》:

> 别离共成怨,衰老更难忘。夜月留同舍,秋风在远乡。
> 朱弦徐向烛,白发强临觞。归献西陵作,谁知此路长。

孟浩然《赠道士参寥》:

> 蜀琴久不弄,玉匣细尘生。丝脆弦将断,金徽色尚荣。
> 知音徒自惜,聋俗本相轻。不遇钟期听,谁知鸾凤声。

张籍《春日李舍人宅见两省诸公唱和,因书情即事》:

> 又见帝城里,东风天气和。官闲人事少,年长道情多。
> 紫掖发章句,青闱更咏歌。谁知余寂寞,终日断经过。

这些语句上的变化,看来是很不起眼的,但是,唐诗的艺术,其统一与丰富的奥妙,就在这些精妙绝伦之处。

问题 11

提起《琵琶行》,许多教者和一般读者往往会将目光锁定在其中的音乐描写上,击节称赏,津津乐道。诚然,白居易能想人所难想,道人所难道,将抽象的音乐写得生动可感,异彩纷呈,堪称音乐描写的行家里手。但我总觉得,读《琵琶行》,如果仅将重点放在这里,恐怕难免挂一漏万,因为这毕竟只是一个局部。这首"童子解吟""胡儿能唱"的诗歌历千年而盛传不衰,在我看来,更多的应该是缘于其整体艺术构思的精妙绝伦。如果把这首诗比作一湾迷人的沿岸风光,一段奇妙的曲径回廊,一串晶莹的珍珠项链,那么,其中的音乐描写不过是沿途的一株奇葩、回廊上的一扇花窗、项链上的一粒珍珠而已。因此,从教学上说,我们应该引领学生穿过语言材料构筑的障壁,走进诗歌的内部世界,去探寻激情流注之河源于何处,归向何方。

江苏张家港高级中学　李元洪

解读《琵琶行》,无非是两个重点,一个是,它对音乐的描绘,其精妙绝伦,堪称空前绝后,这一点,我有专门的篇幅论述。第二个是,琵琶女与白居易的命运异同的对应性质。二者是水乳交融的有机构成,可以说音乐的描绘是这首诗艺术生命的基础,没有音乐的描绘,琵琶女的命运,白居易的感伤,都可能变成空洞的概念。退一万步说,二者也该是构成《琵琶行》的一双翅膀,缺一不可,把音乐描绘贬低为"回廊上的一扇花窗、项链上的一粒珍珠而已",等于取消了它的一只翅膀。

以下是我对《琵琶行》音乐形象的解读。

在唐诗中,以诗表现音乐和绘画的作品,取得了很高的成就。表现绘画的有杜甫的《奉先刘少府新画山水障歌》:"堂上不合生枫树,怪底江山起烟雾……悄然坐我天姥下,耳边已似闻清猿……元气淋漓障犹湿,真宰上诉天应泣。"很明显,诗作之所以动人,原因在于,杜甫没有就视觉表现视觉,而是超越视觉,用声音的美形容图画的美("耳边已似闻清猿")。杜甫不可回避的矛盾是,图画的美是刹那的、空间的、静态的,而声乐美是时间的。古今中外都有"画是无声诗,诗是有声画"的说法,苏东坡在《书摩诘〈蓝田烟雨图〉》中说:"味摩诘之诗,诗中有画。观摩诘之画,画中有诗。诗曰:'荆溪白石出,玉川红叶稀。山路元无雨,空翠湿人衣。'"[3]突出强调的是诗与画的共同性。但是,张岱说:"若以有诗句之画作画,画不能佳;以有画意之诗为诗,诗必不妙。如李青莲《静夜思》:'举头望明月,低头思故乡',有何可画?王摩诘《山路》诗:'荆溪白石出,玉川红叶稀',尚可入画;'山路元无雨,空翠湿人衣',则如何入画?"[4]

诗画的转化,是困难的,但是,用诗歌表现音乐,在音乐和画图的美学转换中面临更大挑战。这是因为语言符号是不能记录音乐旋律的,如果能够胜任的话,人类就不用发明五线谱和简谱了。面对这个难题,在唐一代诗人中,可能以白居易最为苦心孤诣。我们来看他在《琵琶行》中进行的探索：

> 浔阳江头夜送客，枫叶荻花秋瑟瑟。
> 主人下马客在船，举酒欲饮无管弦。

这是一笔反衬，在动了感情的地方，却没有音乐。光有这样的反衬，还是比较平淡的，因为这只是一般的叙述。接下去，就透露出白居易式的才情了：

> 醉不成欢惨将别，别时茫茫江浸月。

前面一句用了一个情感比较强烈的"惨"字，和"欢"字构成对比。酒喝醉了，却没有一点欢愉之感倒也罢了，居然还产生了一种"惨"的感觉。但是，这毕竟是一种心情，没有可感性。为了把这个"惨"具体化，白居易没有直接渲染诗人的心理，而是提供了一幅图画，一个空镜头：茫茫的江水，浸润着月亮（或者月色、月光）。无声的画面，寡白的色调，是画外一双失神的眼睛注视的结果。

> 忽闻水上琵琶声，主人忘归客不发。

这是一个有点突然的转折，强调音乐的效果：惊异。初闻，即如此强烈：改变了心情，"醉"和"惨"的迷蒙都消失了，甚至还改变了主人和客人原定出发的意向，这对于那画外的失神的眼神，是一种冲击：

> 寻声暗问弹者谁，琵琶声停欲语迟。

如此急切的追问，回答却有些卖关子，这是叙事延宕的技巧——不是一般的叙事技巧，而是带着戏剧性悬念的技巧，不但用了，而且加码地用了：

> 千呼万唤始出来，犹抱琵琶半遮面。

这两句成了千古名句。原因在于，创造性地运用了延宕。"千呼万唤"，是时间的延宕，也是期待的积累；"琵琶半遮"，是对比。期待之切，和亮相之不全，是一种反差，是时间和人情延宕的二度积累，这一积累由于其意外，性质更强，效果更强。正是因为这样，这一句的生命力经历了千年的考验，在不同的语境中，召唤、同化了不同读者的心理内涵，甚至脱离文本语境，成为独立的谚语、格言。

所有这一切,不过是音乐形象出现之前的背景,为音乐形象出现酝酿氛围。

值得一谈的是,这里的叙事手法,主要是事和事的连续性。这对于本诗无疑是必要的。本诗的立意就带着强烈的叙事性。但是,叙事成分,中国和西方不同,在中国古典诗歌里,独立的叙事是没有地位的。故叙事往往为抒情所同化,所消解。同化和消解的特点,就是以抒情诗的想象和跳跃,瓦解叙事的连续性。例如,在《长恨歌》里,唐明皇对杨贵妃的沉迷,导致了安禄山反叛,唐军兵败,潼关失守,唐明皇仓皇出逃。这么多现实的曲折和连续性过程,到了《长恨歌》里,就只有两句:

渔阳鼙鼓动地来,惊破霓裳羽衣曲。

安禄山的战鼓一下子震动了长安宫廷的歌舞,导致唐明皇的撤退。这不是现实的连续,而是想象的跳跃,把连续性的过程和因果,几乎全部省略了,变成了抒情的、想象的因果。但,《琵琶行》不能像《长恨歌》这样跳跃,因为《长恨歌》所写是历史人物,其本事,人所共知,而《琵琶行》所写是平凡的人物,其故事情节如果有太大幅度的跳跃可能造成阅读的障碍。这就给白居易增加了难度。既要有故事情节的连续性,又不能让这种过程性、连贯性过分琐碎,妨碍了抒情性。从上面的引文,我们可以看到,白居易主要是把故事的连续性和人物内在情感的曲折变动结合起来,以内心的动作性来贯通叙事的过程,并没有用想象的因果代替现实的因果。

一旦进入乐曲本身的描述,故事的过程性就暂停了,白居易面临的任务,就是直接写乐曲。这在艺术表现上,显然是一个难度,一个高度。他采取的方法,当然是抒情,但他抒发的不是自我的感情,而是乐曲本身的感情:

转轴拨弦三两声,未成曲调先有情。

诗人写调弦,但又不能直接停留在曲调上,未成旋律(未成曲调)已经有动情之处,什么情?是弹奏者的情感。这是全诗的主线,要注意,相对于这条主线,曲调本身的特点是潜隐性的。

弦弦掩抑声声思,似诉平生不得志。
低眉信手续续弹,说尽心中无限事。

居于主导地位的,是演奏者的内心,但仅仅是琵琶女的感情吗?好像又不完全是。诗人从曲调中领悟到了演奏者的情感:这是一种悲抑的情感,这种情感的特点是"不得志"。这个"不得志"所具有的文化内涵,超出了一个歌女的精神境界,这就暗示读者,这里包含着诗人自己的情志;至少是,琵琶女的情志被诗人自己的"不得志"同化了。

但如果仅限于此,白居易的写乐曲,比之前人,比之同时代人,就没有多少超越。毕竟把曲调、旋律之美用语言写出来,是许多诗人尚未突破的难度。用诗歌语言直接表现音乐,在白居易写出这首诗之前,唐诗在这方面的积累也是比较有限的。李白有一系列的诗写到听乐曲,如《与史郎中钦听黄鹤楼上吹笛》:

一为迁客去长沙,西望长安不见家。
黄鹤楼中吹玉笛,江城五月落梅花。

还有《春夜洛城闻笛》:

谁家玉笛暗飞声,散入春风满洛城。
此夜曲中闻折柳,何人不起故园情。

前一首用了"落梅花"这个双关语,既是视觉形象,又是曲调名称。第二首,"暗飞声",就是说,音乐的声音是看不到的,但是,诗人让它"散入春风",因为傍着春风,可感性强化了。诗人可能觉得这一点可感性还不充分,就又加上了双关语"折柳",既是乐曲名,又是可视的动作,构成了内心情绪,是一种审美感应。很明显,天才如李白都尽可能回避直接表现乐曲,因为用语言表现音乐,难度太大,一般诗人,都善于讨巧,大抵取间接的审美感应表现,而很少直接表现音乐。如李益《夜上西城听梁州曲》第二首:

鸿雁新从北地来,闻声一半却飞回。
金河戍客肠应断,更在秋风百尺台。

在直接表现乐曲上,有所进展的是李白的《听蜀僧濬弹琴》:

蜀僧抱绿绮,西下峨眉峰。
为我一挥手,如听万壑松。
客心洗流水,馀响入霜钟。
不觉碧山暮,秋云暗几重。

李白这里没有用双关,也不是从外部可视效果,而是从心理效果上进行渲染——听了乐曲,就有许由那样的情怀,进入他的那种境界。这当然是很精致的心理表现,但毕竟是间接的,直接写到乐曲的语言"如听万壑松",还是没有正面深入到乐曲本身中去。就算白居易本人,也不是每一首都能写出水准的。写琵琶乐曲的,白居易有好几首。如《听李士良琵琶》:

> 声似胡儿弹舌语,愁如塞月恨边云。
> 闲人暂听犹眉敛,可使和蕃公主闻。

正面写乐曲,这一首很可贵,头一句,倒是说到了琵琶的颤音,如胡人卷舌音,可以说是突破性的正面表现,到了第二句,说忧愁如塞月,这是对任何乐器都适用的。原来,琵琶乐曲不过是感兴的由缘而已。再来看许浑的《听琵琶》就更明显了:

> 欲写明妃万里情,紫槽红拨夜丁丁。
> 胡沙望尽汉宫远,月落天山闻一声。

正面写到乐曲的,也只有"紫槽红拨夜丁丁",并不见得十分精彩。接下去就是用图画来扩张音乐的空间背景了。这样的构思,在绝句中,已经成为一种套路。正面写出功夫来的,也许可以提到白居易的《春听琵琶,兼简长孙司户》:

> 四弦不似琵琶声,乱写真珠细撼铃。
> 指底商风悲飒飒,舌头胡语苦醒醒。
> 如言都尉思京国,似诉明妃厌房庭。
> 迁客共君想劝谏,春肠易断不须听。

这里写出了琵琶的弦,写到了弹奏的手指,当然还有听觉的美好的联想和想象。但是,和大多数的琵琶主题一样,联想和主题都陷于通用模式,与征戍和边塞之乡思相联系。正面地集中写曲调旋律,难度太大,因而很是罕见,李颀的《听安万善吹觱篥歌》可能是难能可贵的:

> 世人解听不解赏,长飙风中自来往。
> 枯桑老柏寒飕飗,九雏鸣凤乱啾啾。
> 龙吟虎啸一时发,万籁百泉相与秋。
> 忽然更作渔阳掺,黄云萧条白日暗。
> 变调如闻杨柳春,上林繁花照眼新。

> 岁夜高堂列明烛，美酒一杯声一曲。

正面写了乐曲的转折变幻，从龙吟虎啸到黄云萧条，又变作杨柳春风，这首诗应该是一个很大的突破，主要是从多幅图画，进入音乐的时间过程性。可惜的是，九雏鸣凤、龙吟虎啸、万籁百泉、杨柳春、上林花，虽组合了多幅图画，但不相连属，且又大多比较陈旧，有堆砌之感，对于乐曲本身的特征，还比较概括。李颀还有一首《听董大弹胡笳声兼寄语弄房给事》算是写到了乐曲演奏本身："先拂商弦后角羽，四郊秋叶惊摵摵。"话语也比较丰富："空山百鸟散还合，万里浮云阴且晴。嘶酸雏雁失群夜，断绝胡儿恋母声。川为净其波，鸟亦罢其鸣。乌孙部落家乡远，逻娑沙尘哀怨生。幽音变调忽飘洒，长风吹林雨堕瓦。迸泉飒飒飞木末，野鹿呦呦走堂下。……"很明显，这一首用的是赋体，以大幅度的图画的排比来强化乐曲的形象。但是，排比的赋体，是平列的、静态的，缺乏连贯的过程；而乐曲是一种时间的艺术，其生命就在于历时性的高低强弱，快慢长短和停顿的规律性的反复。在《琵琶行》中，白居易第一次用诗的语言，以空前的，甚至可以说绝后的气魄，正面集中写了琵琶乐曲历时性的起伏变幻的旋律，包括演奏乐曲的动作和曲调的程序：

> 轻拢慢捻抹复挑，初为《霓裳》后《六幺》。

具体到演奏的动作，连曲调的名称都出现了，这好像有点往叙事方面靠拢的冒险。但，接下来，便不是间接用图画，而是直接用声音来表现乐曲了：

> 大弦嘈嘈如急雨，小弦切切如私语。
> 嘈嘈切切错杂弹，大珠小珠落玉盘。
> 间关莺语花底滑，幽咽泉流冰下难。
> 冰泉冷涩弦凝绝，凝绝不通声暂歇。
> 别有幽愁暗恨生，此时无声胜有声。

可能是由于人的感官百分之八十来自视觉，因而视觉意象在诗歌占有极大的优势，而听觉意象则处于弱势。这里，集中了这么繁复的听觉意象，表现的是听觉的应接不暇之感。总体上来说，这里是排比，有赋体的特点，但从形式上来说，又有意打破了赋体一味的对仗，因为前面一连四个句子，好像是平行的，如果真是这样，就成了赋体了。白居易的天才，就在于对赋体对仗的节制：适当地对称，又伴之以错综。实际上，只有前两句是对称平行的："大弦嘈嘈如急雨，小弦切切如私语"，而第三、四句，"嘈嘈切切错杂弹,大珠小珠落玉盘",句式就变化了,不再用对称的句式,而是用有连贯性的"流水"句式,不再作平面的滑行,而是略带历时性的错综的句式。下面四句,也有类似的考究。两句对称(间关莺语花底滑,幽咽泉流冰下难),接着的两句(冰泉冷涩弦凝绝,凝绝不通声暂歇)又打破了对称的平衡。这就使得这八句既有统一性,又不单调,处于错综的变化之中,这种变化不仅仅是视觉形象的变化,更是听觉时间过程的变化。

应该说明的是,从意象上说,前四句,大珠、小珠和玉盘是以物质的贵重,引发声音美妙的联想。当然,这只是诗的想象的美好,实际上,珠落玉盘,并不一定产生乐音。嘈嘈、切切,声母的闭塞摩擦音性质,本身并不能产生美好的乐感,但是,和"急雨""私语"联系在一起,就有了情感的含量。"私语",有人的心情在内,"急雨"和"私语",富于对比的性质不难逗起对应的情致联想。

早在开头,白居易在"序言"中,就交代了妇女的命运:"本长安倡女,尝学琵琶于穆、曹二善才,年长色衰,委身为贾人妇。"这样的乐曲,和这样的语音(塞擦音的交替错综重现)自然构成了悲郁沧桑的氛围。

接下去的"间关莺语花底滑,幽咽泉流冰下难。冰泉冷涩弦凝绝,凝绝不通声暂歇",不仅仅是句法形式上的错综而且是声画交替上的错综。前四句以听觉的美为主,后四句是视觉图画(花底流莺,冰下泉流)和听觉声音(莺语、幽咽)交织的美。唐弢先生曾经在二十世纪八十年代初期撰文说,这四句美在声韵上的双声和叠韵(间关、幽咽)。但是,此说似乎太拘泥。诗歌艺术的美,和音乐的美不同,只是一种想象联想的美的情致,不能坐实为实际上的声音之美。

如果真的把珍珠倒入玉盘,把流莺之声和水流之声用录音机录下来,可能并不能成为乐音。这里意象的综合效果是,珠玉之声,莺鸟之语,花底冰泉,种种意象积累起来,引发美好的联想,这里蕴含着的不是自然的声音,而是中国传统文化潜在意识的积淀。

白居易惊人的笔力不仅在于用意象叠加写出了乐曲之美,而且还正面强调了过程性。过程性,是音乐与绘画的重大区别。以绘画之美表现音乐之美,在时间的连贯性上,毕竟是有局限的。《琵琶行》的伟大就在于,不但表现了乐曲的连贯性之美,而且表现了乐曲的停顿之美,一种既无声音,又无图画,恰恰又超越了旋律的抑扬顿挫的连贯性的美。令人惊叹的是这样的句子:

冰泉冷涩弦凝绝,凝绝不通声暂歇。
别有幽愁暗恨生,此时无声胜有声。

白居易写音乐，不仅善于用美好的声音来形容音乐，比如珠玉之声、莺鸟之语、花底冰泉之类。他的突破在于，第一，从"冷涩"这样看来不美的声音中发现了诗意，当然又是为主人公和诗人的感情特点找到了共同载体；第二，从"凝绝不通"的旋律中断中发现了音乐美。这是声音渐渐停息的境界。从音乐来说是停顿，是音符的空白，但，并不是情绪的空档，相反却是感情的高度凝聚，是外部世界的声音的渐细渐微，同时又是主体心理的凝神专注。外部的凝神成为内在情绪精微的导引，外部声音的细微，化为内部自我体验的精深。白居易发现：内心深处的情致是以"幽"（愁）和"暗"（恨）为特点的。"幽"就是听不见，"暗"就是看不见。二者结合，就是捉摸不定、难以言传的，在通常情况下，是被忽略的，沉入潜意识的，而在这种渐渐停息的微妙的聆听中，却被白居易发现了，构成了一种从外部聆听，转入内心凝神的体悟：声音的停息，不是情感的静止，相反，正是"幽愁暗恨"的发现和享受，"此时无声胜有声"才成为千古佳句。

这实在是白居易的天才创造，不但在中国前无古人，后无来者，在西方也可能是这样的。西方诗人描写美好的声音的篇章，当以雪莱的《云雀颂》为代表。雪莱比白居易晚生了差不多一千年，但是，对于在以图画之美来表现不可见的音乐之美这一点上却异曲同工，他写云雀的鸣啭：

> 清晰，锐利，有如那晨星
> 射出了银辉千条，
> 虽然在清彻的晨曦中
> 它那明光逐渐缩小，
> 直缩到看不见，却还能依稀感到。
>
> 整个大地和天空
> 都和你的歌共鸣，
> 有如在皎洁的夜晚，
> 从一片孤独的云，
> 月亮流出光华，光华溢满了天空。

这是以视觉图画（星光消隐、月华流泻）的逐渐消失来形容声音的渐细渐微，而又充满天宇。这样的正面描绘，其图画之美，带着动态的过程性，突出了音乐的时间的延续性，正是因为这样，这首诗毫无疑义，成为经典。但是，和白居易比起来，他的过程性、延续性，也就到此为止，再往下，雪莱就结束了音乐的时间的延续性美，而致力于空间图画的并列性的美了：

>我们不知道你是什么；
>什么和你最相像？
>从彩虹的云间滴雨，
>那雨滴固然明亮，
>但怎及得由你遗下的一片音响？
>
>好像是一个诗人居于
>思想底明光中，
>他昂首而歌，使人世
>由冷漠而至感动，
>感于他所唱的希望、忧惧和赞颂；
>
>好像是名门的少女
>在高楼中独坐，
>为了舒发缠绵的心情，
>便在幽寂的一刻
>以甜蜜的乐音充满她的绣阁；
>
>好像是金色的萤火虫，
>在凝露的山谷里，
>到处流散它轻盈的光
>在花丛，在草地，
>而花草却把它掩遮，毫不感激；
>
>好像一朵玫瑰幽蔽在
>它自己的绿叶里，
>阵阵的暖风前来凌犯，
>而终于，它的香气
>以过多的甜味使偷香者昏迷：
>
>无论是春日的急雨

向闪亮的草洒落,

或是雨敲得花儿苏醒,

凡是可以称得

鲜明而欢愉的乐音,怎及得你的歌?

这里提供了六幅图画,分别是彩虹的云间滴雨、诗人居于明光中、名门少女在高楼中独坐、金色的萤火虫在凝露的山谷里、玫瑰幽蔽在它自己的绿叶里、春日的急雨向闪亮的草洒落。六幅图画都是美好的,诗意的。但六幅图画都是并列的,没有连贯性。美则美矣,对于音乐在时间上的变化表现得却很有限。应该说,白居易表现乐曲的连贯性之美,更胜一筹。至于白居易所表现的音乐中的停顿之美,则更在雪莱的想象之外。

没有声音的停顿为什么比有声音更为动人?因为,内心的体验更精彩,更难得。

在千百年的流传中,"无声胜有声",成了家喻户晓的格言,这不但是诗而且是哲理的胜利。停顿之所以有力,是因为它和前面的音响强烈的反差。如果停顿安排在结尾,停顿就是终止,且一直终止下去,那是很稀松平常的,但白居易把这一个停顿安排在当中,在两个紧张的旋律之间,戏剧化地在停顿之后又接着来了紧张的旋律:

银瓶乍破水浆迸,铁骑突出刀枪鸣。

诗人强调了有声旋律出现的突然性(乍破、突出),增加了戏剧性的冲击力,这是由两幅鲜明的图画带来的,又是贵金属的破裂和冷兵器的撞击带来的,在两个极点上的张力。这不仅仅是诗中有画所能解释的。一般地说,图画是静态的、刹那间的,而这里的图画,却是"动画",银瓶乍破,铁骑突出,具有强烈的动作性。白居易的杰出就在于用语言图画的动态表现旋律和节奏的动态。这种动态,表现出骤然的停顿和突然再度掀起的冲击力。这种突然的停止和骤然的掀起,正是旋律的特点:

曲终收拨当心划,四弦一声如裂帛。

这是第二次休止停顿,不但是响亮的,而且是破裂性的,把这种破裂和丝织品结合在一起,其声音和第一次"冷涩""凝绝"的幽暗不同,既不是突然的,也不是渐次的,而是高亢而凄厉的。在此背景上,第二次休止出现了:

东船西舫悄无言,惟见江心秋月白。

这已经不仅是乐曲的停顿而且是停顿造成的心理凝聚效果。乐曲结束了,听众的心,被感染的程度并未消失,依旧沉浸在那还没有结束的结束感之中,这种宁静的延长感,诗人用一幅图画来显现。这是一个空镜头,是无声的,又是静止的。江中秋月,这是第二次出现了。这是不是重复呢?《唐诗选脉会通评林》引唐汝询曰:"一篇之中,'月'字五见,'秋月'三用,各自有情,何尝厌重!"此人认为不重复,原因在于,两次出现各有不同的情感。第一次,"醉不成欢惨将别,别时茫茫江浸月",写的是分别时的茫然和遗憾。而这里"东船西舫悄无言,唯见江心秋月白"则是另一种韵味,写众多的听者仍然沉浸在乐曲的境界里。这个境界的特点就是宁静,除了这种宁静,什么感觉都没有,就连唯一可见的茫茫江月,也是宁静的。这恰恰暗示了一双出神的眼睛。

白居易这首诗妙在把乐曲写得文采华赡,情韵交织,波澜起伏,抑扬顿挫,于无声中尽显有声之美,于长歌中间插短促之停顿,于画图中有繁复之音响,的确超凡脱俗,空前绝后。二用江心秋月,虽然情韵有别,但相异之情,用相同之景毕竟并非上策。尤其是五用江月(秋月春风等闲度,绕船月明江水寒,春江花朝秋月夜)都是秋月,而且又都是把秋月和江水联系在一起,毕竟显得局促。虽然白璧微瑕,然亦不必为尊者讳也。

问题 12

笔者教学《迢迢牵牛星》时,遇到了这样一个问题:学生在上课之前通过预习提示和课文注解已经对课文有了一些认识,他们知道这是一首艺术价值很高的诗歌,可是他们似乎不愿也不知该如何去深究其艺术价值究竟体现在哪里。

浙江诸暨市第二高级中学　张建国

让我们先读读原文:

> 迢迢牵牛星,皎皎河汉女。
> 纤纤擢素手,札札弄机杼。
> 终日不成章,泣涕零如雨。
> 河汉清且浅,相去复几许?
> 盈盈一水间,脉脉不得语。

这首诗的特点就是自然天成,语言风格相当朴素,没有多少华丽的渲染,连形容词也是比较单纯天真的叠词(迢迢、皎皎、纤纤、札札),但感情又是那样深厚。谢榛《四溟诗话》中说其"格古调高,句平意远,不尚难字,而自然过人矣"。也许,读者对于"格古调高,句平意远"这样的评价,感觉不够清晰。这里举秦观的《鹊桥仙》来作些说明。

> 纤云弄巧,飞星传恨,银汉迢迢暗度。金风玉露一相逢,便胜却、人间无数。
> 柔情似水,佳期如梦,忍顾鹊桥归路。两情若是久长时,又岂在朝朝暮暮。

同样是写牵牛织女的相思,秦观的词和"格古调高,句平意远"的风格相去甚远,这至少可以从两个方面来看:第一,《迢迢牵牛星》全诗十句,没有多少夸张和形容,大体近乎陈述、叙述,即便有所形容,也限于几个意味单纯的叠词。而秦观的这首,则用了很华彩的形容,对云的描绘不但前置以"纤"(亦作"织"),而且后置以"弄";对眼睛,以"飞星"暗喻;对风,形容以"金";对露,渲染以"玉";"情"和"期",都赋予如水如梦之感。这叫作文采。第二,全词的高潮在最后,直接抒发感情:"两情若是久长时,又岂在朝朝暮暮。"只要感情永恒,相会的时期再短也无所谓。这就不仅是感情强烈到极化的程度,而且更进一步转化为格言了。这就叫作感情出彩,或者叫作情彩。而情彩和文采都不是《迢迢牵牛星》的优点。它的优点,不在文采和情彩,而在于朴素无彩而纯厚。正是因为这样,它所代表的"古诗十九首"被刘勰在《文心雕龙》中称为"五言之冠冕",被钟嵘《诗品》赞为"天衣无缝,一字千金"。在文学史上,这样的作品比之秦观那样文采情彩俱佳的作品,得到的评价更高。这是很值得细心体悟的。

《迢迢牵牛星》,全诗写的是天上的牵牛星吗?好像是,又好像不是。因为接下来,出现了"皎皎河汉女",就把牵牛星丢在一边了。下面写的全都是河汉中的织女:"纤纤擢素手,札札弄机杼。"这已经不是星星,而是一个在织布的女性。

这里就有了可分析性:以牵牛星为起兴,只为引出全诗主角——织女;女性形象很快得到美化:首先是外观的美化,"皎皎""纤纤",是不是有一种明媚纤弱的感觉?是不是有一种朴素单纯的感觉?连手都是素手。大概是比较白皙,又没有什么首饰吧。如果光是这样,还只是外部形态上的美。诗中对织女的美化,更重要的,是在感情上。这时,牵牛星的另一个功能显现出来:成为织女遥望的对象,也就是感情激发的源头。这样,外观的美,就有了内在的感情的内涵。牵牛星的"迢迢"和织女的"皎皎""纤纤",融为一体,构成统一的画境。

至此,画面是单纯的,思念则以无言的迢迢相望为特点,思念之苦是默默的、潜在的。而到了"终日不成章,泣涕零如雨",则从外部效果上显示内心的痛苦。一是,整天织布却织不成匹,这是心烦意乱,导致效率不高。⑤二是涕泪如雨,思念之苦因而强烈了。

这样,前者的微妙和潜在,和后面的强烈表露,就形成了一种转折,这种转折正是情绪强化到不可抑制的结果,但是,仍然是无声、无言的,在语言上,也没有大肆形容和渲染,仍然朴素无华。接下来,是进一步强化:

> 河汉清且浅,相去复几许?

这里有一点要特别注意,那就是出现了矛盾。原来说牵牛星是迢迢的,遥远的,这里却变成了河汉并不深,是清而浅的,障碍并不是很大的,渡过去是并不太困难的。"相去复几许?"说得很含蓄,然而,

> 盈盈一水间,脉脉不得语。

盈盈,有充溢的意思,也有清澈的意思,看起来很透明,没有狂风恶浪,可就是过不去。从视觉直接感知来说,距离更近了,不过就是"一水"之隔,这和前面的"迢遥",在结构上是一种呼应,也是一种反衬,一种转折。可是,不管多么"清浅",仍然是无言的,"脉脉不得语"。这个"不得语"很关键,点出了全诗意境的特点。就是感情很深沉,距离不算遥远,可就是说不出,说不得。是什么阻挡着有情人相聚呢?可能是某种看不见摸不着的障碍。当然,在传说中,这个权威的阻力是神的意志。但是,诗里却并没有点明。这就使得这首诗召唤读者经验的功能大大提高了。在爱情中,阻力可能是多方面的,可能是超自然的,也可能是社会的,还有可能是情人自身心理方面的。故"脉脉不得语",有情而无言,不敢言,不能言,可能是出于对外在压力的警惕,也可能是出于情感沟通的矜持,也就是说,内心的积累已经饱和了,含情"脉脉"了,到了临界点了,而转化为直接表达还存在着一时难以逾越的心理障碍。

值得注意的是,开头四句连用叠词,最后两句又用叠词,且都用于句首,形成一种呼应,一种回环的、低回的、复沓的节奏,情感之美和节奏之美,构成统一完整、有机的默默无言的内在意境。

问题 13

同学们朗声吟诵裴多菲的爱情诗《我愿意是急流》,在回环往复的优美旋律中,同学们感受到裴多菲纯洁而坚贞、博大而无私的爱,心灵得到净化,情感得以

升华。但同学们普遍有一种疑惑：诗人在描述心爱的人时用的意象是小鱼、小鸟、常春藤、火焰、夕阳，这些意象美好热情，欢畅明丽，与甜美的爱情协调一致；可是诗人在描述自己时反差极大，用的意象是急流、荒林、废墟、草屋、云朵（破旗），这些意象给人一种苍凉感，有的萧瑟冷落，有的凋敝残败，与整首诗所表达的美好爱情不协调，为什么？即使是表达对爱情的奉献，也不一定非要用这么悲壮的意象不可吧？

湖北武汉市洪山高中　龚光正

这个问题提得很尖锐，恰恰触及了这首诗的艺术特点。不弄清这点，就不可能真正理解这首诗的情感和艺术奥妙。为什么要把"萧瑟冷落""凋敝残败"的景象和美好的感情联系在一起呢？二者之间是不是统一和谐呢？应该分别从两个方面来阐释。

先来谈美好这一方面。

美好的爱情，用美好的意象表达，是世界诗歌很长一个历史阶段不约而同的趋向，经典之作比比皆是。在西方诗歌史上，追求美的意象和美的感情的过程，和中国古典诗歌如出一辙。就爱情诗而言，更是如此。苏格兰最著名的诗人彭斯把爱人比作"鲜红、鲜红的玫瑰"，比作乐曲（O my luve's like a red, red rose./That's newly sprung in June;/O my luve's like a melodie/That's sweetly play'd in tune.⑥）普希金把他所钟情的对象比作"圣母"，白居易把互相倾心的爱情比作比翼鸟、连理枝，李商隐把爱情和沧海月、蓝田玉相联系。虽然出现于不同民族、不同时代，但是，诗人们在追求美好的形象和诗感这一点上是息息相通的。这里有一点要说明：不是一般美好的事物，而是极其美好的事物，不是一般美好的感情，而是极端美好的感情。这种极化倾向，被一个英国诗人华兹华斯总结了出来，那就是强烈的感情的自然流泻。（powerful feelings sponteanusly overflow）这种美学原则，是西欧浪漫主义诗歌自觉奉行的，裴多菲生活在西欧浪漫主义风靡一时的时代，他所遵循的，大体也是浪漫主义的创作原则，也就是强烈的、极化的感情自然流泻。

在这首诗里，感情是美好的，意象也是美好的，凭着自发的感受都能够看出："小鱼、小鸟、常春藤、火焰、夕阳，这些意象美好热情，欢畅明丽，与甜美的爱情协调一致"。问题是，既然是美好的爱情，为什么又用了通常并不美好的意象系列——急流（应该是崎岖的道路）、荒林、废墟、草屋、云朵（破旗）？这样的意象，"萧瑟冷落""凋敝残败"，不是与美好的意象"不协调"了吗？

应该提醒的是，前面所说的美好的意象系列，固然是美好的，但是，如果孤立起来，"小鱼、小鸟、常春藤、火焰、夕阳"的美好是有限的，仅仅表现了对象的美。抒情主人公的感情，也只是欣赏对象的美，其情感的深度、强度，其与众不同之处何在呢？光有对象的美好是难以充分暗示感情的美好的。只要仔细研读全诗，会发现小鱼的美好，是在急流中的，是在崎岖的山岩中的、在浪花中的，这并不是十分轻松的，但诗人要表现的是，只要小鱼能够愉快地游来游去，即使自己并不能够像小鱼那样的愉快，也是心甘情愿的。从诗学上来说，这就是强烈的、极化的感情的抒发。这不是叙事，因为表达的完全不是事实，而是一种愿望，一种假定，一种想象。这里所抒发的爱，是以奉献为特点，以使对方幸福为唯一目的的，自我哪怕转化为无生命的石头、河水也在所不惜。现实地表述，不进入假定境界，就可能平淡、不够强烈了。想象的目的完全是为了自由、新异地抒发强烈的感情。在这一节里，应该说，小鱼同急流、崎岖、山崖，特别是浪花的意象，同样都是美好的，意象系列是和谐统一的，在性质上，并没有很大的差异。

下面这一节，则有些不同，把爱人比作小鸟，而自己却被想象成了荒林，这就不像浪花、急流、山崖那样，富于习惯上的诗意了。这里的小鸟和带着"苍凉感"的荒林，比之前面的小鱼和急流、浪花之间的关系来说，反差很大。哪怕自己成了荒林，生命枯竭，丧失青春形态，哪怕要面临严酷的搏斗，只要小鸟能够歌唱，也心甘情愿。感情比之前面，是不是递增了？为什么呢？对比度强化了，付出的代价更大了。

第三节，对比的反差，更加鲜明了。废墟，也就是生命的毁灭，但"常春藤"却是生命的永恒。只要对方常春（青春永葆），自己就是丧失生命，形态丑陋，也在所不惜。自己付出的代价比之荒林更加大了，感情递进性强化了。

第四节，与茅草屋和屋顶的创伤相对应的是烈火，屋内炉膛里欢快的烈火。

第五节，疲倦的云朵、破碎的大旗和黄昏的太阳，都是软弱无力的，但是，二者相辅相成，统一了起来。哪怕脸是苍白的，映出的火光也是红艳的。

到这里，可以回答上面的问题了，为什么要出现荒林、废墟、茅屋、破旗？为什么要运用这些荒凉、萧瑟冷落、凋敝残败的意象呢？就是为了强化对比，极化感情：不管付出多大代价，不管形态多么不雅，都在所不惜。其次，从意象系列本身来说，这些意象构成了强烈的反差，并没有变得不和谐，相反，因为在内在的对比和深刻的情感上统一了起来，而显得更加深邃，组成了一个有机的整体。

说到这里，我们大概可以感到全诗构思的特点——在对比中达到有机统一，在对立的意象中构成和谐，因为在尖锐的矛盾背后，有着浪漫主义的极化的感情，这种感情的强化，由于章法的递进性，而显得特别有序。有序，包括两个方面，一是其间存在着连贯性,急流、浪花和小鱼,是一幅画面,荒林和小鸟,是另一幅画面,后者是"在河流两岸"的,两幅画在空间上是统一的。第三幅,废墟上长出常春藤,又是一幅画面,可是与前面的河流两岸的画面是连贯的,但因为这废墟是在高山之巅的,同时递增了反差。在这个背景上,茅屋画面的空间是向下展开的,跟着而来的在旷野上的"云朵"又是从高山向上延伸。相互独立的五幅画面,在空间上可谓笔断意连,构成了动态的统一性。在这基础上,每一幅画面,又逐步延伸,反差不断递增,在情绪上,也构成了层层递进。

诗人这样做还有一个意象上开拓的考虑,一味以美好的意象表现美好的爱情,长此以往,可能造成风格上的单调,故诗人往往求新,求变。前面我提到的苏格兰诗人彭斯的那首爱情诗也一样,为了表现爱情的忠贞,表现爱情的强烈、永恒,并不仅仅是以美为美,如 to see her is to love her, and love but her forever。有时,也处心积虑地用否定性的话语来突出感情的强化和极化:

  And I will love thee still, my Dear,[7]
  Till a'the seas gang dry.[8]
  Till a'the seas gang dry, my Dear,
  And the rocks melt wi'the sun;[9]
  I will luve thee still, my Dear,
  While the sands o'life shall run.[10]

爱到大海干枯,爱到石头熔化,爱到太阳晒得沙子都流动起来,这可怕吗?不。我们汉语中,不是有天荒地老、海枯石烂的话语吗?二者是同样的想象,遵循着同样的情感极化原则。

注:

① ②《唐诗汇评》(中),浙江教育出版社 1996 年版,第 1799 页。又见《全唐诗续编》卷上引惠洪《冷斋夜话》。
③《苏轼全集》(下册),文集卷七十,上海古籍出版社 2000 年版,第 2189 页。
④ 张岱《琅嬛文集·与包严介》,岳麓书社 1985 年版,第 152 页。
⑤ "终日不成章"化用《诗经·大东》语意:"彼织女,终日七襄。虽则七襄,不成报章。"
⑥ 这里的原文,是按苏格兰语音拼写的,luve 相当于现代英语里的 love。
⑦ thee 相当于现代英语中的 you。
⑧ a' 相当于现代英语中的 all。gang 相当于现代英语中的 gone。
⑨ wi 相当于现代英语中的 with。
⑩ o' 相当于现代英语中的 of。

自　　序

不管在中学还是大学课堂上,经典文本的微观解读都是难点,也是弱点。难在学生面对文本,一目了然,间或文字上有某些障碍,求助于注解或者工具书也不费事。这和数理化或者英语课程不同,课本上那些难点、疑点,如果教师不加阐释,学生不可能凭着自发的感性理解悟透彻。自然科学或者外语教师的权威建立在使学生从不懂到懂,从未知到已知。而语文教师,却没有这样的便宜。他们面对的不是惶惑的未知者,而是自以为是的"已知者"。如果不能从其已知中揭示未知,指出他们感觉和理解上的盲点,将已知转化为未知,再雄辩地揭示深刻的奥秘,让他们恍然大悟,就可能辜负了教师这个光荣称号。语文教师的使命,要比数理化和英语教师艰巨得多,也光荣得多。数理化英语教师的解释,往往是现成的,全世界公认的,而语文教师,却需要用自己的生命去作独特的领悟、探索和发现。不能胜任这样任务的人,有一种办法,就是蒙混,把人家的已知当作未知,视其未知如不存在,反复在文本以外打游击,将人所共知的、现成的、无须理解力的、没有生命的知识反复唠叨,甚至人为地制造难点,自我迷惑,愚弄学生。这样的教师白白辜负了自己的生命。按常理来说,这样的教师应该是极少数,但据我多年观察,现实情况恰恰相反。

一些大学教授习惯于感叹中学语文教师如何不济;其实,这并不表明他们有多高明,恰恰相反,说明他们缺乏羞耻之心。中学教师不是你们教出来的吗？你们在大学课堂上,不是常常以在文本以外打游击为能事,用一些传记材料、时代背景打马虎眼吗？许多学者可以在宏观上把文学理论、文学史讲得头头是道。滔滔不绝的演说、大块的文章充斥着文坛和讲坛。在文本外部,在作者生平和时代背景、文化语境方面,他们一个个口若悬河,学富五车,但是,有多少能够进入文本内部结构,揭示深层的、话语的、艺术的奥秘呢？就是硬撑着进入文本内部,无效重复者有之,顾左右而言他者有之,滑行于表层者有之,捉襟见肘者有之,张口结舌者有之,胡言乱语者有之,洋相百出者有之,装腔作势,借古典文论和西方文论术语以吓人,以其昏昏使人昭昭者更有之。

我这样说,并非故作惊人之语,有大学教学四十余年经验为据。试问大学中文系教授,让你们去教中学语文,在微观分析中,有多大把握能保证超越中学水准?请问古典文学的教授,有多少能把"霜叶红于二月花""二月春风似剪刀""草色遥看近却无""轻舟已过万重山"的妙处说得令人心服口服?"无边落木萧萧下,不尽长江滚滚来"究竟好在哪里?讲了多少年了,还是古典诗话中那些印象式语言。中学课堂要的是货真价实的、系统的分析,而不是玄妙的、空洞的赞美。请问美学教授,如果学生反映《背影》中父亲的形象"很不潇洒",又"违反交通规则",有多少人能够当场点出这是什么样的美学问题?有谁能够从理论高度上回答学生的疑问:薛宝钗、繁漪、周朴园是坏人吗?对于《荷塘月色》的解读,长期限于反映"大革命失败以后知识分子的苦闷和矛盾",谁能从中看出文学观念和思维方法的桎梏?如果学生感觉不到郁达夫《故都的秋》里生命走向衰亡的美,应该如何应对?对徐志摩的《再别康桥》,中学教师感到无从分析,你能告诉他们,从哪里发现矛盾?祥林嫂之死为什么没有凶手?《祝福》中的那个"我"为什么有负疚之感?对于小说是否多余,该如何阐释?为什么鲁迅在给傅斯年的信中说《狂人日记》"很幼稚,在艺术上不该这样的"?为什么又最喜欢《孔乙己》?那么《孔乙己》在艺术上成熟在哪里?在《最后一课》中,小弗郎士对于学习法语的转变,是可信的吗?过一天,他又故态复萌,又讨厌起法语语法来了,怎么办?在《项链》中,发现借来的项链是假的,为什么不继续写下去,把真项链换回来,弥补经济上的损失?这不是更加"环环紧扣"吗?为什么《皇帝的新装》中的人物没有个性?《愚公移山》中的智叟是真正实事求是的,有智慧的,而蛮干的,正是愚公。应不应该给智叟平反?对于"愚"和"智"的转化又该如何分析?鲁迅在《阿长与〈山海经〉》中,用两节文字介绍长妈妈的名字,不是多余吗?为什么主张尽可能将可有可无的字句删去的鲁迅,这样浪费篇幅?等等。

要解决这些微观的问题,不但要有深厚的宏观学养,而且要有具体问题具体分析的功夫,这种功夫,不是一般的,而是过硬的功夫。而这种功夫的特点,就是于细微处见精神,越是细微,越是尖端,越是有学术水平。一尺之捶,日取其半,万世不竭,彻底的分析是无所畏惧的,不可穷尽的。这正是智慧的尖端,生命的高峰体验。在这样的尖端上,教授的头衔并不能保证任何优势。

微观分析的幼稚和粗暴,策源地乃在大学课堂,长期流毒中小学,遂成顽症。大学教授们应该感到惭愧,感到脸红,感到无地自容才是。但是,现实却是,悲天悯人的教授们一个个活得很滋润。这是为什么?大学的学院体制庇护了他们。学院式的评估体系,把文本的微观分析当作"小儿科"。其实,这是愚昧。不论在自然科学还是经济科学,乃至于管理科学,微观分析都绝不是"小儿科",而是"大学问"。美国声名赫赫的

MBA,那些最名牌院校(如哈佛、西北大学)的教学,就是以个案分析为主的,甚至连毕业论文都可以省略。

宏观的基础研究和具体部门的应用研究,是根结连理的。理论物理学和实验物理学互相促进。研究宇宙以及人类的起源和发展,是大学问。研究一粒沙,从中看到整个世界;研究一滴水,从中看到大海;研究果子狸的病毒,从中找到克制SARS之道;研究果蝇,从中追寻长生之途,也是大学问。研究大脑血管,并不见得比研究乌贼鱼更高贵。宏观有宏观的难度和局限,微观有微观的难度和局限。二者不可偏废。但是,当前最缺乏的,可能还是微观的。

当然,我并不想把一切责任都归咎于大学教授,中学自有中学的问题。

缺乏微观基础的空话、套话、大话、胡话乃至黑话,本是由来已久的顽症,却在基础教育改革中,借强调师生平等对话之机,找到了合法的避难所,于是,满堂灌变成了满堂问。所问肤浅,所答弱智,滔滔者天下皆是。表面上热热闹闹,实质上空空洞洞,糊里糊涂。在处理课文的方法上作秀,多媒体豪华包装,花里胡哨,目迷五色。但是,对于文本内涵的分析却有时如蜻蜓点水,有时如木偶探海。

正是出于这样的考虑,我才把生命奉献给了个案分析。不是个别的个案分析,而是空前大量的。这不仅仅是把学问通俗化,也是在寻求学理的突破。

从做学问来说,有两种方法,一种是以宏观的理论建构为基础,把握了普遍的原理,然后高屋建瓴,在必要的时候,再作有限的个案的具体分析;另一种方法则是,在对宏观理论有了一定程度上的、普遍性的、规律性的把握以后,进行广泛的、大量的个案分析。在个案分析的基础上,发展理论,甚至颠覆权威理论。走这条路的人似乎比较少,在中国几乎是绝无仅有。但是,在西方,结构主义和解构主义者,都是以文本分析起家的。这个办法比较艰苦,有点手工业方式。但是,也有它的优越性,就是它的基础比较雄厚。以这样的文本分析为基础概括起来的理论,其可靠性和可行性都比较可观。

在这本书中,我分析了不下百篇的文本,在分析的过程中,自然贯彻着我的宏观理念,如与机械反映相对立的审美价值论,与真善美统一相对立的真善美三维"错位"理论。在方法上,用的是黑格尔的辩证法,正反合的内部矛盾转化的模式,还有结构主义的层次(表层和深层)分析法。这一切,都可以说是学术研究的普遍方法,对于中学语文教师,或者大学青年教师、研究生,可以说是进入研究领域的入门。入门阶段,在方法上应该有自身的特殊性,我想那就是可操作性。为此我提出了还原(与现象学的还原不尽相同)和比较(同类比较和异类比较,历史比较与逻辑比较)。这一切,虽然没有正面、直接、系统地展开,但是,细心的读者,在我的分析过程中,要有所感觉,甚至领悟,我想,应该是不会太困难的。

这是我第一本全部都是文本分析的书,所分析的大都是文学作品,我想在不久的将来,出版第二、第三本的时候,文本分析将贯彻到理性的议论文中去,包括像马丁·路德·金的《我有一个梦想》等。如果读者能向我提供教学中最难分析的篇目,我将不胜感激。

2006 年 6 月 23 日

第一章 在大自然面前的审美心灵变幻

前言：夏天为什么缺乏诗意经典

本章的标题是"在大自然面前的审美心灵变幻"，实际上，所选诗文，并非关于一切自然的景观，只限于季节，而且并不是一年四季俱全，只有春秋冬三季。为什么没有夏季？不是没有夏季的诗文，而是经典不多。为读者所熟知的，只有王维的《积雨辋川庄作》可以列入经典：

> 积雨空林烟火迟，蒸藜炊黍饷东菑。
> 漠漠水田飞白鹭，阴阴夏木啭黄鹂。
> 山中习静观朝槿，松下清斋折露葵。
> 野老与人争席罢，海鸥何事更相疑？

比较知名的还有周邦彦的《苏幕遮》：

> 燎沉香，消溽暑。鸟雀呼晴，侵晓窥檐语。叶上初阳干宿雨，水面清圆，一一风荷举。　故乡遥，何日去。家住吴门，久作长安旅。五月渔郎相忆否，小楫轻舟，梦入芙蓉浦。

以夏为题的诗作，与以春为题的诗作相比，不但在数量上，而且在艺术质量上，相去甚远，可以称为杰作的实在是凤毛麟角。试看元稹的《夏阳亭临望，寄河阳侍御尧》：

> 望远音书绝，临川意绪长。
> 殷勤眼前水，千里到河阳。

"音书绝""意绪长""眼前水"，好像连夏日自然景观的特点都没有接触到。而程颢的《夏》：

> 百叶盆榴照眼明，桐阴初密暑犹青。
> 深深重幕度香缕，寂寂高堂闻燕声。

"盆榴照眼""桐阴初密",似乎有一点夏日的特点,但是,"高堂闻燕",则与夏日无关,倒是有点和春天难以分辨。更主要的是,一味满足于罗列夏日自然现象,诗人的寄兴、主体情结被淹没了。这样的作品,不能不说是比较平庸的。

在中国古典诗歌中,春的意象,是多彩感兴的母题。春天是美好的,每一刻都是美好的,"春宵一刻值千金,花有清香月有阴"(苏轼《春宵》)。每一种景观都能引发诗思:春花、春月、春雨、春风、春宵、春草、春柳、春雪、春夜、春江、春情、春思、春意、春闺、春梦、春晓、春酒、春台、春雷、春泛、春宴、春宫、春游、春眺、春望,每一种姿态都能激起特殊、美好的诗语诗情,寻春、怨春、思春、问春、盼春、送春、迎春,皆成文章,不但春天带来的欢乐是美好的,而且因为春光珍贵,造成春华暂短的感觉,带来的忧愁也是美好的。春宵苦短,惜春成了传统的母题。就连春天夜里看不见、听不到、摸不着的细雨都被杜甫表现得那么精彩,就连早春远望则有、近观则无的春草,都成为韩愈的审美发现。与之相比,夏日,在诗人们心目中,赞颂的语言就不能不说有点贫乏了。夏天是万物生长的季节,本来,歌颂性的话语应该是并不缺乏的,但是,与春日苦短的母题相反,夏日苦长,却在不同诗人的笔下不断重复,成为套语。唐元稹《遣兴十首》曰:"莫厌夏日长,莫愁冬日短。欲识短复长,君看寒又暖。"皇甫冉《彭祖井》曰:"清虚不共春池竟,盥漱偏宜夏日长。"唐彦谦《六月十三日上陈微博士》曰:"穷居无公忧,私此长夏日。"项斯《寄坐夏僧》曰:"坐夏日偏长,知师在律堂。多因束带热,更忆剃头凉。"陆游《东园》曰:"晨起东园去,消磨夏日长。"宋陆游《林亭书事》曰:"吏退林亭夏日长,乌纱白纻自生凉。"《归兴》曰:"夏日尽长归亦暮,水边灯火已疏疏。"至于正面表现夏日的,往往有负面的感情。比如《水浒传》"智取生辰纲"一回中,好汉唱过:"赤日炎炎似火烧,野田禾稻半枯焦。农夫心内如汤煮,公子王孙把扇摇。"李绅《悯农》诗曰:"锄禾日当午,汗滴禾下土。"千百年来,脍炙人口。夏日,这么不受诗人喜欢,没有多少诗化的语言和想象,这很值得人们深思。如果完全归结为农业劳动的辛劳,似乎很难完全说得通,因为比之夏日,冬天更加严峻和艰辛,然而抒写酷寒的冰和雪,却产生了那么多经典的,可以列入神品的诗文。如果讲生命的舒适,夏天绝对不亚于春天,但是,在诗歌中,夏天就不如春天那样得宠。就是歌颂秋天的美好,也往往以春光为喻体,"不似春光""胜似春光",这好像已成为定则。

这也许可以用文学作品的审美价值与实用价值的错位来解释。错位的幅度越大,审美价值越升值。

也许,这样的解释,还不完全。

春天的美,是无限丰富的,不仅因为春天本身,而且因为诗人的情感的历史积累。

这是全部理由吗？可能还不完全。

诗人情感的历史积累是通过形式，或者体裁的。

在不同的体裁中，春天有不同的美。诗歌有诗歌的美，散文有散文的美。代代相传，培养了读者的趣味，也就形成了阅读的期待，不同文体有相通的地方，也有不尽相同的地方。

朱自清的散文《春》，充满了诗意："小草偷偷地从土里钻出来，嫩嫩的，绿绿的。"这和诗意是相近的，但是，"坐着，躺着，打两个滚，踢几脚球，赛几趟跑，捉几回迷藏。风轻悄悄的，草软绵绵的"。这样的抒情，是不是不太像诗？这显然是散文的抒情。林斤澜在《春风》中这样写："麦苗在霜冻里返青了，山桃在积雪里鼓苞了。清早，着大靸鞋，穿老羊皮背心，使荆条背篓，背带冰碴的羊粪，绕山嘴，上山梁，爬高高的梯田，春风呼哧呼哧地，帮助呼哧呼哧的人们，把粪肥抛撒匀净。好不痛快人也。"大靸鞋、老羊皮背心、带冰碴的羊粪：铺排的意象，充满了激情，但是，和我们习惯了的诗情画意，是不是差异很大？这里是不是透露出散文的表现力的优越？是不是可以说，完全是古典诗歌中的想象境界以外的？

以秋为题材的，道理也是一样，郁达夫在《故都的秋》中，特别强调了"都市闲人"，虽然是在都市里，却穿着传统的衣裳，"很厚的青布单衣或夹袄"。不但样式是传统的，从其厚度也可看出是手工织布机的产品。一般来说，都市生活的节奏是紧张的，身在都市而"闲"的人，连说话都用"缓慢悠闲的声调"，这里强调的是，世俗之人体现着文人情调，达到了俗而不俗，大雅和大俗的交融。其中的美，更多是属于散文的。

至于《花儿为什么这样红》，作为科学普及散文，则又是另外一番趣味，花儿五彩缤纷的颜色，由花青素决定，分别从物理、化学、光学来阐释，丰富而单纯，这是一种科学的美，这是一种智趣，和诗的情趣又有不同。

春天的美，是不可穷尽的。

除了形式因素以外，历史的、流派的因素也不能忽略。

艾青在《春》的最后自问自答，春来自何处，春来自郊外的墓窟。这就不仅仅是抒情，更是智性的突兀和冲击。这是受西方现代派影响的表现。这里春天的美、桃花的美，美在对抗恐怖和凶残的黑暗，美在思想的冲击力。

解读作品的目的，不但要体悟自然之美，而且要体悟诗情之美和形式之美。

春天：九种不同的古典诗情

江南春　杜牧

千里莺啼绿映红，水村山郭酒旗风。
南朝四百八十寺，多少楼台烟雨中。

这首诗看来简单，没有一个字不认得，也没有什么看不懂。但是，要说出它的好处来，却不容易。第一句，"千里莺啼绿映红"，说的不过是长江南岸的春天，鲜花盛开，处处鸟语鸣啭。问题在于，直接说"处处"，就没有什么诗意，一定要说"千里"。在诗歌里，数字，是认真不得的。但是，恰恰有一个人，在这首诗写出来以后几百年，也就是明朝，还是个有一点名气的诗人，对这个"千里"发出了疑问，此人名叫杨慎。他说："千里莺啼，谁人听得？千里绿映红，谁人见得？若作十里，则莺啼绿红之景，村郭、楼台、僧寺、酒旗皆在其中矣。"（杨慎《升庵诗话》）这个问题，当时没有人能够回答。又过了几百年，到了清朝，有一个人叫何文焕，他说："'千里莺啼绿映红'云云，此杜牧《江南春》诗也。升庵谓'千'应作'十'。盖'千里'已听不着、看不见矣，何所云'莺啼绿映红'耶？余谓即作'十里'，亦未必听得着、看得见。"①

这种抬杠，在逻辑上属于反驳中的导谬术：不直接反驳论点，而是顺着你的论点，推导出一个荒谬的结论来，从而证明你的论点是错误的。

何文焕最后说，杜牧说"千里莺啼绿映红"，不过是说诗人觉得到处都是花香鸟语而已。

和何文焕比较起来，杨慎就显得呆头呆脑。因为在他内心深处，有一个潜在的前提，就是诗歌一定要如实地反映客观现象，不如实就不能动人。这是一个极大的误解。何文焕的原则与杨慎有根本的区别，他认为诗歌只要表现诗人自己的感情和感受就行了。这在当时是一种直觉,今天我们已经有了文艺心理学,大家都知道,诗人带上了感情,感觉就可能产生变异,在语言上就有夸张的自由。没有这种自由,就不能想象;没有想象,就没有诗歌。

想象、虚拟、假定是理解诗歌的关键,在这一点上不清楚,在许多很简单的问题上,就会闹笑话。

进入想象和假定、虚拟境界不仅是诗人的自由,而且是读者的自由,诗人用自己的自由想象,激发起读者的想象,带动读者在阅读中把自己的感情和经验投入到文本的理解中,一起参与创造。越是能激起读者想象的作品(不管这种想象是否绝对符合作者的初衷)越有感染力。读者的想象也是一种创造,这不仅仅表现在所谓"夸张"这一类现象中,而且表现在许多微妙的方面。如下面一句"水村山郭酒旗风",如果用杨慎的逻辑来推敲也是有问题的:除了水村、山郭、酒旗以外,就什么也没有了?怎么光有酒旗,为什么没有提到酒店呢?风吹着酒旗,为什么没有人呢?等等,这样的问题,是问不完的。但是,这种问题是外行的问题。

诗人调动读者的想象来参与,却并不提供信息的全部,他只提供了最有特点的细部,把其他部分留给读者去想象,让读者用自己的经验去补充。诗歌的语言越能调动想象,越有质量。关键是要有效地调动。诗人要表现的客观世界和主体情感是无限丰富的,人类的语言不可能全部表达出来。诗人只能选取其中最有特征的部分。特征不是整体,但是它可以刺激读者的联想或想象,把他们的经验和记忆激活。被诗人排斥了的部分就由读者凭自己的想象去填充。所以诗人的语言,从正面来说,要抓住有特点的局部,从反面来说,就是要大幅度省略,在特征以外留下空白。

回到这首诗上来,为什么诗人只提供了几个意象:水村、山郭、酒旗和风,就抓住了最有特征的部分?这句诗的省略是很大胆的,四个意象之间的空间关系并不确定。它们是任意的并列还是意象叠加(美国的意象派就是这样说的)呢?好像没有必要太认真,对于想象来说,精确的定位,是有害的。

要彻底弄明白这个问题,还要明确:诗歌的想象性与语法存在着一点矛盾。

从语法上说,四个名词并列,连介词和谓语动词都没有,连一个独立的句子都构不成。但是,这并不妨碍读者在脑海里把它想象成一幅图画。若是把四者的关系用动词和介词规定清楚了,反倒有碍诗意的完整了。有人说,这正是苏东坡所提倡的诗中有画、画中有诗的好处。有人则更进一步,说从中可以看出诗人"经营位置"的匠心。这样说就有点过分了。因为在绘画中,事物的空间位置不能不是固定的,而在诗中,意象的空间位置不确定,才有利于读者的自由想象。最明显的莫过于酒旗和风的关系,这关系是浮动的。这是很好的诗句,但是,如果拘泥于现代汉语语法,读者就可能追问:是风中酒旗在默默地飘舞呢,还是酒旗被风吹得呼啦啦响呢?

正是由于意象浮动,不确定,才有利于诗人和读者的自由想象双向互动。从语言上讲,这有利于精练,本来要许多句子才能讲清楚的,现在只要一句就成了。这叫作诗句的"意象密度"。密度越大,越是精练。

既然意象浮动的方法有这样的好处,就应该一直这样浮动下去吗?课堂上,教师可以向学生提出这样的问题:第三、四句诗,杜牧是不是运用同样的方法呢?似乎不是。

"南朝四百八十寺,多少楼台烟雨中。"完全是另外一种句法。

前面两句的好处是十分精练,把好几句话合并成两句话,后面怎样呢?后面的两句,说的是有许许多多的寺庙,第三句还难得地提供了精确的数字,那么第四句有没有提供新信息呢?似乎不多。只把前面的"四百八十寺",变成了"楼台"和"烟雨"的意象。

这不是把本来一句话可以说完的,分成两句说了吗?

但是,楼台和烟雨是局部,而前面的千里莺啼和水村山郭、四百八十寺,则是大全景。全诗形象的中心是楼台和烟雨。很明显,对于楼台和烟雨,作者不满足于华美的印象,他先是总体感受(四百八十寺,是一个目测),然后把它们笼罩在江南特有的烟雨之幕中,玩味、发现、感叹。因为烟雨之中的朦胧,让诗人发现了佛寺之美,其特点是有点缥缈、超凡脱俗的。接着,诗人将这种美的欣赏转化为历史的感叹,南朝已经灭亡了,但寺庙之美却没有变化。

这里有个玩味、发现和激起感慨的过程,如果只用一句话,精练是精练了,心理的过程,特别是景观欣赏和历史感叹的双重意味却没有了。用两句来写,就显出了心理感知的微妙层次。

从语言上来说,这样完整的句法、句子间逻辑的连贯性和前面两句的词组并列关系,是一种对比,诗句结构在统一的音节中,增加了变化。

任何一种艺术方法,都要有节制地使用,就是精练的句法,也不是用得越多越好。反复连续地使用意象浮动的方法,可能给人堆砌之感,意象的密度太大,对内心感受层次的展示反倒有妨碍。

并不是景象写得越美好,越有诗意,而是内心的触动越精致,越有诗意。拿杜牧这首和张籍的一首同题诗相比,就很能说明问题:

江南杨柳春,日暖地无尘。渡口过新雨,夜来生白蘋。

晴沙鸣乳燕,芳树醉游人。向晚青山下,谁家祭水神。

——张籍《江南春》

诗当然不算差,但光是眼睛在动,内心的动作不太明显,景物之美非常丰富,情感却被淹没了。

注:

① 何文焕《历代诗话考索》,《历代诗话(下)》,中华书局1981年版,第832页。

游园不值　叶绍翁

应怜屐齿印苍苔,小扣柴扉久不开。
春色满园关不住,一枝红杏出墙来。

"应怜屐齿印苍苔","怜"字值得推敲。怜什么呢?从句法来说,怜的对象是屐齿,但是,屐齿有硬度,大概不用太多怜惜。怜的对象应该是"苍苔",它是屐齿"印"的对象。路上有苍苔,应该是人迹长久不到的结果。被屐齿印出痕迹的苍苔比之屐齿更足可怜、可爱、珍爱。但,怜惜的是苍苔,还是园子内外人迹罕至的宁静呢?或者二者都一样弥足怜爱?这一切也许不应该过分拘泥。应该认真体会的是,从这个"怜"字中透露出的诗人的心理特征:这是个外部感觉很精致、内心也很敏感的人。

这种精致和敏感还可以从下面一句"小扣柴扉久不开"来体悟。

小扣,是轻轻地扣。但是,久扣不开,是不是要重扣一下呢?诗人没有说后来改变了策略,应该是一直"小扣"。这个人不但细心,而且很有耐心,很珍惜园子的宁静。

尽管热爱宁静,但柴门久扣不开,是不是有些扫兴?诗人也没有交代,或者是来不及交代吧。随即便有一个意外的现象,转移了他的注意:门墙里的红杏冒了出来。这神来之笔,成了千古名句。原因可能是:

一、这句表现了诗人心理上一个突然的转折,久扣的沉闷为一个惊喜的发现所代替。春天已经来了,这么美,这么突然。

二、这个发现的可喜还在于,是一枝红杏,而不是一树红杏。如果是一树红杏,那意味着春天早已到来。而一枝红杏,则是最早的报春使者,"最早"和"我"不期而遇,是"我"的发现。

三、这是一刹那的惊喜,没有准备的欢欣,无声的、独自的欢欣,不仅是对大自然的变化的发现,而且是对自我心灵的发现。

四、一般地说,诗句的好处,是不能脱离全诗来理解的,但这两句在长期的传诵中,却常常被独立引用。有时表现在外界重压下抑制不住的生气或者活力;有时则具有了由格言式的意义衍生出的寓意;红杏出墙,用在男女关系上,表示女方有外遇。

春天的美好,也有这样偶然地被发现的。

这和杜牧满眼鸟语花香的纵目远眺,是很不一样的,不一样不仅在景色,更在心情和胸怀。

这首诗写得很精彩,其中的"一枝红杏出墙来"成了千古名句。但,美中不足的是,这个句子不是作者的原创,而是从陆游的《马上作》中抄来的。陆游的原作如下:

平桥小陌雨初收,淡日穿云翠霭浮。

杨柳不遮春色断,一枝红杏出墙头。

这当然有点煞风景,但奇怪的是,陆游的原作,在多少年的流传中,却不及叶绍翁这句诗这样脍炙人口。这也许可以说明,叶氏不仅仅是抄袭,还是有一点创造的。从全诗来比较,二者有明显的差异。在陆游的原作中,前面两句是一般的欣赏美景,第三四句,基本上仍然是对美景的欣赏,不过想象更加活跃了,不是一般地描写杨柳和红杏之美,而是把杨柳与红杏的关系想象成为:1. "遮"与"不断"的矛盾关系;2. 把这种关系,和春色之美联系起来,构成一种因果:因为丰茂的杨柳,遮不断红杏,有了色彩的反差,春色才显得如此美好。这两句比之前两句,情致要活跃得多了。

但是,比之叶绍翁的"春色满园关不住,一枝红杏出墙来",就要逊色一些。因为,第一,叶绍翁是在耐心地扣门,却久扣不开的情况下,突然发现红杏一枝的,充满了惊异,为春色之美而激动,和前面的宁静、专注于扣门,构成了一种张力,或者叫作对比。第二,这种美好,不仅仅是外部世界景物的美好,而且是内心突然和自我发现。陆游在诗中,以杨柳为背景,衬托出一枝红杏,是很有表现力的,特别是"遮"字,让读者调动想象,好像杨柳是有意志的,但是不管杨柳多么茂密,也遮挡不住"一枝红杏"。叶绍翁同样利用了陆游的"一枝",以一点红色为由头,先把"遮"字改为"关"字。这个"关"字很有讲究,一是来得自然,上承久扣不开的柴门;再是联想的过度自然顺畅,下启超越性的想象。柴扉只能"关"人,而诗中的"关"所暗示的不是人,而是一种看不见摸不着的"春色"。这是想象的飞跃,也是语义的双关。下面与此相对应的是"出"字,和陆游一样。但是,由于承接的是"关"字,同样一个"出"字,就具有更强的感觉冲击力,为静态的红杏带来了动势。这其实已经不是在描绘或者单纯地欣赏风景,而是通过更加主动的想象,抒发诗人心目中对春色之美的感叹。春色不是像在陆游的诗里那样遮挡不住的,而是封闭不住,压抑不住的。叶绍翁用了"满园",一方面,紧扣柴扉的环境特点,另一方面,以"一枝"之微,与"满园"之盛,形成对比。最后,在陆游那里,杨柳和红杏所显示的春色,是诗人的视觉直接接触到的,而叶绍翁的"春色满园"却完全是想象,是诗人带动读者在想象。对于读者来说,光有直接感知的外部世界的美好,还是比较表面的,只有激活内心世界的想象,才更能受到诗情的感染,获得更多的享受。

玉楼春　宋祁

东城渐觉风光好,縠绉波纹迎客棹。绿杨烟外晓寒轻,红杏枝头春意闹。　　浮生长恨欢娱少,肯爱千金轻一笑。为君持酒劝斜阳,且向花间留晚照。

这是一首词,表现城市春天的游乐生活,有明显的商业市井色彩。这从"縠绉波纹迎客棹"的"客棹"中可以看出,船是租来在水上划着玩的。作者也很注意表现春光的美好,突出气候的特点:一方面晓寒还在,一方面绿杨已经笼烟。作者精心地把这种乍暖还寒的风物,组织成一幅图画,把晓寒放在绿杨之外,加上一点雾气(烟),让画面有层次感。想来,这一句费了作者不少心力,却并没有在后世读者心目中留下多么惊喜的印象,倒是下面一句"红杏枝头春意闹",轰动一时,作者也因此被称为"红杏尚书"。

其实,这句最精彩的也就是一个"闹"字。因为是"红"杏,用"闹"字,就显得生动而贴切;如果是"白"杏呢? 就"闹"不起来了。

但李渔不以为然:"若红杏之在枝头,忽然加一'闹'字,此语殊难著解。争斗之声谓之闹。桃李争春则有之,红杏闹春,予实未见之也。'闹'字可用,则'吵'字、'斗'字、'打'字皆可用矣。……予谓'闹'字极粗俗,且听不入耳。非但不可加于此句,并不当见之诗句。"(李渔《窥词管见》)①

李渔的抬杠是没有什么道理的。因为在汉语词语里,存在着一种潜在的、自动化的联想机制,热和闹,冷和静,天然地联系在一起,说"热"很容易想到"闹",而说"冷"也很容易联想到"静"。红杏枝头的红色花朵,作为色彩本来是无声的,但在汉语里,"红"和"火"自然地联系在一起,如"红火"。"火"又和"热"联系在一起,如"火热"。"热"又和"闹"联系在一起,如"热闹"。所以红杏春意可以"闹"。这个"闹",既是一种自由的、陌生的(新颖的)突破,又是对汉语潜在规范的发现。正是因为这样的语言艺术创造,作者获得了"红杏尚书"的雅号。

故王国维《人间词话》说:"'红杏枝头春意闹',着一'闹'字,而境界全出。"②

为什么不可以说,红杏枝头春意"打",或者春意"斗"呢?"打"和"斗"虽然也是一种陌生的突破,但却不在汉语潜在的联想机制之内,"红"和"斗"、"打"没有现成联系,没有"热打"和"热斗"的现成说法。

词语之间的联想机制是千百年来积累下来的潜意识,是非常稳定的,不是一下子能够改变的。虽然现代科学有了进展,有了"白热"的说法,但在汉语里,仍然没有"白闹"的固定联想。这是因为"白热"这一词语形成的时间太短了,还不足以影响民族共同语联想机制的稳定性。

这首词的下半阕,流露出商业娱乐场里的情绪:"浮生长恨欢娱少,肯爱千金轻一笑。"把生命当作"浮生",意思是生命的价值是缥缈的,生命是短暂的,相比起来,欢乐总是不够,为了博得(女性)一笑,就是一千金,哪里会吝惜!这是从反面衬托生命短暂。最后两句:"为君持酒劝斜阳,且向花间留晚照。"为什么要劝酒斜阳?斜阳就是夕阳,晚照也是夕阳,都有晚年的意思。这两句总体是说年华瞬息即逝,还是及时行乐吧。

即使在春天,美好的春天,红杏闹春的季节,也会产生这样的情绪。作者还是个官员,一个大知识分子,和欧阳修一起撰写过官史的人。一方面,我们可以感受到,这个官员不算是虚伪的;另一方面,他多多少少有一点浪荡吧。他居然可以这样浪荡而自得,而且将之诗化,这也许是要一点勇气(包括道德的和艺术的)的吧。

注:

①② 王兆鹏编《唐宋词汇评》第一册,浙江教育出版社 2004 年版,第 180 页。

鹧鸪天　代人赋　辛弃疾

陌上柔桑破嫩芽,东邻蚕种已生些。平冈细草鸣黄犊,斜日寒林点暮鸦。　　山远近,路横斜,青旗沽酒有人家。城中桃李愁风雨,春在溪头荠菜花。

辛氏这首词,也是表现春天的美好的,但和宋祁的很不一样。从一开始就可以看出来,辛氏强调的不是宋祁式的市井的繁华和欢乐的享受,而是农村的朴素和自得。

作者对农村的感情,和传统的山水田园诗有点相近,但又有很明显的不同。他不是游山玩水,也不是欣赏自然风光,他在农村安身,对农事和农时,有更细致的关注:

"陌上柔桑破嫩芽,东邻蚕种已生些。"从某种意义上来说,农事和农时是实用的,并不一定有士大夫的诗意,但辛氏对农事和农时的种种现象,用一种隐含着欣赏的眼睛去观察,使这些本来平淡的细节被一种默默的喜悦统一起来。陌上桑芽,邻家蚕种,本来很琐碎,更像是散文意象,将它们转化为诗,应该是不容易的。桑芽,还比较好说。蚕种,在辛氏以前,可能还不曾进入过诗歌。至于牛犊,在前人的"农家乐"主题里是有过的,但是让它叫起来,还要叫得有诗意,并且和蚕种之类统一起来,恐怕不但得有一点勇气,还得有点才气。关键是,诗人先用了一个"破"字,和桑芽的"嫩"联系在一起。这在联想上似乎有矛盾:"嫩"怎能"破"?但是,这正是早春的特点所在,也隐约表现了诗人的关注和发现。至于"蚕种生些",说的不是蚕种,而是从蚕种开始蠕动起来的小蚕蚁,也是初生的、少量的,虽然很不起眼,诗人却为之注目。这里有诗人悠闲的心态,有一种默默的体察和喜悦。

下面的"斜日寒林点暮鸦"中,"寒林暮鸦"本来是有很浓的文人山水田园格调的,但这里没有落入俗套,就好在这个"点"字,用得很有韵外之致。点者,小也,远景也。在斜日寒林的空旷背景上,一个"点"字,使遥远的视觉不但不粗疏,反而成了精致的细节。对于大自然的美好的专注,是传统文人山水诗的趣味;而牛犊的鸣叫和蚕种的生息,则属于一种农家田园趣味。作者不是作为文人去欣赏农家之乐,而是以欣赏农事的眼光来体味家园之美。

辛氏这首词有一个突出的特点,就是交织着两种情趣,一是大自然山水画之美,一是人间田园之美。这里的田园和一般山水田园诗中的田园又有一点区别,更多的是家园。它不是暂时的,客居的,而是属于自己心灵的家园。

这首词还有一个特点长期被读者忽略,那就是,全词本来是抒情的,但在语言上,却大体都是叙述,甚至充满了白描。"山远近""路横斜""青旗""沽酒""人家",和杜牧《江南春》中"水村山郭酒旗风"是同样的意境和手法,但辛氏和杜牧不大相同,他不是以城市人的眼光来欣赏山水田园,而是把田园当作了家园,并且表示,田园和家园比之城市要精彩得多:

城中桃李愁风雨,春在溪头荠菜花。

城市中的春天当然也是美好的,但那里的春天和美艳的桃李花联系在一起,那里的春天也像桃李花一样短暂,经不起风吹雨打。诗人用一个"愁"字点出了他的倾向。时尚是一种潮流,能得到最广泛的认同,但时尚又是瞬息万变的,桃李花会因处于时尚之中，而免不了为不可避免的淘汰而忧愁。田园和家园里的春天，不应该有城市中的桃李那样美艳，因为它和农村田野的花联系在一起。李白在宫廷供职的时候，曾选择将柳和春天相联系：

> 寒雪梅中尽，春从柳上归。
>
> ——李白《宫中行乐词八首》

这些诗意都是现成的，辛弃疾的选择就偏要与桃李柳等等拉开距离，而且要与之有对比。这就意味着他的选择不是现成的。这对辛弃疾是一个严峻的考验。最后他选择了农村中最不起眼的荠菜花。而且把话说得很彻底："春在溪头荠菜花。"好像在荠菜以外，就没有春天的景象了似的。是这种高度集中的想象，才使得荠菜花的诗意中隐含着发现和惊喜。这一方面表现了田园和家园的朴素，另一方面又表现了对荠菜花长期被漠视的成规的颠覆。

历史证明，他的选择，是一次成功的探险：

一、它的成功在对比上。首先，在色彩上，和桃李是鲜明的对比；其次，在受欣赏和被漠视方面，二者的对比也是很鲜明的。

二、它的成功还在想象和观念的更新上。桃李虽然鲜艳而且倍受瞩目，但生命却很脆弱；荠菜花从色彩到形态都不及桃李，但是它有自在的生命，不以世俗的欣赏为意。

三、它的成功更重要的是在想象的开拓上。在辛弃疾写出这首词以前，从来春天的美好都是和鲜艳的花联系在一起的，这种联系已经成为一种潜在的成规，好像在鲜艳的花朵以外，再也没有什么新的可能似的。辛弃疾以他的创造显示，春天的美好还可以从最朴素、最不起眼的荠菜花开拓出新的想象天地。桃李花的美，已经被重复而变得有点俗气了，而荠菜花的美却经历了近千年的历史考验。

四、这首诗，在用词方面非常大胆。一般说，词比诗更接近口语，更有世俗的情趣。这里的"青旗沽酒有人家"的"有"，"春在溪头荠菜花"的"在"，都是律诗绝句中可能需要回避的，但用在这里既很口语化，又对应了平民家园的心态。这同样也是一种诗意。

看来，辛弃疾对这个荠菜花很有点得意，在同一组诗作中，他又用了一次，但诗化的程度却明显逊色。

> 春日平原荠菜花，新耕雨后落群鸦。多情白发春无奈，晚日青帘酒易赊。

闲意态,细生涯,牛栏西畔有桑麻。青裙缟袂谁家女,去趁蚕生看外家。(《鹧鸪天·游鹅湖醉书酒家壁》)

春夜喜雨 杜甫

好雨知时节,当春乃发生。
随风潜入夜,润物细无声。
野径云俱黑,江船火独明。
晓看红湿处,花重锦官城。

开头两句可以说起得平平,没有什么惊人之处。勉强要说,只有第一句中的"知"字,把雨当作有生命、有意志的对象来表现,用得轻松,不着痕迹,轻轻带过。但诗人却不在这一点上下功夫展开想象。如果真的要往下发展,把雨写得有生命,有意志,就不是这首诗沉潜、凝重的风格了,而是强烈的情感流泻的风格了,与全诗表现一种默默的、无声的、自我体验的温情不相统一了。

题目叫作"春夜喜雨"。春雨,是表现的对象;夜,提供了感觉的特殊条件。喜,才是全部感情的主线。但是,全诗中没有"喜"字,着力表现的是无声的喜的感觉。因为是无声的,便更加是内心深处的。

喜,因春雨而起,但这雨在夜里。夜里的雨和白天的雨不一样,它是看不见的。所以第二联就写这个看不见:"随风潜入夜,润物细无声。"雨随着风,一般应该是有声势的,但这里却是"潜入"的小雨,偷偷的,无形、无声、无息的。接着是"润物细无声",不但看不见,而且听不到。感官无法直接感知,可诗人还是感觉到了,凭着敏锐的想象吧。这里的关键词是"细"和"润"。这就让读者感受到了春雨的特点:细、小、微,细微到视觉和听觉都不能直接感知,但诗人还是感觉到了。这表现的是什么感觉?过细的感觉,"润"的感觉,不用看,也不用听,外在感官不可感,却流露了内心感受的喜悦。所"润"之物,当然是植物——农作物。说的是物之被润,表现的却是心的滋润。无声的微妙胜过有声。只有心灵过细的人,才能感觉到这本来不可感觉的感觉;只有具有精致的内在感受力的诗人,才能为生命看不出来的潜在生长而体验到默默的欣慰;只有关切国计民生的人,才能为一场无声的细雨感到由衷的欣慰。

读这样的诗,第一,要抓住诗人表现的雨的特点,是夜里的雨,看不见、听不见的。第二,要抓住夜雨的感觉特点,把不能感觉的感觉,感觉到内心深处去。虽然无声无息,但却感到了"润物",在那个以农为本的时代,在那个战乱的日子里,这便自然有一种欣慰之感。

诗凭什么感人?一般说是以情感人,陆机《文赋》中说"诗缘情"。这大致不错,但这还不完全,还要加以补充。如果把情感直接说出来是不能感人的,诗要通过特殊的感觉来传达感情。在这里,如果杜甫直接说他为春夜的雨而感到喜悦,那就不是诗。杜甫在整首诗里,一个"喜"字也没有,但却提供了一系列很微妙的喜悦的感觉,让读者体验这种别人感觉不到的精致的感觉。这就叫感染。

"润物"这句诗看来没有多少惊人的词语,但在千年传诵的过程中,衍生出了象征意义(如形容某种思想和人格对他人的熏陶),诗句内涵的召唤性,其潜在量之大,正是诗句成功的标志之一。

下面两联转换到外部感官上来。第三联:"野径云俱黑,江船火独明。"因为雨有利于国计民生,所以它是美的。这种美用光和色的反衬来体现:云,一片漆黑,提示了地域特色——平原和江河。只有在平原上,视野开阔,云才会在田野的小路上;大幅度的黑色背景是雨之浓也,用船上唯一的灯火来反衬,很明显是为了突出雨夜之黑,和那一点温暖的光,二者在互相反衬中显得很生动。

这种手法是我国古典诗歌常用的,如柳宗元的《江雪》:

千山鸟飞绝,万径人踪灭。
孤舟蓑笠翁,独钓寒江雪。

前面用"绝"和"灭"来强调千山万径一片空白,后面用"孤"舟和"独"钓来突出唯一的人物,打破了空白。又如王安石在《咏石榴花》中写道:

浓绿万枝红一点,动人春色不须多。

还有,前面我们已经分析过的:

春色满园关不住,一枝红杏出墙来。

光有这样一种大笔浓墨的图画,在杜甫看来,可能还不足以充分显示春雨的可爱、可喜。于是他在最后一联再来一个对比:"晓看红湿处,花重锦官城。"诗人用第二天早晨的明亮,反衬昨夜春雨的效果:第一,这下子不是看不见了,而是看得很清楚,很鲜明,红红的。但这还不够,还要加重感觉的分量——"湿"。这就点出了和一般日子里的红花的不同,雨后的红花,红得水灵灵的,这是绘画上强调的"质感"。第二,更为精彩的是,杜甫强调了雨后红花的另一个特点,就是"重"的感觉。这是绘画艺术上强调的"量感"。花的茂盛,花的潮湿,变成了花的重量感。用重的分量,来表现花的茂盛,这是杜甫的拿手好戏,他在《江畔独步寻花七绝句(其六)》中写道:

> 黄四娘家花满蹊,千朵万朵压枝低。

不过这一次用的字眼是"压"而不是"重"。反过来,还有另外一种量感,比如秦观在《浣溪沙》中说:

> 自在飞花轻似梦。

突出花的量感,说它"飞"还不够,还要把它和缥缈的梦联系起来,让读者去体悟其中的意味。

前面已经说过这首诗的题目中有个"喜"字,但通篇不见"喜"字,可是读者仍然能感觉到喜悦之情,这是因为,所有的喜悦都渗透在关键性的感觉之中,在用得特别精彩的语言中,读者从无声的"潜入"、悄然的"润物",从"云俱黑"、"火独明",从红湿而下垂的花朵中,感到了杜甫的欣喜。他的喜悦有两种:一是默默的、内在的、不形于色的;一是外在的、视觉的。如果没有这些细微的感觉,这些恰到好处的语言,杜甫的喜悦就是直说出来,读者也是没有感觉的。

咏柳　贺知章

> 碧玉妆成一树高,万条垂下绿丝绦。
> 不知细叶谁裁出,二月春风似剪刀。

旧版人民教育出版社初中语文课本第一册上选了贺知章的《咏柳》,诗后还选了一位唐诗研究权威的赏析文章,阐释这首诗的好处在于:第一,万千柳丝表现了"柳树的特征"。不但写了柳树而且歌颂了春天。第二,从"二月春风似剪刀"中看到,诗人歌颂了"创造性的劳动"[①]。

这样的阐释,几乎是无效的,根本经不起推敲。

写出了(反映了)对象的特征,就是好诗吗?抒情诗以什么来感人呢?是以客观对象的特征来感人,还是以主观情感动人?

这样的阐释，也是扭曲的。这是一首唐朝高级知识分子写的诗，他的脑袋里有"创造性的劳动"这样的观念吗？再说，一首好诗，一定要有如此这般的道德教化作用吗？

这表明机械唯物主义和狭隘功利论，至今仍然在严酷地束缚着我们。其特点就是连分析抒情诗都不敢强调是人主观的情感感动了人。

正是因为这样，这些赏析文章才不得要领，时时用一些不着边际的话语来搪塞读者，如"构思新颖""比喻十分巧妙""形象突出"。岂不知，读者期待的正是构思新在哪里，比喻如何巧妙，巧在哪里，形象是如何突出的等等。

机械反映论的特点，是满足于客观对象和艺术形象之间的统一性。因而，虽然文章的题目叫作"赏析"，却没有任何分析。本来所谓分析，起码应该分析矛盾，如果拘泥于统一性，就谈不上矛盾。号称分析，却为什么连矛盾的边都沾不上呢？因为一切经典文本的形象都是完整的、天衣无缝的，从表面看来是没有矛盾的。矛盾是分析出来的。而分析是要有方法的。

这种方法并不神秘。粗浅地说，就是"还原"[2]，也就是根据艺术形象提供的线索，把未经作家加工的原生的形态想象出来，找出艺术形象和原生形态之间的差异，有了差异就不愁没有矛盾了。

在这首诗里，最精彩的是后两句，"不知细叶谁裁出，二月春风似剪刀"。赏析文章说，"比喻很巧妙"，巧在哪里呢？用还原的方法，首先就要问，"二月春风"原来是不是"剪刀"？当然不是。不是剪刀，却要说它是剪刀，就有两种可能。第一，是歪曲了，但是，诗歌给人的感觉不是歪曲，而是充满了感染力，而且经受住了一千多年的历史考验。第二，可以肯定它是很艺术的。第三，矛盾在于，本来"春风"是柔和的，温暖的，一般，不大好用剪刀来形容的。有人说，二月春风，虽然说的是阴历，等于阳历的三月，毕竟还是初春，还有一点冷，所以用刀来形容并不是绝对不合适的。这有一点道理。但是，同样是刀，为什么只有剪刀，比较贴切？如果换一把刀——二月春风似菜刀——行不行呢？显然是笑话。这是因为，汉语的潜在特点在起作用。前面一句"不知细叶谁裁出"中有个"裁"字，后面的"剪"字才不突兀。如果用英语，就没有这种联想的自由和顺畅。在英语中，"剪"和"裁"，并没有这样现成的组合关系，而是两个不相干的词，cut 和 design。

这是诗人的锦心绣口，对汉语潜在功能的成功探索。

而这种成功的探索，表现的并不仅仅是大自然的特征，更重要的是诗人对大自然的美的惊叹。美在哪里呢？

前面一句说"万条垂下绿丝绦",意思是柳丝茂密。按还原法,一般的树,枝繁则叶茂,而柳树的特点不同,枝繁而叶不茂。柳丝茂密,而柳叶很纤细,很精致。诗人发现了这一点,就觉得这很是了不起,太美了。

再用还原法:本来柳丝柳叶之美是大自然季节变化的自然结果,但诗人觉得,用无心的自然而然来解释是不够的,应该是有意剪裁、精心加工的结果。诗人想象这种美的欣赏和感叹,本身就有独立的价值,不用去依附道德教化和认识价值,这叫审美价值。

春天的柳叶柳丝之美,在诗人看来,比自然美更美。

有了还原法,诗中一系列矛盾就都显示出来了。

第一、二句的矛盾:柳树本不是碧玉,但就要说它是玉,柳叶不是丝的,却偏偏要说它是。这里当然有柳树的特征,但更主要的是诗人的情感特征——用珍贵的物品来寄托珍贵的感情。从语言的运用上来说,这样的说法,并不见得特别精彩。这种手法在唐诗中是很普遍的。最为精彩的,是后面两句,把春风和剪刀联系起来以后,前面的句子也显得有生气了。剪裁在古代属于女红,和妇女联系在一起。有了这个联想,前面的碧玉"妆"成,就有了着落了。女红和"妆"是自然联想。这首诗在词语的运用上就显得和谐统一了。但光是这样分析似乎尚未穷尽这首诗全部的艺术奥秘。因为裁剪之妙,不光妙在用词,而且妙在句法上。

"不知细叶谁裁出,二月春风似剪刀。"诗人明明要说是二月春风剪出来的,却为什么先说"不知"?这首诗之所以精致,就是因为诗人追求句法在统一中的错综。精彩的唐诗绝句,往往在第一、二句是陈述的肯定语气,第三、四句,如果再用陈述语气,就会显得呆板,情绪节奏也嫌单调,不够丰富。绝句中的上品,往往在第三句变换为祈使、否定、疑问,或者感叹。如王维的《送元二使安西》:

渭城朝雨浥轻尘,客舍青青柳色新。
劝君更尽一杯酒,西出阳关无故人!

这里的第三句和第四句是祈使句和感叹句。

如王翰的《凉州词》:

葡萄美酒夜光杯,欲饮琵琶马上催。
醉卧沙场君莫笑,古来征战几人回。

这里的第三句是否定语气,第四句是反问的感叹语气。

如王之涣的《凉州词》：

> 黄河远上白云间,一片孤城万仞山。
> 羌笛何须怨杨柳,春风不度玉门关。

这里的第三句是疑问语气,第四句是否定语气。

如王安石的《泊船瓜州》：

> 京口瓜州一水间,钟山只隔数重山。
> 春风又绿江南岸,明月何时照我还？

这里的第四句是疑问语气。

再如赵师秀的《约客》：

> 黄梅时节家家雨,青草池塘处处蛙。
> 有约不来过夜半,闲敲棋子落灯花。

第三句是否定语气。

以上所有的句法结构都是在统一中求变化,在第三、四句让句法和语气变化。所以元代诗论家杨载在《诗法家数》中特别强调绝句主要在第三句"转"的功力。因为像绝句这样每句音节都相同的单纯节奏,只有在第三句或者第四句的语气上转折一下,才不至于显得单调,这种在语气的统一和变化中达到的和谐才不呆板。[3]

从文化批评的角度来说,这首诗虽然在外部节奏和内在情绪上统一而又和谐,但其根本内容却表现了对妇女的一种固定观念,亦即,她们的美,是与化妆和女性的手工联系在一起的,不论是"妆"还是"剪刀",不论是"碧玉"(小家碧玉)还是"丝绦",都是某种男性趣味的表现,是供男性欣赏的,这明显是男性话语霸权的一种表现。

如果这样分析,这首诗的美,就有被解构的可能。

由此可以看出,包含在这样一首小诗中的矛盾是多元的,光从一个方面揭示出一重矛盾,已经难能可贵,要从多方面加以揭示,难度是很大的。传统的机械反映论仅满足于对象与形象之间的统一性,是不可能深入到作品内在的奥秘中去的,从而也就不可能使分析更为有效。

注：

[1] 袁行霈《〈咏柳〉赏析》,《初中语文》第一册,人民教育出版社 1992 年版,第 199 页。

② 笔者注：这个方法和现象学的还原有一致之处，为避免把问题说得太复杂，请允许我暂时不涉及现象学。

③ 元人杨载在《诗法家数·绝句》中谈到诗的起承转的"转"时说："绝句之法，要……句绝而意不绝，多以第三句为主，而第四句发之，……承接之间，开与合相关，反与正相依，顺与逆相应……。大抵起承二句固难，然不过平直叙起为佳，从容承之为是。至如宛转变化工夫，全在第三句，若于此转变得好，则第四句如顺流之舟矣。"

早春呈水部张十八员外二首（其一）　韩愈

天街小雨润如酥，草色遥看近却无。

最是一年春好处，绝胜烟柳满皇都。

早春的主题，在唐诗中是很普遍的，一般都是以早春的物候为主。杜审言有《和晋陵陆丞早春游望》：

独有宦游人，偏惊物候新。

云霞出海曙，梅柳渡江春。

李白有《早春寄王汉阳》：

闻道春还未相识，走傍寒梅访消息。

昨夜东风入武阳，陌头杨柳黄金色。

传统的形象大都是梅柳的美好色彩和姿态。春草，在形态和色彩上并没有什么优势，常常是芳草萋萋，有引发人生感叹之意，如唐彦谦的《春草》：

天北天南绕路边，托根无处不延绵。

萋萋总是无情物，吹绿东风又一年。

就连白居易《赋得古草原送别》中的名句，也都是在寻求春草的象征意味：

野火烧不尽，春风吹又生。

很少有人从正面去发现春草本身的美。

韩愈这首诗的价值，就在于两个发现：第一，早春草色特征的发现；第二，诗人自我感觉、体认的发现。二者均以特别精细见长。

他不像有的诗人那样把主要语言用于描述春天的众多景象,甚至也不把早已获得认可的、现成的如烟柳色当一回事。他欣赏的是早春的草。

天街小雨润如酥。

这第一句只有一个"酥"字用得好,令人想到春雨如油,比直接把"油"字说出来联想到的意味要新颖而且丰富得多,其他看不出杰出之处。挑剔的读者,可能还有保留:对皇城街道如此不加掩饰地赞美,官方立场是不是太露骨了?不管在这一点上有多少不同意见,说这一句不见得有多精彩可能是没有多少争议的。但是,下面这一句就迥然不同了:

草色遥看近却无。

本来草就没有梅、柳那样鲜明的色彩,何况又是早春的草,还没有绿透。在古典诗歌中,诗人们似乎有一种共识,一种默契,草之美有两种类型,第一是枯草,枯草自有枯草的美,"草枯鹰眼疾",有一种强悍的精神意味在内,第二是绿草,很绿,绿得过瘾,如严武诗:

寂寂苍苔满,沈沈绿草滋。

又如白居易《长安早春旅怀》:

风吹新绿草芽坼,雨洒轻黄柳条湿。

绿草美就美在它的绿色上,如果不绿,就索性彻底地枯黄,除此以外,好像没有什么可以欣赏、可以做文章的了。但是,韩愈却发现了草的第三种美,那就是在要绿不绿之间,远看是绿的,近看还是枯黄的。这样的草,更有一种心灵关注的价值。在这种关注中,有一种特别宝贵的心理变化:先是为发现了草色而动心;因为动心,就走近了;走近了,却发现绿草的颜色不见了。这本该是一种失望,但是不,相反的感觉产生了:那是一种欣喜,春天来了,草色绿了:粗粗看,绿了,细细观察,却没有了。这是何等精致的心理感觉啊!这和通常的观察是何等不同啊!通常人们总是先粗心忽略,后来细细地观察才有所领略。而对春草而言却恰恰相反:粗心时发现,细心时消失。接着的,却不是失落,而是对自己感觉的更深邃的体验,对春草更特别的领悟。

这不仅是对春草的体悟,更是对自我的体悟。

这句诗的动人和不朽,还因为它开阔的想象空间,能够引发读者,包括千年以后的读者的记忆,激发他们的想象,推动他们以各自的经验和情操参与春草形象的多元创造。

看来韩愈对自己的这个发现很有点得意,本来,这一句就够动人的了,但韩愈觉得还要把它强调一下,像许多古典诗人习惯的那样,诗人继续往极端里强调:春天最美好的就是这种草色,绝对胜过了皇都充满诗意的烟柳。这样的强调是否多余呢? 在诗歌里,是不是套话呢? 这一点,可以在与下面的白居易诗的比较中看得更清楚一些。

钱塘湖春行　白居易

孤山寺北贾亭西,水面初平云脚低。

几处早莺争暖树,谁家新燕啄春泥。

乱花渐欲迷人眼,浅草才能没马蹄。

最爱湖东行不足,绿杨阴里白沙堤。

白居易和韩愈不同,但是作为诗人,他和韩愈有同样的坦率,同样遵循把感情强化和极端化的抒情原则。他对杭州的早春充满了热爱,不过他热爱的方面比较多。开头第一句起得很从容,并不想一鸣惊人。他用了平和的叙述语气,交代了景点的准确位置,在孤山之北,在贾亭之西。第二句,水平就比较高了,强调的是江南平原的特点:"水面初平"。这句是说,春水充盈,关键在"平"字,这是江浙平原特有的。如果是在山区,水越是充足,就越是汹涌澎湃,滔滔滚滚了。这里不但突出了地势的平坦,而且突出了水面的平静。"云脚低"的"低",说明视野开阔。极目远眺,天上的云彩才能和地上的水面在地平线和水平线上连接在一起。

下面写的都是唐代诗歌里充分认同了的景观,不过,写莺啼没有杜牧那样大胆夸张,他不说"千里莺啼",而只说"几处早莺",这是比较婉约的境界,也给人以"到处"的感受。"争暖树","争"字,更含蓄地表现了鸟语的喧闹,"暖",看来也很有匠心,留下的想象余地比较大,是树和天气一起暖了起来,是黄莺在树上感觉到了暖气,还是黄莺的争鸣造成了树林间"暖"的氛围呢? 不必细究。"谁家新燕啄春泥",对仗很工细,"几处"和"谁家",把句子语气变成了感叹和疑问,避开了一味用肯定和陈述句可能产生的单调。看来,诗人的技巧是很娴熟的,都是按规范写作的,但是没有多少独特的发明,即便到了颔联的第一句,"乱花渐欲迷人眼",也还是平平,情绪上、感觉上都太常规了。苛刻的读者可能觉得,这样写下去,难免要陷入套话了,有危机了。幸而,接着一

句神来之笔,把诗的境界提高了一个层次:

> 浅草才能没马蹄。

这也是通过青草来写早春的,但是和韩愈不同,他有自己的发现。草是浅的,没有长多高,春天还早呢。这当然是有特点的,但光是这样的特点,还仅仅是物候的特点,没有人的感受。而"没马蹄",就把人的感受和发现带出来了。写马,不写全部,只写马蹄。这在唐诗中已经是通用的技巧了,比如孟郊《登科后》:

> 春风得意马蹄疾,一日看尽长安花。

再比如王维《观猎》:

> 草枯鹰眼疾,雪尽马蹄轻。

有了马蹄就有了马,这不言而喻,更为精彩的是,不但有了马,读者心目中,还隐约出现了那个在马背上的人,他的心情是得意、豪迈的。而"浅草才能没马蹄",则让人感到,诗人体验到的早春的特点,不是别人早已习惯了的,这不是任意一看,也不是认真的观察,而是一种偶然的发现:马蹄没有被完全淹没呢。这个现象,也许常人也能发现,但是没有人感到这里有诗意,就轻轻地忽略过去了。白居易的功劳,就在于发现了这种被轻轻忽略过去的现象,传达出一种内心的微微的激动。这首诗的价值在很大程度上,就是由这个句子决定的。但是白居易好像没有十分在意这一点。他在尾联,没有像韩愈那样,抓住自己的发现再强化一下,而是写到了别的地方:

> 最爱湖东行不足,绿杨阴里白沙堤。

"浅草才能没马蹄",在马上感受春天,本来很有个性、很有心灵含量和艺术创新的力量,可是白居易觉得还有比这更美好的,就是到白沙堤上步行。在这样的步行中,可以看到水面和云脚,可以听到黄莺的鸣叫,可以让花来迷自己的眼睛。这"最爱"步行是情致的递增,把这首诗的诗意又推向一个新的层次。但另一方面,这种诗意几乎是所有诗人都感受过了的,白居易在这里,不过把诗人们早已认同了的形象和境界组装了一番。"最爱"步行,也许是在强调自己不把骑马当一回事,也许步行更具平民色彩吧?但是,这种平民色彩却有一个最大的缺陷,就是没有心灵发现的奥妙和激动。

祝英台近　晚春　辛弃疾

宝钗分,桃叶渡。烟柳暗南浦。怕上层楼,十日九风雨。断肠片片飞红,都无人管,更谁劝,啼莺声住？　　鬓边觑。试把花卜归期,才簪又重数。罗帐灯昏,哽咽梦中语:"是他春带愁来,春归何处？却不解,带将愁去？"

辛弃疾在宋朝词人中,应该列入豪放派,金戈铁马,壮志凌云,但是,人的内心和语言风格是丰富的,他也有红巾翠袖的一面。他常常把金戈铁马和红巾翠袖交织起来,这给他的诗词带来独异的风貌。

这一首,如果光从字面上看,从头到尾都是闺情,甚至有艳情之嫌。一上来就是宝钗分为两股,暗示夫妇或者情人的离别。这种离别之情,被当作一种美好的感情来强调,带着诗意。首先是现场有传统的、古典性诗意,用了一些表现离愁别绪的意象(桃叶渡、南浦),其次是眼前的景色有诗意,烟柳、高楼、飞红。高楼便于远望,飞红触发情思。值得研究的是,面对如此美好的春天,辛弃疾却不像杜甫、韩愈、杜牧、叶绍翁那样表现出喜悦,也不像他自己在《鹧鸪天》中那样,因为在平凡的荠菜花上发现春天的美好而怡然自得,他感到的是害怕——眺望新春美景却触发了恐惧,这是值得注意的。

怕上层楼,十日九风雨。断肠片片飞红,都无人管,更谁劝,啼莺声住？

如果换一个人,让他站在高楼上,极目远眺,平湖烟雨,落花飞舞,会有什么样的感觉？也许是心旷神怡,觉得这种春色是很精彩的。但作者在这里营造的是一种悲郁的情境,为花朵在风烟中消逝而忧愁,这是中国古典诗歌中一个普遍的主题——惜春,或者叫"伤春"。要知道,惜春、伤春,并不是为了春天,为了季节的变化。春天去了,没有什么可惜的,因为明年还会再来。惜春其实是惜春光,伤春是伤春华,为自己的年华如春光一去不复返而伤感。但是,诗人如果直白地把自己的情感说出来,就没有诗意了。诗人明明怜惜自己年华消逝,字面上却只说是对春色的消逝无可奈何:花飞落了,"无人管";"啼莺"声停住了,谁能留住它呢？这好像有点傻气,孩子气。谁都知道,时间是不可能因为情感而改变流逝的进程的。但这是一种诗的逻辑——抒情逻辑,为挡不住时光而忧郁,这说明诗人为自己虚度年华而痛苦。为了形容这种痛苦,作者用了一个既俗套又新异的词语"断肠"。说它俗套,是因为这个词语常用于女性的相思;说它新异是因为从上下文来看,到这里,还搞不清主人公是男性还是女性。作者肯定是叱咤

风云的将军,但是,诗中的情感和动作,却是女性化的:

> 鬓边觑,试把花卜归期,才簪又重数。

"觑"是细看,斜视。斜看鬓边的花儿,拿下来数花片以卜归期(大概是数花瓣吧,这和现代欧洲人有点相似),这与其说是迷信,不如说是天真。才卜完了,插上头去,又忘了,取下来重数一遍。是男性替女性拿下来,还是女性自己拿下来?作者似乎有意含糊其词。但是,以花卜归期,似乎是女性的行为,特别是"才簪又重数",看来是女性。这么说,这应该是一首爱情词,非常缠绵。"缠绵"表现在哪里?第一,表现在反复,颠颠倒倒,刚刚卜过了,又重新来,这说明主人公多情,总是不放心,把情感看得很宝贵,不能容忍任何不确定性。第二,表现在沉湎,白天不能摆脱忧愁,夜间做梦还在念叨:

> 罗帐灯昏,哽咽梦中语:

念叨什么呢?

> "是他春带愁来,春归何处?却不解,带将愁去?"

最后几句是这首词最精彩的。为什么呢?因为,你的忧愁,可以说,与春天没有关系,本来不是春天造成的,是自己太缠绵,太沉湎,不潇洒。春天来了,你要忧愁,春天去了,你也要忧愁。你摆脱不了忧愁,要怪谁呢?当然应该怪自己,但是,主人公却不怪自己,反而怪春天——为什么你春天把忧愁带给了我?你离开了,却为什么不把忧愁带走呢?都怪你不好。这不是不讲理吗?但正是因为不讲理,才显出感情的执著;在逻辑上这么偏执,才有诗意。如果不是这样,而是说,伤春、惜春,其实都怪自己多愁善感,就太理性了,太没有感情了。读到这个份上,应该可以确定,这是一首爱情词,词中的抒情主人公是女性。

但作者明明是个男性,大男子汉,他的胸襟,他的性格,似乎和诗中的女性身份、女性的缠绵悱恻有些不合。这一点,早有人意识到了,黄蓼园在《蓼园词选》中说:"此闺怨词也。"但是,他又感觉到以辛弃疾这样的人才,如果把他当成一个儿女情长的才子,免不了"为之惜"。故他推测,此词"必有所托,而借闺怨以抒其志乎!"这就是说,表面是爱情,实际上是政治抱负,以爱情的缠绵悱恻来暗示对君王的期待。黄蓼园还找出了具体史实:"史称叶衡入相,荐弃疾有大略,召见提刑江西,平剧盗,兼湖南安抚,盗起湖、湘,弃疾悉平之。后奏请于湖南设飞虎军,诏委以规划。时枢府有不乐者,数阻挠之,议者以聚敛闻,降御前金字牌停住。弃疾开陈本末,绘图缴进,上乃释然。词或作于此时乎?"①

这样的推测是有道理的。第一,以男女之情影射君臣之间的关系,"众女嫉余之蛾眉兮",在屈原的《离骚》中就有了。这样的写法,后来逐渐成了一个传统母题。第二,在辛氏的词作中,以男女之情暗示君臣际遇并非偶然。如《摸鱼儿》,也是表现惜春的,作者自注:"淳熙己亥,自湖北漕移湖南,同官王正之置酒小山亭,为赋。"

更能消几番风雨,匆匆春又归去。惜春长怕花开早,何况落红无数!春且住。见说道,天涯芳草无归路。怨春不语。算只有殷勤,画檐蛛网,尽日惹飞絮。

长门事,准拟佳期又误。蛾眉曾有人妒。千金纵买相如赋,脉脉此情谁诉?君莫舞。君不见,玉环飞燕皆尘土!闲愁最苦。休去倚危栏,斜阳正在,烟柳断肠处。

有人认为,这里的"画檐蛛网,尽日惹飞絮"喻小人误国。"长门"写的是汉武帝的陈皇后失宠后住在长门宫,曾送黄金千斤给司马相如,请他代写一篇赋送给汉武帝,陈皇后因而重新得宠。后世把"长门"作为失宠后妃居处的专用典故。这里显然有自况的意味。诗人得不到皇帝的信任,不能施展才华,恢复中原的壮志不得实现,因此自比失宠的嫔妃。这在今天的青年读者看来,有点不伦不类,但在当时,却有怨而不怒的分寸感。唐圭璋的《唐宋词简释》中说:"王壬秋谓:画檐蛛网,指张俊、秦桧一流人。""长门"两句,"言再幸无望,而所以无望者,则因有人妒也"。②问题不在于妒,而在于蹉跎岁月,壮志难酬,故有春天去了,忧愁不去之怨也。

注:
① 转引自吴熊和《唐宋词汇评·两宋卷》(3),浙江教育出版社 2004 年版,第 2393 页。
② 唐圭璋《唐宋词简释》,上海古籍出版社 1981 年版,第 175 页。

春天：两种不同的现代诗情

春 艾青

春天了
龙华的桃花开了
在那些夜间开了
在那些血斑点点的夜间
那些夜是没有星光的
那些夜是刮着风的
那些夜听着寡妇的咽泣
而这古老的土地呀
随时都像一只饥渴的野兽
舐吮着年轻人的血液
顽强的人之子的血液
于是经过了悠长的冬日
经过了冰雪的季节
经过了无限困乏的期待
这些血迹，斑斑的血迹
在神话般的夜里
在东方的深黑的夜里
爆开了无数的蓓蕾
点缀得江南处处是春了
人问：春从何处来？

> 我说:来自郊外的墓窟。

不管是诗还是抒情散文,都是充满了诗意的,这种诗意有一个共同的特点,就是以春天美好的景象来表现诗人美好的感情。

艾青这一首,一开头就写桃花,却只是点明地点,是上海郊区龙华的桃花。这个地点为什么值得点一下呢?因为这是二十世纪三十年代国民党政府警备司令部所在地,设有监狱和枪杀大批共产党人的刑场。写桃花是为了写春天,这是从古到今的传统,但是为什么一定要写龙华的桃花呢?因为,第一,这个地方的蟠桃鲜美是很出名的,而恰恰又是烈士牺牲的所在;第二,桃花的颜色是红的,很容易令人联想到烈士的鲜血。

只有懂得了这一点,才能理解下面为什么要写龙华的桃花是在"夜间"开的。难道这些桃花在白天就不开了吗?因为首先,屠杀常常是在夜间进行的;其次,烈士流血牺牲的社会背景是黑暗的:

> 在那些血斑点点的夜间
> 那些夜是没有星光的
> 那些夜是刮着风的
> 那些夜听着寡妇的咽泣

"血斑点点""没有星光"都不难理解,但"刮着风"和"寡妇的咽泣"联系在一起,就把本来有意抑制的哭泣传得更远。

下面这几句理解起来,要动一点脑筋:

> 而这古老的土地呀
> 随时都像一只饥渴的野兽
> 舐吮着年轻人的血液
> 顽强的人之子的血液

在我们的想象中,土地是母亲呀,为什么像饥渴的野兽呢?说它吮吸着年轻人的血液,是不是对母亲的不敬呢?这不是类比不当吗?不然。这是诗的比喻,它和一般的比喻有所不同,不能照搬现成的习惯了的套路,诗人的可贵就在超越世俗的联想机制,进行想象的创新,借以表现诗人自己独特的思想和情绪。艾青写这首诗的时候,是1937年4月,全面抗战还没有爆发,这时的艾青比较忧郁。由于长期受法国象征派诗人波德莱尔美学思想的影响,他追求的是忧郁的美,即便参加了革命,思想改变了,在写作革命诗歌时,在艺术上也还不免留有一点痕迹。这里的大地像"野兽",吮吸年轻人的血液,暗示先觉者的牺牲是孤独的,在短时期里不一定被理解。生活在某种意义上的确有非常残酷的一面,残酷得像野兽,似乎对烈士的鲜血都无动于衷,听任它无声地渗入土地深层。

"人之子"这个词很奇异,如果艾青说"烈士",这很好理解,可那时他不便直说这些牺牲者的政治身份。但是为什么要用一个"人之子"来指称呢?圣经中,把耶稣说成是"人子"①,是指他有双重身份:他既是神的儿子(也就是神本身),又是人的儿子。耶稣的本质是神,但他取了人的形状降世,目的是要拯救世人。因为人在伊甸园里,是在人的地位上堕落的,神要救人,就得降生为人,做人之子,替人受苦、替人流血赎罪。人在神面前,犯的是死罪,所以,神必须亲自成为人,代替罪人被钉死在十字架上。他作为"人之子"去死,是表明他的痛苦和死亡都是真实的,最后,是神让他从死里复活。因此,耶稣是神,也是人。在地上这三十三年半的人性生活中,他活出了神最高的美德。

"人之子",这是艾青早期诗歌的常用话语,连描述耶稣基督这样的神,他都用"人之子"。这说明,即便运用《圣经》题材,他也没有把耶稣当成神,而是当作人,当作和人一样的后代。在这里,他描述烈士,也一样没有把他们当作超人的英雄,而是和普通人一样的人。如果艾青的诗就写到这里结束,那么这些"人之子"的牺牲就比较悲惨了,他的思想也就比较悲观了。但是,艾青当时毕竟已经是一个革命者了,他自己就曾被捕过,在租界里坐过西方殖民主义者的牢房。他虽然有点追求忧郁的美,但他还是有坚定的信念的。所以他在"人之子"的前面加上了一个形容词"顽强的"。

这种顽强,不仅仅表现在不怕牺牲上,而且表现在对未来的追求上。接下去,艾青要强调烈士虽然牺牲了,但是,血没有白流,他们的精神将化为战胜黑暗的力量。如果这样把话直接说出来,就不是诗了。艾青的创造,就在于把这种情感和思绪,化作了形象。他顺着鲜血渗入地下的想象逻辑,继续往下发展:"斑斑的血迹"化作了"无数的蓓蕾"。这不是科学的道理,而是诗的想象。烈士的鲜血,化作了桃花的蓓蕾,这个因果关系是情感的表现。这里的"桃花"和"蓓蕾",都已经不是诗歌开头所写的龙华的桃花了。开头的桃花,是现实的桃花;而这里的桃花,是社会解放的象征。正因为是象征的想象,下面这句"点缀得江南处处是春了"不但充分表明了作者强烈的感情,还表明了必胜的信念。如果不是从诗的想象和象征去理解,龙华的桃花只能是龙华的春天景观,怎么可能点缀得江南到处是春天呢?

接下来艾青对烈士精神的赞颂竟然是这样的:

人问:春从何处来?
我说:来自郊外的墓窟。

这一句从表面上看,说得十分突兀,好像极其不通,但蕴含着强烈的想象冲击力,蕴含着深邃的哲理。要理解这一点,关键词是这里的"春",它具有双重意指,不仅仅是大自然的"春",而且是社会光明温暖的春天。郊外的墓窟,也有双重意指,一是龙华的墓窟,二是所有烈士的归宿,泛指一切烈士的鲜血培育了理想社会的美景。

烈士的鲜血不会白流,它会给人间带来光明,这是人所共知的道理。艾青的创造在于,在极强烈的反差中层层推进,展开想象。首先把鲜艳的桃花和龙华这个恐怖的屠场联系起来,其次把鲜血和桃花的蓓蕾联系起来,再次把墓窟和春天联系起来,最后,把感情和理念统一起来。

从这里也可以看出,同样是春天,在古代诗人心目中,大体是一个模式——大自然的美好和情致的美好;现代诗人艾青突破了这个模式,在他的想象中,春天的花不一定是和美好的景色联系在一起的,他有意把它和恐怖的屠场、墓窟相关联。也就是说,春天既可以和美的桃花联系起来,也可以和不美的坟墓联系起来,这就为诗歌艺术想象开拓了新的途径。

注:
① 在《旧约》中,"人子"通常是"人"的同义字。在《新约》中,耶稣以"人子"自称,表示自己是神差来的拯救者,并强调他的地位并不高贵,相反是卑微的,同时暗示在将来会显现荣耀。

初春　王宜振

春天的毛毛雨,
洗得小树发亮;
一些新芽,像鸟嘴,
啄得小树发痒。

泥土里拱出两片新叶,
说是浅绿,更是鹅黄;
像两只闪闪烁烁的眼睛,
望着新鲜的世界痴痴畅想。

捡起一粒石子,抛出去,
会变成一只蝴蝶展翅飞翔;
掀开一页书,贴耳倾听,
能听到每个字儿都变成蜜蜂歌唱。

一只只蝌蚪游在池塘,
像美人的雀斑一样漂亮;
春天来了,定有一片蛙鸣,
在房前屋后低吟浅唱。

春天在我的心上荡漾,
春天在弯弯的小路徜徉;
春天的风筝驮着一片阳光,
春天的脚步总是那么匆忙。

采一片树叶做一支叶笛,
把春天吹得摇摇晃晃;
走进家门抖一抖衣袖,
竟抖出一地春的芳香。

这是一首当代儿歌。从某些方面看,作者着力描写的大抵是春天的景色,从"毛毛雨"到"新芽",从"蛙鸣"到"风筝",还有"蝴蝶""蜜蜂""蝌蚪"等等。这些春天的景象,在以春为题的诗歌中,可能是老生常谈了;但是读这首诗时,我们并不觉得陈旧,相反有一种强烈的清新感。这种清新感不一定来自那些春天的崭新景象,更多的是来自对春天景象的一种崭新的感觉。这种感觉究竟新在哪里呢?且看诗歌本身:

春天的毛毛雨,
洗得小树发亮;
一些新芽,像鸟嘴,
啄得小树发痒。

作者所关注的春天的景象不同寻常,和古典诗人不同,和当代诗人也不同。是不是都有一种"小小"的感觉?雨是小小的、毛毛的,树是小小的,新芽当然也是小小的,就是比喻的喻体,鸟嘴,当然也是小小的。这些小小的景象,是不是有一种小小的眼光在背后？小树被雨洗得发亮，被新芽啄得发痒。这个"痒"字，本来很普通，可是用在这里，却很精彩：鸟的嘴巴会把小树啄得发痒，这样的小小的感觉，幼小的感觉，是不是只有小孩子才会有？

这首诗的特点，就集中在幼小的、孩子般的感觉之中。抓住这个小小的、幼稚的感觉，才能抓住这首诗想象的出发点。

从这幼小的"痒"的感觉开始，发展下去，逐渐透露出一系列孩子气的感觉：

> 泥土里拱出两片新叶，
> 说是浅绿，更是鹅黄；
> 像两只闪闪烁烁的眼睛，
> 望着新鲜的世界痴痴畅想。

叶子的颜色是美的，这是大人也有的感觉，但是把新叶当成闪闪烁烁的眼睛，则不像是大人特有的想象。下面一句就更让人感觉到这不仅是孩子的感觉，而且有孩子气的感情。除了孩子，谁会觉得这个世界"新鲜"？大人早已习惯了，早就没有新鲜的感觉了，就是偶尔有一点，也不会对着它"痴痴"地想。"痴痴"这两个字，很是传神。幼稚的心灵，对一切都感到新鲜，因为新鲜，才好奇，知识又不多，想象却认真而入迷，这都是孩子气的。"痴痴"，写出了一片天真烂漫。如果改成近义词——"呆呆"——不行，改成"傻傻"，更不行。

下面的句子就更有孩子的特点了。抛石子，当然是孩子才会干的，但最出色的还是想象石子"会变成一只蝴蝶展翅飞翔"。这就不但天真烂漫，而且有点调皮了。这里的联想是很讲究的，石子抛出去，运动的弧线和蝴蝶的飞翔，是相近相似的。至于掀开书页都能听到蜜蜂在歌唱，有点勉强，为了补救，作者加上四个字："贴耳倾听"，反正别人是听不见，自己听到什么都可以。这一切都令人感到孩子心目中的春天的一切，都是快乐的、无拘无束的。

下面一节，仍然是孩子气的想象：蝌蚪像美人的雀斑，蛙鸣像吟诗。这时，读者已经不知不觉被作者从视觉的美，带进听觉的美的境界了。

从这里，可以看到想象的导向是美化，一切都是美好的，但又是孩子气的、天真的。

孩子气的想象的特点，除了上面提到的以外，还有一个特点，就是相当单纯，不复杂。

下面两节，诗意深化了，春天在心上荡漾，风筝驮着阳光，孩子的特点淡化了，但仍

然比较单纯。最后一节,采一片树叶,做成叶笛,表达内心的欢乐。这是一般人都能写得出的,但下面这一句,则是神来之笔:

把春天吹得摇摇晃晃。

究竟是春天摇摇晃晃,还是作者自己陶醉得摇摇晃晃呢?事实上春天不可能摇摇晃晃,显然是作者有点醉了。最后一句,回家"抖出一地春的芳香",则从嗅觉上把这种陶醉感加以渲染。

春天：两种不同的散文美

解读朱自清的《春》

有一种意见说,文章要反映事物的本质,写春天就要贴近春天的本质,如果真是这样,春天的本质大致是客观的,不同的作家贴近的春天就是一样的。这还有什么个性,还有什么艺术的创造呢？这个问题,用理论的语言来回答,并不难,因为文章不但是客观事物的反映,而且是心灵感应的发现,而心灵是多种多样的,文章也就贵在多种多样。但是,这个理论有两个缺点,第一,它是抽象的,看不见,摸不着;第二,它是不完全的,即使正确的理论,也很难把艺术作品的生动感性充分表现出来。更好的办法是作品解读,但是通常的解读有一个缺点,就是孤立地、单独地分析一篇作品,作品深刻的内涵仍然很难充分显示出来。为了解决这个矛盾,我以为,作品解读,应该是成系列的,将同类题材风格不同的作品放在一处解读为上。

这种方法叫作同类比较。

朱自清的《春》,从二十世纪四十年代,就入选中学语文课本,至今已经60年左右了,学术研究的发展,可以用翻天覆地来形容,但是,对《春》的解读却基本上是原地踏步,这除了理论上的落伍以外,还有一点就是没有可比较的参照系。没有比较就不能进行深入的分析。而比较当以同类比较为入门,为此,我们把朱先生的《春》和林斤澜先生的《春风》放在一起来读。

朱自清的《春》,文学性很强。从表面上看,这篇文章先写春天的一般景色,接着分别从几个方面去描写：第一,是春天的草;第二,是春天的花;第三,是春天的风;第四,是春天的雨;最后,再综合起来赞美春天的美好。

一般说,这种分门别类的写法,平铺直叙,罗列现象,有写成流水账的危险,不容易讨好。但是,朱自清这篇文章却并没有平铺直叙的感觉。

原因是什么呢?

原来,表面上他是在分门别类地写春天的景象,实际上这里面渗透着一种属于他的对春天的美好感情。而这种感情,不是直接讲出来的,而是包含在他对春天景色(草、树、风、雨)的感受中的。

他写的是一般人的感受吗?

好像不是,一般人,对春天没有这么丰富的感受。

他写的是他自己的感情。不错,肯定是他自己的感情。但并不是日常的感情,而是经过提升的感情。平常的感情,没有这么精致,也没有这么美好。这种感情和平常的感情最大的区别就是,被刻意诗化了。

其主要表现就是对春天带来的一切变化,即使是看来习以为常的、不起眼的,他都寄托着一种美好的情感。草绿了,花开了,风吹着,雨下着,平时由于习惯,视而不觉,感而不知,知而不新。但是,朱先生却把这些表现得新鲜、可爱、美好,叫人欢欣,令人惊喜。

就说草绿了吧。通常,谁没有见过呢? 也许还感到过喜悦。有了这样一闪而过的、而且是真真实实的感觉,能不能写成文章呢? 不能。因为这种感觉不够美好,不够精彩,也不够有特点。而朱先生在我们感觉不到精彩的地方,却体验到了一种精彩。文章第一句就和我们不太一样:

> 盼望着,盼望着,东风来了,春天的脚步近了。
> ……
> 小草偷偷地从土里钻出来,嫩嫩的,绿绿的。

这里的精彩在于,字里行间流露出对春天急迫期待的感情。为什么期待? 因为在他看来,春天的一切都分外的美。他这种美的感觉,又不是直接说出来的,而是通过他的微妙的感觉传达出来的。在我们眼里,草很快就长起来了,但是在他笔下,草是"偷偷地"从土里"钻"出来的。这个"偷偷地"是一个关键词,这里表现的不仅仅是草一下子冒出来,而且是一种突然的发现:没有注意,一下子就长出来了。

这三个字里透露出一种无言的喜悦,喜悦春天来了,同时喜悦自己的喜悦。

朱自清先生的这种感情,当然是他自己的,但是,值得注意的是,并不一定是他写文章当时的。文章写在1933年,他已经三十左右了,但是,有些话似乎并不像而立之年的人说的。文章写到望着满眼的绿草,其喜悦的心态是这样的:

坐着,躺着,打两个滚,踢几脚球,赛几趟跑,捉几回迷藏。风轻悄悄的,草软绵绵的。

其中许多活动不像是步入中年的人的,有点像是儿童的,如打两个滚儿,捉几回迷藏,都是孩子们的事。这里的喜悦,是调皮的,活泼的,天真的,淘气的,顽皮的。

不是说为文成功之道在于贴近自我吗?朱先生这样不是远离自我了吗?但是,读着这样的文字时,我们并不觉得虚伪,恰恰相反,这些地方比较精彩。这里有儿童的趣味。这里的趣味,虽然不是朱先生当时的趣味,但却是朱先生想象中孩子的激动,孩子气的欢欣。这里,也许有朱先生儿童时代的记忆,甚至包括他阅读儿童文学作品时激起的童心的向往。

贴近自我,不一定是贴近现时的自我,也可以是贴近儿童时代的自我。不一定是已形成的自我,也可以是想象中,应该是这样的自我。

自我是丰富、复杂、立体、深邃的,一篇文章,并不能贴近其全部。所谓文如其人的说法,可能是把问题简单化了。一篇文章只能表现自我的一个方面,一个局部,或者是当时的,或者是记忆的,或者是现实的追求,或者是理想的怀念等等的探索,一种尝试性的表达。

在《春》里面,朱自清表现的自我,和在《背影》里的自我显然不尽相同。在《背影》里那个先自以为是后来又真诚忏悔的儿子是年轻的,但在这里变得幼小了,天真了。这显然是朱自清先生的虚拟,他用自己想象中纯洁的儿童的眼睛、天真的感觉来感觉春天。

对童心、童真、童趣的怀念和想象,也是朱先生自我的一部分。

这个部分,不在朱先生日常的自我表面,而在他的心灵深处,只有在必要的时候,才被调动出来。文章对春天的树的描写,有许多动人的话语,都表现着这种特别的感觉:桃树、杏树、梨树"你不让我,我不让你",开花像"赶趟儿"似的,花下蜜蜂嗡嗡地"闹"着。这些话语,都有一种孩子气的感觉渗透其间。为什么呢?其中有一种热闹的感觉,开心的感觉,这种感觉,成人也有,但是,成人没有这么单纯。成人关于春天的经验也有很多,但不像孩子那么"少见多喜",不太可能为这么简单的事情而激动,而朱自清在表达这种单纯的欢欣时,连句子结构都是简单平行的,不太讲究句法和语气的错综,在许多地方流露出孩子气的语调:

野花遍地是:杂样儿,有名字的,没名字的,散在草丛里像眼睛,像星星,还眨呀眨的。

在形容野花的时候,他不追求丰富的形容词,而是尽可能简单,"有名字的,没名字的",是词汇不够吗?不是,朱自清在必要的时候,很会用排比来形容(如《荷塘月色》),这里只是为了表现儿童的知识和经验有限。"像眼睛,像星星",不是太俗套了吗?显然他是不想超越儿童感觉的限度,特别是"还眨呀眨的",完全是儿童口气的模仿。

下面写到春天的风,春天的雨,仍然以美化、诗化为目标。

写到春天的风,突然来了一句古典诗歌"吹面不寒杨柳风",又把春风比喻为母亲的手,这些也还和孩子的感觉和经验有密切的联系。但是到了下面:

> 风里带来些新翻的泥土的气息,混着青草味儿,还有各种花的香,都在微微润湿的空气里酝酿。

花香"在微微润湿的空气里酝酿",这明显超出了儿童的感觉和口气,露出朱先生作为文学家的感觉和趣味来了。类似的还有:"鸟儿将巢安在繁花嫩叶当中","呼朋引伴地卖弄清脆的喉咙"。朱先生很有分寸感,把带有成人文化趣味的话语和儿童话语不着痕迹地结合起来了。文章里还有好些句子,两种趣味水乳交融,分不清是成人的,还是儿童的,"牛背上牧童的短笛,这时候也成天在嘹亮地响"。这是很诗意的,可能出自"牧童遥指杏花村",也可能出自"短笛无腔信口吹",这都是古典诗意,但相当浅白,和儿童的感觉是有可能交融的。

事实上朱先生在这里用了一些技巧,用得读者根本感觉不到,但这可能是最好的技巧。

例如,朱先生在这一段先用了一些表示触觉的字眼,春风"像母亲的手抚摸着";后来又转化为味觉,"新翻的泥土,混着青草味儿","花香"在空气里"酝酿";再接着转向了听觉,鸟儿的歌唱,流水"应和",牧笛"嘹亮"。这一切综合起来,构成了多种感觉的交响。

不过,这种技巧,朱先生似乎并不留恋,只是点到为止,他最拿手的还是视觉意象,到了下面一段,他就回到视觉世界中来了。写到雨时,儿童的视觉趣味仍然很活跃:"像牛毛,像花针,像细丝",在儿童式的短句中,成人话语、古典诗情画意悄悄地渗透进来:"(雨)密密地斜织着,人家屋顶上全笼着一层薄烟",这明显是古典的诗情画意,但是,从文字到意境,并不太古奥,完全在儿童的认知"格局"(scheme)可以"同化"(assimilation)的边缘上,因而,他创造了一种老少咸宜的境界:

> 树叶儿却绿得发亮,小草儿也青得逼你的眼。

这个"逼"字肯定是苦心经营的结果,不是孩子能自然流露出来的,但是,这个字又很口语,用在这里,一点没有刻画的痕迹。

接下去写到了傍晚,特别是上灯以后,出现了"一片和平安静的夜",并且为之提供了一幅静默的图景:

> 傍晚时候,上灯了,一点点黄晕的光,烘托出一片安静而和平的夜。在乡下,小路上,石桥边,有撑起伞慢慢走着的人,还有地里工作的农夫,披着蓑戴着笠。他们的房屋,稀稀疏疏的,在雨里静默着。

读到这里,可能绝大多数读者觉得很自然,没有什么可说的。但细心体会一下,可能会发现,这是一幅诗意图景,和前面春天的图景有所不同,前面是眼花缭乱、热闹的景象,而这里,却刻意强调它的静默。这是生活本身如此,还是作家别有匠心?

我以为,这是朱自清刻意为之。

在本文开头我说过,《春》的章法,有一点危险性:分门别类的写法是不容易讨好的,有平铺直叙、罗列现象、写成流水账的危险。

流水账、罗列现象、平铺直叙,在艺术上的危险就是单调,缺乏内在的丰富和变化。

如果真是这样,朱先生这篇散文就不可能经得起历史的考验。

可能是意识到了单调的危险性,朱先生在行文中,一方面以一种孩子气的单纯贯穿全文;另一方面,又在努力寻求内在的变化。前面已经说过,从视觉意象到触觉、味觉和听觉的转换,是一个方面。另一个方面,则是在大幅度动态的、热闹的景象之后,提供一幅静默的图画,与之形成对比,预防可能产生的单调之感。应该说,这一笔是比较到家的。

到了文章的最后几个小节,朱先生似乎又恢复到开头的境界中,热闹起来了。天上的风筝,地上的孩子,城里乡下,家家户户,老老小小,都写到了,用的都是蜻蜓点水式的句子,这是为什么? 可能是作者觉得,这是一篇为中学语文课本写的文章,不能太长,应该结束了。在结束的时候,应该点一下主题。这个主题不应该停留在文人的诗情画意中,而应该有一点积极的、健康的精神。于是,不管大人孩子,都一个个精神抖擞,充满了希望。但是,把主题这样说出来,毕竟是概念化的,缺乏感觉。于是朱先生就用形象把全文概括起来:

> 春天像小姑娘,花枝招展的,笑着,走着。

应该说,这是符合全文的整体形象的,也符合朱先生许多写风景、写季节的散文的风格。二十世纪七十年代,身在香港中文大学的余光中先生曾经指出,朱先生好用"女性拟人格"的修辞。应该说,这是中肯的。

本来文章到了这里,应该结束了,可是,朱先生又加了一句:

> 春天像健壮的青年,有铁一般的胳膊和腰脚,领着我们上前去。

这很明显,是为了给孩子们以更积极、更昂扬的精神诱导。这种苦心是完全可以理解的,但是作为文章的点题句,却可能是脱离了文章整体的。因为在这篇文章中,读者感受最深刻的,大都是优雅的、天真的、孩子气的单纯,而不是什么"健壮的青年""铁一般的胳膊和腰脚"。

这是我个人的感觉,并不想强加给任何人。

对这最后一句,应该如何评价,可以讨论,也许有助于把同学们从被动的接受状态中解放出来。

事实上,朱自清先生这篇散文的局限性不仅仅在这一点,还有更多,我们一下子感觉不到,只有读了林斤澜的《春风》,才可能有更深的体会。

解读林斤澜的《春风》

朱自清的《春》写得很美,但是,他并没有把春天的美和对春天的美好感情写光,他只写了很有限的一个侧面。不明白这一点,就可能把这篇散文神圣化,误以为这是唯一的写法,就可能把我们对世界的多元感受封锁起来,把我们的心灵关闭起来。

朱自清以最大的热情,从各个方面去渲染春天的美好:春光明媚,鸟语花香,从城市到乡村,从老人到孩子,天上的风筝,牛背上的牧笛,都写到了,都写得很美,好像再也不可能想象出春天还有什么美好的景象了。但是,朱先生所写的春天,只是中国东南沿海,主要是江浙一带的春天,他所表现的春天的情趣,也只是中国传统文化中比较温文、婉约的情趣。

这样的春天和春的情趣,与无限丰富的世界和心灵相比,真是沧海之一粟。

林斤澜就公然表示,他不喜欢类似朱先生为之陶醉的那种春天。他并不认为那样的春天是最美好的,他在《春风》的最后这样说:

> 如果我回到江南,老是乍暖还寒,最难将息,老是牛角淡淡的阳光,牛尾蒙蒙

的阴雨,整天好比穿着湿布衫,墙角落里发霉,长蘑菇,有死耗子味儿。

当然,他并不是绝对反对江南的春光,他说,本来也是欣赏江南风格的春天的。对充满于朱先生文中的古典诗情画意,他本来是十分欣赏的:"暮春三月,江南草长,杂花生树,群莺乱飞",这样的经典名句,他认为是"老窖名酒,是色香味俱全的"(注意:用口语来形容典雅的诗意,表现了一种特别的情趣)。只是他反对以江南的春光作为唯一的标准去衡量北方的春天,尤其是否定北方的春风。他承认北方的春天是寒冷的,到处是积雪、冰碴、冰溜。但是就在这冰雪不肯撤退的时候,春风来了。北方的春风不像朱自清先生赞扬的那样"吹面不寒杨柳风",它没有那样温和、细柔,在南方人看来,那简直不是春风。南方人在北京甚至都感觉不到春天,"哪里有什么春天,只见起风、起风,成天刮土、刮土,眼睛也睁不开"。但是,他认为,北方的春天,尤其是北方的风别有一番诗意的美:

  一夜之间,春风来了。忽然从塞外的苍苍草原,莽莽沙漠,滚滚而来。从关外扑过山头,漫过山梁,插山沟,灌山口,呜呜吹号,哄哄呼啸,飞沙走石,扑在窗户上,撒拉撒拉,扑在人脸上,如无数的针扎。

这样的风,和杨柳风迥然不同。首先,吹在脸上并不舒服,像针扎似的;其次,声音也不好听,呜呜的,哄哄的,扑在窗户上,撒拉撒拉的,似乎并没有音乐感或者美感,好像缺乏诗意。但是,读者仍然感到,这样的风中有一种东西有点感人:"苍苍草原""莽莽沙漠""滚滚而来",作为报告温暖的春天到来的使者,风横扫过苍莽空间,经历了磨炼,带着一种豪迈、苍劲的气势。似乎能给读者一种暗示:大地春回,万象更新,美好和艰难是联系在一起的。这也是一种美,不过是另外一种美,与江南柔婉的美不同,这是一种粗豪的美。

读这篇作品,就是要学会欣赏这样的美。这种美,并不优雅,不像孩子那样稚嫩、可爱,但它有深度,一般人不能自发地欣赏其内涵。因为它是潜在的,隐藏的,在它粗糙的外表下,有一种深刻的东西:

  轰的一声,是哪里的河水开裂吧。嘎的一声,是碗口大的病枝刮折了。有天夜间,我住的石头房子的木头架子,格拉拉格拉拉响起来,晃起来。仿佛冬眠惊醒,伸懒腰,动弹胳膊腿,浑身关节挨个儿格拉拉格拉拉地松动。

这种美是另一种类型。朱先生的美,是温文尔雅的,经过古典的诗情画意的提炼,很优雅;而这里却不讲究什么优雅,河水开裂,树枝刮折,轰的一声,嘎的一声,好像是很原始的。房子的木头架子都响起来,是不是有点可怕?虽然可怕,却仍然是美好的。因为,这让作者想到,这是冬眠过后的伸懒腰、动弹胳膊腿、松动浑身关节。这里面有一点生命复苏、痛而且快的感觉,这种感觉是属于田野里的体力劳动者的,而不是文人的。

这就透露了美感的区别,前者是江南的、文人气质的,后者是北方的、劳动汉子气质的。这一点到了下面一段,就更明显了:

> 麦苗在霜冻里返青了,山桃在积雪里鼓苞了。清早,着大靰鞡鞋,穿老羊皮背心,使荆条背篓,背带冰碴的羊粪,绕山嘴,上山梁,爬高高的梯田,春风呼哧哧地,帮助呼哧哧的人们,把粪肥抛撒匀净。好不痛快人也。

关注麦苗和山桃,完全是庄稼汉子看自己的田地的感觉,至于穿上非常土的鞋子,没有经过工业加工的羊皮背心,坦然于这种不时髦还不算,甚至还"背上羊粪"(带冰碴的)去施"粪肥",这样的姿态和气味,不论在古典还是当代文人诗文中都是上不了台盘的,和美挂不上钩。但是林斤澜对此津津乐道,还特别交代,把粪肥施得"匀净"。在做这样的事情的时候,居然还发出"好不痛快人也"的感叹。这样的感情,这样的趣味,真正是属于另外一种美学的境界。

拿这篇写于1980年的文章,和朱自清先生写于1933年的《春》相比,哪一篇更有感染人的力量,哪一篇在艺术上更有创新性呢?

这个问题,供老师和同学们讨论。

秋天：六种不同的古典诗情

读作品，要真正读懂，最起码的就是要读出个性来，读出它的与众不同。读过之后，感觉不到经典文本的独特，就是没有真正读懂。孤立地欣赏经典文本，可能造成对作者和读者两方面个性的蒙蔽。为了剖析经典文本的个性，一个最方便、起码的方法，就是同类经典文本共组。其目的是提供现成可比性，帮助读者从被动接受进入主动分析和评价。比较是分析的前提，分析建立在可比性上。一般情况下，作品之间缺乏可比性，需要相当高的抽象力才能在更高的层次上找到可比性。但是题材同类的作品有现成的可比性，这就为我们进入分析提供了有利条件。

如果仅仅把杜牧的《山行》拿来分析，未尝不可，但是充其量，读者能感到这首诗不错，却很可能感觉不到杜牧这首诗的个性。这不能完全怪读者水平低。

没有参照系，孤立地考察任何事物，都是难以讨好的。

最简单的比较，就是同类比较。

同样写秋天，你这样写，我也这样写，叫作落入套路，你这样写，我偏不这样写，叫作别具一格。这个格，也许是人格，也许是作品的风格，不管是人格还是风格，有了突破，就是出格。

我们这里，选择不同时代、不同作者，同样写秋天的诗词，把现成的差异和矛盾摆在面前，这有利于激发感悟思考。正是因为同中有异，才显出个性的多彩、心灵的丰富和语言运用的出奇制胜。

山行　杜牧

远上寒山石径斜，白云生处有人家。

停车坐爱枫林晚，霜叶红于二月花。

杜牧这首诗的可贵就在于：1. 他打破了多年来天经地义的想象机制。在一般人的想象中,花肯定比叶子美好,而杜牧却说,叶子比花更美。在一般人看来,秋天肯定不如春天美好,而杜牧却说,秋天比春天美好,不但比一般春天的景色鲜明,而且比春天最鲜艳的花朵还要鲜艳。这表现了一个诗人精神的活跃,不为常规所拘,这是诗人艺术想象的突破。2. 这首诗的灵魂,全在最后这一句,以一个比喻而使这首诗经受了千年的考验,保持住了鲜活的艺术生命力。这个比喻的生命的奥秘在于,它是一种"远取譬"。

比喻分为近取譬和远取譬。所谓远取譬,是从空间距离来说的,为了求新,不在人身近处,而是在人身的远处,在人的想象遥远的、为流行的传统的想象所忽略的空间展开。严格说来,远取和近取,是许慎第一个在《说文解字·叙目》中提出的。但是,许慎说的不是比喻,而是传说中文字的创造——近取诸身,远取诸大自然。

实际上,从文学,尤其从诗的角度来看,这不是一个空间概念,而是一个心理观念。有时从空间而言并不远,但是,从心理来说,却处于被遗忘的地位。杜牧把秋天的叶子比作春天的花就是一例。从秋天想到春天,从时间的角度来说,是远取譬,但是,从叶子想到花却是近取。我们之所以觉得它新异,是从心理、从想象和联系的角度来说的,这是被忽略了的,因而是出奇制胜的,是突破性的,个性特别突出,是很有创造性的。

为了说明这一点,我们不能不从根本上来研究一下比喻的特殊规律。

比喻的矛盾是：第一,它发生在两个东西(秋天的叶子和春天的花朵)之间。用修辞学的术语说,是本体(叶子)和喻体(花)。所以朱熹对比喻下过一个定义,说是"以彼物比此物也(朱熹《诗集传》)"。这话说对了一半,并不是任何两个不相同的东西放在一起,都能联系得起来。要成为比喻,还得有一个条件,那就是,让这两个东西,在共有的一个特点(红)上联系起来。这是从正面来说的,从反面来说,要构成比喻就得有一种魄力,除了这相通的一点以外,其他的一切性状都暂时略而不计。在这里就是,不管叶子和花的区别有多大,都放在一边,而把"红"当作全部。第二,这从表面上来说,是很有点粗暴的,但是,从深层来说,又是很精致的。这个联系必须是很精确的,不但表层的性质要相同,而且隐含的联想的意味也要相近。据《世说新语》记载,有一天下大雪,谢安和他的侄儿侄女聚会。谢安说,下这样大的雪,如何来形容它好呢。一个侄儿就说了："撒盐空中差可拟。"但是,谢安的侄女谢道韫却说："未若柳絮因风起。"谢安赞成谢道韫。这是因为,盐和雪在"白"的字面意义这一点上虽然是相通的,但盐所引起的联想却和雪花引起的不太相同。盐有一定的重量,是直线下降的,速度也比较快,而柳絮比较轻,下降的速度不但比较慢,而且运动的线路飘飘扬扬,方向是不固定的。就霜叶和二月鲜花而言,它们在"红"这一点上,不但相通,而且在"红"所引起的联想上——红得鲜艳,红得旺盛,红得热烈,红得有生命力——也是自然而然的。

通过对红色的强调,杜牧表达了从秋天的叶子感受到的生机勃勃的情致,这表现出诗人的内心迥异于其他诗人的特点。从这里,我们至少可以感受到诗人对大自然的美的欣赏,对生命中哪怕是走向衰败的过程,都充满了热情,以美好的语言加以赞美。

从这里可以得到启发,要把作品写出个性来,并不完全靠观察、贴近生活,而要通过贴近生活来调动自己内心深处的情感、经验、记忆和思想。这个过程与其说是贴近生活不如说是贴近自己,贴近自己心灵深处的情思。也许有人感到这是一句怪话,一句废话,自己就在身边,不是已经很贴近了吗,还要贴近什么呢?不然。这恰恰是人类的一个弱点,越是自己内心的、属于自己的、有个性的东西,越是难以接近。这是因为,每个人都会被一些现成的套话包裹住,一开口,一写文章,这些套话就自动冒出来,因为它很现成,不费劲。因为不费劲,所以它有一种自动化的、自发的倾向。正是因为这样,在写作过程中,如果不排除现成的(别人的)套话,自己的个性就不能顺利表现出来。从这个意义上来说,文章、诗歌中的个性是排除现成套话的结果,同时又是自觉调动自己被套话淹没的深层情思的结果。会写文章的人,善于调动自己内心深处的储存,能超越感觉的近处,从感觉的远处找到自己的话语。

杜牧这首诗之所以动人,当然,不仅仅是因为这样一个为读者赞叹了千年的比喻,还因为诗的结构很有层次。诗人并没有把这个比喻放在第一层次的前景位置上,而是把它安排在第二层次上。在第一层次,他先引诱读者和他一起欣赏寒冷山坡上的石路。一个"斜"字,有很大的潜在量,不但写出了山的陡(不陡,就不用"斜",而用"横"了),也表现了人家的高,居然在云端里。这样的人家,有诗的味道,是因为它很遥远,有的版本上是在白云"深"处,有的则是在白云"生"处。从某种意义上来说,好像白云"生"处,更有遐想的空间,它更缥缈。对于读者,这很能引起超越世俗的神往。

如果作者满足于这样的美景,就很可能使有修养的读者产生一种缺乏个性、没有特殊心灵感悟的印象,虽然在文字上(构图上)不能说没有功夫,但是,对于诗来说,心灵感悟的特殊性好像不够。如果写到这里为止,就不能不令人产生比较平庸的感觉。在唐诗中,有许多这样的诗,文字可以说无可挑剔,但因为缺乏心灵微妙的感兴,而只能达到很普通的水平。

这首诗的杰出在于,在用目光欣赏着自然的美好景色的时候,情绪上突然来了一个转折。寒山石径、白云人家固然是美好的,但诗人一直让车子按常规行进着。后来他突然把车子停了下来,原因是枫叶竟美丽到如此程度,需要停下来慢慢品味,让视觉更充分地享受。这首诗动人的奥妙之处就在于用突然停车的动作,表达他内心对美的瞬间惊异和发现。从结构上说,这不是以单层次的平面,而是以第二层次的提升来强调心理的转折。从这个意义上说,白云"深处",不如白云"生处"。因为"深处",只是为远处、超凡脱俗之境所吸引,而白云"生处",则是深而又深的境界,这种吸引,有一种凝神的感觉。这个凝神的感觉,有一点静止的暂停,和后面的突然发现的惊动,是一个对比。多少人对霜叶司空见惯而无动于衷,或有动于衷而不能表现这种心灵深处的突然惊动。而诗人却抓住了这突如其来的、无声的、只有自己才体验得到的欣喜,把它表达了出来,"霜叶红于二月花"之所以经受住了千年以上的历史考验,不仅由于这句诗本身,还应该归功于前面的铺垫,没有铺垫,就没有心灵转折的过程了。

景色的美好固然动人,然而,人的惊异、对美的顿悟却更加动人。

文学形象凭什么感动人?当然要靠所表现的对象的特点,但是比之对象的特点更加重要的,是人的特点,人的心灵特点,哪怕这特点是无声的、瞬时的触动,潜藏在无意识中的。如果不加表现,它也许就像流星一样,永远消逝了。而一旦艺术家把它用独特的语言表现出来了,就可能像这首诗一样,有千年的,甚至像一些人说的那样获得了永恒的生命。值得注意的是,这只是一个艺术家在想象和语言上的成功,这种成功是不可重复的。后世的诗人就是满足于把它当作典故,也是没有出息的。也许是杜牧把枫叶的想象水准提得太高了,从杜牧以后,拿枫叶做文章的,似乎很少有杰出的。可能唯一的例外,就是王实甫。他在《西厢记·长亭送别》中,让他的女主人公崔莺莺送别自己的心上人,又一次勇敢地把枫叶放在了她的面前,崔莺莺的唱词成了千古绝唱:

晓来谁染霜林醉,总是离人泪!

这不仅是对女主人公情感的一次成功的揭示,而且是一次成功的突围。同样的枫叶,不再从美好的、花一样的春色方面去想象,而从悲痛方面去开拓:千古绝唱就这样产生了。

渔家傲 范仲淹

塞下秋来风景异,衡阳雁去无留意。四面边声连角起。千嶂里,长烟落日孤城闭。浊酒一杯家万里,燕然未勒归无计。羌管悠悠霜满地。人不寐,将军白发征夫泪。

如果上面所说不错,那么我们对范仲淹《渔家傲》和《苏幕遮》两首词的着眼点,就不应该仅仅是秋天的景象,而是他通过秋天的景象,调动出了自己怎样独特的心灵储存。从《渔家傲》里,我们看到了什么样的储存呢?

第一,突出了秋天的景象,当然不是一般的秋天的景色,而是有特点的。什么特点?要注意"风景异",异者,不同也,就是和其他地方不同的地域特色。首先是与家乡的距离感(范是苏州人)。这不是随便说说的套话,而是全诗的着眼点。"衡阳雁去无留意"(湖南衡阳县南有回雁峰,相传雁至此不再南飞。见王象之《舆地纪胜》卷五十五),用秋天的大雁来表现空间的距离遥远。雁去的方向是南方,家园、故国,很遥远。而这些雁对这边塞竟也一点没有留恋之意,这一点特别使诗人感慨。雁都没有留恋此地的意思,我却留在这里。"浊酒一杯家万里",不是一个句子,而是两个并列的意象,在数量词对仗中有对比,一方面是"一杯",一方面是"万里"。一杯,一个人喝酒,暗示孤独;万里,即遥远。渲染的仍然是边塞和家乡的空间距离非同寻常。与此相呼应的是地理环境的特点——"千嶂里"(像屏障一样并列的山峰),在崇山峻岭之中。"孤城闭","闭"用得多么精炼。为什么要闭?因为"四面边声"(主要是指军中号角之声),突出"孤城"的氛围,在敌人包围之中。这更衬托出了归家的遥遥无期。

据研究这可能是写实,而不一定是诗人的想象。1038年西夏元昊称帝后,连年侵宋。由于积贫积弱,边防空虚,宋军一败于延州,再败于好水川,三败于定川寨。1040年,范仲淹自越州改任陕西经略副使兼知延州(今陕西延安)。延州当西夏出入关要冲,战后城寨焚掠殆尽,戍兵皆无壁垒,散处城中。此词可能作于知延州时。

应该注意的是,"四面边声连角起","边声",可能典出李陵《答苏武书》:"凉秋九月,塞外草衰。夜不能寐,侧耳远听,胡笳互动,牧马悲鸣,吟啸成群,边声四起。""边声"应包含许多内涵。本来似乎应该是:"四面边角连声起",但是,那样一来,第二和第四个字都是仄声,就不是仄仄平平平仄仄了,不协调了。而汉语诗歌的语词顺序,是比较自由的,所以作者作了调整。

第二,这首诗的最动人处,主要不在地理环境的特殊,而是通过这空间距离的悠远,来调动诗人内心深处的感情。这种情感必须是有特点的。但是,一说到秋,就写悲愁,特点可能就被淹没了。不可回避的是"四面边声连角起"具有"悲"的意味,军号都是悲的,"将军白发征夫泪",悲到连眼泪都写出来了,不是落入悲秋的俗套了吗?没有。原因在于,这里字面上虽然是悲的,但并不完全给读者以凄凉的感觉,而是悲中有壮。壮在哪里呢?壮在心态,壮在志气。虽然外在的景色悲凉,内心却怀着豪情——"燕然未勒归无计"。(燕然:今蒙古境内之杭爱山。勒:刻石记功。东汉窦宪追击北匈奴,出塞三千余里,至燕然山刻石记功而还。)还没为捍卫疆土立下盖世的功勋,就更没有理由回家。家和国,这是一对矛盾,诗人就是处在严酷的国家命运、个人志向和乡愁之间,矛盾不得解脱,才借酒浇愁。浊酒,不是清酒,越发显出乡愁的沉重。这种乡愁,不是一般的忧愁,而是使人失眠的忧愁("人不寐")。衬托这种忧愁的,又不是灰暗的背景,而是"羌管悠悠霜满地",明亮的月色中的高昂的乐曲,这是一种反衬,使这种悲凉有一种明亮的而不是灰暗的感觉:听着异乡异族("羌管")的乐曲,看着月光照着的霜华,想到自己虽然年华消逝("将军白发"),却仍然要坚守在遥远的边陲。

从历史角度找寻其时代特点。这是一首宋人写的军旅词,和唐人的边塞诗属于同一母题。但是,相比起来,没有了唐人豪迈、开朗的英雄主义。只要和岑参的《白雪歌送武判官归京》中的"中军置酒饮归客,胡琴琵琶与羌笛"、"纷纷暮雪下辕门,风掣红旗冻不翻"相比,就可以看得很清楚,唐人写边塞之苦寒,其中有自豪深厚之气,而宋人则心气偏弱。这是因为宋朝在军事上一直比较弱,对于异族往往只有招架之功,而无还手之力。宋朝的大诗人即使有时作英雄语,也往往难以摆脱无奈的悲剧感。这可以从"归无计"和"人不寐"中感受到。

范仲淹在边防上是有作为的。他到延州后,选将练卒,招抚流亡,增设城堡,联络诸羌,深为西夏畏惮,称"小范老子腹中有数万甲兵"。故其词慷慨,悲而不惨,悲中有壮,一扫花间派柔靡词风,可视为"苏辛"豪放词的前奏。

欣赏作品主要应从语言中感受,尤其是诗歌,主要应从诗句中感受。如果一味说,英雄语中有无奈之感,当然没有错,但是,要从具体的词句中找到根据,才是真有感受,真有理解。

苏幕遮　范仲淹

碧云天,黄叶地。秋色连波,波上寒烟翠。山映斜阳天接水。芳草无情,更在斜阳外。　　黯乡魂,追旅思。夜夜除非、好梦留人睡。明月楼高休独倚。酒入愁肠,化作相思泪。

这一首和上一首有两个共同点:一,都是写秋天的;二,都是写乡愁的。

唐圭璋先生在《唐宋词简释》(上海古籍出版社1981年版)中说:此首,上片写景,下片抒情。上片,写天连水,水连山,山连芳草;天带碧云,水带寒烟,山带斜阳。自上及下,自近及远,纯是一片空灵境界,即画亦难到。下片,触景生情。"黯乡魂"四句,写在外淹滞之久与思乡之深。"明月"一句陡提,"酒入"两句拍合。"楼高"点明上片之景为楼上所见。酒入肠化泪亦新。……足见公之真情流露也。

唐先生的艺术感觉甚好,但是,孤立地谈一首诗很难把真正的特点讲清楚。

最好的办法就是和前面一首《渔家傲》比较。

外部景色的地域特点与前面一首相比,有所不同,凭借几个细节,给人鲜明的印象,这里并没有悲凉的感觉,相反,很明媚。上片一开头就强调色彩,"碧云天",云怎么是碧的?如果贴近客观真实,云应该是白的。其实这是美化,因为在色彩上要和下面的"黄叶地"相对。这样在音节上对称,在色彩上也对称。这两句虽然看起来并不十分起眼,但是,几百年后,在《西厢记》中崔莺莺送别张生一折里,就被王实甫袭用了。

这里的色彩虽然鲜艳,但并不杂乱,因为它单纯,给人一种明净之感。"秋色连波",秋天的景色和水波连在一起,一片空灵,如果不是空灵到水一样透明,就不可能和水连成一片。至于"波上寒烟翠",水波是透明的,而水上的寒烟,其实是水上的雾气,本来应该是蒙胧的,但是,作者用了一个"翠"字,便增加了透明感。碧、黄、翠这样丰富的色彩,不仅不互相干扰,而且在明净这一点上高度统一了起来,构成了意境——不仅雾气蒙胧,而且黄叶的枯败也被透明感同化了。

这明显不是塞外风光,而是东南或者中南地区的景色了。

和上一首一样,词中也有山,可是,"山映斜阳",色彩也还是明亮的。但这里的山,并不像前一首中的山那样,都是屏障一样的重重高峰,相反,可以看到"天接水",说明这是在平原上,山很小,又不多,没有挡着视线,一望无际,视野开阔。这句写出了平原的特点,而且不是一般的平原,是有河流的。这样开阔的图画所展示的,不仅仅是大自然的风物,而且是作者极目远眺的心胸和情致。和"秋色连波,波上寒烟翠"连在一起,这么多明净的意象组合起来,完全淹没了前面作为秋天的象征的黄叶引起的联想,几乎没有多少秋天的感觉了。

这仅仅是地域的特点吗?地域的特点一旦得到表现,就不再是客观的,因为这特点是经过作者情感的选择、同化后,转换、生成的。地域特点和作者的心理特点是水乳交融的,实际上是作者心灵特点的反射,这可以从下面一句"芳草无情,更在斜阳外"得到证明。"芳草",不属于"黄叶地"的范畴,不是眼睛能直接看到的。"在斜阳外",也就是更加遥远的地方,那更是不为黄叶覆盖的地方。关键词语是"无情"。为什么无情?因为芳草在山以外,是故乡,它远远地在斜阳以外,在目力所及之外。芳草不理会我的乡愁,所以无情。芳草的无情,正衬托出诗人的多情。

诗人的情怀和故乡的关系,到了下阕才点明。"黯乡魂,追旅思",这里用了一个短短的对句,说的是一回事:怀乡。在这以前,用的都是借景的办法,比较含蓄,到了这里,继续借景抒情,当然不是不可以,但是,如果驾驭不好,就可能太单调,也可能停留在景物的层面上,不利于情感深化。所以许多词家到了词的下半阕,就转为直接抒情,把感情直接倾诉出来。想想毛泽东的《沁园春·雪》,为什么前面都写雪景,到了后面却突然大发议论起来呢?一是为避免单调,二是为避免在视觉层次上深入不下去。毛泽东借助直接抒情,从描述雪景上升到评议历史人物,表达自己的雄心壮志。范仲淹用同样的方法,直接把自己对家乡的怀念抒发出来。他强调这种乡思的特点是,在清醒的时候不可排解,只有在做梦的时候才是例外。他甚至希望,夜夜都做好梦。因为"好梦留人",一个"好"字,说得比较空灵,一个"留"字,暗示无限留恋,反衬出他并不能夜夜好梦,也就是说是他的乡思使他失眠了。这本来和前一首的"人不寐",说的是一样的意思。但是,"人不寐"把一切都讲出来了,然后再用"将军白发征夫泪"这样的意象来支撑。而这里是用留有余地的办法把失眠暗示了出来。下面一句"明月高楼休独倚",暗示性更强,为什么不能一个人静静地赏月呢?因为月亮弯弯照九州,光华能超越空间的距离、关山的阻隔,征人却不能和亲人沟通。所以,还不如不要去触动这敏感的联想。"休"字很见功力,是正话反说。字面上是"休",不要独倚,但又把它写得这么诗意盎然,本为避免惆怅,却又留恋惆怅之美。下面这一句,就更见才情了:

酒入愁肠,化作相思泪。

这是很大胆的想象。酒本来不是眼泪,在这里却变成了眼泪,用科学的眼光来看,这是不真实的,但这是写诗,诗的抒情,需要想象才能充分表达。想象的特点之一,就是虚拟的变异,酒变成了眼泪,不但形态变了,而且质地也变化了。这是很大胆的。但又不是随意的。因为二者之间在联想上还是有相通之处、有沟通的渠道的,酒和泪都是液体,读者联想就有了相近、相似的过渡渠道,顺理成章,非常自然。如果不是这样,说酒化作芳草,化作斜阳,就不伦不类了,读者的联想有可能被扰乱,产生一种抗拒感,诗就失败了。把酒和眼泪联系起来,变异幅度很大,联想却没有阻力,可以说水乳交融。正是因为这样自然的过渡,思乡的情感被强化了:为了消愁,才去喝酒,喝酒,本来为了麻醉自己思乡的痛苦,却适得其反,消愁的酒更转化为自己思乡的痛苦。这和李白的"举杯销愁愁更愁"是一样的意思。但是,范氏的杰出就在于发明了自己的独创话语——酒和泪转化,这在艺术上就有了创造性,有了不朽的感染力。

同样是通过秋天的景色来抒发自己思念家乡的感情,这一首和前面那首不同。前面一首写思乡和卫国之间的矛盾,有一点沉郁、豪迈的气魄,情调上悲而且壮。而这一首情绪上是悲的,但是悲中无壮,没有把思乡的情感与卫国的壮志联系起来。而且在意象上,碧云天、黄叶地、寒烟翠、明月楼,色彩也较明净,悲而清澈。但是,又不像李清照那样凄,没有凄凉之感。

诗人面对大自然,用意并不在完全客观的自然景象,而在激发自我内心深沉的情致。如果同一个人,每一次调动起来的都一样,就不能说他有多丰富的个性了。诗人的功力就在于,每一次调动起来的都不一样,就显示了他内心和艺术表现力的多彩。阅读同一作者的作品,一方面要注意他贯穿在每一篇作品中的个性。另一方面更要注意,个性中各不相同的侧面。如果看不出不同来,就不能真正欣赏到每一首诗的特点,也就不能真正理解作者个性的丰富。

天净沙　秋思　马致远

枯藤老树昏鸦,小桥流水人家,古道西风瘦马。夕阳西下,断肠人在天涯。

这首经典之作选自《全元散曲》(中华书局1964年版),全文没有一个字提到秋,却恰恰写出了经典的秋天景象。其感受也是传统的忧愁,阅读者关注的核心应该是:这里的忧愁,和前面几篇有什么不同? 全文只有五句,一眼望去就能感到,其特点首先在句法上,前面三句都是名词(意象)的并列,没有谓语。但是,读者并不因为没有谓语而感到不可理解。

第一句,枯藤、老树、昏鸦,这三者,虽然没有通常的谓语和介词等成分,但它们之间的关系并不因此而混乱。它调动着读者的想象,构成了完整的视觉图景。三者在音节上是等量的,在词性上是对称的,"枯""老""昏"在情调的悲凉上是一致的,所引起的联想在性质上是相当的。小桥、流水、人家,也一样,只是在性质上不特别具备忧愁的感觉。(有人解释,这是诗人看到别人家的生活,是反衬。)后面一句:古道、西风、瘦马,三个意象,互相之间没有确定的联系,但与前面的枯藤、老树、昏鸦在性质上、情调上有精致的统一性,不但相呼应,而且引导着读者的想象进一步延伸出一幅静止的国画。这时,在静止的图景上,出现了一个行人和一匹马。如果是俄语、德语或者法语,就不能这么简洁,人家的语言要求明确性数格。昏鸦是一只还是数只,瘦马是一匹还是多匹,而且还得交代:鸦和马,乃至风和树,是阴性还是阳性;"断肠人"是男人还是女人。本来,骑马可以引起生气勃勃的感觉,但却是瘦马,反加深了远离家乡(漂泊天涯)之感。这种感触,又是在西风中。在中国古典诗歌中,西风,就是秋风,秋风肃杀的联想已经固定。所以作者没有正面说肃杀，而是把联想空间留给读者。古道，是古老的，或者是从古以来的道路，和西风、瘦马组合在一起，在感情的性质上，在程度上，非常统一、和谐。

也许有同学会提出疑问，这样的句子是一种"破句"，为什么有这么多好处呢？因为这是汉语抒情诗。诗比之散文，要给读者留下更多的想象空间，让读者的想象参与形象的创造，参与越自然，越没有难度，诗歌的感染力越强。比如，古道、西风、瘦马，这匹马是骑着的，还是牵着的，如果交代得清清楚楚，反而煞风景。这就产生了一个现象，在散文里看来是不完整、不够通顺的句法，在诗歌里却为读者留下了想象的空间，促使读者和作者共同创造。这正是汉语古典诗歌一个很大的特点，也是很大的优点：前面范仲淹词中的"浊酒一杯家万里"也遵循着同样的规律。这种手法，在讲究对仗的律诗中，得到了充分的发展，在唐朝已经十分普及，精彩的例子唾手可得：

鸡声茅店月，人迹板桥霜。
——温庭筠《商山早行》

这是温庭筠《商山早行》中的一联。虽然构不成完整的句子，但上联提供的三个意象，却能刺激读者的想象，构成完整的画面，鸡声和月亮足够说明，这不是一般的早晨，月亮还没有落下，这是黎明。茅店，更加提醒读者回想起诗题——"早行"，是提早出行的旅客的视觉。下联的"人迹"和"霜"联系在一起，互为因果，进一步强化了早行的季节和气候特点，虽然自己已经是早行了，但是还有更早的呢。而"板桥"，则是作者聪明的选择，只有在板桥上，霜迹才能看得清楚，如果是一般的泥土路上，恐怕很难有这样鲜明的感觉。

西方诗歌，语法和词法的规律与汉语不同，他们在诗歌里，也很讲究语法和词法的统一性。西方诗歌中，像《天净沙》这样的句法可以说是十分罕见的，即使有个别句子，也是十分偶然的。正是因为这样，我们的诗歌语言，在二十世纪初，受到了美国一些诗人的特别欣赏，他们把我们这种办法叫作"意象并列"，并且由此发展出一个流派来，叫作"意象派"。这个流派的大师庞德，还用这种办法写了好多相当经典的诗。其中最著名的是《地铁车站》，原文是这样的：

In a Station of the Metro
The apparition of these faces in the crowd;
Petals on a wet, black bough.

有人把它翻译成这样：

> 人群中这些面孔骤然显现
> 湿漉漉的树枝上纷繁的花瓣

在原文中，两个词组之间没有介词和谓语，这显然是学习汉语诗歌意象叠加的办法。有人不满意这样的译法，改译成：

> 在这拥挤的人群中，这些美丽的突现
> 一如花瓣在潮湿中，如暗淡的树枝

香港诗评家璧华就认为前者是"不朽的"，后者是"平庸的"。他看重诗歌中空间的空白，这对读者想象的调动，是十分关键的。

从写作实践上来说，以这样的并列，以不完整的句法来表现诗人的直觉，最大的好处，就是留给读者的想象比较自由。第二种译文把本来留在想象中的词语补充出来，反而窒息了诗的想象。同样的道理，如果把"古道西风瘦马"补充为"在古老的驿道上，西风紧吹，来了一匹瘦马"，诗意就可能损失殆尽，变成散文了。

当然，如果一味这样并列下去，五个句子全是并列的名词（或者意象），就太单调了。所以到了第四句，句法突然变化了，"夕阳西下"，谓语动词出现在名词之后，有了一个完整的句子。但是，其他方面并没有变化，仍然是视觉感受。后面如果继续写风景，哪怕句法有变化，却因为一味在视觉的感官上滑行，也难免给人肤浅之感。故作者不再满足于在视觉感官上滑行，而向情感更深处突进，不再描绘风物，而是直接抒发感情——"断肠人在天涯"。这里点出了秋思的情绪特点，不是一般的忧愁，而是忧愁到"断肠"的程度。这就不仅仅是凄凉，而且有一点凄苦的感觉了。人在天涯，也就是远离家乡。被秋天的景象调动起来的马致远的心灵和范仲淹、杜牧的心灵是何等的不同，他对大自然的欣赏只限于凄苦，而不涉及国家的责任，故悲而不壮。对家乡的怀恋，倒是相近的，虽然没有明净的图景，但并不妨碍它的动人，诗人个性化的生命就在这不同之中。这首小令幸亏有这最后一句，使它有了一定的深度，在情感的表达上也有了层次，避免了单调。

相比之下，白朴、张可久和无名氏同样曲牌的作品，大抵都显得浅。白朴的诗，五句都在描绘风景，停留在视觉感官上："孤村落日残霞，轻烟老树寒鸦，一点飞鸿影下，青山绿水，白草红叶黄花。"尤其是最后两句，完全在玩弄色彩（青、绿、白、红、黄），甚至给人以为色彩而色彩的感觉。这里看不出作者情绪的主要特点,是马致远式的忧愁,还是杜牧式的对秋景的赞叹。从中,读者很难感觉到情绪是悲凉的还是明快的。如果说是明快的,为什么在明快的景色中夹入"老树寒鸦"呢?如果要强调老树寒鸦,为什么不贯穿到底,让山水带上和老树寒鸦相近的性质呢?而且,五句都属视觉感知,没有在视觉感知饱和的时候,深入到情绪层面。文字的色彩脱离了人的情感,就难免空洞了。

秋词　刘禹锡

自古逢秋悲寂寥,我言秋日胜春朝。
晴空一鹤排云上,便引诗情到碧霄。

选出这首绝句来欣赏,并不是因为它在艺术上特别有成就,而是因为它在立意上有特点,前面已经说过,我国古典诗歌在宋玉时代确立了悲秋的母题,而且成为一种传统(在《诗经》里还不是这样的)。一般人很少有意识去打破这个多少有点封闭、凝固的套路。当然,这也并不能说,所有表达秋愁的诗歌都是公式化的套语,至少有许多以秋天引起的悲愁,是有真切内涵的。例如李白的《子夜吴歌·秋歌》:

长安一片月,万户捣衣声。
秋风吹不尽,总是玉关情。
何日平胡虏,良人罢远征?

这种秋愁,是与大众的疾苦有关的,想象的空间那么辽阔(从玉门关到长安),战士的妻子的绵绵思绪那么深沉,但是,又不那么张扬,没有多少夸张之语,写得相当从容。其艺术价值是很高的。

关键并不在于悲秋是不是有一种套路,而在于诗人的创造要打破这种套路,是不容易的。因为套路在一段时间里拥有权威性,显得神圣不可侵犯,一般作者不敢去触犯它。或者要触犯它,又缺乏足够的才华。大凡能够突破的作品就有某种艺术的不朽了。

这些作品虽然不见有多大的社会意义,但就算诗人没有什么壮志,在秋天来临的时候,他感到一种和大自然的契合,发现秋天的清新和人生的美好,也同样能写出好诗来。像王维的《山居秋暝》:

空山新雨后，天气晚来秋。

明月松间照，清泉石上流。

竹喧归浣女，莲动下渔舟。

随意春芳歇，王孙自可留。

王维发现了秋天美的另一种表现。一切看来是平常的，面对这种平常而又美好的景象，诗人的心情是欣然而又恬淡的。这说明秋天并不是命中注定要带来忧愁的，而且也不注定要引起人的异常激动。

刘禹锡的可贵就在于，他对秋愁套路唱了反调，不是自发的，而是自觉的，不是一般的唱唱而已，而是把对立面提出来，加以批评。哪怕自古以来就是这样的，他也不买账。这首诗的可贵还在于他不但反对悲秋，反对逢秋便悲，而且提出秋天比春天更美好（秋日胜春朝）。这种坚持自己个性的勇气在诗歌创作上是难能可贵的。正是在反潮流的思绪这一点上，这首诗有了不朽的价值，虽然在艺术上，这首诗很难列为唐诗中最杰出的作品。

二十世纪六七十年代，主流意识形态强调乐观向上，反对悲哀，因为乐观昂扬的意气和集体主义有联系，而悲苦之哀叹则和个人主义有瓜葛。刘禹锡的这首诗，因为反对悲秋而得到崇高的评价。在今天看来，喜怒哀乐都是人的心灵的一部分，只是对于创业者而言，乐观可能特别难能可贵吧。

这首诗的核心意象是"晴空一鹤排云上"，并以这一点支撑"秋日胜春朝"的感兴。这个意象，有两点值得分析：一是，把鹤的形象放在秋日"晴空"中，用秋高气爽、万里无云的背景来衬托（在人们的印象中秋天的晴空是蔚蓝的，而鹤是白的）。这就意味着，天空里一切其他的东西都被省略了。什么风雨啊，红霞啊，日月星辰啊，都从读者的想象里排除了。只让白色的鹤的翅膀突出在读者的视野中。有了这一点对比就够了。如果是在英语、俄语或德语中就要追究，是一只白鹤，还是一排白鹤，但在汉语中，却不必。因为从生活的真实来看，从地面望上去，一只白鹤在天空中，可能根本就看不见。但汉语名词不讲究数量的变化，加之诗的视觉是想象的，和现实的视觉有很大的不同。在想象中，一只白鹤和蓝天的对比，就能够形成鲜明的感觉，而在现实中，一只白鹤在天空可能会变成一个黑点。但这不是诗人要考虑的问题。第二，这个鹤的运动方向，不是通常的大雁南飞，而是诗人设计的，诗人不说"向上"，而说"排云"，这就比向上还要有力量的感觉，力争飞到云层的上方去。这便有了象征意义。

刘禹锡的《秋词》一共两首，另外一首如下：

山明水净夜来霜,数树深红出浅黄。

试上高楼清入骨,岂如春色嗾人狂。

这一首的立意和前一首是相似的,也要把秋天和春天相比,表现秋天自有秋天的美,自有春天比不上的特点。这一首不像上一首只是笼统地反对悲秋,提出"秋日胜春朝",而是进一步指出秋日也有不亚于春天的鲜艳色彩,它胜过春朝的地方是,给人一种"清入骨"的感觉。这个"清"的内涵很丰富,可以令人想到清静,也可以想到清净,甚至可以想到清高。虽然不如春天那么鲜明、一望而知,但是细细体味,却隽永、含蓄,更经得起欣赏,更深刻。诗人欣赏秋天的清,还有一点不能忽略,它把欣赏的地点放在高楼上,要从高处欣赏秋天的"清",这就不单纯是物理的高度,还有开阔的视野、精神的高度,正是这样,他才觉得,秋色不像春色那样浮躁,那样夸张(嗾人狂),那样张扬。

这一首写得也很有个性,但是,一般读本都选前一首,因为前一首的核心句"一鹤排云"比较单纯,比较形象,后一首的核心句"清入骨"在形象性的直接可感性上略逊一筹。

登高 杜甫

风急天高猿啸哀,渚清沙白鸟飞回。

无边落木萧萧下,不尽长江滚滚来。

万里悲秋常作客,百年多病独登台。

艰难苦恨繁霜鬓,潦倒新停浊酒杯。

这首诗被胡应麟在《诗薮》中称为"古今七律第一"。[1]诗是大历二年(767年)杜甫在四川夔州时所作。虽然在诗句中点到"哀",但不是直接诉说自己感到的悲哀,而是"风急天高猿啸哀"——猿猴的鸣叫声悲哀,这给读者留下了想象的自由:诗人并不明说,是猿叫得悲哀,还是自己心里感到悲哀。点明了"哀"还不够,下面又点到"悲"——"万里悲秋常作客",这句点明是诗人自己悲秋了。一提到秋天,就强调悲哀,不是落入窠臼了吗?不然。

这是因为,杜甫的悲哀有他的特殊性。他的悲哀虽然是个人的命运,却是相当深厚而且博大的。这种博大,首先表现在空间视野上。

诗题是"登高",开头两句充分显示出登高望远的境界,由于高而远,所以有空阔之感。猿啸之声,风急天高,空间壮阔,渚清沙白,本已有俯视之感,再加上"鸟飞回",更觉人与鸟之间,如果不是俯视,至少也是平视了。这正是身在高处的效果。到了"无边落木萧萧下,不尽长江滚滚来",这种俯视的空间感,就不但广阔,而且有了时间的深度。和前两句比,这两句境界大开,有一种豁然提升的感觉,明显有更强的想象性、虚拟性。落木居然到了无边的程度,满眼都是,充满上下天地之间。这不可能是写实。显然,只有在想象中,才有合理性。长江滚滚而来,从引用《论语》中"子在川上曰,逝者如斯夫"典故开始,在中国古典诗歌的传统意象中,江河不断,便不仅是空间的深度透视,而且是时间的无限长度。这种在空间和时间交织中的境界,当然不是局限于空间的平面画面可比的。再加上意象如此密集,前两句每句三个意象(风、天、猿啸、渚、沙、鸟),后两句每句虽然只各有一个意象,但其属性却有"无边"和"萧萧"、"不尽"和"滚滚",有形有色,有声有状,有对仗构成的时空转换,有叠词造成的滔滔滚滚的声势。从空间的广阔,到时间的深邃,不仅仅是视野的开阔,而且有诗的精神气度——悲秋而不孱弱,有浑厚之感。

如果就这样深沉浑厚地写下去,未尝不可,但是,一味浑厚深沉下去的话,很难避免单调。在这首诗中尤其是这样,因为,这首诗八句全部是对句。而在律诗中,一般只要求中间两联对仗。为什么要避免全篇都对?就是怕单调。杜甫八句全对,却让读者看不出一对到底,除了语言形式上的功夫以外,恐怕还是得力于情绪上的起伏变化。这首诗,第一、第二联,气魄宏大,到了第三、第四联,就不再一味宏大下去,出现了些许变化:

> 万里悲秋常作客,百年多病独登台。
> 艰难苦恨繁霜鬓,潦倒新停浊酒杯。

境界不像前面的诗句那样开阔,一下子回到自己个人的命运上来,而且把个人的"潦倒"都直截了当地写了出来。浑厚深沉的宏大境界,一下子缩小了,格调也不单纯是深沉浑厚,而是有一点低沉了,给人一种顿挫之感。境界由大到小,由开到合,情绪也从高亢到悲抑,有微妙的跌宕。杜甫追求情感节奏的曲折变化,这种变化有时是默默的,有时却有突然的转折。杜甫的诗"沉郁顿挫",沉郁是许多人都做得到的,而顿挫则殊为难能。

这是杜甫的拿手好戏,他善于在登高的场景中,把自己的痛苦放在尽可能宏大的空间中,使他的悲凉显得并不渺小。但是,他又不完全停留在高亢的音调上,常常是由高而低,由历史到个人,由空阔到逼仄,形成一种起伏跌宕的气息。宋人罗大经在《鹤林玉露》中这样评价这首诗:"杜陵诗云'万里悲秋常作客,百年多病独登台。'万里,地之远也;悲秋,时之凄惨也;作客,羁旅也;常作客,久旅也;百年,暮齿也;多病,衰疾也;台,高迥也;独登台,无亲朋也。十四字中有八意,而对偶又极精确。"这样的评价很到位,十四字八层意思层层加重了悲秋。我们来看他写于差不多同一时期的《登岳阳楼》:

昔闻洞庭水,今上岳阳楼。
吴楚东南坼,乾坤日夜浮。
亲朋无一字,老病有孤舟。
戎马关山北,凭轩涕泗流。

明明是个人的痛苦,有关亲朋离异的,有关自己健康恶化的,这可能是小痛苦,但杜甫却把它放在宇宙("乾坤")和时间的运动("日夜浮"动)之中,气魄就宏大了。当然,这并不完全是技巧问题,因为诗人总是能把自己个人的命运、亲朋离散、老病异乡和远在视线之外的战乱("戎马关山")、国家的命运联系在一起。这种境界是够宏伟的了,但是,他随即又转向个人命运,而且为亲朋信息杳然和自己的老病而涕泗横流起来。这不但不显得小家子气,而且以深沉的情绪起伏来调节他的情感节奏,就难怪诗话的作者们反复称道他的感情"沉郁顿挫"。再如《登楼》:

花近高楼伤客心,万方多难此登临。
锦江春色来天地,玉垒浮云变古今。

他个人的"伤客心"总和"万方多难"的战乱结合在一起,就使得他的悲痛有了社会的广度。为了强化这社会性的悲痛,他又以"天地"的宏大空间和"古今"的悠远时间两个方面充实其深度。杜甫的气魄,杜甫的深度,就是由这种社会历史感、宏大空间感和悠远的时间感三位一体构成的。哪怕他并不是写登高,也不由自主地以宏大的空间来展开他的感情,例如《秋兴八首》之一:

玉露凋伤枫树林,巫山巫峡气萧森。
江间波浪兼天涌,塞上风云接地阴。

借助"兼天""接地"的境界,杜甫表现了他个性宏大深沉的艺术格调。换一个人,即使有了登高的机遇,也不一定能表现出宏大深沉的精神力量来。当然,杜甫的风格是多样的,有时,他的风格并不以浑厚深沉见长,而是以明快细腻动人,例如《春夜喜雨》。

我们之所以要介绍杜甫的这首诗,是为了从反面说明,什么不是浑厚深沉。只有懂得了什么不是浑厚深沉,才能真正体悟什么是浑厚深沉。理解诗歌,最忌空泛。我国古典诗话,往往有些精致的感觉性断语,如说杜甫的诗"沉郁顿挫""浑厚深沉"等等,这对理解杜诗应该说是有帮助的,但这样的话语,也有一个缺点,就是比较模糊,不确定。我们的任务,不是停留在古人的水平上,而是在古人的水平上提高一步,对这些话语进行分析,结合杜甫的作品加以具体化。深入地具体分析,已经不易,同时还要防止孤立地封闭地分析。分析要开放,最好把作品放在系统中,在多方面的联系和对比中进行分析,结论才有可能深入。

注:

① 陈伯海主编《唐诗汇评(上)》,浙江教育出版社1995年版,第1182页。

一种秋天的当代诗意

采桑子 重阳 毛泽东

人生易老天难老,岁岁重阳。今又重阳,战地黄花分外香。 一年一度秋风劲,不似春光。胜似春光,寥廓江天万里霜。

比起刘禹锡来,毛泽东更是自觉地和秋愁唱反调。

但是,毛泽东在面对秋天的景象、面对秋天的传统母题时,调动起来的感兴,和刘禹锡、范仲淹、马致远大不相同。

重阳季节在他内心激发起来的不但不是忧愁,反是一派革命乐观主义的豪情。词中"人生易老天难老",本来是李贺《金铜仙人辞汉歌》中的,原诗如下:

> 茂陵刘郎秋风客,夜闻马嘶晓无迹。
> 画栏桂树悬秋香,三十六宫土花碧。
> 魏官牵车指千里,东关酸风射眸子。
> 空将汉月出宫门,忆君清泪如铅水。
> 衰兰送客咸阳道,天若有情天亦老。
> 携盘独出月荒凉,渭城已远波声小。

李贺的意思是,金铜仙人,从汉家宫殿里被搬出去,对于汉宫是十分留恋的,内心是很悲哀的,悲哀到不要说人间,就是老天如果有感情的话,也会因为悲哀而衰老的。但毛泽东这里完全没有悲哀的意思,因为重阳节是每年都要过的,似乎没有什么变化。节令无限循环,大自然(天)不会有什么变化,但人生却是很短暂的,人会变老,生命会衰亡。今天又到了重阳节,令人感慨。但是毛泽东的感慨并没有停留在人生短暂上,很快就回到了眼前的现实斗争中。

战争本来让人忘记大自然季节的变幻,忘记花的美好,然而,毛泽东却相反,他觉得在战争环境中,反而格外能显出菊花的芬芳。这就是毛泽东的个性。同样是战地菊花,换一个人,哪怕是左联的文学家,可能也写不出这样的诗句来。只有作为统帅的毛泽东才会感受到战争的美。在另一首词中,他甚至觉得连战争中留在村庄墙壁上的弹洞,都是好看的:

当年鏖战急,弹洞前村壁。

装点此关山,今朝更好看。

——(选自《菩萨蛮·大柏地》)

从这里,我们可以看到,同样的景象在不同的诗人心灵中引起的感觉是多么不同。同样是菊花,在陶渊明流传下来的传统中,代表文人的高洁娴雅,而在毛泽东那里,则因为战事而特别芬芳。

正是因为这样,毛泽东觉得,虽然是秋天,却比春天更美好:"不似春光。胜似春光。"这里可能有刘禹锡的影响,因为刘诗中有"我言秋日胜春朝"。但是,毛泽东运用了复沓的句法:两个句子,结构是平行的,词语有一半相同,意思却相反。这个句法结构是毛泽东发明的,不是词牌里现成的。它的精彩还在于,它和前面一个相同的句组"岁岁重阳。今又重阳",在章法上是对称的。这种对称使这两句不但在思想感情上而且在结构上都成为焦点。

到这里,主题似乎已经完成了。但是,按词牌的规定,最后还得有一个七言的句子。在初稿上,句子是这样的:

但看黄花不用伤。

表面上看,说的是不用伤,但还是有点伤感在内的。这与毛泽东当时不顺遂的处境有关。1929年6月22日在闽西龙岩召开了红四军第七次代表大会,会上毛泽东被朱德、陈毅等批评搞"家长制",未被选为前敌委员会书记。毛泽东随即离开部队,到上杭指导地方工作,差点死于疟疾。从这里可以看出,毛泽东这是在自我鼓励,但这毕竟不能充分表现毛泽东的顽强和乐观,所以到定稿的时候,他终于改成了:

战地黄花分外香。

比起原稿中的"但看黄花不用伤",不但在思想上,而且在艺术上都提高了一个层次。原稿虽然思想也是积极的,但未免有强弩之末、思想太露之感。毛泽东的修改,充分表现了他的才气。他避开了大发议论,甚至也没有在思绪上作含蓄收敛的表达,他什么也不说,只写了一句自然风景:"战地黄花分外香。"这不是一般的黄花,而是经过硝烟炮火的洗礼之后,依然在秋风寒霜中傲然绽放的菊花,它平凡质朴却又生机勃勃。这金黄的菊花装点了战地的重阳,重阳的战地也因这黄花而显得更加美丽。"分外香"写出此时此刻赏菊人的内心感受。这一句情景交融,有色有味,形成一种生机盎然的意境,抒发了作者乐观、豪迈、旷达的情怀。

秋天:一种现代散文美
——解读郁达夫的《故都的秋》

关键词语(句):悲凉、一碗浓茶、疏疏落落尖细且长的秋草、像花而又不是花的落蕊(声音也没有,气味也没有)、扫帚的丝纹、潜意识下的落寞、深沉、秋蝉衰弱的残声、都市闲人、黄酒/白干、稀饭/馍馍、鲈鱼/大蟹、黄犬/骆驼

钱理群先生在《品一品"故都"的"秋味"》中批评过一种分析作品的线性的思维模式:"时代是苦闷的→作家必定时时、处处陷入单一的绝对苦闷中→他写出的每一作品必定是充满了单一的绝对的苦闷感。"[1]在分析郁达夫的这篇文章时,这样的模式曾经风行一时,产生过大同小异的赏析文章。诸如:"1933年4月,由于国民党白色恐怖的威胁等原因,郁达夫从上海移居杭州,撤退到隐逸恬适的山水之间,思想苦闷,创作枯淡",由于作家身处的时代在作家内心投下深远的忧虑和孤独者冷落之感的阴影。因此作者笔下的秋味秋色和秋的意境和姿态,自然也就笼上了一层主观感情色彩。[2]这样的分析是很离谱的。在一篇艺术性的散文中,投上"一层主观感情色彩"居然成了问题。言下之意,不带主观感情色彩的散文才是正宗。从这里可以看出,困扰了我们近一个世纪的机械唯物论真是百足之虫,死而不僵,至今仍然蒙蔽着一些并不缺乏写作能力的论者的眼睛。

艺术性散文并不是科学小品,它的生命就是审美的,而审美的特点就是作者主观的、特有的、与众不同的感情。如果在这一点上含混不清,就失去了欣赏的前提。

分析郁达夫的《故都的秋》的困难还在于:文章中的趣味和中学生的情感经验有很大的距离。对刚刚毕业的中学生的调查结果表明,虽然有相当一部分凭直觉就能感到文章"挺好",但是多数说不清好在何处,许多学生读后的感觉是"很一般",也有人觉得"不太好",仅仅是出于对郁达夫大名的景仰而不敢贸然直言。多数学生感到十分茫然,不甚明白,为什么要把这样的文章选到课本中来。

问题之所以产生,最根本的原因是缺乏审美修养,分不清审美价值和实用功利

价值。

许多问题孤立起来,是看不清楚的,只有还原到丰富、复杂的背景中去,才能有所发现,"万绿丛中一点红",有了绿色作背景,红色哪怕只有一点,也有足够鲜明的视觉冲击力。

比较有两种,一是同类比较,二是异类比较。同类比较要容易一些,异类比较需要的抽象力度要高得多。这是因为,比较不同类的作品,要在相似点上进行,就需要撇开各自丰富的属性,仅仅抓住一个共同点,这是需要抽象的魄力的。同类比较,相似点是现成的,比较就相当容易。《故都的秋》,孤立起来看,特点并不很容易看出来。找一个同类作品来比较,例如老舍的《济南的秋天》,就不难抓住分析矛盾的契机了。

在《济南的秋天》中,老舍称赞了秋天的"清",秋天的"静",以此为主线构成了秋天的"诗意":

> 济南的秋天是诗境的。设若你的幻想中有个中古的老城,有睡着了的大城楼,有狭窄的古石路,有宽厚的石城墙,环城流着一道清溪,倒映着山影,岸上蹲着个红袍绿裤的小妞儿,你的幻想中要是这么个境界,那便是济南。设若你幻想不出——许多人是不会幻想的——请到济南来看看吧。

而郁达夫,显然也是表现秋天的诗意的,他在开头这样说:

> 秋天,无论在什么地方的秋天,总是好的;可是啊,北国的秋,却特别地来得清,来得静,来得悲凉。

秋天的"静",秋天的"清",双方都有,但是,郁达夫所欣赏的秋天的"悲凉",在老舍那里是没有的。老舍的秋天,从全文来看,给人一种活泼、清新、明静、愉快、开朗的感觉。这种感觉,正是中学生能体会得到的,把它作为美来表现没有什么障碍,因而也没有什么特出之处。而郁达夫不一样,他把"悲凉"当作美。这是中学生生活经验和阅读经验中很少有的。如果这种"悲凉"只是一笔带过,可能还不算是关键词语,但这"悲凉",在全文中恰恰是以一连串的语词链加以强调来表现的,可见这是文章的纲领。郁达夫显然有意把秋的悲凉作为美来系统地欣赏。

这就引出了一个问题:秋天的悲凉为什么是美的?接着的问题是,如何让学生理解秋天的"悲凉"也可以成为美的情感?

我们来看,在郁达夫笔下,秋的悲凉是怎么个美法:

> 不逢北国之秋,已将近十余年了。在南方每年到了秋天,总要想起陶然亭的芦花,钓鱼台的柳影,西山的虫唱,玉泉的夜月,潭柘寺的钟声。

审美是一种情感和感觉,一般化的情感是很难感染读者的,文学的审美,关键在于要具备有特点的情感和感觉。郁达夫这一段文字有没有特点呢?表面上看不出来,若用"还原法"就不难看出来了。当时的北平是一座大城市,是政治、经济、文化、教育的中心。一般知识分子,久违了这个大城市时,会怀念些什么呢?是那里的行人熙来攘往的街道吗?是那里的繁华商场吗?是那里的大学校园吗?是那里的名胜古迹吗?怀念这些东西,不是很能表现郁达夫知识分子的情趣吗?如果他怀念的就是这些五光十色、热热闹闹的场景,就和老舍差不多了,就没有他的文化修养和与众不同的个性了。郁达夫所怀念的,恰恰是老舍忽略了的东西。他个人特别关爱的是:"陶然亭的芦花,钓鱼台的柳影,西山的虫唱,玉泉的夜月,潭柘寺的钟声。"其特点是,没有大城市的商业繁华,也没有政治生活的喧闹。他特别念念不忘的,并不像老舍笔下的秋景那样有鲜明的色彩("清溪,倒映着山影,岸上蹲着个红袍绿裤的小妞儿"),相反,他选中的芦花非常朴素,从形状到色彩几乎没有什么花的特点。是不是北平就没有比芦花更鲜明的花呢?当然不是。西山的红叶、中山公园的菊花都是鲜艳夺目的,但都被郁达夫的记忆筛选掉了。他选中的公园,不是游人如织的胜地,而是比较幽静的陶然亭,就是在这比较幽静的公园中,他所钟情的,恰恰又平淡得只剩下了柳条的影子。西山的虫唱,有的是野趣,与其说是大都市的,不如说是乡村的。潭柘寺的钟声,给人的联想是古老、宁静而悠远,在大城市的喧嚣中,没有宁静的心情,这钟声是感而不觉的。从这里可以感到,郁达夫所营造的故都之美在于超越了大都市的喧嚣,更具乡野的宁静和自然的境界。

这样的"风景",如果换一个人,会觉得它美吗?很值得怀疑。但是,正是这些多数人可能会觉得索然无味的地方,郁达夫感到是最值得玩味的,比之北京闻名遐迩的景观还要经得起欣赏:

> 在皇城人海之中,租人家一椽破屋来住着,早晨起来,泡一碗浓茶,向院子一坐,你也能看得到很高很高的碧绿的天色,听得到青天下驯鸽的飞声。从槐树叶底,朝东细数着一丝一丝漏下来的日光,或在破壁腰中,静对着像喇叭似的牵牛花(朝荣)的蓝朵,自然而然地也能感到十分的秋意。说到了牵牛花,我以为以蓝色或白色者为佳,紫黑色次之,淡红色最下。最好,还要在牵牛花底,叫长着几根疏

疏落落的尖细且长的秋草,使作陪衬。

细心的读者可能感觉到,郁达夫对于色彩的欣赏,和老舍在《济南的秋天》中表现出来的爱好很不相同。老舍在开头第一段已经亮出了红袍绿裤,到了后来,写到济南的秋水:"那份儿绿色","终年在那儿吻着水皮,做绿色的香梦。淘气的鸭子,用黄金的脚掌碰它们一两下。浣女的影儿,吻它们的绿叶一两下"。同样是写北方的大都市,老舍对于色彩的欣赏显然偏重于鲜艳。而郁达夫恰恰相反,是逃避鲜艳的:牵牛花,他以为蓝色或者白色者为佳,紫黑色次之,淡红色最下。显然,郁达夫是在竭力追求一种"淡雅"。因为"淡"而"雅",其中蕴含着一种趣味,这种"淡雅",是超越了日常世俗趣味的。日常的趣味,可能是浓艳的,这"艳",在趣味上,可能是比较"俗"的。雅和俗是相对立的。俗是平民百姓的,缺乏文化熏陶的。雅是比较有文化修养的文人才有的,故"淡雅"中往往含着"高雅"的意味。

郁达夫所追求的趣味就是这种文化水平较高的人士的"雅趣"。

雅趣的特点是,不像俗趣那样偏重于外在的色彩和形状,而侧重于内在的意味,这种趣味不能自发生成,是与古典文化修养联系在一起的。没有一定的文化修养,没有高雅的心灵,可能就会视而不见、感而不觉。故郁达夫要欣赏出雅趣来,就得有一份超脱世俗的、恬淡的心情。超脱世俗表现在哪里?"租人家一椽破屋"。欣赏风景,为什么要破屋?漂亮的新屋不是更舒适吗?但是,太舒适了,就只有实用价值,而没有多少历史的回味了。破屋才有沧桑感。因为这是故都,历史漫长,文化积淀不在表面上,是要慢慢体会的。郁达夫的个性在于,他觉得这种积淀,不一定在众所周知的名胜古迹中,或许只有在破旧的民居中才能体悟出来。没有文化趣味的人,是不能胜任这样的欣赏的。为什么要泡一壶浓茶?浓茶是苦的,但是有回味之甘。这就是说,要慢慢体会才有味道,越体会越有味道。

悠闲,这就是雅趣的姿态,更关键的是雅趣的内涵。

郁达夫和老舍不同,他不像一般市民那样去欣赏欣欣向荣的自然景观,相反,他欣赏的是残败的生命。牵牛花的色调已经十分淡了,他还要再强调一下:"最好,还要在牵牛花底,叫长着几根疏疏落落的尖细且长的秋草,使作陪衬。"色彩已经够雅致了,但毕竟是外部的,也许是太表面了,郁达夫觉得不过瘾,还要加上疏疏落落的枯草。枯草有什么美?有什么诗意呢?青草还差不多。但这正是郁达夫的趣味所在。青草显示生命的蓬勃,要欣赏,不难;枯草表现生命的衰败,难道不值得欣赏吗?凡是属于生命的景象都有感悟生命的价值。生命的蓬勃,自然可以激起内心欢愉的体验。这是一种美的感受。直面生命的衰败的感觉,启示沉思生命的周期,逗起悲凉之感,也是一种生命的感受。谁说悲凉就不是美的呢?在我国古典诗歌中,不是有那么多表现悲凉之美的杰作吗?当现代作家一窝蜂地挤在秋天的欢乐境界中的时候,郁达夫却着意表现秋天的悲凉美,难道不是一种审美情感的开拓吗?从审美教育来说,不是对心灵境界的一种丰富吗?

但是,把秋的悲凉当作美来欣赏是有难度的,郁达夫意识到了这一点,所以他在开头第二段就说:"秋并不是名花,也并不是美酒。"他警告读者:以通常那种"半开半醉的"精神状态,是欣赏不了秋天的悲凉的美的。他强调,欣赏秋天的悲凉之美要有一种喝浓茶的悠闲心情和姿态。悠闲地坐在庭院中,"从槐树底朝东细数着一丝一丝漏下来的日光",才能体会到"秋的味,秋的色,秋的意境与姿态"。

要让中学生学会欣赏郁达夫的《故都的秋》,一直是个难题。除了经典文本和当代青少年读者的经验的历史距离以外,还有审美价值和实用价值的距离。生命的欣欣向荣,很容易得到自发的欣赏,而要欣赏生命的衰败则需要超越世俗的实用价值观念。因为情感只有超越了实用的束缚才能有比较大的自由。生命的衰败,在世俗生活中,是负价值,但是,在艺术表现中却可能是正价值。

审美熏陶,就是让情感体验获得解放和自由。

接下来写到北平秋天的树和花。本来可供选择的不计其数,但郁达夫却只选中了槐树的花。这在北方可能是很不起眼的一种花了。可郁达夫所欣赏的,又偏偏不是长在树上的生气勃勃的花,而是快要死亡了的"像花而又不是花的一种落蕊"。这就把前面对于秋草的朴素的雅趣引向更为深刻的境界。生命衰亡的迹象,虽然从世俗观念上看,并不美丽,但也是很动人的。这种动人之处,不在一般的感觉中,只有在非常细致、非常文雅的心灵感觉中才会有。早晨起来,发现满地槐树的落蕊,一般人是没有感觉的,不但视觉如此(颜色形状不起眼),听觉也如此(声音也没有),嗅觉也一样(气味也没有),本来在一般人,触觉也是没有的,但是,作者把"脚踩上去"(当然是穿着鞋的),如果不是感觉极其精致的艺术家,谁会有"极微细极柔软的触觉"呢?有了这种感觉,对于生命的消亡就有了深邃的感觉。

美学意义上的美,正是生命的感觉和情致的深邃。

作者在这里显然是对读者的感觉进行一种精致的熏陶。

正是因为这样,这种感觉不能轻轻放过,要抓住不放。

在"落蕊"被扫去以后,他审视着"灰土上留下来的一条条扫帚的丝纹,看起来既觉得细腻,又觉得清闲,潜意识下并且还觉得有点儿落寞"。这就从意识写到了潜意识,他在下面的句子中把这定性为"深沉"。这也就是文章的深度,郁达夫的功力,就在这里表现出来。如此生动的自我深化,又如此不着痕迹,正是郁达夫文章风格成熟的表现。从这里,我们看到郁达夫的胜利,不是反映了北平悠闲的生活特点(因为北平还有非常喧嚣的一面),也不是像一些教条理论家所说的"贴近生活",他的妙诀是贴近自我——不单单是贴近自我,而且是深化自我,从感觉深化到潜意识,从潜意识深化到思绪。

发现自己的感觉,深化自己的感觉,表达自己的感觉,把感觉独特地语词化,这就是郁达夫告诉我们的为文之道。

一些教条式的阅读理论虽然也随大流喊叫以人为本,可是却绝口不谈人的感觉,把人的感觉不当一回事,根本不懂得人的感觉是人的一切心理的基础,人和客观世界的唯一通道就是感觉,人的死亡,就是感觉渠道的断绝。因而,感觉是珍贵的,不管什么样的感觉,只要是人的,都是和人的情感联系在一起的,是人的生命的表现。以人为本,就不但要以人的思想为本,同时也要以人的独特的感觉和情感为本。感觉和情感表现得越深邃,文章就越精彩。教条主义阅读理论的以人为本之所以是空谈,就是因为它实际上只是一个抽象的人,充其量不过是一个实用的、理性的人。这也许合乎笛卡尔的"我思故我在"。但是,这样的人是片面的。人的思想是离不开感觉和情感的。感觉,特别是比较独特的、个性化的感觉和情感,往往埋藏在潜意识中,一般情况下,人是感觉不到自己深层的、内在的感觉的,不加唤醒,就会被遗忘。审美教育,就是从"审感"和"审情"开始的。作为人,全面发展的人,要让感知、情感和意志得到全面发展,就不能让生命的任何一种感觉流失到潜意识的忘川之中。从审美意义上讲,不仅是"我思故我在",而且是"我感故美在,我不感故美不在"。艺术的功能之一,就是把时时刻刻在流失的感觉唤醒,从而把感情唤醒。只有把全部属于人的感觉都唤醒了,使之复活在文字语言中,人才能从实用的(亦即片面的)功利中解放出来,成为全面发展的、完整的人。

当然,在文学作品中,作家不可能表现作为人的全部,但是,有才华的作家能把他生命的一部分、一个侧面,以完整的形态表现出来。

从《故都的秋》来看,郁达夫表现的是一个什么样的侧面呢?

《故都的秋》写到潜意识中的"落寞",读者可以感觉到郁达夫最为深邃的艺术的追求。

把悲凉、落寞乃至死亡当作美来表现,是不是令人想到一个词:颓废?

是的,有一点。在五四作家中,郁达夫的颓废倾向还是有一点名气的。

他在文章倒数第二段,还不无自辩地说:"有些批评家说,中国的文人学士,尤其是诗人,都带着很浓厚的颓废色彩,所以中国的诗文里,颂赞秋的文字特别的多。但外国的诗人,又何尝不然?"其实,他的辩解是十分无力的。他只是罗列了西方诗文中有许多秋的题材,并没有证明西方颂秋的诗人均有颓废色彩。他提出不论是中国诗人还是外国诗人,在悲秋上是一样的:"足见有感觉的动物,有情趣的人类,对于秋,总是一样的能特别引起深沉,幽远,严厉,萧索的感触来的。"他自然是以中国文人悲秋的传统为后盾的。我们在《故都的秋》中所感觉到的,郁达夫式的悲秋,固然有中国文人传统的血脉,但是,却也可以隐约感到一些区别。中国文人从宋玉开始就定了调子:"悲哉!秋之为气也,萧瑟兮,草木摇落而变衰。"历代秋的主题,从杜甫的《秋兴》"听猿实下三声泪"到马致远的《天净沙》"断肠人在天涯",乃至《红楼梦》的"已觉秋窗秋不尽,那堪秋雨助凄凉",都是把秋愁当作一种人生的悲苦来抒写的。诗人沉浸在悲愁之中,在读者看来,诗人的忧愁是美的,而诗人本身也并不以为是痛苦的。在郁达夫的《故都的秋》中,传统的悲秋主题有了一点小小的变化,那就是秋天的悲凉、秋天带来的死亡本身就是美好的,诗人沉浸在其中,并没有什么悲苦,而是一种人生的享受——感受秋的衰败和死亡,是人生一种高雅的境界。

这就不但颓废,而且有点唯美。

在这里,我们看到的,不仅是中国的传统审美情趣,还有西方的唯美主义,以恶为美,以丑为美,以死亡为美。更突出的,还有日本文学传统中的"幽玄美""物哀美"。所谓"幽玄美"就是:"在人的种种感情中,只有苦闷、忧郁、悲哀——也就是一切不如意的事,才是使人感受最深的。"③日本传统美学中有个非常重要的概念:物哀(あわれ)。什么是"物哀"呢?《日本国语大辞典》这样解释:

1. 事物引发的内心感动,大多与"雅美""有趣"等理性化的、有华彩的情趣不同,是一种低沉悲愁的情感、情绪。

2. 把外在的"物"和感情之本的"哀"相契合而生成的协调的情趣世界理念化。由自然人生百态触发、引生的关于优美、纤细、哀愁的理念。④

川端康成在1952年写成的《不灭的美》中说:"平安朝的物哀成为日本美的源流。""悲哀这个词同美是相通的。"⑤从这里,我们可以看到郁达夫的特色,他并不把植物的死亡当作是痛苦的事,反而把文章带进优美的、雅趣的极致。

如果把郁达夫的师承看得太绝对,也可能把他当作一个中日古典情调的模仿者,一个绝对的唯美骸骨迷恋者,作为现代作家,郁达夫的世俗关怀个性可能因此被遮蔽。幸而,他笔锋一转,把他的趣味向故都的外部世界展开。他写到了故都的秋蝉,这好像是在向客观生活贴近。但是,恰恰相反,他贴近的仍然是自我,因为他抒写的是"秋蝉衰弱的残声"。和"落蕊"一样,这仍然是对生命的衰亡的情趣的体味。抒写衰弱的临近死亡的蝉声,是充分高雅的,但是,他并没有把雅趣和俗趣绝对地对立,相反,他非常有意识地让雅趣带上世俗的色彩。他说这样的秋蝉,很平凡,很世俗,是和"耗子"一样,像家家户户养在家里的。"耗子"携带着的信息和联想,使得古典高雅的诗意中透露出现实的、平民的色彩。这一笔并不孤立,并不突兀,前面的"一椽破屋"早就留下了伏笔。

这种与雅趣相辅相成的平民色彩,也就是俗趣,在写到"都市闲人"的时候,就更加鲜明了。

首先,这些人虽然是在都市里,却穿着传统的衣裳,"很厚的青布单衣或夹袄"。不但样式是传统的,从其厚度也可看出是手工布机的产品。都市闲人的"闲"字,是很有特点的,一般来说,都市生活的节奏是紧张的,身在都市而"闲"的人,就显出了一种情调。这样的"闲人",内涵很丰富。一方面他们是俗人,不一定有多少高雅的文化修养,另一方面,他们也有高雅的文化人的悠闲情调,为高雅的文化人所欣赏;和泡一碗浓茶的文人相比,从情趣到节奏都是有机统一的。连说话都用"缓慢悠闲的声调"也是值得仔细玩味的。文人情调表现在世俗之人的生活节奏上,世俗之人体现文人情调,这就达到了俗而不俗,大雅和大俗的交融。其中的美,其欣赏难度是很大的,那种漫不经心地欣赏名花美酒的态度,是很难品味出来的。

这种大雅大俗的结合,是郁达夫式趣味的一个创造。

这是郁达夫写得最经得起分析的地方,也是最成功的地方。

但从全文来看,并非处处都成功。

在文章的后部,他突兀地发起议论来,对秋的悲凉的美加以总结:不管是中国文人还是外国文人,笔下的秋天,"总以关于秋的部分,写得最出色而最有味。足见有感觉的动物,有情趣的人类,对于秋,总是一样的能引起深沉,幽远,严厉,萧索的感触来的"。这是有缺点的:第一,这并不是雅趣和俗趣的交融,有点太偏向于雅趣,单纯的雅趣并不完全是郁达夫的创造;第二,在逻辑上,这样的概括也不够全面,不论是中国还是西方,古典诗文中秋天的情调并不总是深沉、幽远、严厉、萧索的。这样的总结,有点粗疏。英国湖畔诗人济慈的著名诗歌《秋颂》就充满了丰收的喜悦,一点也没有悲凉的感觉。

这样的断语与其说是秋天的特点,不如说是作家自我的表现,与其说是在欣赏故都的秋,还不如说是自我欣赏。从这一点来说,《故都的秋》着重表现的,不仅仅是对秋天的玩味,而且是对秋天的悲凉之美的文人体验和玩味。作家未能兼顾到雅趣和俗趣的交融,暴露出他内心雅趣和俗趣的不平衡,往往情不自禁地流露出让雅趣占上风的苗头。

全文生命力最强的部分还是雅俗趣味水乳交融的部分。正是这两种趣味的有机结合使得《故都的秋》成为现代散文史上的丰碑。因为,北平百姓生活节奏的安闲、自在,是没有悲秋的意味的。把悲与不悲统一起来,就是生命的自然和自如。这样,本来相当俗的平民趣味就提升到一个新的层次,被郁达夫的雅趣同化了。虽然郁达夫的总结不无瑕疵,但是,他的语言却多多少少弥补了,或者说掩盖了这样的疏漏。尤其是在文章最后一段,他的语言既有古典诗文的典雅,又有现代白话文的通俗:

> 南国之秋,当然是也有它的特异的地方的……可是色彩不浓,回味不永。比起北国的秋来,正像是黄酒之与白干,稀饭之与馍馍,鲈鱼之与大蟹,黄犬之与骆驼。

这就不但在情调上,而且在语言上把雅趣和俗趣统一起来了。

郁达夫把秋天写得这么有诗意,赋予它一系列诗意的高雅的话语,然而不时又穿插一些平民的俗语进去。前面就有茅房、耗子,这里又有稀饭、馍馍、黄犬、大蟹等等。这些话语本来是缺乏诗意的,用在这充满古典的、高雅趣味的文章中,是要冒不和谐的风险。但是,郁达夫却在这里构成了和谐的统一情调。这是因为他的情感特点,本身就是把大雅和大俗融为一体的。

注:

① 钱理群《名作重读》,上海教育出版社 2006 年版,第 238 页。
② 钱理群《名作重读》,上海教育出版社 1996 年版,第 88、89 页。
③ 川端康成《川端康成小说选·译文序》,叶渭渠译,人民文学出版社 1985 年版,第 7 页。
④ 《日本国语大辞典》,小学馆出版社 1993 年版,第 19 卷。
⑤ 转引自卫岭《从唯美到颓废》,《文艺争鸣》,2005 年第 2 期。

两种不同的冬天的美

卜算子　咏梅　毛泽东

风雨送春归,飞雪迎春到。已是悬崖百丈冰,犹有花枝俏。　俏也不争春,只把春来报。待到山花烂漫时,她在丛中笑。

要真正读懂毛泽东的诗词,不能不读《沁园春·雪》;要读懂《沁园春·雪》,不能不先读《卜算子·咏梅》,虽然,后者写在前者之后。

梅花在中国传统文化中,和松、竹一起被称为"岁寒三友",它们因为在严寒节令中保持生机,而成为逆境中精神气节的象征。此三者,尤其是梅花,因为于风雪严寒中,不但不凋谢,反而开出花朵,成为传统诗文中气节坚贞的意象。梅花最初还只是一般的风景,因为和桃李相比,经得起霜雪的摧折,后来逐渐积淀、演化,具有了孤芳自赏、虽不为世俗理解却不改其志的意味。这意味在唐朝已经有了,如李群玉《山驿梅花》:

生在幽崖独无主,溪萝涧鸟为俦侣。
行人陌上不留情,愁香空谢深山雨。

这正是陆游《卜算子·咏梅》的母题。但是,一首诗的价值并不在因袭母题,贵在继承之时有所突破。陆游的创造在于,在孤独之外,又增加了悲剧性。这种悲剧氛围从多方面得到强调:

驿外断桥边,寂寞开无主。已是黄昏独自愁,更著风和雨。　无意苦争春,一任群芳妒。零落成泥碾作尘,只有香如故。

第一,在孤独和寂寞中,坚守心灵的恬定。孤独,在驿站之外,无人之处,一也;断桥,无路可通,二也;无主,既无人培育、呵护,也没有欣赏的目光,三也;黄昏暗淡的光线,加深孤独的寂寞,四也;风雨摧折,境遇更悲,五也。上片所写皆梅花,所喻皆超越梅花,"寂寞""独自愁",皆为人情,有梅花所不能具之品性,但这并不构成联想阻碍,妙就妙在物我交融,景情混一;至"苦争春""群芳妒",均明显带人之意志,非物所能自知,但欣赏者早已心领神会,陆游以梅花自况,无须辨何处为梅花之质,何句为陆游之情。

第二,面临悲剧性的消亡,矢志不移。"零落成泥碾作尘",已经成泥,而复言成尘者,喻反复摧折消亡而矢志不移,品格之高,极难表达,此处只以一个"香"字道出,从梅花的多种感觉(色形等)中取其一种引申出悲剧的崇高境界,奇崛而警策。

陆游于南宋时期,身处逆境,报国无门,不改恢复壮志,为诗骨气奇高,难能可贵。而毛泽东处于1961年国际局势的逆境中,对陆游的格调有所不满,"反其意而用之",唱反调,反在什么地方呢?

首先,反在对局势的估计。毛泽东在词中,并不回避形势的险恶,不但不回避,而且夸张地强调"百丈冰",令人想到岑参的"瀚海阑干百丈冰",而且毛泽东还要把它放在"悬崖"的背景上。这就说明,毛泽东清醒地意识到逆境的严峻。但是,这并不妨碍毛泽东藐视它,这使他的词充满乐观、昂扬的格调。

有一个字的意思要弄清楚,就是"风雨送春归"的"归"。本来有两种可能的解释,一是归来,二是归去。归来,就是风雨把春天送回来了;归去,就是风雨把春天送回去了。如果是后者,风雨(有"风风雨雨"的联想意味),就是曲曲折折,把春天送走了,接着而来的夏天并没有多少可以悲观的。如果是后者,风风雨雨,也可以联想为反反复复,把春天送回来了,则更是春光明媚的季节,没有任何悲苦的理由。"飞雪迎春"和"风雨送春"一样,隐含着矛盾和转化。飞雪意味着严寒,迎春则意味着温暖,然而,春日的大地昭苏则以飞雪为前导。这里有毛泽东式的哲学和诗学。从哲学上讲,毛泽东不承认事物有任何固定、停滞、不变的性质,彻底的辩证法是无所畏惧的,不承认任何神圣不变的东西,一切都在向反面转化的过程中,坏事总是要转化为好事的,逆境总要转化为顺境。从诗学上来说,诗人有权利想象,在自己的感觉中,一年四季不存在冬天。不论是风雨,还是飞雪,都是为送春和迎春而存在的,不过是春天的前奏。

其次,毛泽东不满意陆游的孤独感。毛泽东的哲学是,即使孤立也不能陷于孤独,所以在未定稿中有"独有花枝俏",在定稿中则改"独"为"犹",不但回避了孤独感,而且强调了自得、自如、自在之态。

毛泽东笔下的梅花遭遇的逆境要比陆游笔下的梅花遭遇的严峻多了,但却没有陆游那样的孤独和寂寞,他也没有用断桥的意象表达没有出路的感觉。

毛泽东的理想人格美是拒绝孤独、与悲痛绝缘的。他对悲观失望是藐视、瞧不起的,同样以梅花为意象,他抒发过这样的豪情:

> 梅花欢喜漫天雪,冻死苍蝇未足奇。

毛泽东的强悍精神感在《咏梅》中一以贯之。是不是可以这样概括:在毛泽东的诗学中,有一种严酷美感的追求呢?

正是因为这样,他不客气地对陆游"无意苦争春"中的"苦"字表示不屑,代之以"犹有花枝俏"。"苦"变成了"俏"。这个"俏"字在本词中得到了重用。未定稿上原本是"梅也不争春"。定稿中将"梅"改成了"俏",才显得原来的"梅"多余,而一再强调"俏",虽牺牲一点文字上的讲究,却平添了独特的美感。本来,"俏"是用来形容女性体貌姣好的。俊俏,为女性专用,有一种阴柔的属性,不大适用于男性。在本词中,梅花也明确地被赋予女性色彩("她在丛中笑")。这里的"俏"字,虽有阴性之美,却并不柔弱,实际上还有一种峭拔的格调,不无阳刚之气。这主要是形象主体梅花和占尽优势的严寒的对抗,使它具有了某种"刚性"。正是因为这样,在毛泽东以雄豪为特色的词风中,这首词难得地出现了一种刚柔相济的风格。

再次,毛泽东不同意陆游的悲剧感。陆游的词中,梅花化作尘土,只留下了香气,事业可以失败,精神却是不朽的。而毛泽东不以此为满足,他的精神即使在逆境占尽优势的时候也没有失败过,自信自豪是一贯的,只是它并"不争春",也就是不争一日之长短。(鲁歌在《毛泽东诗词简析》中认为,在"不争春"这一点上,他没有直接反陆游的诗意,但是在内涵上,有本质的区别:"群芳,其实是反语。"陆游作为抗金的主战派,不能与主和的苟且偷安的当权派争,而毛泽东则是不屑回驳赫鲁晓夫所谓的"争夺共产主义领导权"的攻击。)毛泽东强调的是,即便是逆境,不管多么严酷,也是顺境的前兆。不争春,是因为历史是最严峻的裁判官。梅花的任务,只在报春,只在预言,只在历史的远见,而不能满足于当一个单纯的洁身自好的悲剧人物。

"咏梅",属于古代之咏物诗一类。此类诗,虽然为一格,但在艺术上容易陷于被动描绘,主体精神很难不受有限形态性状和固定象征意义的局限,故此类作品甚多,然极品、神品罕见。陆游之作已是上品,但难入神品之列。毛泽东词在精神上独辟蹊径,从一开始就超越了描绘梅之性状的框架,而以主体情感为意脉。陆游虽然也以抒情为主,但主体意脉只有"无意苦争春"一点。毛词则一开始就把梅与春的关系定格在一系列的矛盾消长之中:送春、迎春——争春——报春。抒情意脉贯穿,首尾呼应,在统一的层次中从容递进,越发显出主体精神的强劲。在自然界"山花烂漫"之时,梅花早已凋谢,而在诗人心目中,却是"她在丛中笑"。这就是诗人的浪漫之处。此与早年(1931年)的《采桑子·重阳》"不似春光。胜似春光",在逆境中不屈不挠的精神如出一辙,而在理念上,似乎更有力度。但是,当年鏖战,中年之时,已有"人生易老天难老"之感喟,而晚年亦曾有过"多少事,从来急,天地转,光阴迫,一万年太久,只争朝夕"的感喟,而此时却有不计时日,只待"山花烂漫"的乐观和浪漫,诗格与人生感受之间并不简单同步,其间复杂的矛盾有待分析。

沁园春　雪　毛泽东

北国风光,千里冰封,万里雪飘。望长城内外,惟余莽莽,大河上下,顿失滔滔。山舞银蛇,原驰蜡象,欲与天公试比高!须晴日,看红装素裹,分外妖娆。　江山如此多娇,引无数英雄竞折腰。惜秦皇汉武,略输文采;唐宗宋祖,稍逊风骚。一代天骄,成吉思汗,只识弯弓射大雕。俱往矣,数风流人物,还看今朝。

在《卜算子·咏梅》中,我们看到毛泽东的诗词中有一种追求严酷美感的倾向,在《沁园春·雪》中,似乎有类似的风格。至少在把大地写得"千里冰封"这一点上和《卜算子·咏梅》的"悬崖百丈冰"是十分相似的,而想象中晴好的天气"红装素裹"和"山花烂漫"也是相通的。

但是,这只是表面的相似,实质上有根本的不同。

首先,《沁园春·雪》中的"雪"和《卜算子·咏梅》中的"冰",在意象的情感价值上是不一样的。《卜算子·咏梅》中的"冰",是一种逆境严酷环境的象征,与花枝的俏丽是对立的,而烂漫山花的想象,是战胜了严酷冰雪的预期。《沁园春·雪》中的"雪"是不是这样呢?从最初几行诗句来看,好像格调相近:"千里冰封,万里雪飘",其中的"封"字,至少给人某种贬意,但是,下面"万里雪飘"的"飘"字,似乎并没有在贬意上延伸下去。"望长城内外,惟余莽莽,大河上下,顿失滔滔。"贬意显然在淡化,壮美的感觉油然而生。

这是很奇特的。严酷的冰封作为一种逆境的意象,与对严寒抗争的情致联系在一起,早在唐诗中就有了杰出的经典,比如岑参的《白雪歌送武判官归京》:"北风卷地白草折,胡天八月即飞雪。忽如一夜春风来,千树万树梨花开。"边塞诗人把严酷的自然条件当作一种美好感情的寄托,诗人感情豪迈,变酷寒为美。"将军角弓不得控,都护铁衣冷难着",冰雪,毕竟是与苦、寒联系在一起的。可是在毛泽东这里,冰雪却没有寒的感觉,也没有苦的感觉。冰封和雪飘,本身就是美的。

面对千里冰封、万里雪飘,却没有苦寒,没有严酷的感觉,这才是理解这首词的关键。不仅没有苦寒、严酷之感,相反,眼界为之一开、心境为之一振,充满了欢悦、豪迈的感觉。在冰雪的意象中把寒冷的感觉淡化,把精神振奋的感觉强化,创造出一种壮美的境界,发出赞美,这是一种颂歌,在颂歌中,有一种压抑不住的鼓舞和冲动。这在中国诗歌史上,乃至世界革命文学史上,都可能是空前的。以自然景物作为革命颂歌的对象,在俄国有高尔基的《海燕》和《鹰之歌》,以鹰和海燕的雄强象征革命者大无畏的精神,但是鹰和海燕本身并不意味着严酷,而是与严酷的暴风雨作搏斗;战胜严酷才是英雄。把严酷的冰雪作为英雄主义的赞颂的意象(载体),只有在毛泽东的想象中才有。

冰封雪飘并不是一下子就引发了激情爆发的,其间有一个过程,先是一种极目无垠的眺望感。点明眺望感的是"望长城内外"的"望"字。前面的"千里冰封,万里雪飘",当然也是眺望,不望不可能有这样广阔的视野,但是那种辽阔的感觉是潜在的,而且,普通人的目力是不可能看到千里万里的。这就涉及诗的感觉的虚拟性。从现代诗学来说,抒情诗不同于散文的最大特点,就是它的想象性和虚拟性,强烈的感情,不能直接喷发出来,只有通过想象的假定,才能获得自由抒发的空间。当毛泽东写千里万里的时候,早已超越了散文,进入了诗的想象境界,超越了生理视觉局限,因而是自由的。自由,不仅在视觉,而且隐含着胸襟。望得那么远,是一种结果,原因应该是站得非常高。开头几句,表面是描绘风物,深层则是静悄悄的想象延伸,从视野的开阔过渡到视点的高度。这种开阔,不单是视野的开阔,而且是胸襟的开阔,这种高度,不单是身躯的高度,而且是精神的高度的暗示。当我们读到"山舞银蛇,原驰蜡象"的时候,"舞"和"驰"令人感到,登高望远的图像不是静止的,而是有生命的。这种生命,当然不是客观自然界的反映,而是诗人心灵的激动。这种激动,不是一般的激动,而是异常的激动,不激动到相当的程度,不可能冒出这样的诗句来:

欲与天公试比高!

这是大地要与老天比高的写实吗？当然不是。这是诗人突然冒出来的一种壮志得酬、心比天高的感觉。这里没有任何逆境的感觉，不是老天爷作梗而不得不应付的状态，而是掌握了自己的命运，宏图大展，主动挑战。于是，更美好、更壮丽的预期溢于言表：

> 须晴日，看红装素裹，分外妖娆。

把雪写得如此壮丽，如此美好，还不是最理想的，更加精彩的未来就在眼前，是不是意味着大展宏图的冲动？

"江山如此多娇"，是对上片景物的总结，也是毛泽东对上片的美学总结。冰雪无垠，居然是"如此多娇"，有谁曾经把千里万里的冰雪和"娇"字联系起来过呢？它创造了一种什么样的美的范畴呢？

"娇"，是个关键词。

为什么要用女字偏旁的"娇"？他写到自己的妻子杨开慧的时候，用的可不是这个"娇"字，而是另一个字——"骄"。这个"娇"和红日照耀白雪，好像不相契合。但是，这正透露了毛泽东的诗学追求——颠覆传统的古典话语，赋予其崭新的时代内涵。将自然之美、女性之美赋予政治内涵，又用阴柔之美来表现政治宏图的阳刚之美。冰封雪飘的严酷，艳阳高照，应该是阳刚的，毛泽东却用"妖娆""多娇"这样的阴柔之语饰之，外在的色调与内在的情致上有一点反差，达到了使其丰富的目的。（值得深思的是：如果把"娇"，改为"骄"，则外部感觉和内在情致未免单调。如果写成"我失'娇'杨"，把杨开慧界定为"娇"，则难免有浅俗之嫌。）凭着这个"娇"字，从自然转向人事，同时，从写视觉空间之美，上升到了一个时间的层次，这个境界和前面有什么区别呢？

> 引无数英雄竞折腰。

其中关键词是"折腰"。冰雪覆盖大地山河之美，美到这种程度，英雄都要折腰，朝觐、崇拜了。在中国文学中，折腰本为否定意义，陶渊明不为五斗米向乡里小儿折腰，是一种不受羁勒的傲岸个性。毛泽东的折腰却有肯定的意义，是心甘情愿地谦恭、崇拜。这里，又一次将古典话语作了现代转化。这个转化是诗意的转化，又是诗的话语向政治话语的转化。

非常强烈的对比来得非常突兀：前面是高大伟岸的抒情主人公，到这里，居然谦卑起来,不惜降低自己的高度。但这恰恰是一种自我勉励,是为了登上新的高度。这种高度,不是自然地理的空间高度,而是中国历史的时间高度。上片,在空间上眺望千里万里,下片,时间上的回顾,历数百年千年。空间尽收眼底,产生了一种豪迈的视觉图景,时间历历在目,构成一种雄浑的心潮图像。这不但是胸襟的开拓,而且是诗人想象的开拓。空间的展示,皆为可视,而时间的回溯,则不可视,好在诗人有概括的魄力。本来是"无数"英雄竞折腰,但真正历数起来,却只剩下了秦皇、汉武、唐宗、宋祖和成吉思汗五个,其他的不言而喻,都不在眼下。

把自己提升到与这些历史人物并列的高度上去,已经有了大气魄,但这时,诗人不再谦卑了,不再折腰了,用一个"惜"字,把自己提升到了历史人物之上,还更进一步对这些人物的辉煌业绩加以批评、裁判,而且所评没有赞美,均为不足。最后,毛泽东直截了当地宣称,不管他们如何英雄盖世,都只能是"俱往矣",过去了,真正的"风流人物"要看今朝了。这是作者的自诩,还是对一代新人的期望? 这曾经引起过讨论。1945年当这首词在重庆第一次发表时,曾经有人攻击说,其中有"帝王思想"。作者自注说,这是"反封建主义,批判二千年封建主义的一个反动侧面。文采、风骚、大雕,只能如是,须知这是写诗啊! 难道可以骂他们吗?"①这当然有道理,站在新的历史高度上,从新时代的政治理念出发,俯视一系列历史人物,理所当然。联系到在此之前四个月,长征胜利结束时,作者在《清平乐·六盘山》中颇为自得地写过"今日长缨在手",在《念奴娇·昆仑》中说过"千秋功罪,谁人曾与评说"。历尽艰辛、几经挫折的作者此时的心境,应该是溢满了宏大的政治抱负。但是,如果把这种抱负直接讲出来,就没有诗意可言了。这里面临一个艰巨的任务,就是把古典诗学话语进行当代转换。

1957年,毛泽东在给臧克家的信中曾经说过,旧诗不宜提倡,因为"束缚思想"②。这种束缚表现在,古典诗歌的话语有稳定的历史内涵,与当代政治话语之间有矛盾。当代政治话语的直接搬用,是缺乏古典诗意的。而用古典话语表达当代政治内涵,难度很大。当代政治话语的内涵和古典诗学话语并不对称,二者不可能两全其美,当代观念必然要有所牺牲。硬搬政治话语,可能造成生硬(如把昆仑裁为三截,平分欧美和日本,以示世界大同),当代政治观念进入古典诗学话语,政治内涵可能被蒙胧化,甚至可能被淹没。"略输文采""稍逊风骚""只识弯弓射大雕",从古典诗意的和谐统一上,是隽永的,但这是以政治内涵的含混为代价的。文采和风骚,古典话语所指本是文学艺术的成就,很难涉及政治文化的创造。话语本身并不能充分传达当代政治理念,读者只能从话语以外,从毛泽东的政治实践中去附会。相比起来,"只识弯弓射大雕",不但形象跃然纸上,而且意念指向也比较确定,政治观念和艺术形象之间的矛盾得到了和缓。最后的"风流人物",堪称精彩。古典的"风流"内涵,在人物的才情和精神风格上,转化为当代政治人物的精神境界,应该说是比较自然的。

注:
① 《毛泽东诗词集解》,吴雄选编,陈一琴审订,河北人民出版社1998年版,第209页。
② 《诗刊》,1957年创刊号。

对自然美的科学阐释
—— 解读贾祖璋的《花儿为什么这样红》

手记：经典名文的细读或者赏析，有一个潜在的成规，就是只限于文艺作品，当代科学普及小品能不能赏析呢？我这里，作一些尝试。希望引起学者和教师们参与的兴趣。

《花儿为什么这样红》本是二十世纪六十年代著名电影《冰山上的来客》的插曲，是一首爱情歌曲。本文是科学通俗小品，为什么要用这样一个和文本内容毫不相干的题目呢？

字面上的巧合，内涵上的反差，既统一又矛盾，就有一定的趣味性。

科学小品讲的是科学原理，对一般读者来说免不了抽象枯燥。科学小品的任务就是普及科学知识，趣味性仅仅是为了争取尽可能多的读者。

讲到趣味，在一般读者印象中，不言而喻就是情趣。因为我们读的最多的是抒情文学作品，情趣的理论，深入人心。但是，科学小品并不抒情，或者就算有一点抒情，也是辅助性的，情趣的理论无法阐释科学小品趣味性的特点。凡是现成的理论不能解释的地方，就是难点。对于难点，流行的办法有二：一是用现成的说法糊弄，二是回避。显然，这都是没出息的。

《花儿为什么这样红》是一篇典型的论说文，但是很有特点。一说到论说文，我们就会想到一种"理论"，议论文由三个要素组成：论点、论据、论证。根据论点，组织与论点相一致的材料，就能加以论证了。

这个"理论"有它的道理，但是，不够准确，不够完全。最大的漏洞是，好像所有的议论文的论点都是现成的，无须分析，而且写作的程序都是先把论点亮出来，然后再加以论证。其实情况并不这样简单。就以这篇非常经典的文章为例，文章开头，并没有把论点亮出来，相反，它没有论点，只是提出了一个问题：花为什么这样红？这个借用来的问题，其实并不确切，实际的意思应该是：花为什么有多种多样的（不仅是红色）

色彩?

碰到这样的情况,如果迷信前面的理论,就要抓瞎。

这篇文章属于另外一种模式,不是先把论点亮出来,而是先把问题提出来,然后加以分析和说明,先得出第一层次的结论,再推演出第二层次的结论,由此一层一层推演下去,直到最后才把结论完整地总结出来。

这篇文章最显著的特点是,每一个大段落都得出一个局部结论。

第一个大段落得出的结论是:花的颜色取决于植物细胞液里所含的花青素。这种物质,没有永远固定的颜色,在酸性细胞液中,颜色变红,在碱性细胞液中则变蓝,中性时,呈紫色。而黄色的花,则是胡萝卜素在起作用。

这段文字有两点值得注意:第一,很有说服力;第二,很有趣味。

有说服力,原因在于分析和说明很有系统性,把各种各样的色彩都涵盖了,色彩是纷繁的,但规律却是统一的、简明的。科学规律性的特点在于,首先,能以最简明的原理说明最复杂的现象,爱因斯坦强调科学的美学就是"真简美"。其次,科学阐释,还得是全面的、系统的,无所不包,不允许有遗漏。

以花青素解释植物有丰富色彩的原因,达到了科学规律真实、简明和系统的要求。因为真而简,所以有科学的美感。

而这篇科学普及小品,不但满足了科学的要求,还具备了科普小品的特点——很有趣味。文章把原来很分散、很无序的现象,一下子变得集中而有序了;把原来感性很鲜明的现象,一下子和抽象的原理水乳交融了;特别是把原来很自然,似乎没有道理的现象,一下子变得很有系统、有道理了。这一切激起了我们的兴趣,不是因为其中包含着多少情感,而是因为其中包含的智慧。

这不是通常所说的情趣,我们把它叫作智趣。从无序的色彩背后,找到了深藏着的原因,趣味也就在其中了。这里,文章的任务不是已经完成了吗?但是,纵观全文,这才是文章的五分之一。

还有五分之四的篇幅用来做什么呢?

用来在智慧的趣味上、广度上和深度上一步步展开。

第二个大段落开始时说,"花儿为什么这样红,还需要用物理学原理来解释",这就是说,前面不是从物理学原理解释的,前面用细胞液的酸碱性来解释花的颜色,属于化学原理。这就给我们一个启示,科学原理,不满足于单向地对现象作出阐释,最高的科学性,要求尽可能从多方面作出解释。从化学方面讲通了,还不是科学意义上的全面和系统,如果再从物理原理上讲清楚,就更加全面和系统了。所以作者又从光谱分析的角度,来阐释光波长短和颜色的关系。

值得注意的是,作者并未丢开前面从化学角度得出的初步结论,而是在此基础上,进一步作光波理论的阐释:

> 花青素在酸性液中会反射红色的光波,我们便感觉到是鲜艳的红花。同样,花青素在中性液中反射紫色的光波,在碱性液中反射蓝色的光波。

一般的议论文,经常采用分点论述的办法。把一个问题分成几个方面来讲,这种做法的好处是条理分明,但也有个坏处,就是平面铺开。每一个方面都在同一个层次上,讲第二个方面,就把第一个方面丢在一边,论述第三个方面,又把第二个方面丢在一边,方面很多,层次只有一个,不能把问题引向深入。本文的论述,表面上,也是平面铺开,先从化学方面阐释,再从物理方面阐释。但是,当作者从物理方面阐释的时候,并没有把前面化学方面的原理丢在一边,而是把化学的酸、碱、中性原理放在物理学的光波长短原理上再行阐释,这就是议论文追求的层层深化的模式。

理论上深化了,智性的趣味上也就深化了。

在这个大段落中,还有一点值得注意,就是一方面追求规律的简化、深刻化,显示科学美学的特色,另一方面又在行文中时时刻刻防止简单化,时时要照顾到那些一般原理解释不了的特殊现象。文章用了一些篇幅讲"白花"现象,因为白花和花青素、和细胞液的酸碱性无关,而是因为细胞组织里含有空气,用空气反射全部光波的理论来解释,就顺理成章了。

从化学和物理两个方面进行了阐释,文章似乎可以结束了,但作者又从生理学的角度进行了分析。这种分析的好处在于,无须另外起头,只要接着光波规律继续阐释:光波的长短不同,产生的热效应也不同。

> 花的组织,尤其是花瓣,一般都比较柔嫩。在野生状态中,在阳光强烈的地方,红、橙、黄花反射了热效应大的长光波,不致引起灼伤,有保护的作用。在树林下、草丛间阳光弱的地方,蓝花反射短光波,吸收微弱的热效应大的长光波,对它的生理作用有利。

化学、物理、生理三个学科,实际上就是三个层次,每一个层次都把前面的观念和智趣往前推进了一层,其间的逻辑是环环紧扣的。

应该说,层次越深,作者的难度越大。作者越是对难度大的问题作出解释,就越能表现出智慧,也越能激起读者的兴趣。

第四层次,文章从植物进化的历史发展观点来考察。原始的裸子植物的花大致都是绿色的,而花药和花粉,则呈黄色。可贵的是,作者仍然上承光波长短的原理把绿色放在逻辑中心,揭示其规律:

> 在光谱里面,与绿色邻接的,长波一端是黄、橙、红,短波一端是蓝、靛、紫。

揭示规律越是深刻,读者越是感到奇妙:从原始植物到高等植物之间,居然有这么一条简明而又系统的规律,不但逻辑上很系统,而且和历史的发展是统一的:

> 我们可以说,花色以绿色为起点,向长波一端发展由黄而橙,由橙而红;向短波一端发展,是蓝色和紫色。红色的花最鲜艳,最耀眼,可以说在进化途程中是最成功的。

既有历史的脉络,又有逻辑的连贯,历史与逻辑居然猝然遇合,这实在是太奇妙了。如此复杂的植物进化的历史,并没有经过上帝的安排。深邃的智慧和奇特趣味天衣无缝。

下面一段,用达尔文的进化学说,从历史的发展来看花的色彩的变迁,早期花朵色彩朴素,只能靠风来传播种子,后来,色彩鲜艳了,就吸引昆虫来为之传播了。在揭示了从风媒花到虫媒花的进化以后,作者还特别阐释了虫媒花对"自然选择"的作用:

> 昆虫参与自然选择的作用,造成各种不同的植物,也造成各种不同的花色。

文章写到这里,好像已经无可挑剔了,然而作者还是不满足,又提出了一个新问题,自然选择固然保证了植物色彩的多样化,但还是不足以解释当今植物花朵的万紫千红。因为,自然选择有一个很明显的局限,那就是进度太缓慢。如今如此众多的花色,其实也是人工参与的结果。人工参与选择加快了进化和色彩繁化的进度。例子举得很精彩。这倒是有点符合传统的议论文三要素的说法。先提出人工选择的优越性作为论点,然后举例说明。举例并不是随便的,而是有讲究的。第一,贵在有代表性,因为例子都是个别的,个别的就可能是孤立的、例外的,这就叫作"孤证",在论说中是无效的。第二,举例要有效,就既要有普遍的代表性,同时又要很鲜明突出,不能是一般化的,最好是对读者的想象有冲击力的,或者是很雄辩的。接着文章举了两个例子,在举第一个例子之前,先交代一下背景材料,自然选择花了亿万年才有少量的品种,而人工选择大大加快了其进度。接着,例子才出来,牡丹花在北宋中叶,仅仅用了几十年的工夫,就培育出了"多叶、千叶(重瓣)、楼子(花心突起)、并蒂等(各种)不同的姿态","由粉红创造出深红、肉红、紫色、墨紫、黄色、白色"等多种多样的色彩。

例子要举得成功,还要有广泛的涵盖面。

这个例子是中国历史上的,如果第二个例子还是中国古代的,就没有多大涵盖面,可能给读者一种印象,这种情况只是在中国古代出现过。幸好下面的例子举到墨西哥去了:

(大丽花)原产墨西哥,只有8个红色花瓣。人工栽培的历史仅二三百年,却已有上千种形状、颜色不同的品种。

例子的精彩有趣在于,不但有时间、地点,而且有数据。

至此,文章把五个学科方面(化学、物理、生理、生物进化的自然选择和人工选择),转化为五个逻辑层次,使观念和智趣经历了五度深化。每一个层次深化,作者都要提示一下"花儿为什么这样红"。五次提示,跟着五个连贯性的答案。到了最后,所有的意思都说完了,文章可以结束了。这时有两种选择,第一,把文章的五个层次总结一下,例如,花儿的多彩,是一系列化学、物理、生物、生理、人工选择等等历史积累的结果。这样写,本来也未尝不可,但思路上比较呆板。本文作者的高明之处,就在于换了角度,把五个层次从理论上归结为两个对立的方面的统一:自然的杰作和人工培育。这样就不但高度概括了全部内涵,而且丰富了表现手法。

第二章 艺术家心灵奥秘的多维透视

前言：刹那心灵颤动的审美价值

　　这一章和前一章最大的不同，就是所选文章大多不属于同一母题，同一母题的好处是，有显而易见的、现成的可比性，因而不难从中发现差异或矛盾，从而进入分析层次。从某种意义来说，不同类，就没有现成的、直接的可比性。但是，如果提高到另一个层次上看，也同样有可比性。不同类的文章，在表现作家，诗人的心态方面却是有同一性的。从不直接同类的文章中概括出可比性，洞察看似无序的文章中隐含着的作家心灵的共同性，这需要更高的抽象力，而抽象力是研究能力的基本功。

　　多角度的分析，也就是换个角度分析，人们已经耳熟能详了，但要做起来，却并不容易。

　　设置这个章节的目的就是，提供一个多角度分析的平台。

　　从客观对象的特征（自然景观、季节现象）方面切入，可以揭示艺术的奇观；从作家主观心灵方面切入，可以展示审美心态奇观。

　　从社会现实的，尤其是政治背景的角度来看《荷塘月色》的价值，已经广为人知，但是，这种方法在遇到某些抒情作品时，可能会遇到困难。如李白的《下江陵》、徐志摩的《再别康桥》，拘泥于从客观环境去看，就可能陷入迷茫。《荷塘月色》属于从两个方面都可以切入的作品。选择从哪个角度切入呢？纯粹的政治社会价值的阐释，并不是很圆满，适当超越具体政治现实，从作家的家庭、伦理的角度来阐释"独处"的"自由"和"妙处"，可以看出从伦理的、责任的重压下获得解脱的精彩。将那种短时间的心灵自由，加以曲折地展示，这就是朱自清先生自己所说的"刹那主义"美学原则。

　　刹那的心灵的、短时间的颤动，虽然不涉及社会政治价值，但正是审美价值在某种程度上超越功利价值的表现。

　　从这个意义上来说，徐志摩的《再别康桥》的好处，就不在于悼念当年康桥理想的失落，不在于离愁别绪，而在于诗人浪漫情怀的秘密回忆——美好的青春，甜蜜的回忆。轻轻地来，悄悄地去，重温旧梦，旧梦如歌，但是，"悄悄是别离的笙箫"，这是英语中的矛盾修辞（paradox，如 the paradox that standing is more tiring than walking）。

笙箫之乐曲,本来是有声的,而此时此刻,美好的心曲却是无声的。"满载一船星辉,在星辉斑斓里放歌。//但我不能放歌,悄悄是别离的笙箫;夏虫也为我沉默,沉默是今晚的康桥!"轻轻的,悄悄的,也就是偷偷的,天知地知,你知我知。体悟这种心态的美,是理解这首诗歌隽永潇洒格调的关键。

萧红的《回忆鲁迅先生》,从表面上看,和《再别康桥》《下江陵》《荷塘月色》,是不同类的,但是,在探索作家心态方面则是一样的。

当代西方文艺理论有轻视作家心灵经历的倾向,其最突出者,有"作家退出作品""零度写作""作者死了"之说。但是,这样绝对化的说法似乎经不起阅读经验的检验。

超出平常的自己和伦理的自由
——《荷塘月色》解读

一、伦理的"自由"还是政治的自由?

过去很长一段时间,一讲到《荷塘月色》,就只有一种思路,那就是社会学的政治功利价值——该文写于1927年7月,正好是"四·一二"大屠杀之后,朱自清的苦闷,肯定反映了当时既不能投靠国民党,又不能奔向井冈山的小资产阶级知识分子的彷徨。赖瑞云先生在他的专著《混沌阅读》(福建教育出版社,2003年1月)中说,对《荷塘月色》,在二十世纪九十年代以前,有六种解读,其中四种说法都把朱自清在文章中表现出来的不宁静,直接和当时的政治现实联系起来:对当时白色恐怖的严酷现实不满,表现孤独的苦闷彷徨,寻求在一个清冷幽静的环境中解脱而又不能。九十年代以后,看法没有多大改变,只是论述的时候,引用了朱自清当时的《哪里走》和《一封信》(《清华周刊·清华文艺副刊》,1927年10月14日,第2期),还有朱自清夫人的回忆,旨在说明朱先生当时也知道"只有参加革命或者反革命,才能解决自己的惶惶然"。但他"只是在行为上主张一种日常生活的中和主义","妻子儿女一大家,都指着我活","还是别提超然为好"。可又不安心于超然,证据就是《一封信》中经常被人引用的这句话:"最终的选择还是'暂时逃避'。"当然这种逃避是不轻松的:"这几天似乎有些异样。像一叶扁舟在无边的大海上,像一个猎人在无尽的森林里……是一团乱麻,也可以说是一团火。似乎挣扎着,要明白些什么,但似乎什么也没有明白。"钱理群先生在1993年第11期《语文学习》上作了更为细致的阐释:朱自清被南方"四·一二"大屠杀弄得目瞪口呆,深感性格与时代的矛盾,既反感于国民党,又对共产党心存疑惧,产生了不知"哪里去"的"惶惶然",认为一切政治暴力都是"毁掉了我们最好的东西——文化"。作为五四启蒙知识分子,有一种负罪感。钱认为《荷塘月色》的宁静的境界恰是作者的"精神的避难所"。

上述种种说法,说来说去,从价值观念来说,都仍然是一元的——社会功利的价值范畴,在这种价值观念以外,是不是就没有其他价值可言了呢?似乎还没有人认真思考过。从理论上说,至少有两点值得深究。第一,光用小资产阶级知识分子的普遍性的苦闷作为大前提,并不能揭示出朱自清的个性来。因为普遍性的内涵小于特殊性,正如水果的内涵小于苹果一样。反过来说,特殊性的内涵大于普遍性,正等于吃了苹果就知道水果是怎么一回事,而如果光知道普遍性的(水果)定义,却仍然不能知道苹果的味道。第二,就算知道了朱自清的一般的个性,也不足以彻底分析《荷塘月色》的特点。因为,个性和瞬息万变的心情并不是一回事。个性是多方面的,有其矛盾的各个侧面;个性又是立体的,有其深层次和浅层次。一时的心情充其量只是个性的一个侧面,矛盾的一个方面,心理的某一个层次。《荷塘月色》写的是,他离开家、妻子、孩子一个短暂的时间之后的心情。人的心情是不断变化的,在不同的时间、地点和条件下,是千变万化的。而文章的要害,是这个时间段的心情在特定空间的特殊表现,而不是他在任何时间、任何地点、任何条件下都比较稳定的个性。在《荷塘月色》中,作者明明说了:有两个自我,一个是"平常的自己",一个是"超出了平常的自己"。而文章写的恰恰是超出了平常的自己。不管是二十世纪八十年代的教参,还是钱理群先生的分析,都局限于平常的自己,而文章的生命恰恰在于"超出了平常的自己"。

文章一开头就说"这几天心里颇不宁静",如果是指"四·一二"大屠杀以后的政治苦闷,则从四月到写作时,中间应该有三个月,应该说"这几个月心里颇不宁静"。政治形势,对于所有小资产阶级知识分子是同样的,朱自清的特点在哪里呢?还有,人的心灵是很丰富的,政治苦闷只是一个方面,如果断定在所有的文章中,都要作同样的表达,那又如何解释根本不涉及政治情怀的《背影》呢?一些和政治没有直接关系的个人的、家庭的矛盾,就不能在文章中有所表现吗?如果表达得好,有深度,就没有任何审美价值吗?

从思想方法上来说,什么叫作分析?分析就是把本来似乎是统一的东西深层的内在矛盾揭示出来,分析的对象就是矛盾。满足于把政治社会的形势和作者心灵之间的统一作为最终目标,这就并没有涉及矛盾,而是停留在表现对象和文学作品的统一性上,只限于在表现现象上滑行。说了一大车子话,连矛盾的皮都没有沾边,谈何分析呢?从操作方法上说,不应该只是追求作品与现实的一致,而是相反,要从作品与现实的矛盾、不统一的方面入手。这本来是辩证法的题中之义,但是,要将之落实到具体文本上来,却不是很轻易的,没有一定的智慧是不行的。恩格斯说过,就是在一个事例上,作历史唯物主义的阐释也是很艰难的。

《名作欣赏》2003 年第 4 期姚敏勇先生的文章《荷塘——一代知识分子的"桃花

源"》,我以为是这几年研究《荷塘月色》的突破之作。姚先生提出,朱自清所写的荷塘不是平常的荷塘,而是一个虚拟的、理想的荷塘。这在思想方法上已经摆脱了机械反映的俗套,在方法论上,也比较坚决地运用了辩证法,着眼于内在的和外部的矛盾,而不是拘泥于作品和表现对象的一致。其条分缕析的细致足以代表这几年广大中学教师在整体素质上的提高。但遗憾的是,姚先生没有把他的辩证法贯彻到底,没有把矛盾分析深入到作者的主体精神世界中去,因而只看到平常的荷塘和朱先生笔下的荷塘的矛盾,而忽略了朱先生"平常的自己"和"超出了平常的自己"的矛盾。

《荷塘月色》一开头就说,夜深了,人静了,想起日日经过的荷塘,"总该另有一番样子吧"。许多同仁把这句忽略过去,觉得这句很平淡,没有什么可讲的。但是,这句话很重要,因为这里有矛盾可分析。平时的荷塘,是一个样子,并不值得写,而今天"另有一番样子"才值得写。抓住这一句,不仅有利于分析文章,而且便于从中分析出为文之道。要写一处风景,一般的情况是不值得写的;只有与平常不同的样子才值得写。平时的荷塘,是一条小煤屑路,路边的树也不知名。"白天也少人走,夜晚有点寂寞",一点诗意也没有。值得写一写的是,"今晚却很好",一个人来到这里,好像来到"另一世界里",作者也"好像超出了平常的自己"。许多同行读到这里,又滑过去了。但是,这里的矛盾更明显了,是双重的。从客观世界来说,本来,清华园就是一个世界,哪来"另一世界"? 这个矛盾(两个世界)不能放过,另外一个矛盾更不能放过。那就是"平常的自己"和"超出了平常的自己"。"平常的自己"是什么样子呢? 文章中说了,"爱热闹,也爱冷静,爱群居,也爱独处",而现在却只爱"独处的妙处"。

为什么一些语文教师在课堂上没有东西可讲呢? 因为没有抓住矛盾,无法往深刻的内涵突进,就只好从表面到表面,在字、词、句、段、篇上瞎折腾了。而抓住了矛盾,就可以分析到深层去。他说,"一个人""背着手踱着""什么都可以想,什么都可以不想""白天里一定要做的事,一定要说的话,现在都可以不理""便觉是个自由的人"。因为觉得"自由",便感到一种"独处的妙处",妙在何处呢? 妙在"什么都可以想,什么都可以不想"。我以为这两句话非常重要。为什么重要? 因为这是后面矛盾的线索。平时并不怎么起眼的荷塘,此时此刻变得美好起来。所以,这一段的最后一句话是"我且受用这无边的荷香月色好了"。要真正在艺术上读懂经典文本并不是很容易的。二十世纪七十年代,余光中先生在一篇批评朱自清的文章中(《论朱自清的散文》,选自《余光中散文选集》,第3辑,时代文艺出版社,1997年)发表过一点非常有意思的议论,说朱自清很奇怪,晚上一个人出去居然不带太太。这就是没有读懂"自由"这两个字。人家要写的就是离开了太太和孩子的一种特殊的、自由的心情,这种心情和跟太太在一起是不一样的。正因为这不一样,"独处的妙处"才值得写一下。

发现了矛盾的深层是"自由",就有可能深入分析了,就不用在什么段落大意上纠缠不清了。

由于摆脱了白天的烦累,心情变得解放了,平淡的荷塘就显得有诗意了。

以下两三段朱自清就用非常浓重的笔法来写荷塘之美,一连用了十几个比喻(余光中先生统计过一共是 14 个比喻)。风是轻轻的,花香是微微的,云是薄薄的,雾是淡淡的,光是朦胧的,所有的意象不但在性质上是相当的,而且在程度上是相近的。尤其是形容花香的那一句,"微风过处""仿佛远处高楼上渺茫的歌声似的"。还有形容月光的那句,"光和影有着和谐的旋律,如梵婀玲上奏着的名曲"。关于这两个比喻为什么最好,由于钱锺书先生二十世纪六十年代初的《论通感》影响巨大,大家都以通感来阐释,应该说是比较贴切的。但是,事物的不平衡是绝对的,14 个比喻不可能全是很精彩的,如把荷花说成是"如碧天里的星星""刚出浴的美人",荷叶如"亭亭的舞女的裙"之类,孤立起来看,就比较平庸。余光中先生在批评朱自清的文章中说:比喻都不高明,那么多明喻,不好。这是因为余光中先生从美国新批评出发,认定明喻不如暗喻。但是,他又认为,在这 14 个比喻中,最好的是形容月光从"高处丛生的灌木,落下参差斑驳的黑影,峭楞楞如鬼一般"。显然,这是个明喻,余光中先生有点自相矛盾了。其实,把比喻分别加以研究,是一种方法,但这种方法并不十分完善,因为就文章而言,首先应看整体效果,一般不宜拆开来分析。局部是整体的一个有机部分,整体功能大于局部各要素之和。整体效果好了,就能构成一种互相渗透的和谐,没有什么地方的语言在程度上,或者在性质上是互相冲突,互相抵消的;也就是朱自清自己在文章中所说的"恰到好处"。哪怕局部比较差,由于互相支持,互相补充,互相渗透,总体上也能比较完善。这篇文章属于抒情散文,所动人者,情绪也,情绪、感觉和语言达到和谐统一,给人的印象就比较强烈。但是,在阐释这一段文章的时候,几乎没有一个论者涉及这一番风景描写的风格问题。余光中先生对此评价不高,因为他认为,朱先生所用比喻都是"女性拟人格"。殊不知,也有人认为所有这一切都是一种女性的暗喻,或者是"借喻——那些关涉女性的爱欲形象却可能是真正的本体"。[①]这个问题是很值得思考的。但是,这些评价似乎并不到位,因为都离开了自由和独处的自我欣赏之妙。文章中外在的美好都是为了表现内在的、自由的、无声的、一个人静静的、不受干扰的甚至孤独的情怀。从心理上来说,外部的寂静和内部的安宁达到了和谐,也就是"恰到好处",而这就使散文构成了诗化的意境。这种诗化的宁静的境界,是自由的,因而是美好的。

问题在于：这种自由是什么性质呢？通常，自由是属于政治范畴的，是相对于专制而言的。但是，自由并不只有这样一种含义，自由还属于哲学的、伦理的、实用的范畴。哲学的自由是相对于必然而言的，从斯宾诺沙开始就有了"自由是对于必然的认识"的命题。朱自清在这里追求的并不是哲学上的自由，这种内涵可以排除。实用的自由是相对于纪律而言的，例如，一个学生老是上课迟到，你可以批评他自由散漫，这个自由，与政治不搭界，和朱自清先生的心情也没有什么关系。伦理学上的自由是相对于责任而言的，作为父亲、儿子、教师、丈夫的朱自清，因为肩负着重重责任，"妻子儿女一大家，都指着我活"（《哪里走》），因而是不太自由的。把这几种自由的范畴拿来比较一下，哪一种更符合文章实际呢？我倾向于，文章强调的是离开了妻子和孩子时获得的一种心灵的解脱。

二、为什么他对蝉声和蛙声充耳不闻，却想到了"风流的季节"？

文章接下来有几句话几乎被所有的教师和论文作者忽略了：

> 这时候最热闹的，要数树上的蝉声与水里的蛙声；但热闹是他们的，我什么也没有。

这不是又有矛盾了吗？朱自清用最明确的语言告诉我们：原来清华园的一角，并不是如文章中所写的那样宁静，那样幽僻，还有喧闹的一面。朱先生不过是选择了幽僻的一面，排斥了喧闹的一面。因为幽僻的一面和他的内心相通，所以他用华丽的语言和排比的句法，营造了一种宁静的诗意的境界。这种诗意来自一种"独处的妙处"——"便觉是个自由的人"。这种"自由"的性质是什么呢？批评朱自清夜游不带太太，看似笑话，但也有启发性。他离开了太太（和儿子）享受着宁静，连蝉声和蛙声都听不到，可是接下来，却引用了梁元帝的诗《采莲赋》，他内心想到南朝宫廷男女嬉戏的场面上去了，还说"那是一个热闹的季节，也是一个风流的季节""可惜我们现在早已无福消受了"。这不是太矛盾了吗？

不难看出：有两个清华园，一个是平常的，一个是当天的。他写的自己，也有两个：一个是平常的，另一个是当天的，"超出了平常的自己"。这个自己和"平常的自己"有一个最大的不同，就是感到"是个自由的人"。"自由"在什么地方呢？就是"什么都可以想，什么都可以不想"。那么，他想了些什么呢？这是很值得追究一下的。

高远东的论文《〈荷塘月色〉：一个精神分析的文本》说，《荷塘月色》中有一种"心理骚动的性质"[②]，或者如俞平伯所说的"没来由的盲动"[③]，用朱自清自己的话来说，就是"随顺我生活里每段落的情意的猝发的要求,求每段落的满足"。如果我们拿《荷塘月色》和他的《桨声灯影里的秦淮河》相对照,就不难看出朱先生内心苦闷的性质了。在《桨声灯影里的秦淮河》中,朱先生很诚实地写出他本想听一听歌妓的歌喉,但囿于知识分子的矜持,拒绝了,可是内心又矛盾,失落。

我的学生邢娜妍查阅了朱自清的传记,更为雄辩地说明了《荷塘月色》所表现的苦闷并不是政治性的,而是伦理性的。

朱自清于 1920 年北大毕业以后,到杭州一师教书,月薪 70 元,虽然已经寄给家里一半,但还是不能满足要求,妻子儿女生活在家中,受着折磨。从《背影》中可知,1920 年以后朱自清的家境,已经非常惨淡。因为贫穷,与父亲失和,为了减少矛盾,节约开支,朱自清回到家乡任扬州八中的教务主任。由于庶母的挑拨,其父借着和校长的私交,要求将朱自清的薪水直接送到家里,本人不得领取。迫于此,朱自清不得不接出妻儿,到杭州另组小家庭。1922 年,朱自清带妻儿回扬州,打算与父亲和解,结果不仅没有解决矛盾,反而加深了精神上的痛苦。作者给其好友俞平伯的信中就写道:"暑假在家中,和种种铁颜的事实接触之后,更觉颓废下去,于是便决定了我的刹那主义。"(所谓"刹那主义"就是从生命每一刹那间中均获得意趣,使得每刹那均有价值)④后来,朱自清的父亲考虑到孙子的教育问题,从朱自清处把两个孩子接回扬州。朱先生的生母,也随之一同回去。但是,父子关系一直没有缓和。朱自清每月寄钱回家,往往得不到回信。他在《背影》中写道:"家中光景是一日不如一日……他触目伤怀……家庭琐屑,便往往触他之怒。他待我渐渐不同往日。"暑假中(也就是写作《荷塘月色》的 7 月份),朱自清想回扬州,但是又怕难以和父亲和解,犹豫不定。因而有"这几天心里颇不宁静"之语。这一切都证明朱自清在漫步荷塘时感到的自由,在性质上是一种伦理的"自由",是摆脱了作为丈夫、父亲、儿子潜意识里的伦理负担,向往自由的流露,和政治性的自由是没有直接关系的。这样的解释,如果不是更加切近朱自清的本意,至少也算揭示得比较深刻,提供了心理的和艺术的奥秘。当然,伦理的自由与政治的自由也不是没有一点联系,前面所引用朱自清自己的话,就表明他也因为考虑到老婆孩子的责任问题,而不能绝对自由地作政治的抉择。但是,我以为那是比较间接的、次要的。

我曾经对大学中文系一年级的学生如此分析《荷塘月色》,反反复复讲了四堂课,到最后还是有一些同学转不过弯来,有一个女同学课后对我说,你怎么能这样讲? 我读这一课,头脑本来是很清楚的。你这么一讲,把我的思想都搞乱了。我说,搞乱了,好啊。不是要搞活思想吗? 搞活的第一个阶段,就是搞乱,我这里所做的,就是要把你原来"社会功利是唯一的价值"的心理定式打破。

当然,作品一旦公开,每个读者都可以有自己的解释,甚至可以有与作者不同的理解。但是,这样的解读,从作者心理方面,而不是单纯从社会政治反映方面,提出了一种新思路,至少可以增加学生的思考空间。这种阐释的理论基础不是社会学的,而是心理学、伦理学的,涉及意识和潜意识的问题。这就要求教师对弗洛伊德的学说要有一点涉猎,光有一点粗浅的社会学、反映论的哲学常识对于一个合格的中学教师来说,是不够的。

有了比较丰富的学理基础,对人的心灵的理解就能比较自由了。但这还仅仅是一种可能而已,要真正把文本解读得深刻,还要下苦功夫。美国新批评强调对文本的细读(close reading),并且在二十世纪五十年代达到高潮。而我们在二十世纪八十年代引进西方文论的时候,虽然引进了一些理论主张,却并没有把人家的方法用到我们的阅读过程中去,因而这种理论还没来得及在中国生根,就被认为是过时的东西而被搁置了。当然,新批评也不是十全十美,它最大的局限是:第一,常常限于对诗歌的解读;第二,它的解读方法比较狭隘,常常限于词语方面;第三,它的操作性也比较差。二十世纪九十年代以后,我们又引进了西方最新潮的文论,如福柯、德里达的东西,但也只是偏重于他们的宏观理论,而忽略了人家为了达到这样的宏观理论所使用的微观分析的方法。因而,我们至今还不能成熟地使用一种西方文论到可以活学活用的程度。

在与学生"对话"而不是灌输的课堂上,教师面临的挑战是空前的,人文精神是一个全新的课题。人文精神不是简单的教条,而是一种渗透在字里行间的精神,比如说,在讲解鲁迅作品时,许多教师都讲到鲁迅对劳苦大众的悲惨命运常常是哀其不幸、怒其不争。但到作品分析时,就不再提起了。真正的人文精神,是在作品之中的,不是在文本之外的。把文本当中潜在的人文精神分析出来,是语文教师的艰巨任务。这并不容易,因为越是伟大的作家,越是深刻的倾向,往往越是隐蔽,有时,就潜藏在似乎平淡的、并不见得精彩的字句中。一般读者对此常常视而不见,而解读的功夫就在这些地方,所谓于细微处见精神。

光是在字句上理解人文精神是不够的。课堂上要求的真正意义上的具体分析,以及在看来平淡的地方分析出深刻的人文内涵来,是需要真功夫的。要从字里行间揭示出来才算到位,要从作品中、从文本中分析出来,才是活生生的。

注:

① ② 高远东《〈荷塘月色〉:一个精神分析的文本》,《中国现代文学研究丛刊》,2001 年第 1 期。
③ 俞平伯《读〈毁灭〉》,《小说月报》第 14 卷 8 期。
④ 亚东图书馆 1924 年版《我们的七月》一书中收录了朱自清致俞平伯的三封残信。信中提到了这样的思想。

以《背影》为例谈方法问题

一、方法问题：寻求一致性还是矛盾性

人们常常会使用社会学的方法，例如，讲《荷塘月色》，说是体现了"四·一二"大屠杀以后，知识分子的苦闷——既不能同流合污，又不能直接投身革命的矛盾心情。这个方法，不能算错，但是，也不能算有多对。因为，第一，这与作品有些关系，却并不一定是作品的真正内容。《荷塘月色》写的是"独处"的"自由"，孤独的美好；这里的"自由"不是政治概念，而是伦理概念。第二，这种方法不能说明作品的艺术特点。《荷塘月色》对诗意的追求，文章内部的不平衡，哪些地方特别好，哪些地方比较一般……都不能说明。第三，如果满足于作品与现实的一致，那么，社会学方法作为一种普遍的方法，是不是行得通？如果拿来分析冰心的诗就无从下手。第四，这种方法如果拿来分析《背影》，就更难办了。《背影》反映了什么样的社会现实呢？第五，这种方法的特点是寻求作品内容与社会现实之间的一致性的。这里就有一个原则问题了，从方法论来看，究竟是分析作品与现实之间的矛盾性还是寻求作品与现实之间的统一性？

由此可见：

1. 光是寻求作品的社会意义是不够的，不能成为一种科学的、深刻的方法。

2. 即使找到了社会现实意义，也并不能满足教学要求。因为《背影》的艺术特点是不能从这种方法中得到解释的。

3. 从理论上来说，所谓分析就是分析矛盾。首先，从文学创作来说，现实与艺术是有矛盾、有差异的，不是统一、等同的，如果统一等同了，就没有艺术可言了，艺术就成了对现实的照抄，作家就没有创造的功劳了。其次，从艺术本身来说，不同形式的不同规范，同一形式的不同风格创造，都是以差异为特点的，即是以矛盾分析为基础的，而不是从统一性中获得的。

4. 最重要的是，从分析矛盾的操作性来说，第一，矛盾是内在的，尤其是经典作品，

往往是天衣无缝的,因而关键不在于分析矛盾而在于揭示矛盾。而矛盾是潜在的,不是浮在表面上的。第二,从方法的操作性来说,不能满足于一篇一篇孤立地讲作品,应该把作品放在一系列作品的比较中来观察差异,以便找出矛盾的切入口。孤立地阐释单篇,就算能够进入分析层次,如果不在与相似的、同类的、异类的作品的差异中揭示矛盾,即便勉强"分析",也是浅层次的。第三,如果是单篇地分析,没有现成的作品可比,就要用一种方法,叫作还原法(现象学的还原),来找出作品与对象之间的矛盾。通常使用的方法的缺点是,满足于作品与表现对象的统一性,空喊分析,而不能揭示矛盾。

二、可比性:同中求异和异中求同

我们往往只是被动地注意作者写了什么,而没有主动地想象他没有写什么。

鲁迅说过,写作的方法,不但在作者已经写出的东西中。所有写出来的东西,都只是显示了应该这么写,而要真正懂得写作的门道,还要懂得,不应该怎么写。不懂得不应该怎么写就不会真正懂得应该怎么写。①

这个问题可以从几个层次上来阐释:

1. 从最浅的层次上来说,就是文本"细读"。美国的新批评流派讲究不研究作家的生平和思想,只研究作品(文本),我们自发地运用的基本上就是这个方法,但是人家那么做也并非十分完善,加上我们对人家的优点还没有什么深入的理解,有的甚至连新批评的细读都不知道,在运用上自然难免遗憾。

2. 从更高层次上来说,我们感到新批评也有个毛病,就是往往拘泥于文字的隐喻、含蓄之类,归根结底,也只是把目光集中在人家已经写出来的东西上面,而没有注意到文章的妙处,而这妙处往往是文章省略了的、回避了的地方。读者应该把回避的和渲染的、弱化的和强化的结合起来,才能找到切入矛盾的起点。在这二者中,特别是文章中弱化的和回避的,才是深刻理解文章的关键。

3. 这不仅仅限于作者在一篇文章中艺术手法的选择,为什么这样写而不那样写,而且在于在一系列文章中,为什么这一篇文章这样写,而不是另一篇文章的写法。不管是同一作者还是不同作者,这都是很值得研究的。

4. 这就要求教师有起码的科学抽象能力,从操作角度来说,就是提高可比性,把本来不可比的提高层次,成为可比的。最基本的,就是异中求同和同中求异的抽象能力。只有具备了这种能力,能在相同的文章中发现不同的东西,在不同的文章中发现相同的东西,才能进入具体分析的境界。否则就只能在形象表面,甚至在形象外面徘徊。

有了这种能力,教师就有了主动性,就有了研究能力。如果没有这种能力,就没有主动性，也就没有研究能力。这就是对教师素质的挑战，缺乏这样的素质就不能在阅读过程中化被动阅读为主动阅读。

抽象的理论是枯燥的，为了把问题说得清楚一点，下面我以一个文本来进行细胞形态的解剖。就《背影》而言，我们采用发展了的、有别于新批评的"细读"法，首先要注意文章不写什么，弱化什么，省略什么，割舍什么。其次要进行"还原"，就是把未经作者加工的原生的现象想象出来和作者艺术加工过的作品加以比较，这和现象学的"还原"原则有一致之处，不是被动地接受文学形象的现成样子，而是把目前现成的观念或者解释"悬搁"起来，想象出、推导出本来——在原初状态，它应该是个什么样子。

这样就可以提出问题，不是一般的问题而是创作论上的问题：为什么不写人的正面而写背影？

如果回答，因为背影最突出，因为背影最感人，这是同语反复。因为我要问的是为什么背影最感人，而你说，因为它很感人，所以它就感人，这不但等于什么也没有说，而且还把对思考的要求降低了。像这样从现象到现象的滑行，而且还满足于此，就造成了麻木。

我们中学乃至大学教师往往就被这种表面的思想习惯蒙蔽了。这是一种自我蒙蔽，舒舒服服地把自己思考的自由给剥夺了。

用法国思想家福柯的话来说就是，现成的话语有一种力量，障蔽着我们的创造性的思维。这种话语有一种权力的性质，让你在无意识中受它的统治。所谓素质的提高就是要有意识地打破它的统治，恢复思想的创造力。用西方文论家的语言来说，就是"去蔽"。对于教学和研究来说，就是科学的抽象力，具体分析的能力，也就是原创性。

关于思考和研究的方法，《背影》这篇文章至少有以下几点可讲：

1. 《背影》没有写主人公的面容，没有强调言语和表情，表现对一个人的爱，居然集中在背影上。

2. 光是有了这一点，还不够深刻，还要比较，比较的关键在于寻求矛盾和差异。矛盾和差异不是自然地突出在你面前的，芜杂和混乱的现象把它掩盖了。为什么混乱、芜杂？因为没有联系，或者叫作无序。为什么没有联系？因为各自独立，没有在一点上统一起来。没有联系的东西，如果在一点上统一了，就可以比较了。

3. 找到同一性，异中求同，就是一个人抽象力的最起码的表现，有了抽象力就可以提高可比性了。可比性有两类：

一是同类之比。这最容易，比如《荔枝蜜》，就可以拿来与罗隐的"采得百花成蜜后，为谁辛苦为谁甜"作比。可是，可比性很少有现成的。

二是异类之比。不同类的只要提高一个层次就可以比较了。如《荔枝蜜》和《背影》,本来好像是没有可比性的,但是把抽象的层次提高,把具体性的成分排除掉,就可以与《背影》相比了,它们都是写无条件的奉献精神的。有了这一点相通,就可以进入比较深入的分析:一个是写对社会无条件的奉献,一个是写对儿子无条件的奉献。

不管多么不同,只要在一点上求得相通就可以比较了。世界上很少有现成可比的东西,也没有绝对不可比的东西。

4. 科学的抽象要跨越的第一个障碍是事物和感性的差异。感性的是具体的,但却是表面的、肤浅的,因而要进入抽象的层次。抽象的是看不见、摸不着的,但它是深刻的。要从肤浅的层次进入到深刻的层次,就要把不同的、感性的东西舍弃掉,把共同的、抽象的东西概括出来。科学抽象的最起码的要求是从感性之异中求得理性的抽象之同。

比如,从感性上来说,细菌、沙子、电视机,是相去甚远的,但是从抽象角度来说,它们都是物质,属于同一范畴。

就文学作品来说,没有现成和《背影》相同的作品,就采取异中求同的办法。

但是,能不能从感性上不同的作品中,提炼出理性上共同的东西,这就是对异中求同的能力和魄力的考验。比如,《背影》不同于冰心的《笑》,冰心写的是孩子和妇女,是母爱的温情。但在亲情上,在人与人之爱上,《背影》和《笑》是相通的。

但是,这样的异中求同的层次是比较低的。光指出这两篇文章有相同之处,并没有解决什么问题,还要在这个切入点上深入下去。

5. 这就进入到第二个层次,也就是更高级的、同中求异的层次。

写《笑》比较容易成功,而写《背影》相对比较难。为什么?因为这是抒情散文,通常是讲究诗意的,而诗意是讲究美化的。面容、笑,是比较容易美化的,而背影却是不容易美化的。通常写母爱的文章多如牛毛,而写父爱的却异常罕见。朱自清的难度比较大,因而《背影》取得成功的程度、经典性也超过了《笑》。

三、情感有无特征

父亲对儿子深厚情感的特点是:在开头不但得不到理解,反而被误解,甚至让人觉得可笑。这种方法叫作欲扬先抑。这没有什么特别的创造。这里的功夫在于,朱自清写得不做作,很从容,没有过分地强调和夸张。

后来儿子被感动了,这就有了这篇文章的特点:

1. 被感动的原因不是像杨朔在《荔枝蜜》中所写的那样崇高伟大的精神,也没有刻意营造强烈的诗意。

2. 文章虽然总体上说也是抒情的,诗意的,但是导致儿子感动到自我谴责的关键动作,却并不是那么崇高,至少不是多么美妙的动作。这些动作,很是笨拙,而且并不是很有必要,因为如果儿子去买橘子,可以更利索,而父亲的动作既没有更高的实用性,从表面上看,也没有诗意。

3. 文章所用的语言和手法,并不是诗意的描绘。不像《荷塘月色》(注意,这是在用异类相比的方法)那样,用了那么多的排比句法,那么多美丽的比喻,还用了很复杂的诗意的技巧,比如通感:"光和影有着和谐的旋律,如梵婀玲上奏出的名曲",花香"仿佛远处高楼上渺茫的歌声似的"。《背影》基本上是叙述,也许可以称之为"白描"。

4. 然而就是这些没有用处的动作,却使作者和读者感动了。没有诗意的变成了很有诗意的;没有实用价值的,变成了很有情感(审美)价值的。这从美学理论上说,就是审美价值和实用价值之间的错位,或者说要有较高的审美价值,也就是艺术性,就得让情感超越实用理性。

5. 更加重要的是,当作者被感动得流下眼泪时,父亲却没有感到自己有什么了不得之处。

四、横向和纵向的比较

在以上分析的过程中,我们已经广泛运用了比较的方法,如和《荷塘月色》的比较,两者都是追求诗情的,属于异中求同的层次。

在同中求异的层次上,则需要指出《荷塘月色》是追求大自然环境的美化,对自我感情的美化:甚至连独处的孤独都是一种自由的美。《背影》则是亲情的美化,不过表面上是某种程度上的"丑化",然后过渡到相当程度上的美化和诗化。

这种比较的方法不仅适用于朱自清的作品,而且适用于一切文学文本。

如果用还原的方法包括历史的还原,进入历史语境,就可以使本来没有联系的作品发生联系,有了可比性。在同样的历史时期,当然有可比性,有的文本具有现成的可比性,如《桨声灯影里的秦淮河》和《荷塘月色》同样是没有直接的社会政治情绪,着重于个人情怀的,又都有一种对异性的吸引力的拒斥,但又有抑制不住的潜在的"骚动"。也有一些是没有现成可比性的,如《背影》和朱自清早期的一些作品,如《绿》之类。这就要提高抽象度,使其在更高的层次上获得可比性,如两篇作品都抒情,但《背影》的最佳处在叙述,而《绿》则妙在排比和直接抒情。从时间上来说,这是横向比较。还有一种纵向比较,也就是历史的比较。如,朱自清早期的作品比较华彩,而到了晚年却力求朴素,情感转向比较深沉的内涵。这就提供了另一种境界。懂得多种境界及其发展转化,对我们的写作和欣赏无疑提供了更开阔的天地,写作起来,就有了更多的选择。

五、还原方法的具体运用

《荷塘月色》中最关键的一句是:"这时候最热闹的,要数树上的蝉声和水里的蛙声;但热闹是他们的,我什么也没有。"这就明明白白地告诉读者,他并没有把荷塘月色全都写进去,只是写了和他情感相通的一个方面,否则就不能取得《荷塘月色》的和谐和意境。

从《背影》中也可以看出作者的省略和回避,如周锦在《朱自清作品评述》(台北,智燕出版社,1978年)中说,他在扬州八中工作时,父亲向学校交涉代领薪水,朱自清不得已"辞职"出走,从此父子很少往来。从文章中看,写到父亲与他的矛盾的句子,如"触他之怒""待我渐渐不如往日""我的不好",都含含糊糊,是有所省略、有所淡化了的。

从这里可以得到一种启示,文章的好处不但在于强调了什么而且在于省略了什么。这一点对于欣赏有好处,对于写作更有好处。只有知道要省略什么、不写什么才能有自己的个性,才能找到自己;有了自己的特殊的感觉和情感,才会知道应该写什么,应该强化什么,应该淡化什么。

注:

① 《鲁迅全集》(第6卷),人民文学出版社2005年版,第321页。

在政治幻想和艺术幻想之间挣扎
——解读李白的《下江陵》

李白有一首绝句《下江陵》：

> 朝辞白帝彩云间，千里江陵一日还。
> 两岸猿声啼不住，轻舟已过万重山。

篇幅不长，却经历了千年以上的严峻考验，至今仍然保持着艺术感染力。这么一个简单的艺术现象，要从理论上说明道理却不是那么容易的。有人说，这反映了长江中游的壮丽江山；有人说，是表现诗人的豪情。前者是反映论，后者是表现论。但是都不得要领。因为不管是反映客观还是表现主观，诗人都不是原封不动地把现实和情感搬到作品中，而是经过了诗歌想象的重新熔铸。

情感的表现和语言表达是不一致的，其间有矛盾。

第一句，"彩云间"说的是高；第二句，"一日还"说的是快。

分析从还原开始。

事实上，有没有那么快呢？可能没有。古人形容马跑得快用"日行千里，夜行八百"。小木船，能赶得上千里马吗？没有那么快，偏偏要说那么快。这不是不真实吗？

这个矛盾要揪住不放。关键是艺术家日行千里的感觉由情感（归心似箭）决定。超越了客观的、包含着深厚情感的感觉，叫作审美的感觉，或者叫作艺术感觉。艺术感觉的特点就是不客观，与通常的感觉相比，它是发生了变异的。只有从变异了的感觉中，读者才能体验到他的感情。正常的理性的感觉，对读者没有冲击力。如果李白把日行千里，改为日行几百里，可能比较实事求是，但却不能冲击读者的感觉，不能让读者体验到强烈的感情。

拘泥于客观的、理性的感觉，就不艺术了。

经过这样的分析,就出现了第一层矛盾:艺术感觉是不客观的,甚至可以是不"真实"的,但是它能充分表达感情,表达真诚的情感。

第二层矛盾是:既然快了,就产生一个问题,越是快,越是不安全。当年三峡有礁石,尤其是瞿塘峡,那里的礁石更是厉害。

光是靠想象去还原,在比较复杂的问题上,是不够的。要更有效地还原,就得借助一点历史文献。关于三峡的文献真是太多了。杜甫晚年的《夔州歌十绝句(其一)》就是现成的:

>白帝高为三峡镇,瞿塘险过百牢关。

此外还有古代歌谣:

>滟滪大如马,瞿塘不可下;
>滟滪大如猴,瞿塘不可游;
>滟滪大如龟,瞿塘不可回;
>滟滪大如象,瞿塘不可上。

郦道元的《水经注》中提到三峡的黄牛滩曰:

>江水又东径黄牛山,下有滩,名曰黄牛滩,南岸重岭叠起,最外高崖间有石色如人负刀牵牛,人黑牛黄,成就分明,既人迹所绝,莫得究焉。此岩既高,加以江湍纡回,虽途径信宿,犹望见此物。故行者谣曰:"朝发黄牛,暮宿黄牛,三朝三暮,黄牛如故。"言水路纡深,回望如一矣。

这些明明都说,船行三峡并不是那么顺畅的,而是迂回曲折的,不是一天就可以通过的,光是黄牛滩,就可能要三天三夜。

刘白羽在《长江三日》里想象当年的情景说:"你可想象得到那真是雷霆万钧,船如离弦之箭,稍差分厘,便撞得个粉碎。"

但是,如此险恶的航行,在将近六十高龄的李白心目中居然不在话下。

这更说明,李白当时是如何的归心似箭了。由于归心似箭,将近六十花甲的老人居然发出青春焕发的歌唱。

有学者考证,李白这首写得青春潇洒的诗,居然是他从流放途中归来之作。他一生只有两次从长江上游向中下游航行。早年是因为出川,晚年则是充军归来。在凶险的航行中,一个年近花甲的老诗人,刚刚从"充军"途中归来,居然还能保持青春的感觉,这不能不说是很难得的。只有李白才有这样的气魄。

特别要提醒的是,写这首诗的时候,李白正经历一场政治上的灾难。

李白这个人,在一般读者心目中,是个伟大的诗人。在诗歌的境界中,他的想象的确是超凡脱俗的。但不幸的是,他总要把这种超越现实的想象引申到现实生活中来。他写文章,而且是写一本正经的实用文章的时候,老是幻想自己是个政治家,还不是一般的政治家,而是一个高级政治家,他自夸:"奋其智能,愿为辅弼"(《代寿山答孟少府移文书》),也就是说自己可以当个安邦定国的宰相。但是,他确实并没有什么政治才能。诗人把情感看得比什么都重要的审美心态,与政治实践水火不相容。他口头上是很瞧不起权贵的,说巴结权贵是"摧眉折腰事权贵",心情很难受,再加上他那"自由散漫"的性格,更是与官场等级制度不能相容。杜甫《饮中八仙歌》中说他潇洒得"天子呼来不上船,自称臣是酒中仙",可能并没有夸张失实。但李白也有俗气的一面。他也是很巴结天子和天子周围的人的。他在长安,好不容易得以接近最高政治集团,和皇帝有了来往,也是挺得意的。可惜他并没有抓住机会,没有作出什么政治贡献。有时,他对于一些权贵,甚至不能不说是有点谄媚的。在他留存下来的诗歌中,就有些不太高明的歌功颂德之作,比如在《清平调词三首》中,他奉皇帝的命令歌颂杨贵妃:

> 云想衣裳花想容,春风拂槛露华浓。
> 若非群玉山头见,会向瑶台月下逢。
>
> 一枝红艳露凝香,云雨巫山枉断肠。
> 借问汉宫谁得似?可怜飞燕倚新妆。

他奉承杨贵妃是瑶台月下的仙女("若非群玉山头见,会向瑶台月下逢"),可以比得上汉朝著名的宫廷美女赵飞燕。("借问汉宫谁得似?可怜飞燕倚新妆")如果是歌颂皇帝一般的小老婆,当时,特别是后世的读者,大都可以宽容。但这个杨贵妃偏偏又是名声很坏的,被认为和她的哥哥杨国忠一起弄权,妒贤害能,腐败专权,最终酿成了安史之乱,让国家陷于战火,百姓流离失所。在皇帝逃难的途中,臣子们对杨家兄妹的愤恨居然引起了兵变,结果是这权倾一时的贵妃被杀了。可见当时她的民愤之深。不管当时的战乱,杨贵妃要负多大责任,有一点是不可否认的,她在当时是人神共愤的。李白却偏偏歌颂了这样一个人物,虽然吃力不讨好,但毕竟是在他的人格和诗篇上留下了污点。也许,就是为了替他掩盖这一点,一些爱好他的诗歌的人士,炮制了一些传奇小说,说他对杨贵妃如何傲慢。

就算这样谄媚,皇帝还是不欣赏他,他还是免不了被皇帝"赐金放还"。他的政治命运注定是坎坷的。正如杜甫后来回忆说:"冠盖满京华,斯人独憔悴。"这时李白不能不强打精神,作出一副潇洒的姿态,离开长安,云游名山大川,求仙问道。这时候的诗人又沉浸在另一种幻觉中,时常觉得自己飘飘欲仙,似乎有希望达到长生不老的境界。关于这一点,至今,许多读者弄不清,他究竟是真的相信长生不老之术,还是像杜甫所说的那样"佯狂真可哀"(装疯卖傻)?但,从他一系列诗作来看,游仙和饮酒一样,都有麻醉自己的功能。他在《春日醉起言志》中说:"处世若大梦,胡为劳其生。所以终日醉,颓然卧前楹。"沉醉于自己制造的幻觉中,有一点是很真诚的,就是人间不过是一场梦,用他自己的话来说,人生如"白驹过隙"而已,认真不得的。

唐明皇在狼狈逃难途中,把帝位传给了太子,任命他为天下兵马都元帅,同时让其他儿子招兵买马,征讨叛乱。这时,在江南东道有个永王李璘,居四镇之重,有点野心。他想如果你太子打败了叛贼,当然,你就是皇帝了;如果你打输了,我打赢了,那皇帝就是我的了。所以他抓起了枪杆子,扩展地盘;同时他也知道,光有枪杆子是不够的,还要有一杆子,那就是笔杆子,为自己扩大统治基础大造舆论。正好,李白就在附近,据李白后来回忆,是在庐山附近。于是永王就地取材,只花了"五百金",不算太大的投资,就把李白招致门下。

如果不是这个永王,李白可能要长期沉醉在他飘飘欲仙的幻觉中了。

永王李璘把李白找到他的幕府里去,也许给了李白一种类似高级顾问的空头名义。李白当然很兴奋,自我感觉突然好了起来,于是又产生了一种幻觉,这是李白的第三个幻觉:自己不但是个政治家,而且是个军事家了。他一连写了11首《永王东巡歌》,其中一首是这样吹自己的:

但用东山谢安石,为君谈笑净胡沙。

他觉得自己和下下棋就轻轻松松把苻坚打败了的谢安差不多。

但是,天才诗人的幻想又一次在现实面前碰得粉碎。中央王朝方面很快就发现南方兄弟有野心,虽然叛贼还没有扫荡,但二元化领导的危机比异族叛乱更危险。中央立即派出了征讨大军,其中有一员大将,也是个诗人。他的诗写得也不错,当然不如李白,但是打仗却比李白强得多。此人就是写出了名句"战士军前半死生,美人帐下犹歌舞"的高适。据称他是唐朝诗人中官运最亨通的。最后结果是李白当了俘虏,成了罪犯,李璘死于非命。李白的罪名属于大逆不道,在当时是很可怕的。年近花甲,还戴上这样一个帽子,其处境之狼狈,可想而知。他在诗中只能抵赖,说什么"迫胁上楼船"之类。在《雪谗诗》中,他说得更明白一点:"白璧何辜,青蝇屡前""摧发续罪,罪乃孔多"。但这都是自说自话,欲盖弥彰而已。也许有关当局觉得李白没有多大危害性,再加上有人(宋若思)欣赏他,可能也从中为之缓颊走了一点后门吧。结果是判了个流放夜郎(贵州桐梓)。这一幕如果在余秋雨的笔下,大概又要感叹一番:一个旷世天才,居然被押解到蛮荒之地去,天地应当为之低回,历史家的笔都要颤抖的。可叹,天才诗人不了解自己,常常想让自己"试涉霸王略",想获得更高的社会地位和荣誉("将期轩冕荣")。但是,艺术上的天才有几个不是政治上的外行? 李白注定了要颠颠倒倒,一次又一次地碰钉子。最惨的时候,他竟然弄得很孤立,他的朋友杜甫对这一点,说得极其沉痛:

不见李生久,佯狂真可哀!
世人皆欲杀,吾意独怜才。

弄到"世人皆欲杀"的程度,真是声名狼藉了。如果杜甫像我们今天热衷于借名人炒作自己的文士那么聪明,就不会这样冒反潮流的风险,公开同情一个落难的朋友了。而赶时髦,厉声逼迫李白忏悔,不符合杜甫这个忠厚人的天性。但是李白,是不是像杜甫写的那样,感到可哀、可悲呢? 这已经不重要了。王命不可违,虽然年近六旬,也只得踏上了充军的路程。幸而,到了白帝城之后,关中大旱,刚即位的皇帝可能觉得自己太过分了,就来个大赦天下。他毕竟是个有影响的大知识分子,年纪又不小了,对朝廷也不会有多大的威胁,何必和他过不去呢? 来一点统战不是更聪明吗? 就在他被流放的半路上,来了一道赦书,把他赦免了,用今天的话说,就是"落实政策"了。这就是李白自己后来所说的"中道遇赦"。

这时的李白,心情当然是轻松无比的。不但政治帽子没有了,而且可以和家人团聚了。李白毕竟是李白,青春焕发的感觉油然而生,居然不把三峡航道中的礁石和航行中的凶险放在心上。

一个从政治灾难中走出来的老诗人,居然能有这样轻松的感觉,甚至让后世一些研究他的学者狐疑——不可思议,如此充满青春朝气的诗作,竟然出自一个花甲老人之手。但是,李白的可爱、可敬、可笑、可恨之处,全在这里了。当然,他也作了一点检讨,说自己上永王的贼船是"空名适自误"。这里,起作用的不仅仅是他的心情,还有他那永不衰老的艺术想象。如果把心里的轻松都直接说出来,用浪漫主义诗人的说法,自然流泻

(spontaneously overflow)出来——我心里很轻松啊,我感觉很安全啊——也就不成诗了。

作为诗,一般来说,把感情直接说出来,是很难讨巧的,感情是审美的核心,但是感情的直接表达是非常困难的,也是很难动人的。所以中国古典诗和西方许多古典诗歌一样,经营出一种方法来让读者获得感染。这种方法,就是把感情化为变异了的感觉,感情不易于直接感染人,而感觉,尤其是被感情同化了的、变异了的感觉却具有感染人的功能。你说春天来了,很美啊!读者是没有感觉的,如果你像李白那样说,"寒雪梅中尽,春从柳上归",读者的感觉马上就和你沟通了。你说这个姑娘很漂亮,我没有感觉,如果你说,她美得耀眼,就有感觉了。有了艺术感觉,读者不但能感觉到了,感情上也能受到感染了。

李白为什么觉得他的船非常轻松、非常安全地飞越了三峡呢?因为这是他心里的感觉,归心似箭嘛。明明是他的心里感觉到轻松,可他偏偏不说心里轻松,不说"轻心已过万重山",而要说"轻舟已过万重山",就能让人体验到他那落实了政策,一身轻松,归心似箭的情绪了。

古典诗话上说,李白这首诗的诗眼是一个"轻"字,似乎还不太确切,因为它忽略了"轻舟"与"轻心"之间微妙的差异。而艺术的分析常常是在最微妙的地方见功夫的。为什么长期以来我们的艺术分析常常是无效的,就是因为在方法上很不讲究。

这首诗虽然很短,但这里涉及的方法问题很重要。最主要的是,矛盾是分析的对象。首先要通过还原的想象把矛盾揭示出来。具体来说,李白营造的艺术感觉至少有下面三重矛盾:1. 没有那么快,却偏偏感觉到快得日行千里;2. 没有那么安全,却偏偏觉得安全得不得了;3. 明明是心里十分轻松,却偏偏要说船非常轻。不把这三重矛盾揭示出来,谈什么分析?往往不是大而化之,就是空话连篇。

当然,如果要把分析的精神贯彻到底,则不能不指出,这首诗虽然相当精彩,但也不是没有一点缺点。在我看来,最明显的瑕疵就是第二句"千里江陵一日还"的"还"字。这个字可能给人两种误解。第一,好像朝辞白帝城,晚上又可以回来的样子;第二,好像李白的家,就在江陵,一天就回到家了。事实上,李白并不是要说一天就能回到江陵,他的家也并不在江陵。他这样用字,一来是囿于郦道元《水经注》中"朝发白帝,暮到江陵"的传说,二来是为了和"山""间"押韵。

我这样说,好像是对伟大诗人有点不敬,但李白当年写这首诗,也许只是乘兴之作,才气所到,字句推敲不够精细,也并不是没有可能的。

天知、地知、你知、我知
——解读徐志摩的《再别康桥》

关键词语（句）：再别、轻轻的、悄悄的、作别西天的云彩、夕阳中的新娘、沉淀着的梦、寻梦、放歌、不能放歌、沉默是今晚的康桥、不带走一片云彩

二十世纪一波又一波地从西方引进了大量文艺的和文化的理论，成就绝对不可低估，但有一个缺点，就是很少有相当水平的理论家用西方的理论成功地分析中国的经典文本，特别是对单个经典文本。这就产生了两个后果，一是，西方理论的可信度没有得到论证，其必然存在的缺点和不足也就很难被真正发现，因而我们的理论也很难有超越西方的突破；二是，这虽然造成了理论的突飞猛进，但文本分析水准却处于十分落后的状态，而理论除了为理论而理论的价值以外，更重要的还得是阐释文本的有效性，特别是阐释微观文本的有效性。应该说，这个问题在二十世纪五六十年代，是很受关注的，只是，五十年代苏联式理论本身的狭隘性，使举国的努力，遭到一次又一次的挫折。到了八十年代，新一轮西方文论的引进，声势浩大。但流派更迭过速，以致前卫的理论日新月异，尖兵已经到达西方文论的前哨，而文本分析却停滞不前，就连八十年代红极一时的审美价值论、文艺心理学的层次都未曾到达，何况九十年代的话语学说。在大学讲堂尚且如此，在中学语文课堂上，陈旧的机械唯物主义和狭隘的社会功利主义仍然占有优势，就是理所当然的了。这是因为，任何西方文论都要经过和中国经典文本的磨合，才能生根开花。这个磨合，首先，从根本上来说，是很烦琐的，几乎每一个经典文本都有一个不轻松的过程。其次，有出息的评论家，应该从成功和失败的经验教训中，总结出一系列具体的，甚至可操作的方法来，构成一种新的学科，也许可以叫作"文本解读方法论"。从这个意义上来说，"名作欣赏"目前还处在一种相当幼稚的阶段。这是一个永不完结的课题，是一个需要几代人努力的历史任务。

前几年，《再别康桥》入选中学语文课本，给中学语文教育界出了一个难题，流行的机械反映论和狭隘的社会功利论在这个文本中遇到了严峻的挑战。网络上纷纷讨论

如何分析这首现代新诗史上的名作。扰攘一番之后,居然是这样的意见占据了上风:还是让学生在朗诵中去体悟诗中的情致罢。这说明,目前一些大而化之的所谓赏析文章,并不具有可信性,甚至连可讲性都很缺乏。

正是在这种形势下,《名作欣赏》2003 年第 10 期上发了三篇关于《再别康桥》的评论文章,每一篇都力求突破机械反映论和狭隘的社会功利主义,力求从诗人心理方面寻求有效阐释。但是,在我看来,许多方面,尤其是方法论方面,并没有多大的提高。

长期以来,我们的文本细读之所以水平不高,除了机械唯物主义的美学观念和狭隘功利论的局限以外,就是方法论上的落伍和不自觉。口头上,大家都在喊"具体分析",可一到具体文本,却还是印象和感想泛滥。所谓分析,应该针对原本统一的对象,揭示出其和外部的矛盾和差异,而传统的社会学批评方法习惯于寻求形象和表现对象之间的统一性。而任何统一都只能是现象,而且还可能是表层现象,而深刻的奥秘,肯定在统一性之下的深层。如果满足于统一性,就只能在表象上滑行,就等于放弃了分析。要进入作品深层加以分析,就要从天衣无缝的作品中找出差异,揭示出矛盾,提出问题。没有矛盾,就不能提出问题,也就不能摆脱被动。被动则无话可说,而文章又非写不可,就产生了一种很不好的文风——把肤浅的赞叹当成分析。这在所谓"诗歌赏析"中尤为严重。大量所谓赏析文章,有效的分析非常稀缺,无效信息被空洞华丽的赞叹词的渲染所掩盖。这种赏析其实是把经典的诗歌翻译成散文再加上任意性的拔高。比如,有人在分析《再别康桥》时这样说:"这首诗一开始以自我形象入诗,以挥手与康桥作别起笔,直接道出对康桥的款款情意。"这里,所有的信息都是原作中显而易见的,读者一望而知,这样的分析以信息的重复为特点。接下去:"'轻轻的我走了'(不是我轻轻的走了)",括弧中的一句倒是没有重复,可惜的是没有阐释,因而也就失去了价值。而下面,重复性的信息又在继续:"极具情境的再现性,接着又用两个'轻轻的'重复描摹无语作别的情景。"这里的"情境的再现性"倒是没有重复,但是,又是没有作任何阐释,结果又成了独断,而且是空洞的独断。什么叫作情境的"再现性"?在一首诗中,情境是全部得以"再现",还是仅仅将其中最有特殊性的一种感情"再现"(表现?)出来?退一步说,就算把情境都"再现"出来了,是不是就会动人?会不会杂乱无章?在这里,作者如果真有见解,真懂诗,至少应该"分析"一下,这种情境的再现和浪漫的抒情,有没有矛盾?如果有矛盾,徐志摩是如何处理这种矛盾,使二者达到和谐的?如果真要使论点有说服力,对读者理解有启发,还应该考虑另一种可能:如果有人说,这根本不是"情境的再现",而是一种直接的抒情,该如何回答?文章接下来又是一番赞叹:"可谓是情韵俱现地传达出诗人袅袅情思与感伤沉默的哀婉情态。"读者期待的是,情的特点是什么,韵的好处是什么,二者是如何"俱现"的。评论家知道的应该比读者多,比读者深刻,写出文章来才有价值。然而读者的期待又一次失落了,接下去是:"'作别西天的云彩'这一行点题式的诗句,它开启了情感的闸门,让诗人涌动的情感缓缓流出。""点题",是指题目,还是主题?如果是题目,似亦不准确。题目是和康桥告别,可这里却是和云彩告别。这叫作点题吗?"开启情感的闸门",如果更严密一些,就应该说明,在这以前,轻轻的、悄悄的,为什么不能算"开启"?"让诗人涌动的情感缓缓流出",你从什么地方能说明,是"缓缓"地流出,而不是汹涌地冲击?这样说,对理解诗中关键处的语言的精彩几乎没有什么帮助,所有这样的话语,都显得空洞。这是因为,作者并没有读懂这首诗艺术上的妙处,似乎作者读诗时所知所感并不比读者多。正是因为这样,他才不厌其烦地把诗翻译成不着边际的散文。如"把我们一同带入他深深依恋的康桥理想国。康桥的美,诗人对康桥的爱可以说是无处不在。而诗人对康桥的最爱是'康河'。自然康河成了诗人抒写恋情与别情的载体。"(以上引文见《在梦的轻波里依洄》,《名作欣赏》2003年第10期)

这样的文风,在当今文本分析中,可以说最为流行。就在同一期中,另一篇分析《再别康桥》的文章,几乎同出一辙。作者在引用了轻轻、悄悄那四行诗以后说:"这种景象,让我们想到一个轻手轻脚的人来了,又走了。生怕惊醒一个熟睡中的人,我想这正是作者在诗中要表达的情感:他来了,来到这一所他喜爱的学校;他又要走了,离开这一所他衷心喜爱的学校。不忍心惊扰这学校的安静,他甘愿一个人去承担那愈来愈凝重的离愁。"(见《仅仅面对作品——以〈再别康桥〉为例谈文学作品的读解问题》,《名作欣赏》2003年第10期)和上述引文一样,这里充满了重复性的无效信息。当然,也不能否认,其中也有一些非重复的,例如,把他所喜爱的学校当作一个熟睡的人,又如,"愈来愈凝重的离愁"。但读者从诗中可以看出,徐志摩并没有把康桥当作一个熟睡的人,要不然,"夕阳中的新娘",怎么解释?诗人也并没有绝对沉默,要不然"满载一船星辉,在星辉斑斓里放歌",怎么解释?再说,这首诗是不是写"离愁"的?特别是,说这种离愁"愈来愈凝重"也没有根据。这种"愁"的感觉,不是从这首诗里来的,而是从评论者的阅读经验里冒出来的。一般说我国古典诗歌中,离别的主题大抵是与忧愁有关的。但是古典诗歌的主题到现代发生了变化,五四以后,无论是最早的康白情的《送别黄浦》,还是后来的殷夫的《别了,哥哥》都没有离愁,现代的交通和交往方式与古代已经有根本的不同,送别时的感情肯定也比古代多样化。徐志摩自己的名作《沙扬娜拉》虽然写到离别的忧愁,但那是一种"甜蜜的忧愁"。怎能设想,当代诗人告别任何人物和景物时,一定要惆怅,而且还要有另一处行文中所说的"千种愁绪",命里注定只能有沉重之感,而没有甜蜜之感呢?其实不要多高的欣赏水平,光是凭直观就可以看出,这首诗的风格特点是潇洒、轻松,还有一点甜蜜,找不到一个字可以说明是"感伤沉默的哀伤情态",特别不能证明是"愈来愈凝重"的。(以上论断,如果我光是这么说一下,就是独断了。我是要论证的,但是为了本文结构更合理,我把论证放到文章的后面去。)这种阐释,不是重复信息,不是空洞无物,而是属于另一个倾向,叫作"过度阐释",其结果就是肆意强加。这些东西并不是从文本中分析出来的,而是从作者的阅读经验、优势记忆中跑出来的。因为告别(送别)主题的哀伤惆怅在古代经典诗歌中太普遍了,而欣赏者不能从文本抽象出真正深层的奥秘来,就只好听任自己现成的观念自然流泻出来了。从方法论来说,这就不仅仅是机械论所能包含的了,还带上了一点主观主义色彩。

问题的要害在于,从文本中直接揭示出矛盾,然后加以分析,是有相当难度的,因为一切艺术形象都是以高度和谐统一为特点的,矛盾自然是有的,但往往潜藏在深层。这里的难度就在于,从表层到深层,往往在还没有突破表层时,心里现成的东西就冒出来了,因为它一点难度也没有,轻而易举,但这样也就成了讲空话。

其实,不论是根据辩证法,还是根据现象学,我们都不应该把对象和艺术形象的一致性作为出发点。相反,应该从艺术形象中把作家创造的、想象的成分分析出来。只有这样才能从被动的赞美中解放出来,解放出来的办法就是"还原"(这与现象学的还原在精神上一致,但更具形而下的操作性),也就是想象出未经作者处理的原生的状态,原生的语义,然后将之与艺术形象加以对比,揭示出差异(矛盾)来,就可以分析了。

我们就从这首诗的题目开始。"再别",是一种告别,从原生语义来说,应该是和人告别,但这里并没有和人告别,这是第一层次矛盾。在这里的语境中,用的是引申义,和母校的校园告别。前文作者说,是为了不惊动校园,可能有道理。如果不进行过细的语义分析,大概到此就可以满足了。但是下面的诗句明明说,并不是和校园告别,而是:

> 我轻轻的招手,
> 　　作别西天的云彩。

第二层次的更深刻的矛盾摆在面前了。在现实生活中,有和云彩告别的吗?由此可见,前面引文的作者说"极具情境的再现性",是句大而化之的空话。关键是和云彩告别还要轻轻的,悄悄的,根据还原法,既然是和云彩告别,步子再大,再有声响,也不可能惊动它。这说明,和云彩告别不过是一种诗化的想象,通过这种想象,诗人回味自己美妙的记忆。另一个评论者分析这一段诗句说:"轻轻地来,再悄悄地去,在淡淡的神形描写(按:这是描写吗?)中,蕴含了千种愁绪,万般凄楚。""诗人就要离开康桥了,一想起离别,诗人的心情马上变得万分沉痛:离别时的沉重压得诗人发不出任何声音。"(《仅仅面对作品——以〈再别康桥〉为例谈文学作品的读解问题》,《名作欣赏》2003年第10期)在开头这四句中,潇洒地来,悄悄地回味,哪里来的愁绪和凄楚呢? 和云彩告别,就是和自己的记忆告别。为什么是轻轻的呢? 就是因为他在和自己的内心、自己的回忆对话。这里所写的不是一般的回忆,而是一种隐藏在心头的秘密。大声喧哗是不适宜的,只有把脚步放轻、声音放低才能进入回忆的氛围,融入自我陶醉的境界。

这是一个什么样的境界呢? 是一种梦的境界。诗中说得很明白,他说是到康桥的河边上来"寻梦"的:"在浮藻间,沉淀着彩虹似的梦",梦有过去、未来之别,"沉淀",说明是过去的,不是未来的;是记忆深处的,不是表面的。所以要向"青草更青处"去追寻。梦是美好的,充满了诗意。诗中一系列美妙的词语可以作为证明(清泉为虹、碧水为柔波、杨柳为新娘),那梦美好到他要唱歌的程度。

当他写到"满载一船星辉",要唱出歌来的时候,好像激动得不能控制自己似的,但是,他又说,歌是不能唱出来的。这里出现了一个理解这首诗的关键性的矛盾:既是美好的,值得大声歌唱的,但是,又不能唱,"沉默是今晚的康桥",因为,这是个人独享的。这一句雄辩地表明了这是诗人默默的回味,自我陶醉,自我欣赏。这种自我欣赏是秘密的,不能和任何人共享。连夏虫都为他这种秘密的美好的记忆而沉默了。从这里也可以看出,他的轻轻、悄悄,不是为了不惊动校园,相反,他强调的是,校园的一切都是为了成全他悄悄地回忆自己的秘密。"悄悄是别离的笙箫",这种悄悄的独享也是美好的,充满诗意的。无声是一种美妙的、幸福的音乐。

懂得了这一点,才能更好地理解、体验最后一段:

悄悄的我走了,
　正如我悄悄的来,
我挥一挥衣袖,
　不带走一片云彩。

主张这首诗中有沉重的痛苦的文章说:"诗歌的最后一句好像很潇洒,其实很沉重。康桥如此美好,康桥的生活如此美好,作者怎么会不想带走呢?……'不带走',其实是'带不走',就像'诗人只想做一条康桥的水草却不得不离开'一样。"(《名作欣赏》2003 年第 10 期第 52 页)在我看来,这是在默默的回味中离开了,"不带走一片云彩"说的是,从客观世界,没有带走什么东西,带走的是美好的回忆,这些东西不能和别人共享,是诗人自己私有的。带走这样的记忆,是精彩的、轻松的、潇洒的。一个评论者却说:"在记梦的情感高潮后,情感转入低潮。诗人从沉醉的梦幻中觉醒,从昔日的美好忆念中回到寂寞忧伤的现实。一切已成过去,一切都只在梦中,只有'沉默是今晚的康桥'。'夏虫也为我沉默',可谓人哀景也哀,渲染的是一种凄清冷落的离愁别绪。""这种愁绪,是与彩虹般的理想作诀别的沉痛与忧伤。"(《名作欣赏》2003 年第 10 期第 45 页)

评论者分析这种哀伤的性质,是诗人"'执着而徒劳'地追寻单纯信仰(爱、美、自由)的歌吟"。这自然可备一说,但根据上述分析,这里并没有什么明显的"沉痛和忧伤",退一步说就是有一些对于单纯信仰的失落的成分,公开抒写失望是浪漫诗人的光荣,也绝对没有必要反复强调轻轻和悄悄,一个人秘密地自我陶醉。当然,如果一定要说,离别总不能没有一点忧愁,那也是像《沙扬娜拉》所表现的"甜蜜的忧愁",甚至是甜蜜多于忧愁。

前述引文的作者都提到了徐志摩的《我所知道的康桥》,但是却没有能还原出原生状态。恰恰是他们忽略了的一段,对还原徐志摩的心态有不可忽视的价值。徐志摩在这篇文章中特别强调欣赏风景,而单独的自我陶醉是"第一个条件":

> 单独是一个耐寻味的现象。我有时想它是任何发现的第一个条件。你要发现你的朋友的"真",你得有与他单独的机会。你要发现你自己的真,你得给你自己一个单独的机会。你要发现一个地方(地方一样有灵性),你也得有一个单独玩的机会。我们这一辈子,认真说,能认识几个人?能认识几个地方?我们都是太匆忙,太没有单独的机会。说实话,我连我的本乡都没有什么了解。康桥我要算有相当交情的,再次也许只有新认识的翡冷翠了。呵,那些清晨,那些黄昏,我一个人发痴似的在康桥!绝对的单独。①

隔了几段他又重复了几次对"单独"的赞美:

> 在康河边过一个黄昏也是一服灵魂的补剂。呵!我那时的蜜甜的单独,甜蜜的闲暇。②

请注意，这里强调的不仅是"单独"，而且是"蜜甜的单独"，正是这种单独的、一个人的、无声的"蜜甜"，才决定了这首诗"轻轻"和"悄悄"的基调。理解了这一点，才能辨别清楚，为什么徐志摩式的潇洒和沉重、沉痛、哀伤不能相容。这种单独的无声美，不仅是情感的，而且是有理性和深度的：

> 我那时有的是闲暇，有的是自由，有的是绝对的单独的机会。说也奇怪，竟像是第一次，我辨认了星月的光明，草的青花的香，流水的殷勤。③

看不懂《再别康桥》的论者往往忽略了这里的"单独"的美是和"自由"联系在一起的。

如果还要再深入还原一下的话，这里可能有一个徐志摩不能明言的真正的秘密。这首诗写于1928年11月，刊于同年12月《新月》（据卞之琳《徐志摩诗选集》）。1920年10月上旬徐志摩在伦敦结识林长民、林徽因父女。徐志摩和林徽因二人"曾结伴在剑桥漫步"（据张清平《林徽因》）。1921年林徽因随父归国。1928年3月，林徽因与梁思成在加拿大结婚，游历欧亚到8月归国。徐志摩此诗，作于当年11月，当为获悉林梁成婚之后。据此，似可推断，徐志摩此诗当与林有关。为什么轻轻、悄悄？就是因为，过去与林漫步剑桥的浪漫回味已经不便公开了，不像他和陆小曼的关系，可以从《这是一个怯懦的世界》中觉察。而且他和陆小曼已经在一场轰轰烈烈的恋爱之后，结婚了。值得注意的是，徐志摩的这首诗，写得很优雅，很潇洒，在他的精神世界里，没有一点世俗的失落感，更不要说痛苦了。这种潇洒正是徐志摩所特有的，他只把过去的美好情感珍贵地保留在记忆里，一个人独享。蓝棣之先生对此有过中肯的分析："'不带走一片云彩'一方面是说诗人的洒脱，他不是见美好的东西就要据为己有的人；另一方面，是说一片云彩也不要带走，让康桥这个梦绕魂牵的感情世界以最完整的面貌保存下来，让昔日的梦、昔日的感情完好无缺。"④这个解释本来已经接近了诗作的真谛，然而，却被有些不通的论者斥之为"隔"。其实只要在蓝先生的基础上，把《再别康桥》作过细的分析，就不难阐释"轻轻""悄悄"的含义——实际上也就是一个人偷偷地来重温旧梦。若能如此，当不难揭示全诗的精神密码。

如果还要深入一点作艺术分析的话，从中国新诗的艺术发展中，还可以作些历史的比较。华兹华斯在《抒情歌谣集·序言》中曾说过"一切的好诗都是强烈的感情的自然流露"（"powerful emotions spontaneously overflow"）。这是一种浪漫主义的诗歌美学的纲领，但新诗草创期的郭沫若多多少少只是片面地理解了华兹华斯的话，因而他早期的诗歌往往以"暴躁凌厉"著称,其实,华兹华斯还强调说,这种感情要经过沉思(contemplation)的提纯。在郭沫若时新诗还只能比较自如地表现诗人的激情,而到了徐志摩则进了一步,不但可以表现激情,而且可以表现潇洒的温情了。这在中国新诗史上,是一个巨大的历史飞跃。如果对于新诗的艺术发展具有比较好的修养,还可以从《徐志摩诗全集》中找到他在五六年前写过的一首《康桥再会吧》,那首诗就写得比较粗糙、芜杂。徐志摩把自己在康桥的生活罗列得太多,从五六年前告别家园写起,先到美国、母亲临别的泪痕、在美国学习的情况,花去了近三十行以后,才写到和康桥告别。可是又先写自己一年中"心灵革命的怒潮",次写明年燕子归来怀念自己,然后想象自己去身万里,梦魂常绕康桥:

任地中海疾风东指/我亦必纡道西回,瞻望颜色/归家后我母若问海外交好/我必首数康桥,在温清冬夜/蜡梅前,再细辨此日相与况味/设如我星明有福,素愿竟酬/则来春花香时节,当复西航/重来此地,再捡起诗针诗线/绣我理想生命的鲜花,实现/年来梦境缠绵的销魂踪迹

接着就是一连写了六个"难忘",给人一种流水账的感觉。对自己乘船归国的过程舍不得割爱,甚至连归国以后如何怀念母校,都写到了。这样的写法,虽然表现了相当强烈的激情,但激情却被芜杂的过程和细节淹没了。应该说,述及离别时的感情,倒是有一点痛苦的:

昨宵明月照林,我已向倾吐/心胸的蕴积,今晨雨色凄清/小鸟无欢,难道也为是怅别/情深,累藤长草茂,涕泪交零!

很明显,这样的诗句,还没有完全脱出古典诗词的窠臼,感情仍然在离愁别绪的模式中,所用语言,如"小鸟无欢""心胸的蕴积""怅别情深""涕泪交零",都比较陈旧。这说明,徐志摩还不能摆脱旧诗词情调和语言的拖累。到了《再别康桥》,不但情感脱出了古典诗词的窠臼,语言也从纯粹的接近口语的白话中提炼出来。但是,片面地摆脱旧诗词的拖累,又可能落入散文的圈套,停留在早期的俞平伯、康白情、胡适、郑振铎、叶圣陶乃至周作人等人幼稚的大白话的水平上。徐志摩毕竟是才子,他很快就能轻松地驾驭着从西方浪漫主义抒情诗歌学来的构思方法,把意象和情绪集中在一个心灵的焦点上,这个焦点,不仅是一般事物意象的焦点,而且是一个动作的焦点。没有这个焦点,他就不能摆脱从散文向诗歌升华的第二个拖累。摆脱这两个拖累,不但是徐

志摩的任务,而且是新诗的历史任务。不过五六年的工夫,徐志摩就学会了提炼,学会了精思,把感情集中在"轻轻""悄悄",无声地和"云彩"作别的有机构思中。本来花一百五十多行都说不清的感情,用了三十几行,就很精致地表现出来了。从这里可以看出,诗的构思集中到"轻轻""悄悄"上来,这种凝聚式的构思模式,正是新诗从旧诗和散文的束缚中解放出来的历史里程碑。这不但是徐志摩的,而且是整个新诗的。

不作这历史的还原,是不可能将这首新诗的经典的艺术价值充分阐释清楚的。

注:

①②③ 徐志摩《我所知道的康桥》,《中国现代散文选》(1918—1949)第二卷,人民文学出版社1982年版,第300、303、305页。

④ 林志浩主编《中国现代文学作品选讲(下)》,高等教育出版社1987年版,第57页。

解读萧红的《回忆鲁迅先生》

这篇文章的写法有些特别,似乎随意写来,全文好比是流水账,犯了写文章的大忌。但是在回忆鲁迅的文章中,这篇文章又属经典之作。原因可能有以下两点。一、鲁迅是伟大的公众人物,一般的读者只能通过他的作品了解他,这种了解是不全面的。他的日常琐事,尤其是萧红所记鲁迅最后的日子的一切,对于了解鲁迅这个人有相当重要的意义。从这里,可以看到他作品里没有的东西,一切细节都有某种文献价值。故本文的写法很特殊,似乎不追求篇章结构,信笔所至,事无巨细,散散写来,不求中心突出,亦不讲究剪裁,无统贯之事,有散漫之嫌。二、从文章的内涵来看,似乎又并不散漫。全文集中写鲁迅忘我工作,牺牲休息,疏于保健,积劳成疾,生命不息,战斗不止,克己待人、待客、待亲。鲁迅先生大事严谨不苟,琐事亲切和蔼,谈鬼神幽默风趣,说化妆竟愤然作色。伟大人物,化为活生生的存在,伟大的思想家不再是抽象的遥远的偶像,而是有血有肉的、有自己的感觉和情绪的人。从这个意义上来说,这篇文章并不琐碎,借用一句老套的话来说就是,形散而神不散。这属于"琐记"一类,并非萧红独创,鲁迅自己也写过这样的文章,如《病中琐记》。妙在散中见奇特,奇特中见平淡,无雕凿之痕,有自然之趣。当然,并不是每一个人物、事物都可以用这样的风格来"琐记"一番,没有一定的重要性的人物,滥用这种琐记的办法,可能真的会成为流水账。而且这种风格的分寸比较难把握,稍有不慎,可能造成散乱芜杂。

归纳起来,本文大体从以下几个方面表现了鲁迅的为人。

第一,正面之笔。比较重要的有下面这几点:

1. 对于萧红火红的上衣,发表了那么认真的见解。这里有个背景不可忽略。当年的革命者以天下为己任,一般是羞于讲究生活享受的,尤其像鲁迅这样把生命奉献给民族解放的伟大事业的人物,在通常人的理解中,应该是不修边幅,不拘小节的。但是,他居然对女性的衣着有那么系统的见解,而且不是一般的、即兴的看法,而是很认真的，连许广平不理解，他都要"生气"的。这里，一方面表现他的生活情趣似稍微过于偏执；另一方面又表明这种生活情趣不是一般的趣味，而是有美学的理论基础的。就连这样的生活小节也有思想家的特色。这一方面，写得比较有趣。

2. 鲁迅把白天大量的时间用来陪客人，便只能彻夜工作。这一方面很动人，简直可以说，令人震撼。作者除了用白描的手法描述鲁迅的生活状况以外，还刻意地把描述转化为反衬：

> 全楼都寂静下去，窗外也是一点声音没有了，鲁迅先生站起来，坐到书桌边，在那绿色的台灯下开始写文章了。
>
> 许先生说鸡鸣的时候，鲁迅先生还是坐着，街上的汽车嘟嘟地叫起来了，鲁迅先生还是坐着。
>
> 有时许先生醒了，看着玻璃窗白萨萨的了，灯光也不显得怎样亮了，鲁迅先生的背影不像夜里那样高大。
>
> 鲁迅先生的背影是灰黑色的，仍旧坐在那里。
>
> 大家都起来了，鲁迅先生才睡下。

这里基本上还是描写，用了些反衬的手法，如以汽车的有声衬托夜晚的宁静，以窗户和灯泡的光衬托鲁迅的身姿。这里，强调突出了鲁迅背影的颜色是黑的，反复强调"黑"，是不是为了突出一种在黑暗中沉稳的感觉呢？

接下去，又是一系列的反衬，首先是人们的动衬托鲁迅的安睡，特别是保姆嘱咐海婴"轻一点走"。其次是明亮的太阳照着夹竹桃。与此成为反衬的是：

> 鲁迅先生的书桌整整齐齐的，写好的文章压在书下边，毛笔在烧瓷的小龟背上站着。
>
> 一双拖鞋停在床下，鲁迅先生在枕头上边睡着了。

为什么要用这么多笔墨来衬托鲁迅的安静呢？除了强调他忘我的奋斗以外，是不是还有某种象征的意味呢？这要联系到文章是鲁迅逝世以后写的，有悼念的意思。文中的"黑夜""白日""睡着了"等，应该具有双重内涵。一方面是字面上的意义，一方面是隐含的意义。正是因为有悼念的潜在内涵，所以作者才充分强调鲁迅安睡的静态和笔、纸、拖鞋所暗示的为文的动态的反衬。这样白描式的文字，具有震撼的力量，怀念之深全在其中。

3. 在如此严肃的段落之后,萧红来了一段鲁迅谈鬼的故事,则又是另一种趣味,似乎与情趣有一点小小的区别。鲁迅说:

> 鬼也是怕踢的,踢他一脚就立刻变成了人。

这表明鲁迅虽然面临着死亡,生活情趣却依然很活跃,对于可能造成迷信的事,不用科学的眼光看待,而是用幽默的眼光评述。萧红想:

> 倘若是鬼常常让鲁迅先生踢踢倒是好的,因为给了他一个做人的机会。

这都是将错就错(或者将谬就谬)的说法,明知其荒谬,却把荒谬推向极端,造成诙谐的趣味,或者说是幽默感。这种谐趣和前面的情趣结合起来,文章的趣味就多样、丰富了。

4. 文章写到病中的鲁迅和海婴的关系也是相当动人的,特别是鲁迅病重,海婴无知,反以父亲多种多样的药瓶骄人。这里完全是平静的叙述,悲剧色彩溢于言表,但其中没有一个"悲"字。而鲁迅病笃,不能回答海婴的问候,海婴坚持:

> 他的保姆在前边往楼上拖他,说是爸爸睡了,不要喊了。可是他怎么能够听呢,仍旧喊。
> 这时鲁迅先生说"明朝会"还没有说出来喉咙里边就像有东西在那里堵塞着,声音无论如何放不大。到后来,鲁迅先生挣扎着把头抬起来才很大声地说出:
> "明朝会,明朝会。"
> 说完了就咳嗽起来。
> 许先生被惊动得从楼下跑来了,不住地训斥着海婴。
> 海婴一边笑着一边上楼去了,嘴里唠叨着:
> "爸爸是个聋人哪!"
> 鲁迅先生没有听到海婴的话,还在那里咳嗽着。

这可能是文章中最动人的片段了。之所以动人,就是因为鲁迅在病中全力以赴回答孩子的问候,孩子却对父亲的病情毫无感觉,而且还"笑着"说"爸爸是个聋人哪"。从这里可以看出,鲁迅不仅是一个伟大的人物,同时又是一个普通的父亲。他的精神是丰富的,并不是只有伟大的思想。这不禁令人想起他的著名诗句:

> 无情未必真豪杰,怜子如何不丈夫。
> 知否兴风狂啸者,回眸时看小於菟?

第二,侧面之笔。其实,有关海婴的这些描写,已经不仅仅是直接表现鲁迅的笔墨,也是间接的描述了。侧面的、间接的表现,涉及的面比较大,主要是许广平的外部表现和内在感受。例如,她在鲁迅病危时,"心里存着无限的希望,无限的要求,用了比祈祷更虔诚的目光"面对鲁迅。她"很镇静,没有紊乱的神色",虽然也曾"当着人哭过一次"。最深邃的是,许广平对鲁迅的精神的评价:

> 周先生的做人,真是我们学不了的。哪怕一点点小事。

这些表面上的轻描淡写,同时有很重的思想含量,可以说是画龙点睛之笔,以鲜明和警策见长。和鲜明警策相对的,是含意隽永的笔墨。文章最后,作者强调,鲁迅临终前不断地看着一幅画:

> ……小得和纸烟包里抽出来的那画片差不多。那上边画着一个穿大长裙子飞散着头发的女人在大风里边飞跑,在她旁边的地面上还有小小的红玫瑰花的花朵。
> 记得是一张苏联某画家着色的木刻。
> 鲁迅先生有很多画,为什么只选了这张放在枕边?
> 许先生告诉我的,她也不知道鲁迅先生为什么常常看这小画。

这明显是一幅生命的图赞,女人和飞散的头发,再加上小红花,完全是鲜活的生命,其中的意义,想来以萧红的智商和艺术修养,是不难猜度一二的,但是她却花了这么多篇幅来留下一个疑问,而且还把许广平拉来作证,作者的用心也许是,与其把文章做尽,什么都告诉读者,不如把不难索解的答案留给读者去掩卷沉吟。一般,文章到了最后,往往会把主题说得更为明显("卒章显志"),或者提升到一个新的高度,而这里却留下了空白,显得手法丰富。

解读余光中的《当我死时》

要真正有效地分析这首诗,有一对矛盾必须抓住——死亡和满足。

死亡本来是痛苦的,但在余光中这里却变成了一种满足。条件是什么呢?是安葬的地方。只要安葬"在长江与黄河之间"。这从逻辑上强调了死亡并不可怕,可怕的是不能安葬在长江与黄河之间。这是为什么呢?因为作者不能回到故乡。(后面有交代,"十七年"不能回乡。)活着的时候,不能回乡,只指望死后的安葬,诗章最后出现的"代替回乡",就是点题。

诗人是中国人,却不能回到故土,这种遗憾是痛苦的,但是,只要能够安葬在祖国大陆,痛苦就消解了。

如果直接写安葬在大陆,不是很简单吗?或者写成安葬在辽阔的祖国大陆,不是也可以吗?但这样就不能给读者以感染。这里只写了在祖国大陆的两条河之间,对于祖国大陆来说,显然是不全面的。但是,这不全面的长江和黄河却比全面的祖国大陆要生动,因为这是两个有特点的细节。细节因为有特点,就能引起读者广泛的记忆和联想,不但其间广袤的土地,而且黄河和长江相联系的历史文化传统都会参与进来。

这是这首诗以情感动人的第一个层次。

如果就写到这里为止,也不是不可以,但是,难免单薄,不够深厚。

接着诗人进一步表现因为安葬在这两条河之间,不但痛苦消解了,而且转化为一种幸福的美感。这种美感,不是直接说出来的,而是由长江黄河衍生出来的一系列意象表现出来的。先是把长江黄河之间的大陆转化为"最宽阔的床",死也就自然地转化为"睡"。再是把黄河和长江的涛声,转化为音乐("安魂曲")。这样的美,不但是意象的美,而且是想象的美。而想象的美又以联想的自然为基础。这里的想象是这样奇特,难得的是联想又是这样自然。大陆和眠床,本来是不好联想的,但是,凭着"最宽阔"三个字,联想就自然了。黄河和长江的波涛之声也可能是咆哮的噪音,但是,诗人把它转化为"安魂曲",是双重和谐的:由安眠和安葬联想到安魂;由"两侧""两管永生的音乐",联想到平衡安宁。

其次,作者把"睡"表现为不是一般的安睡,而是"满足地睡"。不仅"满足地睡",而且能"满足地想"。这是诗歌想象的奇妙,因为一般的"死"、一般的"睡"是不可能"想"的,这里显然有一种活着的、心灵活跃的感觉。

说是死亡,却有活着的感觉,而且这种活着的、美好的、幸福的感觉绵延不断,这就是这首诗抒情的意脉,也是这首诗独创的构思:安葬在祖国就是精神的永恒。

接着,作者借助这个"满足地想"衍生开去,阐释为什么"满足"。因为他曾经从遥远的空间距离(美洲大陆)瞭望过,而且在漫长的时间中思念过这片土地,这一句写得特别精致:

用十七年未餍中国的眼睛
饕餮地图,……代替回乡

翻译成白话就是,回不了故土,便只好长时间地翻阅地图来过瘾。如果这样说,就不成其为诗了。余光中用了西方现代诗歌中一种复杂的修辞技巧,用味觉的大吃大喝、食而不厌,来形容视觉的贪婪。这就是通感活用,活在想象奇特,联想比较曲折,和一般的日常联想异趣。虽然是西方现代诗歌的手法,文字却是中国古典传统的雅语(饕餮、餍),意蕴味道十足,这就构成了一种内在的矛盾中的和谐,或者张力中的交融。

读者不难领会诗中很强的政治意味,诗人借助怀乡,表达了对海峡两岸统一的热望。这种期盼长达17年(这首诗写于1966年),要用散文来表达,可以写的实在太多太多。如果一味倾泻,就可能流于肤浅,甚至芜杂。诗人在这里,把17年期盼,集中在死亡的焦点上,哪怕是死了,只要能安葬于祖国大陆,思念之苦就转化为安眠之乐,其他一切都可以略而不计了。这种把感情极端化的方法,是古典浪漫主义诗歌常用的,也是诗歌构思立意时常用的,在我国古典诗话中,这种手法叫"精思"。

古典的和现代派的艺术手法,虽然属于不同的血脉,但在这里,余光中将两者达到了水乳交融的程度。

寻找精神的"旅店"
——读余华《十八岁出门远行》

关键词语：汽车、旅店、红背包

这篇小说最早发表于《北京文学》1987年第1期，是余华的成名作，其情节因果都极其荒诞。小说中的人物，行事的原则，显然不合情理，违反常识。这样怪诞的人物和生活，在现实中是不可能存在的，但这篇小说却成了当代小说的经典之作。

从艺术上来说，其探索性非常明显，肯定不是传统的现实主义小说。现实主义经典小说，情节的发展要合情合理，要有鲜明的逻辑因果性。人物之间建立友好的关系——作为一个结果，肯定会有相互表现善意的原因。但探索性的小说，则有可能粉碎这种因果性，代之以反因果性。例如，在这篇小说中，"我"以敬烟表现对司机的善意，司机接受了"我"的善意，却引出被粗暴地拒绝乘车的结果；"我"对他凶狠呵斥，他却十分友好起来。整个小说情节的原因和结果都是颠倒的，似乎是无理的。半路上，车子发动不起来了，司机本来应该是焦虑的，但他却无所谓。车上的苹果让人家给抢了，本该引发愤怒和保卫的冲动，他却无动于衷。"我"本能地去和抢夺者搏斗，被打得头破血流，"鼻子软塌塌地不是贴着而是挂在脸上"，本该非常痛苦，却一点痛苦的感觉也没有。一车苹果被抢光了，司机的表情却"越来越高兴"。抢劫又一次发生时，"我"本能地奋不顾身地反抗抢劫，被打得"跌坐在地上，再也爬不起来"。司机却不但不同情"我"、安慰"我"，还"站在远处朝我哈哈大笑"。这就够荒谬的了，可是作者显然觉得这样的荒诞还不够过瘾，他要对荒诞性再度加码。抢劫者开来了拖拉机，把汽车上的零件等东西，能卸下来的都拿走了。司机是什么反应呢？作者这样写道：

> 这时我看到那个司机也跳到拖拉机上去了，他在车斗里坐下来后还在朝我哈哈大笑。我看到他手里抱着的是我那个红色的背包。他把我的背包抢走了。背包里有我的衣服和我的钱，还有食品和书。

如此荒诞,是不是绝对荒唐,绝对无理呢？如果真是这样,那么小说就不成为小说,而是一堆呓语了。仔细研读,你就会发现,在表面上绝对无理的情节中,包含着一种深邃的道理。这个道理,至今还没有一个广泛认可的归纳。夏中义在解读这篇小说时,抓住"十八岁"这个关键词——成人的开始。他认为,小说中冲突的性质是童年经验和成人世界：

> 余华的这一短篇,受西方现代主义流派的影响,试图用反理性、反常识的眼光,表现十八岁的"我",初涉成人内心世界的体验,从更深层次来说,表达了作者对世界和社会的一种独特的理解……孩子通过"递烟"这种成人方式其实根本无法求得成人的接纳,暴力才是成人世界的潜规则。如果说,"我"有意无意的粗暴获得了成人的接纳,证明了暴力的合法性、有效性,那么司机的"笑嘻嘻",则是成人对孩子屈同暴力的认可,满足,甚至得意。后来抢苹果的人里面有一些孩子,"几个孩子朝我扔苹果"也就不足为奇了,因为孩子也会被允许模仿大人的暴力,暴力才得以在人类世界延续和生长。
>
> 为什么司机的苹果被抢,"我"为他打抱不平遭打,司机不但无动于衷,还站在远处朝我哈哈大笑,最后竟加入到抢劫者的队伍中"把我的背包也抢走了"？司机是不是也同样享受着"遍体鳞伤的汽车和遍体鳞伤的我"带来的快乐？原来人可以在暴力中"哈哈大笑",可以体验到极大的快感和满足感。在余华眼里,暴力不是一种外在的手段,恰恰是世界的内在本质,它潜藏在每个人的心里,一有机会就奔泻而出,孩子也不例外。何况在一个本质暴力的世界,唯一的存在方式只可能是暴力。抢劫者和被抢劫者在这样的世界面前可以是"同谋"。受虐着同样也施暴着。以暴抗暴,以此取乐,暴力的循环获得了滋长的蔓延的土壤。更可怕的是,肉体暴力的背后是一种根深蒂固的更为强大的精神、文化暴力在强暴年轻人的梦想。所以青春年少,怀揣着无限梦想出门远行却被抢劫一空的"我",感到了青春的残酷,世界的可怖。①

这样解读,把小说的立意明明白白地说出来了,就是让孩子来感受成人世界,成人世界的残酷暴力的确使孩子内心感到震动,使他"无限悲伤""像汽车一样浑身冰凉"。这种震惊感,就是青春心理的一个阶段性的总结。

但我觉得,这个解读还可以进一步深入下去。小说展示成人世界的暴力,特别强调其荒谬性,那么,荒谬的焦点在哪里？不是抢劫者的快乐,而是被劫者的快乐。如果只有抢劫者的快乐,就没有荒谬感了,就没有现代派小说的艺术探索了。小说的荒谬感虽然是双重的,但是,施暴者的快乐与受虐者的快乐,在小说里并非半斤八两,而是有所侧重的。

首先,被损害者对于强加于己的暴力侵犯,毫无受虐的感觉,相反却感到快乐;其次,被损害者对为自己反抗抢劫付出代价的人,不但没有感恩,相反还加以侵害,并以之为乐;再次,除了施虐和受虐,还有更多的荒谬渗透在文本的众多细节中。这篇小说,有时很写实,有时又好像漫不经心。然而,妙就妙在这种漫不经心上。常常自由地、突然地滑向极端荒诞的感觉,比如,"我"被抢苹果的人群打得很惨:"我被打出几米远。爬起来用手一摸,鼻子软塌塌地不是贴着而是挂在脸上。"在写这样血腥的事件时,居然连一点疼痛的感觉都没有涉及。如果用传统现实主义"细节的真实性"原则去追究,恐怕是要作出否定的判断。然而文学欣赏不能用一个尺度,特别不能仅从读者熟悉的尺度去评判作家的创造。余华之所以不写鼻子被打歪了的痛苦,那是因为他要表现人生一种特殊的状态——感觉不到痛苦的痛苦:在鸡毛蒜皮的小事上痛苦不堪、呼天抢地,而在性命交关的大事上却麻木不仁。这是人生的荒谬,而人们对之却习以为常,不但没有痛感,反而乐在其中。

不明白这一点,就不能理解余华为什么要通过一个孩子的眼睛来看这种现象。孩子第一次看到,不可能因为习以为常而视而不见,于是,人生的怪异、人生的荒谬就凸显出来了。车上的苹果被抢光了,车轮胎都被卸走了,"我"为了保卫苹果被打伤了,鼻子挂在脸上,司机却站在远处朝我哈哈大笑。从现实主义的情节因果逻辑来说,这是缺乏合理性的。然而余华不是现实主义作家,他有意向传统情节的因果性挑战。在小说结尾,他并没有承担给读者揭示谜底的责任,相反,他好像无缘无故地让这个司机跳到了拖拉机上,把"我"的背包也抢走了,还在拖拉机上朝"我"哈哈大笑。

这是现实的悲剧,然而在艺术上却是喜剧。这让我们想到了阿Q死到临头还想要出风头。鲁迅也是把人生的悲剧当作喜剧来写的。

喜剧的超现实的荒诞,是一种扭曲的逻辑。然而这样的逻辑,能启发读者想到许多深刻的悖谬现象,甚至是哲学命题:为什么本来属于你自己的东西被抢了你却感觉不到痛苦?为什么自己的一大车东西被抢了却无动于衷,把别人的一个小背包抢走却会沾沾自喜呢?缺乏自我保卫的自觉,未经启蒙的麻木、愚昧,从现实的功利来说,是悲剧,从艺术哲学的高度来看,则是喜剧。

从这个意义上来说,在这最为荒谬的现象背后潜藏着深邃的睿智:没有痛苦的痛苦是最大的痛苦。

当然,余华这个短篇的价值,还在于他的语言创造出的一种荒谬而又真实的张力。"我"走在山路上,找不到旅店时,就想搭车。站在路旁朝汽车挥手,"努力挥得很潇洒",可是司机看也没有看他就"他妈的过去了"。他就追,"一直追到汽车消失之后,然后我对着自己哈哈大笑",但是又"马上发现笑得太厉害会影响呼吸,于是我立刻不笑"。在接着走路的时候,"心里却开始后悔起来","后悔刚才没在潇洒地挥着的手里放一块大石子"。

所有加着重号的词语,在正常语境中都是不通的,但在这里却是很有艺术性。原因何在?搭车本来是有求于人,应该是很有礼貌的,但却用了"潇洒"一词,好像是无所谓的样子,与达到目的的有效性背道而驰。在司机不予理睬开过去以后,本来是不该怪人家的,可是,他却用了个粗野的词语"他妈的"。这无异于自暴其野。没有达到目的,本来应该是有点失落的,他却哈哈大笑起来。看来,这是一种极端随意、怪诞的感觉,然而又不完全是怪诞,在怪诞中有某种深沉的启示。

为什么追不到车,起初没有懊丧,反而哈哈大笑?这里的原因比较复杂。首先,主人公还年轻,这是第一次出远门,对人生的险恶还没有体验,对自己的生命和前途还没有多少痛苦的思索,因而把人与人之间的冷漠只当作好玩。其次,在觉得好玩之后,或者在更深的意识深处,就产生了仇恨——在这样纯洁的心灵上居然冒出了后悔没有抓起一块石子去砸司机的邪恶念头。而这种邪恶念头的可怕在于,主人公并不觉得邪恶,相反觉得好玩。

在余华看来,对是非善恶的麻木,并不仅仅是成人世界的特点,在未成年世界,也同样存在着,同样也有暴力的潜在动机。只是和成人世界相比有程度上的不同。这实在是人生的荒谬。但这种荒谬有余华的特点,他与许多作家肯定人的善良不同,他刻意突出人性的恶。从这个意义上来说,这是严峻的现实,并不完全是作家艺术想象中的荒谬。作家以无理的外部形式揭示了内在的邪恶,这既是思想上的也是艺术上的创新。

正是因为这样,不能从一般意义上去学习这篇小说的语言。在一般语境中,"哈哈大笑"是欢乐的表现,而这里的三次出现,却有无理而又有理的复杂内涵。

再比如文中关于胡须的描写:

> 这年我十八岁,我下巴上那几根黄色的胡须迎风飘飘,那是第一批来这里定居的胡须,所以我格外珍重它们。

在通常情况下,刚刚生出来的胡须是很稀少又很短的,不可能"迎风飘飘"。这里却把它写成"迎风飘飘",是有意的夸张,表示对自己的调侃。明明没有几根黄毛,还自己以为很神气的样子。至于"定居",也好像用词不当。这个词本该慎重地用在居民比较长期地迁入,相对于临时居住而言。此处用这个词,是表示对胡子一旦生出来,就不会消失了的那种新鲜的感觉。"我"还对这几根不成气候的胡须格外"珍重",这种大词小用的方式,有自我调侃的味道,进而构成一种幽默感。我们在读鲁迅的文章时,经常会遇到这种藏在字里行间的反讽意味,具有幽默效果。如鲁迅在《铸剑》的结尾描写君王出丧的场面:

> 于是现出灵车,上载金棺,棺里面藏着三个头和一个身体。百姓都跪下去,祭桌便一列一列地在人丛中出现。几个义民很忠愤,咽着泪,怕那两个大逆不道的逆贼的魂灵,此时也和王一同享受祭礼,然而也无法可施。

庄严隆重的葬礼上,忠于君王的义民,却不得不同时向杀死君王者下跪。在这种尴尬中隐含着鲁迅对愚昧臣民的讽刺。更加具有讽刺的是接下去的文字:

> 此后是王后和许多王妃的车。百姓看她们,她们也看百姓,但哭着。此后是大臣,太监,侏儒等辈,都装着哀戚的颜色。只是百姓已经不看他们,连行列也挤得乱七八糟,不成样子了。

一方面是所谓忠愤的义民的尴尬,显示其愚忠,另一方面是百姓最大的兴趣集中在看王后王妃上。一旦王后王妃的队伍过去了,百姓的队伍就乱七八糟了。文章中的"忠愤""哀戚""乱七八糟",其语义不仅在词义的表面上,而且在字里行间。

余华的行文风格虽然与鲁迅有很明显的不同,但,在超出常规的用词构成反讽方面,和鲁迅有异曲同工之妙。我们再来看一个例子,当他看到汽车停在公路边,司机正在埋头修理:

> 我看到那个司机高高翘起的屁股,屁股上有晚霞。

这不是有点不和谐、搭配不当吗?晚霞应该是很诗意的,为什么要让美丽的晚霞和司机的屁股联系在一起呢?而且这样的用语,在后面还反复使用。这说明作家刻意追求的恰恰不是诗意,不是美化,而是一种反诗意,是丑化,要造成一种煞风景的趣味。因为,作家要表现的不是人性美好、善良的方面,而是丑恶、麻木、愚昧的方面。不仅如此，他还故意夸张地显示出自己对这类人性的一种厌恶。

这种反讽的修辞手法在这篇小说里还有很多。当然，余华的语言艺术不仅是煞风景的反讽，还有相反的一面，那就是颇有诗意的象征。

在这篇小说中，有许多词都是重复使用的（如哈哈大笑、屁股），但重复率最高的是"旅店"这个词，竟然重复了15次之多。文章的语言忌重复，为什么作家要这样不厌其烦地提醒读者呢？

原来，这个"旅店"，是"我"原本追寻的目标。他在路上走了整整一天，已经"看了很多山和很多云"，他反复提示读者，他"为旅店操心"，这一句是带有象征意义的，也就是说，人生已经有了一定经历，需要找一个歇脚的地方，一个人生的阶段性休整，当然这不是体力的休整，而是精神上的休整。因为一时还没有"旅店"，才有了"搭车"的念头，才有了汽车的观念。在某种意义上，"搭车"和"旅店"，是对立的。这个词有着丰富深邃的哲理内涵。人生是个旅程，旅程的象征是汽车，汽车是不断运动的，但人生又要有驿站，需要有旅店来休整身心。汽车、旅程是如此残暴，如此野蛮，和休整身心的要求是不相容的。但是，小说写到作者对汽车的感觉的一段文字是小说的思想的另一个焦点，可惜几乎被所有的解读者忽略了，这里不能不作一次冗长的引述：

  天色完全黑了，四周什么都没有，只有遍体鳞伤的汽车和遍体鳞伤的我。我无限悲伤地看着汽车，汽车也无限悲伤地看着我。我伸出手去抚摸着它。它浑身冰凉。那时候开始起风了，风很大，山上树叶摇动的声音像是海涛的声音，这声音使我恐惧，使我也像汽车一样浑身冰凉。

  我打开车门钻了进去，座椅没被他们撬去，这让我心里稍稍有了安慰。我就在驾驶室里躺了下来。我闻到了一股漏出来的汽油味，那气味像是我身内流出的血液的气味。

  外面风越来越大，但我躺在座椅上开始感到暖和一点了。我感到这汽车虽然遍体鳞伤，可它的心窝还是健全的，还是暖和的。我知道自己的心窝也是暖和的。我一直在寻找旅店，没想到旅店你竟在这里。

整篇小说似乎都在通过"旅店"和"汽车"的对立，强调汽车象征着人生的险恶，人生的荒谬，精神无处归宿。可到了这里，突然没有了荒谬感，没有了邪恶，相反有了诗意的、温暖的归宿。而这个归宿恰恰就是象征着心灵没有归宿的汽车。

这里，作家显然要向读者显示，虽然人性是邪恶的，世界是荒谬的，但即便被抢掠、被剥夺得如汽车那样,也还有一点值得注意:残存的座椅、漏出来的汽油,都使他的心灵稍有安慰。因为"那气味像是我身内流出的血液的气味"。这就是说,被损害者、被剥夺者,虽然遍体鳞伤,但心灵并没有被剥夺,心灵并没有遍体鳞伤。作者唯恐读者不明白,又从正面提示说,"汽车……心窝还是健全的,还是暖和的",而"自己的心窝也是暖和的"。正是在这个意义上,在"心窝"未曾受到摧毁这一点上,这部受尽伤害的汽车,成了"我"心灵的旅店,成了我精神健全、心窝温暖的确证。正是因为这样,小说的笔调从最初的反讽,到最后变成了象征的抒情。

正因如此,小说的笔调从最初的反讽,到最后变成了象征的抒情。

这里还有一个关键词"红背包",它和"旅店""汽车"一样是有象征意义的。

在小说结尾,这个被司机抢去了的红背包又出现了。作者把背景选择在"我"十八岁,父亲让"我"出门时,为"我"准备好这个"红背包",对"我"说:"你已经十八了,你应该去认识一下外面的世界了。"

他就这样,背着"红背包","像一匹兴高采烈的马一样欢快地奔跑了起来"。整个故事本来是很灰暗的,为什么作者要让背包是红的?红色的象征意味,虽然不一定是革命的,但肯定不是邪恶的,而是带着光明和希望的色调。

这就是说,作者显然有意在结尾不让读者太悲观,太阴暗,这个光明的尾巴是作品主题的一个重要组成部分,显然是很重要的。但为什么会被绝大多数的读者和评论家忽略呢?无非有两种可能,一是读者和评论家太粗心,二是作者的这一转化表现得不够充分、不够饱满。我认为,后者应该是主要原因,因为作者表现人性的邪恶采用了独创的荒诞方法,真是别出心裁,引发读者沉思,让读者感到惊异。而小说结尾处,主要用了诗意的象征手法。这一方法,就其形象的感染力和手法的独创性来说,可能略逊一筹。

注:

① 夏中义《大学新语文导读》,北京大学出版社 2006 年版,第 18—19 页。

第三章 崇高的三种趣味：情趣、谐趣和智趣

前言：不能拘泥于情趣

不论是文学性的文章还是议论性的文章，都不能没有趣味，可一讲到趣味，最现成的观念就是情趣，也就是抒情的趣味。"情趣"，说得太多了，就产生了遮蔽，误以为趣味就只有情感的趣味，殊不知，趣味无限丰富。情感的趣味，只是一种，除此之外，至少还有谐趣和智趣。这样的三分法，是机械的。其实，三者之间并不是泾渭分明的，在许多情况下，界限并不十分清晰。有时是情趣与智趣交融，有时是审美情趣与审丑谐趣统一。不论是杨振宁笔下的邓稼先，还是居里夫人女儿笔下的居里夫人，抑或是传记作家笔下的爱因斯坦，都充满了超凡脱俗的情趣，但是，作为科学家，他们又有着各自对人生、对生命、对时代、对人民的崇高的理念。情中有智，智中有情，情智交融，光是从情感的角度来看他们，显然是片面的。

至于作为政治家的文天祥、陈毅，正是因为他们的情趣中渗透着沉郁的智趣，才显示了他们独特的个性。

本章中所选文章，有一点不同于其他章节，不论是花木兰还是愚公，不论是鲁迅还是海燕，都是崇高的形象。单纯从感情的角度去理解崇高肯定是不够的，因为崇高是离不开思想、离不开理念、离不开智慧的。从心理学来说，情感并不是孤立的，早在康德那里，知、情、意（志）就是紧密联系在一起的。

光从情感角度来分析诗意肯定是不够的。花木兰代父从军，立功拒赏，当然是抒情的核心，但是，不能忘记，这个英雄是个女性，诗歌中最多动人之处是，女性主动承担起男性的责任，而不像男性那样把受赏视为当然。这是需要理性的分析才能充分理解其潜在的趣味的。作为抒情叙事诗，《木兰辞》的情趣是以智趣为底蕴的。

至于鲁迅的《自嘲》和叶兆言的《闲话章太炎》，其中的幽默感，其中的反讽，显然不是情趣和智趣所能涵盖的。囿于情趣和智趣，是不可能把其中的幽默感、诙谐的趣味读出来的。

片面强调审美情趣，掩盖谐趣和智趣，滔滔者天下皆是，设立这一章，目的是对这种偏颇有所冲击。

解读杨振宁的《邓稼先》

这是一篇写人物的文章,但一开头却并没有写这个人物,而是铺开了一幅祖国百年的历史年表。对于写人物来说,这样做是很冒险的。一来因为年表缺乏感性,二来照顾的面很广泛,容易变成罗列现象。但是作者匠心独运,精心设计了一个对比结构,前面是列强侵略、中国丧权辱国的系列事件,后面是中国成功制造原子弹、氢弹,达到国防自卫武器世界先进水平的记录。二者的对比如此强烈。这本身就构成了一种震撼力。这种震撼力,虽然不是感性的,但是,智性的冲击力一样可以撼动读者的心灵。其次,作者把人物放在祖国百年历史变迁的大背景下,就把人物提高到了历史的高度,这使文章有了一种宏大的气魄。此外,这样做还有一个好处。作者和邓稼先虽然是中学和大学的同学,但由于长期阻隔,作者不可能写他的一切。对于邓稼先最具历史意义的工作的许多具体情况和细节,直接的经验材料有限,能够写到文章中去的,只是两三个片段。这给作者带来很大的难度。为了克服这个矛盾,作者首先采取了一个办法,和前述历史背景相应,作者把人物和另一历史人物、科学大师相比。此人就是举世闻名的领导美国制造原子弹的奥本海默。但是,比较的重点,并不是两个人的相同之处。相同之处,不过是一个逻辑的过渡,作者的用心恰恰在相异之点:

> 奥本海默和邓稼先分别是美国和中国原子弹设计的领导人,各是两国的功臣,可是他们的性格和为人截然不同——甚至可以说他们走向了两个相反的极端。

文章的主旨是写人物,人物要感人,不能光凭理性,光靠历史人物的共性,要靠感性,靠人物的个性。作者用相当精炼的笔墨先写物理学大师锋芒毕露的个性。本来,写奥本海默的个性,在这篇文章中是一个陪衬,篇幅的限制是可以想象的,所以作者特别点出他是一个"复杂的人",不能用过多的篇幅来表现他的个性。作者只选择了,或者说提炼了一个具体的、可感的细节:在别人作学术报告时,他打断人家的发言,拿着粉笔上台,讲述自己的观点。从社交礼仪角度来说,这是很无礼的,但正是在这种"无礼"中,世界级大科学家对科学的执著和个性化的凌厉锋芒跃然纸上。所有这一切都是为了衬托邓稼先"忠厚平实""诚真坦白""从不骄人""没有小心眼""最具有中国农民的朴实气质"。从这里可以看出作者用心良苦。邓稼先的工作是极端保密的,就是相见了,也不能询问打听,所以作者除了用他熟悉的奥本海默来对比以外,还要用具体的材料来证明。首先,用他的工作成果来推论:

> 我想邓稼先的气质和品格是他所以能成功地领导各阶层许许多多工作者,为中华民族作了历史性贡献的原因:人们知道他没有私心,人们绝对相信他。

其次,作者选用了邓稼先成功说服两派的"奇迹"这一事例。最后作者进行评述:

> 我以为邓稼先如果是美国人,不可能成功地领导美国原子弹工程;奥本海默如果是中国人,也不可能成功地领导中国原子弹工程。

这个议论十分精彩,又十分警策。既没有为了强调邓稼先的优秀品质而简单地贬低奥本海默,又恰如其分地突出了邓稼先的品格。在国际学术界,奥本海默的地位高于邓稼先,只要把邓稼先放在和奥本海默同等的地位上,就是对邓稼先的推崇了。

文章写到这里,差不多已经花去了一半的篇幅,还没有一点是作者亲身经历的事。从某种意义上来说,缺乏直接经验的事件是文章的一大弱点。作者也并不是完全没有这方面的材料,只是用得很慎重。下面这一节"民族感情? 友情?"就是作者唯一有亲身体验的事件——谣传中国原子弹的制造成功,有一个外国人(寒春)参与。作者向邓稼先征询,邓的回答是:

> 他觉得没有,但是确切的情况他会再去证实一下,然后回答我。

这本是一个比较敏感的问题,中国人在这个领域里登上了科学技术的高峰,西方就传言说,和西方人的参与分不开。如果是一个文学家,至少脸上是要有表情的,但是,邓稼先的回答,却平静得不能再平静,简单到不能再简单,连一点感情都没有流露。这并不是邓稼先没有感情,他的感情不过是没有直接流露在脸面上,而是在他的行动

中。虽然作者问过之后就和他分手了,但后来收到了一封信:

(信)是稼先写的,说他已证实了,中国原子武器工程中,除了最早于1959年底以前曾得到苏联的极小"援助"以外,没有任何外国人参加。

这样重要的信息,口气这样平静,语言这样朴素,好像有点轻描淡写,仍然没有直接的感情流露。这样写的好处是:第一,充分表现了一个科学家的理性;第二,表现了科学家的严谨:并不是绝对没有外国人,苏联人是给过援助的;第三,但是,在时间上有限定——早期;第四,在量上有限定——"极小";第五,这种"援助"是加上了引号的。这就是说,名义上是援助,实质上是很成问题的。这样的语言风格,和作者前面描述的邓稼先的一系列特点(忠厚平实、从不骄人、农民的朴实气质)遥相呼应。

邓稼先的语言,理性含量是很深的,情感含量也是有的,但情感的含量是潜在的。作者对邓稼先这种沉潜的性格,无疑非常赞赏。但作者的个性似乎和邓稼先有些不同。从哪里看出来呢?从文字上。得到这个简短的信息以后,禁不住"感情震荡"起来,他竟然:

一时热泪满眶,不得不起身去洗手间整容。

同样是科学家,我们可以看出作者和邓稼先的不同,他是个情感比较丰富的人,而且还比较喜欢抒情:

事后我追想为什么会有那样大的感情震荡,为了民族而自豪?还是为了稼先而感到骄傲?——我始终想不清楚。

从这里不难看出,作者不但是富于情感的人,而且是个会抒情的人。感情的深沉恰恰在于和理性的不同。理性,用语言说不清楚就谈不上理性,而感情越是说不清楚,就越是强烈。

作者在行文过程中,常常流露出一种抒情的冲动。他在写作本文时,显然面临着一种矛盾,就是他对邓的情感相当强烈,而他所掌握的直接经验却比较有限。同时他又显然在努力把读者带进邓的精神境界。这时,作者的想象力帮了大忙:

稼先在蓬断草枯的沙漠中埋葬同事、埋葬下属的时候是什么心情?

值得注意的是"心情"两个字,他所关注的是邓稼先的内在情怀。邓稼先的功绩已经人所共知,而邓稼先的精神,尤其是他的情感,却不免为世人忽略。对"心情"的强调,令我们想到张洁《拣麦穗》开头那一段,几次三番地提起当姑娘拣拾麦穗时的"幻想",而出嫁以后,却失去了那些"幻想",使得当时那些绣啊缝的,失去了情感的价值。而这里,强调邓的"心情",恰恰是突出了情感的价值,从理论上来说,也就是审美价值。下面的文字正是在这一点上有了重要性:

> 不知稼先在关键性的方案上签字的时候,手有没有颤抖?

这里关键的语言无疑是"颤抖"。在这样的动作背后,有多么深沉的情感啊。

写到这里,本可以大笔浓墨地抒情一番,歌颂一番,但是,作者笔锋一转,提出有一首歌可以作为摄制影片的背景音乐。这是一首古老的歌,五四时代的歌。为什么是五四时代的歌呢?这就是本文的命意所在了。因为原子弹的成功是一个历史的转折。要从历史的高度来看待。如果说这一点在这里还是比较含蓄的话,那么到了文章的最后就由作者在邓稼先逝世以后给邓夫人的唁电中直接提出了:

> 希望你在此沉痛的日子里多从长远的历史角度去看稼先和你的一生,只有真正的永恒才是有价值的。

这一段文字很有作者的特点:一方面,历史的评价无疑是理性的;另一方面,在把邓稼先放在民族历史的背景上加以表现的时候,却又不由自主地以一种抒情的语言来表现。

解读《居里夫人和一克镭》①

关键词语（句）：心不在焉、问不出一句话、柔柔地、需要一克镭、惊讶而疲乏、荣誉带来的痛苦、文件还须加以修正

许多中学语文课本上都选了居里夫人的《我的信念》，其中有这样的话："诚然，人类需要寻求现实的人，他们在工作中获得很大的报酬。但是，也需要梦想家——他们受了事业的强烈的吸引，使他们没有闲暇，也无热情去谋求物质上的利益。"她的意思是说，有些人作出了贡献，也获得了巨额的报酬，她并不反对这样的人。有的人却不是这样，他们为人类作出了贡献，但是对于物质报偿没有任何兴趣。居里夫人就是这样的人。这样的信念当然是崇高的，但读者却并不一定能够被这种信念深深感动。因为这种信念是用议论的方法讲出来的。要让信念感动读者的心灵，最好是用另一种方法——形象的方法，让读者和居里夫人在感觉上亲密接触。

当居里夫人面临物质条件和事业发展的矛盾的时候，她的感觉、情绪、意志和信念会发生什么样的变化呢？只有把这些表现出来，居里夫人这个人，才会在读者面前活起来。

这就是我在选择解读文本的时候，没有选择居里夫人的《我的信念》而选了这一篇的原因。

本文旨在充分表现居里夫人的彻底无私。无私而又杰出的科学家无疑是崇高的，但是，全文并不在居里夫人的伟大方面着眼，恰恰相反，倒是在她平凡的方面加以渲染。

首先，通过崇拜她的资深美国女记者的眼睛看她：

麦隆内夫人看见一个苍白的羞怯的女士走进来，其神色之忧郁，是麦隆内夫人从来没有看见过的。她身穿黑色棉布衣衫，她那雍容、坚韧、温良的脸上，带着做学问的人常有的那种心不在焉的神情。

一方面是崇拜者的目光,一方面是平凡得很,脸色是"苍白"的,表情是"羞怯"的,衣着尤其平凡("黑色棉布衣衫")。但是,在平凡中又有一种不凡的精神:神色是"忧郁的",神态又是"雍容、坚韧、温良"的。对来自大洋彼岸的崇拜者,一点兴奋的心情也没有,反倒是"心不在焉"的:这是一个对世俗的荣誉没有感觉的人。她出来接见远方来客,不过是应付场面而已。然而这一切掩饰不住她内在的高贵,即使在客人面前,她也没有收敛自己的思绪,甚至连起码的客套都没有,她仍然沉浸在自己的内在感觉中。这里,特别富有表现力的是"心不在焉"。但是,这种"心不在焉"既没有给人摆谱的感觉,也没有给人无礼貌的印象,因为她脸上的表情是"羞怯"的。已经和客人面对面了,可是她还没有把客人放在关注的焦点上。淡淡几个词语,人物的心情气质已经跃然纸上了。但是,作者并没有感到满足,因为这一切都是外在的,光是这样,可能还是比较表面。作者紧接着从崇拜者的内心反应的角度加了两笔,第一笔是:

> 麦内隆夫人突然觉得不应该闯进来了。

这是一种间接的写法,不是从正面,而是从侧面,不是直接写人物的精神,而是写人物精神的影响,或者如余光中所说"效果"。这不是一般外部可感的效果,而是一种内心的效果,这种效果是如此之强,以致人物自己都否定了自己来访的初衷。第二笔是:

> 她(麦内隆夫人)以记者为业已有二十多年了,可是在这个心灵毫不设防的黑衣女士面前,竟问不出一句话。

仅仅是第一面的第一印象,居然就使一个新闻记者失去了职业的机敏,而且这一切并不是居里夫人有意为之,不是她的精神有什么威慑力,相反,她的"心灵毫不设防",她自然而然的精神状态,就给人这样的感觉。

短短几句话,作者从外在和内在,从印象和效果等几个方面,表现了居里夫人的精神气质。这当然不过是第一印象,但是,这个外在印象的重要性在于,为居里夫人的精神气质定下了基调。

从技巧来说,这还是某种静态的描写。要把读者带进她的内心深层,光有这些外在的印象肯定是不够的。接下来，作者就采用了另外一种方法，那就是动态的过程，也就是带着情节性的过程，以逐步揭示居里夫人的内心。

居里夫人面临的问题是很奇特的。为了把握好问题，作者用对话的形式，带着读者在逻辑上逐步深入，让叙述者以一种不解的心态层层深入，观照居里夫人的困境：她放弃了镭的专利，这使她的研究所缺乏足够的镭来继续研究。居里夫人的人格特点，就从这里显出了端倪：她的困境，是她自己的放弃造成的。这种自相矛盾，蕴含着居里夫人的崇高理想：科学服务于人类，科学家不应该从中牟取私利，申请专利是"违反科学精神的"。

记者问她："若是把世界上所有的东西任你挑选，你最愿意要什么？"

居里夫人柔和地回答：

"我需要一克镭，以便继续我的研究。但是，我买不起，镭的价格太高了。"

作者紧紧抓住要害，把矛盾引向极端：镭的缺乏影响了她的研究工作。能不能继续研究，这是一个严重的问题，而居里夫人却以"柔和"的语调回答。"柔和"这两个字中显示着居里夫人的个性，问题虽然很严重，但是，她却平静地面对，说明她对当初的选择无怨无悔。

作者强调的，不仅仅是居里夫人坚定的理想主义精神境界，还有她不事张扬的个性。在接受美国人捐赠镭的过程中，作者把这种个性放在和美国人的热情的冲突中，可以说表现得淋漓尽致。

作者描述美国人热烈欢迎的场景所用的文字极其铺张：忙乱的记者、站了五小时的欢迎的队伍、三百个妇女组成的代表团挥动着红白两色玫瑰，居里夫人被安置在圈椅里，摆姿势照相，各式各样的荣誉头衔，等等，显示美国人"明星崇拜"的隆重和盛大。这里用了纷繁的细节和色彩鲜明的词语。所有这一切都在强调一个民族对居里夫人的崇拜，从世俗的眼光来说，这本该是一种殊荣。然而，居里夫人的反应却是"惊讶而疲乏""羞怯而纤弱""很不耐烦""头都昏了""害怕""紧张"等等。这一切都显示出居里夫人的内在心理如此宁静，盛大、热闹的场面，并没有促使她对自己的心理作出调整。她感到的不适，恰恰是世俗的荣誉不能改变她内在的稳定的证明。这一点在下面这个场景中得到了更生动的表现：

在以后两天，是美国各科学团体的五百七十三个代表的欢迎仪式。玛丽的头都昏了，无数的眼睛看着她使她害怕，人群在她经过的地方猛烈拥挤也使她紧张。

不久就有一个狂热的家伙在和她"握手"的时候太兴奋,把她的手弄伤了;在以后的旅行中,她就只能把一只手臂悬在绷带里,忍受荣誉带来的痛苦。

美国真诚的情谊,不能同化她,使她妥协,哪怕是暂时的应付,她也不能,相反却给她带来了"痛苦"。这更加深刻地表现出居里夫人的精神信念在多大的程度上超越了世俗的价值观念。从这些字里行间,是不是可以感受到一点对美国人微微的反讽?这种反讽在作者罗列种种繁文缛节时已经流露出来了,旨在暗示美国人夸张的热情完全不看对象。他们越是热情奔放,对方越是难受;而居里夫人依然故我,无动于衷,不善交流,不通人情世故,甚至有点呆气。但是,就是在这种反差中,双方都显得可爱。

主人夸张的热情和客人默默的忍受,正是全文的趣味所在。这种趣味因为有一点含蓄的反讽,显得分外生动而且隽永。它蕴含的意味是很丰富的:第一,居里夫人坚持着自己内在的原则;第二,夸张的炒作虽然与居里夫人的原则不一致,她也能够默认,但是不配合,也就是不妥协;第三,居里夫人是有教养的,不管受到什么样的冲击,她都默默隐忍,最多也不过是把不适流露在表情上,表情是无声的,冲突就是潜在的,优雅的。

文章最为深刻的一笔是结尾处,居里夫人感觉到美国式的热情触犯了她的原则,她不惜把冲突公开化,甚至激化,毫无妥协余地。当她发现美国人隆重馈赠的一克镭的文书,竟然是赠予她个人的,她就不再以优雅的礼貌来妥协了。她要求立即更改文书:

> 文件还须加以修正,这一克镭,应该永远属于科学。但是按照这个文件,在我死后,这一克镭就成为私人财产,成为我女儿的产业。这是绝对不行的。应该把它算作赠予我的实验室的礼物。能不能找一个律师来?

好心的赠予方"为难"了,因为已经是夜晚了。她们提出推迟一点时间,但是遭到居里夫人严词拒绝:

> 不要等下星期,不要等明天,就在今晚办妥。这个赠予证书马上就要生效,而我也许会在几个小时内死去。

这可真是有点"不通情理"了。但是,恰恰就在这种"不通情理"中,读者看到了居里夫人的另一面:她的刚毅和强悍。她不再是"羞怯的""纤弱的""怕见生人的",不再是"疲乏的",面对大庭广众她不再是"紧张的",她变成了一个大无畏的,不怕得罪人的人,哪怕好心的主人也罢。从这里,读者可以感到,居里夫人在原则问题上的不妥协到了"不讲理"的程度。但是所有这些含意,文章并没有正面显示,文章只是把这个插曲交代了一下,不加任何判断、渲染。文章前面表现美国人的狂热和居里夫人的宁静用了一些正面描述的手法,对两方面的描写用了一系列词语反复表现,而这里,却满足于交代故事,故事结束文章也就结束了,把其中的意味留给读者去体会。

从写作方法来说,这种纯粹叙事的方法,近乎我国传统的"白描",需要更高的语言修养。

注:

① 《居里夫人和一克镭》一文出自孙绍振主编教育部《实验语文课本》,北京师范大学出版社出版。

解读《爱因斯坦与原子弹》[①]

关键词语（句）：那只是理论上的事情、长烟斗轻轻敲着桌子腿、历史的重担、一个个太阳、一个个阴影

这篇文章的核心，是爱因斯坦在决定人类命运关头的思想斗争。这和《居里夫人和一克镭》不同，后者涉及的是居里夫人的信念和美国公众的炒作之间的矛盾，而爱因斯坦面临的却是科学家的历史选择和良知之间的矛盾。

爱因斯坦无疑是二十世纪最伟大的科学家，他为原子弹的制造提供了理论基础。但是在描写爱因斯坦时，作者显示出以下几个特点：

1. 文章并没有把他绝对神圣化，甚至也没有把在科学上的成就绝对化。在原子弹已经发展到实践阶段时，他并没有他的学生西拉德那样敏感，相反，他一再表示，把他的理论付诸实践，把原子能释放出来，"那只是理论上的事情""不是马上能办到的""太困难了"。正是因为这样，他的思考聚集在他的"统一场论"上。科学史证明，那耗费了他晚年巨大精力的"统一场论"并没有获得成功。

2. 作者没有把爱因斯坦当作天才的偶像，而是把他当作一个人，一个有心理活动过程的人，十分注意层层深入地表现他情绪被激、发生变化的过程。在文章开头，西拉德和他争论时，作者特别强调了爱因斯坦的沉静，有个细节特别值得留意，爱因斯坦表述着他对原子弹制造可行性的怀疑时：

> 一边说，一边用长烟斗轻轻敲着桌子腿。

这说明，首先，他神情并不专注，并没有感觉到这个问题的重要性，以致这个论题并没有转移他磕烟、装烟的程序；其次，他的心情并不激动，他敲击烟斗的动作是"轻轻的"，连说话都是"低声的"。

得知法西斯德国正在进行原子弹研究时,他的心情发生了变化,虽然说话的声音仍然"很低",但是神情"很专注"。作者强调他专注到:

连树上的知了,也停止了它们的聒噪。

如果说,前面是描述,这一句就不可能是描述。不要说作者,就是当事人,也很难回忆起当时是不是真的没有听到知了的聒噪,甚至连普林斯登大学校园里当时是不是真的有蝉在叫,也无从得知,更无须细究。这显然是作者的想象,通过这样的想象,有力地揭示了爱因斯坦专注到对喧闹之声听而不闻的程度。这和前面漫不经心敲烟斗形成的对照,恰恰是心情的对照。这已经是相当有力的一笔了,但作者还是觉得分量不足,又加上了一笔:

这件事情关系重大,历史的重担压在他们肩上。

同样,这也不是客观描述,而是作者的想象。但这不但是合理的想象,而且是相当深刻的想象。要问作者在描写人物的时候,有没有权利把自己的理解当作人物的感觉来写,答案应该是肯定的。因为,想象让作者的理解和人物的感觉融为一体了。

从这个时候开始,作者笔下的爱因斯坦,就不再仅仅是一个普通的人,而是一个大科学家了。作者开始强调,他的思考比他的学生西拉德,有更深的科学良知和责任感:

大自然把原子能禁锢着。我们有权利把它释放出来,用它去杀人吗?

西拉德提出了"自卫"的理由,但并没有减轻爱因斯坦的不安。他担忧原子弹制成以后,虽然德国法西斯"完蛋"了,但原子弹仍然有可能用来杀害无辜的百姓。西拉德提出可以"封存"起来"永不使用",这充分说明他的天真。与之相对照的是,爱因斯坦的老练和深沉:

"我们能保证做到这一点吗?"爱因斯坦慢慢地、低沉地说。

在西拉德信心十足地回答说"能"以后,爱因斯坦仍然警告他不要"过分聪明"了。后来的事实证明,爱因斯坦的确比他的学生更有历史远见。

到这里为止,作者一直是从两个方面去表现爱因斯坦的,一方面,他是一个普通的平凡的人,并不是在一切关键问题上都有先见之明的;另一方面,他是一个伟大的科学家,他的似乎是多余的忧虑,恰恰是历史的洞察力。

3. 作者刻画爱因斯坦的第三个方面,是他从容、优雅、含蓄,又通俗的文风。他写给罗斯福的信,明明是要促使他下决心制造原子弹,但在文字上却没有一处直接提到这一点。只是要求"和有关人士及企业界实验室建立接触,来促使实验工作加速进展"。这是对政治家罗斯福的想象力和理解力的充分尊重,同时也是对所谓上层社会外交辞令的娴熟驾驭。当然,信是西拉德起草的,却是按爱因斯坦的文风巧妙模拟的。信中对原子弹的威力,并没有用科学家通用的数学语言,而是用了形象通俗的语言来描述。这里隐含的前提是,罗斯福在这方面没有专业知识。如果直接把这样的话说出来,可能要得罪罗斯福,但是用通俗形象的语言让他有直观认识,就把这一点巧妙地掩藏起来了。

4. 作者刻画爱因斯坦的第四个方面是,他的忧虑变成了事实,在德国法西斯已经毁灭,日本法西斯已经穷途末路之时,两颗原子弹没有必要地爆炸了。数以十万计的无辜百姓死于非命。这对爱因斯坦这样一个科学家的良知已经是一个沉重的打击了,文章又强调他偏偏被称为"原子弹之父"。这时的爱因斯坦肯定是十分痛苦的,但文章没有直接写他的内心是如何的痛苦,甚至连"痛苦"两个字都没有涉及。文章用了两种方法来描写这一点。一是内心痛苦的外部效果:

> 爱因斯坦的双脚,像是钉死在地上了。秘书走过来,扶他在沙发上坐下。爱因斯坦坐在那里,像一尊大理石雕像。

二是他内心的幻觉和想象:

> 轰隆一声巨响,天空中出现一个大火球,它比一千个太阳还热,它比一千个太阳还亮,它向世人活生生地展现了爱因斯坦的伟大公式。然而,在爱因斯坦的想象中却出现了另一幅图景:这一千个太阳,没有给人世间带来温暖和光明,却在世界上投下了一千个阴影。

本来,这里可写的东西很多,比如,爱因斯坦当年就忧虑的可能发生的灾难,还有西拉德此时的心情等等。但是,作者可能认为这一切都不是很重要,因为一般读者是完全可以想象的。而此时最重要的是让读者感受一种反差,爱因斯坦一向信奉把大自然的能量释放出来为人类服务,而此时却阴差阳错地走向了反面。这里的语言非常精彩。先是把原子弹的爆炸比喻为"一千个太阳",这是一个经典性的比喻,生动地表现了原子弹的光焰,为人类前所未见。这并不是作者的原创,而是出自一部经典性的文本。但作者也不是简单的借用,而是有所发展。在爱因斯坦心目中,这一千个太阳不但没有光焰,相反成了阴影。为什么成了阴影呢?因为越是光芒万丈,越能伤害人的生命。这就把物理现象的光亮转变为心理感知的阴暗。此时此刻,爱因斯坦人道主义者的悲哀超越了物理学家的成功。

  本文主角是爱因斯坦,其他人物都是陪衬。一般地说,陪衬人物都不容易写好,但是本文中的陪衬人物,都有各自不同的个性,像西拉德的天真和激情,罗斯福的沉稳而敏感,而给人留下印象最深的可能是罗斯福儿时的伙伴、经济学家萨克斯博士。他善于公关,当与握有重权的人物交往发生挫折时,精心设计了委婉的进言策略。他不用正面进攻,而是采取了拉开时间距离、讲历史故事的方法。他讲了一个伟大的历史人物拿破仑在科学技术上微小的决策失误导致失败的故事。他不让对方在被动中接受(赶紧造原子弹),而让对方进入自己设计的逻辑空白(决策失误可能导致严重后果),与自己的意图会合。这样就不是说服对方,而是让对方自己得出结论。仅仅一个片段,就充分显示了他善于把握人际关系的特点。一方面是和十分亲密的朋友交谈,另一方面是和一个握有世界最强大的国家权力的人物交涉,虽然互相能用小名称呼,但是他很会把握分寸,一旦发现罗斯福脸上有了"倦怠和厌烦"的表情,就尊重"政治家的考虑",主动撤退,但他并不罢休,为了第二次进言,他彻夜未眠,终于用历史故事打动了总统。

  把这个片段和爱因斯坦给罗斯福的信相比较,可以让学生感受到上层政治人士之间的交流所特有的含蓄和委婉,这和学者之间(如西拉德和爱因斯坦之间)那种直截了当的交谈是有很大的不同的。能发现这样的不同,就是一个进步。

注:

①《爱因斯坦与原子弹》一文出自孙绍振主编教育部《实验语文课本》,北京师范大学出版社出版。

解读文天祥的《过零丁洋》

1278年,文天祥在广东五坡岭战败被俘。当时,汉奸张弘范做了元军的都元帅,他一再强迫文天祥招降仍在海上进行抗元斗争的张世杰,文天祥把《过零丁洋》这首诗拿给张弘范看,张无奈作罢。

"辛苦遭逢起一经",辛苦,说的是自己读书还是比较刻苦的,但是受到朝廷的提拔,只是"遭逢"而已。隐含着自己并没有多大了不起的意思。这层意思,到了"起一经",就变得更为明显了:自己的学识限于一种经典。中国古代文人中,很少有科举考试的宠儿,能够得中状元的寥寥无几。而文天祥对自己的科场荣誉并不当一回事,这是为什么呢?因为自己已经被俘虏了,和大局相比,一切都变得无所谓了,都可以放得开了。他心头最放不开的,是历遭挫败的抗战,"干戈寥落四周星"。

这里有一些历史实况,可以增加我们对他的理解。

1275年正月,元军东下,文天祥在赣州组织义军开赴当时南宋的京城杭州。次年,他被任为右丞相兼枢密使。其时元军已进逼杭州,他被派往元营谈判,遭扣押。二月底,文天祥与其客杜浒等12人夜亡入真州,复由海路南下,至福建与张世杰、陆秀夫等坚持抗元。1277年,进兵江西,收复州县多处。不久,为元重兵所败,妻子儿女皆被执,将士牺牲甚众,文天祥只身逃脱,乃退至广东继续抗元。后因叛徒引元兵袭击,同年十二月,在广东海丰县被俘。

从语法上来说,"干戈寥落"和"四周星"是并列词组,完整的语法结构应该是:干戈寥落如同四周天上的星星。其中省略了的,由读者去自由想象。

"山河破碎风飘絮,身世浮沉雨打萍。"这两句按照律诗的规定,对仗很工整。句法和上面的"干戈寥落四周星"一样,都是并列词组,省略了两个词组之间的动词。

下面这一联,也遵循了律诗对仗的规范。但从质量上来说,则是千古佳句。"惶恐滩头说惶恐",前面一个"惶恐"是地名,后面一个"惶恐"却是心情。这样的双关,表明了作者语言驾驭才能的不凡。更不凡的是,后面的"零丁洋里叹零丁",地名与心情的巧合,前后两句居然能在词性、语义和平仄上构成如此工整的对仗,更是难能可贵。这令人想起杜甫的《闻官军收河南河北》中的"即从巴峡穿巫峡,便下襄阳向洛阳",前面一句两个地名(巴峡、巫峡)相对,后面一句两地名(襄阳、洛阳)相对,这种双重对称在中国古典诗歌中,是语言驾驭的最高成就。文天祥可能是受到过杜甫这种"四柱对"的影响。但他并不是简单重复,而是有所发展:杜甫驾驭的是两组现成的地名,而文天祥则把两个地名(惶恐滩、零丁洋)转化为两种心情(惶恐、零丁)。

杜甫没有中过状元,他把自己科举失败老老实实地写在诗里(《壮游》:"忤下考功第");文天祥虽然中过状元,诗才却远逊于杜甫。他留存下来的诗作,显得才气薄弱,与杜甫比相去甚远;然而这一联,却给后世以难以企及的感觉。

不过,这首诗之所以能够流传千古,也许倒并不是他在技巧上有一种远追前贤的感觉,而是因为下面这两句:

人生自古谁无死,留取丹心照汗青。

从表面上看,这两句几乎没有多少技巧可言,就是直接抒情;但是,"丹心照汗青",还是有琢磨的空间的。丹,是红,丹心就是红心;但又不完全相同,最明显的是,不能改成"留取红心照汗青"。古代汉语的传统意蕴经过漫长的历史积淀,其文化联想是相当稳定的。"丹心",属古典话语,和"忠心"相联系;而"红心",则是现代革命话语,属于另外一个体系的文化积淀。"丹心"和"汗青",当中一个"照"字,用得很自然,不着痕迹。这里有一种光的感觉,不但是丹心的光,而且是汗青的光,二者映衬,在色彩上自然而然构成和谐的反衬,"汗青"的古典意蕴和"红心"的现代革命意蕴就构不成这种心照不宣的反衬。

这首诗中最具震撼力的,不完全在修辞,而在这两句统一为人格的宣言。但如果没有后面的修辞的讲究,只是一味的心灵直白,人格宣言也可能变得很抽象。这两句有机地统一起来,文天祥的生命宣言就升华为格言了。

这是人的最高境界,也是诗的最高境界。

文天祥的诗之所以可贵,不仅因为他的诗,更因为他的人。和我国古代许多天才诗人相比,文天祥的诗才比较薄弱,他无法列入我国古典诗歌史上伟大诗人之列。许多天才诗人把生命奉献给了诗歌,以诗歌为生命,为我国古典诗歌史增添了灿烂的华章;而文天祥则是以生命为诗歌,以生命殉国,以生命殉诗。

这样的人，不仅赢得了世人的尊崇，而且赢得了敌人的尊重。文天祥被押送大都（今北京），囚禁四年，面对种种诱惑，他毫不动摇，即使面对降元的宋恭帝和当时元朝皇帝忽必烈的亲自劝降，他也一概严词拒绝，就算对方把丞相位置给他保留着，他仍然不为所动。无奈之下，忽必烈只好下令处死文天祥，以成全其伟大气节。他死后，在他的衣襟上发现了以下几句话：

孔曰成仁，孟曰取义。

而今而后，庶几无愧！

这和"人生自古谁无死，留取丹心照汗青"以及他在被囚期间所写的《正气歌》中的"时穷节乃见，一一垂丹青"相比，一为四言，一为五言，一为七言，可为互文阐释。文天祥反复发出生命的宣言：人生不免一死，但最高的价值，在历史的评价。文天祥的躯体虽然倒下了，但他的精神却升上了历史的高度。

不应该忽略的是，文天祥这样视死如归，并不是对生命没有热情，相反，他在青年时代还是一个风流才子。可能是出于"为贤者讳"的善良动机，后代将他有关青楼艳遇的诗文从文献中删除了。从这里也可看出，他的个性是很丰富的。但这一点并不能掩盖他人格的光辉。中国古代大诗人，有这种嗜好的比比皆是，如李白"载妓随波任去留"，杜牧"赢得青楼薄倖名"，至于柳永等人花街柳巷的故事，更传为风流佳话。问题在于，一旦国家有难，是不是能表现出真正的责任感来。在这一点上，不少大诗人留下了遗憾（如，王维在安史之乱中被署伪职，事后以陷贼官论罪；李白上了永王李璘的贼船，弄到"世人皆欲杀"的程度）。从这一点来看，不论是作为一个人，作为一个大臣，还是作为一个诗人，文天祥都不愧为传统文化的精英。

解读陈毅的《梅岭三章》

陈毅的《梅岭三章》,是表现革命家意志坚定、视死如归的豪情的。一般说,正常人都有某种理想主义精神。理想是美好的,但实现理想是要付出代价的,最大的代价,莫过于牺牲生命。杀身的威胁是对理想和信念最严峻的考验。文天祥之所以不朽,就在于在荣华富贵与艰难困苦之间,他选择了艰难困苦。在生与死之间,他选择了死。

本来人的精神和肉体是紧密相连的,肉体消亡了,精神也就无以依附了。选择死,意味着肉体的消亡。但是,革命家把精神、理想、信念看得比肉体更重要,他们把生死置之度外,就有一种大无畏的豪情了。

> 断头今日意如何?

在面临死亡威胁的时候,他不说死亡,而说"断头"。这很值得研究。他是为革命事业牺牲的,为什么不说"牺牲"或者"献身"?把句子改成"牺牲今日意如何"或者"献身今日意如何",就不够味。为什么?"牺牲"和"献身"是比较概括的,缺乏感性色彩;而"断头"则形象得多了,脑袋断了,当然是死了,也就是牺牲了,但是,比"牺牲"或者"献身"要多一点看得见摸得着的严酷,诗句就带有一点大义凛然的气概。

当然,有感觉的词语,并不是只有"断头",还有"杀头"。说成"杀头今日意如何"行不行?似乎也有感觉,也有凛然意气,但还是不如"断头"。为什么?因为"杀头"带着口语色彩,民歌有云:

> 杀头好像风吹帽,坐牢好比游花园。

又有:

> 舍得一身剐,敢把皇帝拉下马。

也有豪迈的情绪,但民间色彩很浓。陈毅号称儒将,有相当高的文化修养,他写的不是民歌,而是古典绝句,是比较高雅的一种诗体。故用"断头",比"杀头"要贴切一些。

死都不怕了,还怕什么?这已经是革命精神的极致了,但陈毅觉得还不足以表现他的革命理想主义精神:

> 此去泉台招旧部,旌旗十万斩阎罗。

陈毅是唯物主义者,唯物主义者不是不信鬼神吗?但在诗歌中,陈毅把迷信转化为诗歌的想象,表现的是即使自己牺牲了,也不甘心,还幻想自己能够卷土重来,取得最后的胜利。这里很鲜明地表现了陈毅顽强而乐观的个性,"招旧部""斩阎罗",这两句行云流水,写得轻松自如,不仅点明他作为一个军事领导人的地位,而且表明他作为军事家的魄力。

如果在课堂上,有人认为这首诗表现了作者死了也不认输的坚定顽强的斗志,可以不可以呢?有一定的道理,但可能忽略了统帅的宏大气概。

这不是一个革命者宁死不屈的形象,而是一个军事统帅叱咤风云的形象。

下面一首,"此头须向国门悬",不说牺牲,而说头颅被挂在城门口。其实头颅并不一定就真的会挂在城门,这不过是一种想象,把最可怕、最惨烈的后果都想象出来,但又不是一般的想象,而是带有诗意的想象。把牺牲和献身想象为自己的头颅被挂在城门口,这就构成了一幅壮烈的图景。在这幅图景中,作者把现实生活中鲜血淋漓的细节淡化了。由自己想象出自己的头颅被挂在城门口的景象,也愈发增添了壮烈之感。

值得注意的是,明明是头颅被挂在城门,却偏偏不说"城门",而说"国门"。其中意味是古典诗歌的规范和古代汉语的文雅意蕴联系在一起构成的。另外,作者不说"挂",而说"悬",同样有文言词语的典雅意味。

> 后死诸君多努力,捷报飞来当纸钱。

这两句的想象和前面"旌旗十万斩阎罗"的思路是一样的,把迷信转化为诗歌的审美想象。明明知道自己死了以后,就没有任何感觉了,但在想象中,他仍然把胜利的捷报当作对自己最好的祭奠。这种想象和逻辑明显受到了陆游《示儿》的影响,一方面是"死去元知万事空",一方面还对"王师北定中原日"念念不忘。这不是自相矛盾吗？

理性思维是不允许自相矛盾的,自相矛盾就无法思考问题了。但是,对抒情来说,不但可以自相矛盾,而且越是自相矛盾,感情越强烈。陆游这首诗的好处就在于把矛盾公然揭示出来,明知死亡意味着自己一切感觉都没有了,对个人没有意义了,却仍然把国土恢复的消息当作最大的安慰。

这里的矛盾是理性和情感的矛盾。清朝诗歌理论家吴乔曾经在《围炉诗话》中说到抒情的规律,他把它叫作"无理而妙"。合理的往往是缺乏感情的,感情强烈的往往是不合理的。如果一定要合理,就没有感情可言了。相反,如果明知有矛盾,还是坚持不改,就可能是很有感情了。如李白的《宣州谢朓楼饯别校书叔云》：

抽刀断水水更流,举杯销愁愁更愁。

明知是矛盾的,但还是循环不已。又如宋之问《渡汉江》：

岭外音书断,经冬复历春。
近乡情更怯,不敢问来人。

越是近乡,本应越是欢乐才对,可在这里,越是近乡,却越是害怕,怕有什么不好的消息。但这并不是说就不回家了,而是要继续向家乡前进。这在现代诗歌中也有同样的表现,如臧克家的《有的人》：

有的人活着
他已经死了；
有的人死了
他还活着。

这是不合逻辑的,不合理的。要让它合理很容易,把其中省略了的东西补充出来就可以了。例如,有的人虽然死了,但他为人民的幸福而奋斗终生,因而他永远活在人民心里。有的人活着,但因为他与人民为敌,所以他实际上已经死了。这样倒是合理了,合乎逻辑了,却没有诗意了。

同样,如果把陆游这首诗中的"不合理"成分改成"合理"的,如：王师北定中原日,地下无知憾在胸。——这就大大地煞风景了。

从这个意义上来说,陈毅的第三首诗,该如何评价呢?可以先问问学生:读这三首时,哪一首最动人?哪一首比较差一点?

因为这一首比较理性,以革命为家,杀身成仁,舍生取义,为了人民获得自由——都是有共识的大道理,没有像前面两首和陆游的《示儿》中那样不合理、不合逻辑的语句,诗意也就相形见绌了。

花木兰是英勇善战的"英雄"吗?
——兼谈多媒体与文本分析的关系

语文教学脱离文本是一种顽症。自从有了多媒体以后,这种顽症又有了豪华的包装,喧宾夺主的倾向风靡全国。不可否认,不少第一线的教师,一方面重视文本,另一方面用一点多媒体,有把二者结合得比较好的,当然不可低估。但是,在好多地方都有一种倾向,就是为多媒体而多媒体。有时技术出故障,声音不响,画面不来,像钱梦龙老师讲的那样:这哪是多媒体,是倒霉体!多媒体本是文本分析的附属,然而,许多时候,文本变成了多媒体的附属。

我到一所中学去听课,有位教师讲《木兰辞》,先放美国的《花木兰》动画片,接着集体朗读了一番,然后讨论《木兰辞》的文本。但这和前面美国的《花木兰》有什么关系,他完全忘记了。他问花木兰怎么样?学生说是个英雄。这花木兰什么地方"英雄"啊?学生想来想去,花木兰很勇敢啊,花木兰会打仗啊……只有一个学生讲:"花木兰挺爱美的。"教师又问,花木兰回来以后,家里反应怎么样啊?学生说,爸爸、妈妈出来迎接她。某同学你做个样子是怎么样迎接的。就这么样迎接……(作搀扶状)又问,弟弟怎么样?弟弟磨刀。某个同学你做个磨刀的样子。那同学就作磨刀状,完全是机械性僵化的动作,一点儿欢乐的情绪都没有,完全忘记了人物的心态。就在这嘻嘻哈哈之间,文本中的花木兰消失了。多媒体上的花木兰也被遗忘了。

其实,美国人理解的花木兰和我们中国经典文本里的花木兰是不一样的。不是说要分析吗?分析就是要抓住差异,引出矛盾,没有矛盾便无法进入分析层次,有了矛盾,就应该揪住不放。美国花木兰是不守礼法的花木兰,经常闹出笑话的花木兰。而中国的花木兰,说她是英雄,这个英雄的特点是什么?如果没有具体分析就会造成一种印象:美国的和中国的是一样的。这样,多媒体就变成"遮蔽"了。

我后来总结说,其实在课堂对话中,许多同学讲了一些不着边际的话,但是,有一个同学讲了一句话,"花木兰挺爱美的"。这非常重要,比一般化地称赞她是"英雄"深刻得多。为什么呢？它有一种"去蔽"的启示。花木兰的形象可能被"英雄"的概念遮蔽了。英雄是什么呢？英雄就是保家卫国的，会打仗的，很勇敢的。我问他们，这首诗里面，写打仗一共几行？"旦辞爷娘去，暮宿黄河边，不闻爷娘唤女声，但闻黄河流水鸣溅溅。旦辞黄河去，暮至黑山头，不闻爷娘唤女声，但闻燕山胡骑鸣啾啾。"这是不是打仗呢？不像，写的是行军。"万里赴戎机，关山度若飞。"是不是打仗呢？还是行军。"朔气传金柝，寒光照铁衣。"是不是打仗呢？还是不太像，是宿营。"将军百战死，壮士十年归"虽可以说是打仗了。但从诗行来说，何其少也，只有两行，而且，严格来说，只有一行。因为"壮士十年归"这一行写的不是打仗，而是凯旋。就是"将军百战死"这一行也不是正面描写战争，而是概括性很强的叙述，打了十年，经历了上百回战斗，将军都牺牲了。就这么区区一行，可以说是敷衍性的笔墨，几乎和花木兰没有什么关系。作者想不想写她浴血奋战？她在战争中的英勇是全诗的重点还是"轻点"？为什么作者把战争场面轻轻一笔带过就"归来见天子"了？如此看来，战争真是太轻松了。这样写战争，是不是作者在追求一种惜墨如金的风格？好像不是。但是文本又不像敷衍了事随便写的,该着重强调的地方,甚至不惜浓墨重彩。而写这个女孩子为父亲担心，决心出征，写了多少行呢？十六行：

唧唧复唧唧，木兰当户织。不闻机杼声，唯闻女叹息。问女何所思，问女何所忆。女亦无所思，女亦无所忆。昨夜见军帖，可汗大点兵，军书十二卷，卷卷有爷名。阿爷无大儿，木兰无长兄，愿为市鞍马，从此替爷征。

然后写备马用了四行：

东市买骏马，西市买鞍鞯，南市买辔头，北市买长鞭。

接着写行军中对爹娘的思念，又是八行：

旦辞爷娘去，暮宿黄河边，不闻爷娘唤女声，但闻黄河流水鸣溅溅。旦辞黄河去，暮至黑山头，不闻爷娘唤女声，但闻燕山胡骑鸣啾啾。

这八行是对称的，意思相同，本来四行就够了，但作者冒着重复的风险，写得如此铺张，句法结构完全相同，和前面的四行相比，只改动了几个字，几乎没有提供任何新信息。奏凯归来以后，作者写家庭的欢乐用了六行，写花木兰换衣服化妆又是六行：

> 爷娘闻女来,出郭相扶将;阿姊闻妹来,当户理红妆;小弟闻姊来,磨刀霍霍向猪羊。开我东阁门,坐我西阁床,脱我战时袍,著我旧时裳,当窗理云鬓,对镜贴花黄。

如果作者的意图是要突出木兰作为战斗英雄的高大形象,这可真是有点本末倒置了。

问题的要害在于两个方面。

第一,花木兰参加战争,战斗的英勇却不是本文立意的重点。立意的重点在哪里?许多把精力放在多媒体上的教师忘记了,这个经典文本最起码的特点是描写了一个女英雄。战争的责任本来并不在她。她之所以成为英雄,是因为她承担了"阿爷""长兄"这些原本属于男性的职责。这个职责如果仅仅限于家庭,她不过是个一般意义上的假小子、铁姑娘,作为撑持家业的顶梁柱而已。但是,木兰主动承担的责任,不仅仅是家庭的,而且是国家的。她为国而战,立了大功("策勋十二转"),作出了卓绝的贡献,却并不在乎,甚至没有表现出成就感,这和一般以男性为主人公的作品,光宗耀祖、富贵还乡的炫耀恰恰相反。她拒绝了"尚书郎"的封赏,除了一匹快马以外别无他求。她要回到故乡,享受平民家庭的欢乐。这个英雄的内涵,从承担起"家"的重担开始,到为国立功,最后又回到家庭、享受亲情的欢乐。文本突出的是一种非英雄的姿态。这是个没有英雄感的平民英雄,是英雄与非英雄的统一。更为深刻的是,她不但恢复了平民百姓的身份,而且恢复了女性的身份。这个英雄的内涵不单纯是没有英雄感的平民英雄,更深邃的内涵是不忘女性本来面貌的女英雄。她唯一感到得意之处,就是成功地掩盖了女性性别:

> 出门看火伴,火伴皆惊忙:同行十二年,不知木兰是女郎。

这些"火伴"当然应该是男性。"惊忙"两字,不可轻易放过,这不但是自鸣得意,而且是对男性的调侃,显示了女性细腻的心理的优越感。

这一点,不是以今拟古的妄测,是有历史还原根据的。这种女子英雄主义观念,在当时的民歌中,可能不是孤立的现象,我们在北方其他民歌中不难找到类似观念的表现,如《李波小妹歌》:

> 李波小妹字雍容,褰裳逐马如卷蓬。左射右射必叠双。妇女尚如此,男子安可逢?

不过,多数女子英雄不像木兰这样与战争相联系,而是以大胆追求自由的爱情,忠于家庭、丈夫,不受利诱为主,如《陌上桑》《羽林郎》。

第二,本文在写作上,表现了某种矛盾的倾向。一方面,该简略的地方可以说是惜墨如金,连花木兰怎样打仗都不着一字,百战之苦、十年之艰,则一笔带过;另一方面,该铺张的时候,可谓不惜工本,极尽渲染之能事。这种渲染又不是常见的比喻形容,而是一种特殊的铺张:

> 东市买骏马,西市买鞍鞯,南市买辔头,北市买长鞭。

几乎没有一个读者发出疑问:马有这样买法的吗?这不是有点折腾?还有:

> 开我东阁门,坐我西阁床。

这不是有点文不对题吗?开了东边的门却坐到西边的床上去。更有甚者:

> 问女何所思,问女何所忆。女亦无所思,女亦无所忆。

本来一句话就可以讲清楚的,为什么要花上四句?但是,读者的确并没有感到拖沓,原因是这里有一种动人的情调。这是一种平行的铺张,文人作品往往回避这种平面式的铺开,而更强调句法的错综变幻。而这种铺张能够唤起读者阅读经验中关于民间文学所特有的情调。在这样的铺张中有一种天真朴素的情趣,这情趣在南北朝民歌中是屡见不鲜的,如:

> 江南可采莲,采莲何田田!鱼戏莲叶东,鱼戏莲叶西。鱼戏莲叶南,鱼戏莲叶北。

又如《孔雀东南飞》:

> 青雀白鹄舫,四角龙子幡,婀娜随风转。金车玉作轮,踯躅青骢马,流苏金镂鞍。

又如《陌上桑》:

> 青丝为笼系,桂枝为笼钩。头上倭堕髻,耳中明月珠。缃绮为下裙,紫绮为上襦。

这种渲染的特点还在于,全部是同样句法正面的描述,不用比喻,也没有直接的抒情,但是在这种铺张的叙述中,隐含着一种天真的、稚拙的、朴素的、赞赏的情趣。

不过,《木兰辞》与一般南北朝乐府民歌有所不同,这里的一些笔墨和铺张是相反的,那就是语言的高度精练,如前面已经提到过的:

> 万里赴戎机,关山度若飞。朔气传金柝,寒光照铁衣。

前面两句运用句法结构的对称,提高了空间的概括力。万里关山就这么轻松地带过去了。否则不知要花多少笔墨才能从被动的交代中摆脱出来。但是,这两句,从形象的感性来说,毕竟还是薄弱了一些,后面两句则把对称结构提升到对仗的水准,连平仄都是交替相对的。作者大胆省略了万里关山的无限生活细节,只精选了四个名词(朔气、金柝、寒光、铁衣)和两个动词(传、照)紧密地结合成一个有机的意象群体,就把北地边声、军旅苦寒的感受传达出来了,凭借其密度和张力,率领读者的想象长驱直入,进入视通万里的境界。这显然不是民歌朴素的话语方式,而是文人诗歌的想象模式的运用。

当然,作者也并不一味拒绝比喻。到了最后,作者居然在故事结束以后,突然一反常态。这很有点令人意外,本来几乎全文都是叙事,从出征到凯旋,几乎没有什么形容,更没有用过比喻。这在全文中是第一次使用比喻,可不用则已,一用就很惊人,这是一个很复杂的比喻,有两个喻体,写战争时惜墨如金的作者此时慷慨地花了四行:

> 雄兔脚扑朔,雌兔眼迷离;双兔傍地走,安能辨我是雄雌!

这个比喻内涵相当丰富,强调的是,男女在直接可感的外部形态方面本来有明显的区别,可是这种区别不重要,通过化装轻而易举地消除了以后,女性完全可以承担起男性对于家和国的重担。也许这个意义太重要了,因而经受住了近千年的历史考验,直到今天,"扑朔迷离"不但在书面上,而且在口头上仍然具有很强的生命力。

这就叫文本分析。分析文本,就是要"去蔽",去掉一般化的、现成的、空洞的英雄的概念,像剥笋壳一样,把文本中间非常具体的、微妙的内涵揭示出来。原来这个经典之所以成为经典,就是因为它重构了一种"英雄"的概念,这是非常独特的,和我们心目中的概念是不一样的,要防止武松、岳飞这些现成的概念造成的遮蔽。

从文化学上来说,这个英雄的观念具有颠覆的性质。汉语里的"英雄"概念本来是指男性,英是花朵、杰出的意思,可是像花朵一样杰出的人物,只能是男性(雄)。把花木兰叫作英雄,词意内涵是有矛盾的。她是个女的,还要叫她"英雄",不通。应该叫作"英雌"。把她叫作"英雄",就是颠覆了原本的"英雄"的观念。从文本出发,揭示出这个经典文本里"英雄"观念的特殊性,就是我们的任务。

我在《直谏中学语文教学》中说,分析的前提是揭示矛盾,而矛盾是潜在的,需要用"还原法"来揭示矛盾,才有分析的对象。还原,就是把"英雄"原来的观念作为背景,它是怎样的?写在经典文本中"英雄"的内涵是怎样的?二者不一样,才有分析的空间。这是一种硬功夫。

从方法论来说,英雄概念的形成要经历两个阶段。第一阶段是普遍概括的阶段。马克思说过,社会科学研究,不能像自然科学那样,把物质放在"纯粹状态"中进行实验。社会科学研究通过科学的抽象,也就是从感性的个别性中概括出共通的普遍性来。这就要求你从具体上升,把特殊的、个体中各不相同的感性的,也就是看得见、摸得着的属性排除掉,从无限多样的事物中抽象出共同的属性来。只有具备抽象的想象力,才能把英雄的概念从全世界所有英雄中概括出来。第二个阶段是具体分析阶段。目标在于还原,把普遍概括时牺牲掉的特殊性、个别性还原出来。这就要把普遍性(英雄)和特殊性(花木兰)的矛盾揭示出来,洞察其作为女英雄在战争、家庭、功勋和亲情方面的特点。

做到这一点很不容易。多少人视而不见,就是因为没有抽象能力,没有在抽象中进行具体分析的能力。没有这种能力,上课就只能从现象到现象,空话连篇。不会分析,就只能满足于"英雄"的概念到处都一样,而分析就要揪住不一样。这是一口深井,坚持不懈地挖下去,这篇经典深邃的特点,从思想到艺术,就会像泉水一样冒出来了。

叙述胜于描写
——解读叶兆言的《闲话章太炎》

题目为什么叫"闲话"？在这里至少有这样几层意思：1. 相对于严肃话题。什么叫严肃话题？首先，章氏是革命家、大师级学者、思想家，讲他这方面的业绩，本应属于正经严肃的话题；其次，又有不轻浮，不是瞎话、胡话的意思。而这里的"闲话"，就是不慌不忙，从容自如，自由、随意谈谈的意思。2. 随意谈谈，又接近漫谈，漫谈也可能是正经的，只是不系统，不全面，态度比较轻松而已。3. 这里的"闲话"，比漫话、漫谈更随意。

这一点，作者一开头就用不少的篇幅作了交代。首先，引用章氏弟子鲁迅的文章：

> 章太炎死了以后，鲁迅写文章纪念他，首先赞叹的，不是太炎先生的学问，而是他的革命经历。有一段文字棒得好让人眼红，不敢忘记。

这里值得注意的是，章氏本为革命家，后来被认为有点落伍了，到他逝世的时候，大家都习惯于把他当学者，而鲁迅则提醒世人他的革命家本色："七被追捕，三入牢狱，而革命之志，终不屈者，并世亦无第二人。"作者用鲁迅这段文字作引子，目的很清楚，为文旨在揭示为世人所忽略者。世人皆以太炎先生为革命家，为学者大师，如果作者单写这些，文章可能就不值得写了。对于举世闻名的大人物，不写他的学问，不写他的革命业绩，写些什么呢？作者觉得章氏在性格上有一种特异之处，他把这一点概括为"名士气"。

什么是"名士"？这是个复杂的问题。辞书上说：有学术名望，而无心做官的学者，这里引申为有学术名望而不拘小节与世俗礼法者。作者所写都是些小节，其意义自然不及写大事，作者之所以要写，原因就在于：

第一，从这些小事中可以见出大人物的个性和精神风貌；

第二，从文章来说，表现一种趣味，既是大人物的趣味，也是作者的趣味。这种趣味，成为本文不可忽略的特点。

窃国大盗袁世凯称帝，章太炎曾拟模仿明朝的方孝孺故事，身穿麻衣、手执方杖、痛哭于国门，以此哀悼共和的灭亡。后来经一帮朋友的极力劝阻，章太炎才打消这念头。这是一场很好看的戏，此事如果当真的话，它的戏剧性绝不亚于摇着折扇、扇柄上坠着金光灿灿的大勋章，堂而皇之跑去见袁大总统。

值得注意的是，作者从章太炎先生许多事情中选出了这样两件，肯定是非常重要的，但在笔墨上却不事渲染。这两件事中的每一件都是很富于戏剧性的，也是很惊人的。对这样的事情，一般的散文肯定要重点加以描写。但是，这里的文字却简洁得很，除了"扇柄上坠着金光灿灿的大勋章"以外，连一点形容都没有，至于细节、比喻则一概省略。作者是挺有名气的小说家，应该有很强的描写功夫，但全文却基本上都用了叙述。

叙述的功夫很值得我们注意。这一篇不取描写和抒情，而以叙述为主，其特点是简洁、概括，就是省略。省略了什么？最起码的就是细节。例如："摇着折扇、扇柄上坠着金光灿灿的大勋章，堂而皇之跑去见袁大总统。"如果要描写的话，就可以把总统府的森严、章太炎的随意坦荡、袁世凯的惊讶和周围人的诧异展示一番。尤其是大勋章，大勋章本来就是袁世凯赠送的，如能描写一番，肯定有相当的感染力。但是，作者却回避了这样的渲染。因为作者觉得，不用细节的铺陈、多方面的渲染，也可以构成相当的感染力。感染力不一定从丰富的描写中产生，叙述也能动人。叙述，从表面上来看，和描写不同。描写是在细节上铺陈，不仅是外部细节的铺陈，而且是内在情感的夸张。而叙述，首先就是外部细节的简略，其次是情感的收敛。散文以情动人，收敛了情感，会不会影响文章感人的力量呢？叙述吸引人的力量不在抒情，不在感情的强调，相反，倒是感情的隐蔽。隐蔽在什么地方？在故事中。故事中的什么动人呢？当然，太炎先生的精神是动人的，但不仅是精神，文字也很动人。其动人之处值得深究。为了说明这一点，我们来欣赏下面这一段，写的是章太炎反对袁世凯称帝，被袁软禁起来的轶事：

囚禁时的章太炎威武不屈，雄风犹在，逢酒则醉，醉了则怒骂，有时干脆在窗壁上遍书"袁贼"二字。这还不过瘾，便在院子里掘树根，挖了一个洞，写了无数诅咒袁世凯的纸条，扔进洞里去烧，一边烧，一边大呼"袁贼烧死了"。

这是近乎小孩子的任性游戏。如果纯为小孩子所为，应该是很可笑的，但是，做出这样任性的行为的，并不是孩子，而是大学者，大思想家。身份和行为之间如此错位，就有趣味了，从中可以看出大人物的率性——不管别人怎么看，我行我素，好像别人完全不存在。这里简洁的叙述文字，就是以这样的趣味动人。当然，抒情也是有趣味的，但一般说来，是情趣，而这里的趣味有一点好玩，好笑，有一点诙谐，可以叫作谐趣。阅读，除了学习语言以外，就是要接受趣味的熏陶。趣味丰富了，写作就有了源头。写作的源头并不一定是老生常谈的"生活"，生活只有与作者的情感和趣味结合起来，才有成为文章的可能，和作者的情趣没有关系的"生活"，从某种意义来说不是"生活"。中学生往往为没有东西可写而苦恼，原因不是没有生活，而是没有特别的情趣和谐趣。

在叙述完烧袁世凯名字这件事以后作者插入了一句："更有趣的是"，作者有意把趣味作为贯穿轶事的线索，这一点在这句过渡性的文字中流露了出来。

但是，本文的谐趣并不是世俗的滑稽、低级的搞笑，它包含着深邃的思想，诙谐得有深度，因为其中有思想的光辉、人格的坚定：

> 章太炎在世，常被戏称为章疯子。这疯没有任何贬的意思。他被囚时，有人奉袁世凯的命令，送钱给他，他先是一言不发，随后突然站起来，抢过钱往来人的脸上便砸，瞪圆了眼睛大骂："袁奴滚走。"

这就更能说明本文不太借助细节描写和抒情却仍然能动人的原因，不仅在于趣味，而且在于趣味中有藐视世俗、威武不屈的人格作底蕴。文章后面的两件轶事，更是达到了趣味和思想的水乳交融，更加突出了章太炎的任情率性，甚至是天真。被囚在狱，意欲脱逃，并购得火车票，同仁知其必败，相劝不成，设宴诱使纵酒狂饮，并以骂袁为酒令，结果虽然骂痛快了，却误了上火车的时间，越狱之事，不了了之。从这里，可以看出他既视死如归，又天真烂漫的真性情。在强敌面前是一块铁，在朋友面前却如一团棉，吃软不吃硬，心灵不设防。朋友正面规劝不成，便迂回取道，表面顺之，他就轻易中计上当了。其意态之坚定与心灵之单纯形成对比，其诙谐，其趣味，一片天真，不是为趣味而趣味，而是以生命为趣味，在趣味中见出纯真和纯洁。

作者的文字也值得注意，表现大学者，文章少不得用（包括引文中的）一些书面语，甚至古文，如"大诟""包藏祸心""并世""楷范""妄断""是非曲折""谈资""称帝""故事""轶事""雄风犹在""礼遇""囚徒""太炎殁""草一檄文""安得""逸言""倒戈""纵饮""大嚼"，等等。文言词语是比较雅致的，但文章的趣味并不单纯在雅，而在雅俗交融。这得力于文言雅语与现代口语词语的交织,构成了一种亦雅亦俗,雅俗交融的风格。作者用词在口语方面显然更加纯熟,更加得心应手,如"正经八百""眼红""大话""这是一场很好看的戏""到了章太炎这份上""不过瘾""伺候""送了命""砸""书呆子兮兮地""酒喝多了""骂袁也骂痛快了""上车的时间也误了""干脆",等等。

如果把这些古文词语统统换成口语词语,或者把这些口语词语统统换成古文词语,文章的风格、感染力度就会遭到破坏。

谐趣和理趣的交织

——鲁迅《自嘲》解读

关键词语（句）：翻身、碰头、破帽、横眉、俯首、冬夏与春秋

> 运交华盖欲何求，未敢翻身已碰头。
> 破帽遮颜过闹市，漏船载酒泛中流。
> 横眉冷对千夫指，俯首甘为孺子牛。
> 躲进小楼成一统，管他冬夏与春秋。

这是鲁迅自己的独白，又好像是自画像。在鲁迅的古典律诗中自我独白不仅仅是这一首，《自题小像》（1903年），也很著名：

> 灵台无计逃神矢，风雨如磐暗故园。
> 寄意寒星荃不察，我以我血荐轩辕。

这是一幅很庄重的自画像，充分表现自己在国运维艰之时慷慨悲歌的献身精神，用的是强化情感的、诗化的、崇高化的手法。《自嘲》也是一幅自画像，作者和表现对象都是鲁迅，和《自题小像》应该是一样的，但是一开头，却有些异样的感觉：

> 运交华盖欲何求，未敢翻身已碰头。

这明显不是把自我形象崇高化，不是表现自己的献身精神的，相反，他似乎在说自己运气不好，很倒霉，主观上本想改变处境，求得升腾发达，可惜很狼狈，碰得头破血流。这和《自题小像》相比，反差很大。这种反差不仅在思想情感上、自我评价上，而且在文风上。《自题小像》文风很庄重，可以说是自我的颂歌，而这首诗的文风却是自我嘲弄。《自题小像》用的是庄重的古代汉语，用了一系列经典作品中崇高的典故，如"灵台""神矢""寒星""荃""轩辕"等,而这首诗里,除了用了一些古代汉语的典雅词语以外,又用了一些现代汉语的口语词语,如"翻身""碰头"。口语词语是比较通俗的,古代文言词语是比较典雅的,二者混合使用,给人一种不太和谐的感觉。但这种不和谐之感,并不是鲁迅一时的笔误,而是有意为之的,因为下面两句,又出现了同样的情况:

破帽遮颜过闹市,漏船载酒泛中流。

"破帽"是口语,"遮颜"却是文言;"漏船"是口语,而"载酒""中流"却是文言。二者的不和谐更加明显了。艺术要追求和谐,不和谐一般是要破坏艺术效果的。但是读者读到这里,并没有感觉到艺术上的粗糙,相反却有一种奇特的趣味。这种不和谐也是有趣味的,不过这种趣味不是一般的抒情的趣味,而是另外一种趣味,叫作谐趣。在西方,这种谐趣属于幽默范畴。幽默,在语义上,恰恰是以不和谐见长的,这种不和谐,在英语里叫作 incongruity,意思是不和谐,不统一,在心理上诱发怪异之感。幽默感就从这种怪异感中产生。在这里,鲁迅利用不和谐,表面上是在嘲笑自己,但并不是真正在嘲笑,而是表现了自己对生活现实的一种姿态:即使如此狼狈,也无所谓。这里的不和谐,不但产生了趣味,而且产生了意味,在实际上构成了一种反语,也就是正话反说。这种反语,我们在鲁迅的幽默杂文中经常见到。鲁迅自己也说过,自己在杂文中,是"好用反语"的。在《阿长与〈山海经〉》中,长妈妈说,太平军把女人放在城墙上,让她们把裤子一脱,敌人的大炮就爆炸了。对这样的迷信,鲁迅说是"伟大的神力",这当然是不和谐的。这就是反语,无须解释,读者就能调动起自己的理解力,把其中省略了的意味补充出来,领悟出其中的幽默感。

从这些语词中,读者不难感到,鲁迅这首《自嘲》虽然采用的是诗歌体,而且是庄重的古典律诗的形式,但其中的用语和情调,却带着鲁迅杂文的风格。这种风格的特点就是用反语,用口语与古典雅语的交织,构成一种反讽的谐趣。

谐趣虽然是这首诗鲜明的风格,但并不是风格的全部。除了反讽的诙谐,这首诗还有一种庄重的深邃:

横眉冷对千夫指,俯首甘为孺子牛。

这不是反讽,而是抒情,但又不是一般的抒情,这是把抒情上升到格言,上升到哲理的高度上了。这两句是如此深刻,以至成为鲁迅精神两个方面(对敌、对友)的概括。这里的姿态就不是无所谓的,也不是自嘲的,而是十分严峻、十分坚定的。这样的语句自有另外一种趣味,我们可以把它叫作智慧的趣味(智趣),或者理性的趣味(理趣)。难得的是,这种理趣和前面的谐趣,并不是格格不入的,而是水乳交融的。因为前面无所谓的姿态是反语,而反语的内涵和外延是矛盾的,读者从潜在的内涵中领悟到了其中坚定不移的精神,也就不难过渡到格言式的义正词严了。

最后两句,又回到反语的诙谐上来:

躲进小楼成一统,管他冬夏与春秋。

除了"一统"略有文言色彩以外,全句几乎全用口头通俗词语。本来,古典诗歌格律产生于古代汉语单音词,严格的平仄和音节限定与现代汉语的双音和多音词有矛盾,但是鲁迅并没有回避现代汉语的口语词语,相反,倒是明显地回避用古代汉语的词语,例如前面说"漏船"而不说"漏舟"(平仄没有问题),这里说"躲进"而不说"躲入"(平仄亦没有问题),特别是最后一句"管他冬夏与春秋",则完全是大白话,不但音节上天衣无缝,而且在趣味上水乳交融。这样,鲁迅这首诗不但有反讽的杂文趣味,而且创造了亦庄亦谐的自嘲诗风。

非常巧合的是,周作人也写了以自嘲为主题的律诗,不过题目是"五十自寿":

前世出家今在家,不将袍子换袈裟。
街头终日听谈鬼,窗下通年学画蛇。
老去无端玩骨董,闲来随分种胡麻。
旁人若问其中意,且到寒斋吃苦茶。

半是儒家半释家,光头更不著袈裟。
中年意趣窗前草,外道生涯洞里蛇。
徒羡低头咬大蒜,未妨拍桌拾芝麻。
谈狐说鬼寻常事,只欠工夫吃讲茶。

诗也写得相当富于谐趣。特别是在以大白话入诗方面,并不逊色于鲁迅,在文言与白话交织的和谐上可能还比鲁迅更加纯熟自如。"出家""在家""袍子""袈裟""听谈鬼""学画蛇""玩骨董""种胡麻""吃苦茶""光头""咬大蒜""拾芝麻"等等,俗语和古典雅语浑然一体,可谓炉火纯青。当时左翼青年(包括胡风)对之大加挞伐,责难其"冷血""闲适",而鲁迅却看出其中"诚有讽世之意"。但是今天看来,和鲁迅的《自嘲》相比,在格调上就可能有较多的在闲适中陶醉的趣味,缺乏鲁迅那种"横眉冷对"的刚烈精神。

解读臧克家《有的人》

关键词语(句)：有的人、活着、死了、当牛马、野草

《有的人》同样是写鲁迅精神的,但和前面鲁迅自己写的《自嘲》有明显的不同。这是一首颂歌,是他人在鲁迅逝世以后写的。作者和萧红不同,萧红写鲁迅的生命在平凡中显出不平凡,而臧克家却集中在"死"上写鲁迅。

诗人的命意是鲁迅虽然死了,但他是不朽的。按这样的逻辑,他就抓住了构思的焦点,也就是把死和生作为对立面来展开。这种展开,只能是在想象中,因为如果不是在想象中,死亡和活着是无法自由转化的。

凡是诗歌大体都是想象的、虚拟的,但是这首诗歌想象的特点,却不是一般的描绘,或者直接的赞美,而是一种哲理性的想象。诗歌的副标题是"纪念鲁迅有感",诗人不是一般的歌颂鲁迅,而是把鲁迅精神转化为一种哲理,因此在想象中,鲁迅是虚化了的。他说"有的人",为什么不说"鲁迅先生,虽然死了,他还活着"？这样不是更为直截了当吗？直截了当是直截了当了,可是诗的意味却没有了。一切文学作品都离不开想象,但诗歌的想象和散文的想象不太一样,它不是诉诸特殊的个别对象的,而是以概括的、超越具体特殊的对象为特点的。惠特曼的《啊,船长,我的船长》,明明是写林肯的,但整首诗都没有提到林肯,而是以船长来象征他。这正是诗歌的特点。而惠特曼作为一个新闻记者,在写林肯总统遇刺的文章中,就写了诸多具体的事情和细节：

> 总统按时来到剧院,同他的妻子一起坐在二楼一个大包厢里看戏。这个大包厢由两个包厢合并而成,挂着国旗,很是隆重。这出戏……剧中的三个人都退了场,戏台上空了片刻。就在这时,刺杀阿伯拉罕·林肯的事件发生了。无论从哪一方面讲,其后果都是严重的……真正的谋害却是悄悄地、简简单单地发生了,跟最平常的事一样……从这嘈杂的声音中响起了闷闷的枪声;当时观众当中没有几

个人听见这枪声——但是顿时寂静了片刻——无疑出现了一种隐隐约约的惊恐情绪——然后在总统包厢里装饰着并隆重地挂着星条旗的空隙处突然冒出一个人;他爬上栏杆,在栏杆上站了一会,跳到戏台上(高度大概是 14 英尺或 15 英尺);他着地不稳,鞋跟绊到了挂满戏台的幕布(是一面美国国旗)里,一只腿跪倒了,定定神,站起来,好像无事一样(其实他扭了踝骨,不过当时没有感觉到)——于是这个叫布斯的凶手,身穿棉布黑衣,没有戴帽子,一头乌亮的头发,眼睛像野兽的眼睛闪烁着光芒和决心;他镇静得出奇,一手举起刀——挨近舞台灯向前走——把他那张具有雕塑美的脸正朝着观众,壁虎似的眼里闪着光,像是绝望又像是疯狂——喊出了"这就是暴君的下场",那声音坚定沉着——然后他不紧不慢地斜穿过戏台,到了后台不见了。①

如果没有这么多的细节,就不叫散文了。而在诗歌中,如果有了这么多的具体细节,也就不能叫作诗歌了。在惠特曼的诗中,林肯被刺被转化为一艘轮船的到达和一个船长的死亡,根本没有时间、地点、场景、凶手等等。如此集中有什么好处呢?

1. 寓意丰富而且深邃。船长是海洋民族文化传统中引导者的象征,引起的联想,和与大自然搏斗的种种凶险联系在一起。有这样一个集中的焦点,或者叫作核心意象,就能达到凝练的效果。但如果一味停留在这个核心意象上,又可能太单调、太贫乏了。要尽可能使形象丰富起来,但丰富不是无序的,要在丰富中求统一。如果丰富的细节离开了船长这个核心形象,就可能变得杂乱无序。这首诗中相当丰富的细节系列,都是从船长这一核心意象中派生出来的。

2. 形象集中,所有的形象都统一在船长身上,由船长引发联想。第一联想系列是船长的职能(航行胜利的代表):码头、海港、海岸、人群、千万只眼、欢呼、钟声、旗帜、军号;第二联想系列是船长作为一个人:甲板、抛锚、倒下、鲜血、心、嘴唇苍白、躯体冷却、感觉不到手臂、死亡。

这两个系列的意象之所以显得集中而不芜杂,就是因为它们都是沿着船长的相近联想的渠道自然而然派生出来的。

从形式上来说,这首诗两个意象群相互之间不是游离的,而是有机联系的,自在一种相互补充和相互推动的关系之中,这样就达到了艺术形式要求的丰富而统一。在这种有机结构中,意象的派生和情感、思想的延伸达到了高度的同步。

臧克家的《有的人》,在这两方面和惠特曼的《啊,船长,我的船长》是一致的:

1. 它也是通过想象,把情感高度集中在一个焦点上。不过这个焦点,不像惠特曼那样集中在一个人物、一个场景上,而是集中在一句话上——"有的人"。而且每一节都重复两次,读者是不是感到重复甚至啰唆呢?这可以成为一个讨论的问题。应该说,读者根本就没有感到啰唆,因为同样是"有的人",前一个和后一个,内涵是对立的,其特点可以概括为"同语对立"。作者把鲁迅那么丰富的精神集中在了一个焦点上,也就是和人民的关系上。而人民是一个政治概念,是和敌人相对的。

2. 臧克家的这个同语对立很有特点,似乎是矛盾的悖论。这对矛盾,是关于死和生的,在字面上的矛盾是显而易见的,但是并不妨碍二者的自由转化:

> 有的人活着,
> 他已经死了;
> 有的人死了,
> 他还活着。

这是自相矛盾的,在逻辑上是不通的。但是如果要把它改成合乎逻辑的话语,例如,"有的人活着,但因为他与人民为敌,所以他实际上已经死了;有的人虽然死了,可是他为人民的幸福而献身,所以他仍然活在人民心里。"这样还像诗吗?一点诗意都没有了。情感和理智是有区别的,具体到这首诗来说,是逻辑的不同。从理性来说是自相矛盾的,但在表达情感方面却是十分强烈的:只要是为人民的幸福而奋斗的,就是不朽的。

这个核心,这个焦点,是很生动的,但是如果光停留在这一点上,也可能很单调而且可能流于抽象。接着诗人还要完成两项任务:一是把这个思绪在形象的可感性上延伸下去,让它有血有肉,形象更加丰满;二是让这个形象更加明确地和鲁迅结合起来,因为关于死和活,只是一般的哲理,而副标题是"纪念鲁迅有感"。

> 有的人
> 骑在人民头上:"呵,我多伟大!"
> 有的人
> 俯下身子给人民当牛马。
>
> 有的人
> 把名字刻入石头,想"不朽";
> 有的人

情愿作野草，等着地下的火烧。

有两处，让读者感到是歌颂鲁迅精神的。"俯下身子给人民当牛马"，令人想到鲁迅《自嘲》中的"横眉冷对千夫指，俯首甘为孺子牛"；"情愿作野草，等着地下的火烧"则明显与鲁迅在《野草·题辞》中所说对应：

我自爱我的野草，但我憎恶这以野草作装饰的地面。
地火在地下运行，奔突；熔岩一旦喷出，将烧尽一切野草，以及乔木，于是并且无可朽腐。

全诗构思非常严密，原因在于其中存在着双重对比，每一节的前两句和后两句，大都是均衡的对比（有分号为标志）；而前半部分与后半部分，又是一种逻辑的对比：

骑在人民头上的，
人民把他摔垮；
给人民作牛马的，
人民永远记住他！

把名字刻入石头的，
名字比尸首烂得更早；
只要春风吹到的地方，
到处是青青的野草。

这里不但阐释了死了的人为什么还活着，而且提供了感性的形象（石头、野草）。细心的读者可能会发现，后面这一节的最后两行，并没有像前面那样，遵循对称的章法。"只要春风吹到的地方，到处是青青的野草"虽然不对称，但读起来，更觉顺畅。这是因为，统一固然能给人匀称的美感，但一味统一，又可能造成单调、呆板之感。在这里，臧克家有意打破读者的预期，以统一中变化的出奇制胜给读者以意外的惊喜。

最后一节：

他活着别人就不能活的人，
他的下场可以看到；
他活着为了多数人更好地活着的人，

群众把他抬举得很高,很高。

这里的最后一个对比,不但形象比较顺畅,而且思想也比较鲜明。这首诗的思想倾向有着鲜明的时代烙印。当时新中国成立才一个月,诗人宣传的是当时的主流意识形态。首先是政治立场的选择,和"人民"站在一起,还是和"敌人"站在一起? 其次是选择了人民立场的个人,应该是卑谦的,只有卑谦的人,无条件献身事业的人,才可能是伟大的;反过来说,如果一味追求个人的杰出或者伟大,则可能变成反动的敌人。这种思想是不是有点绝对和武断? 与现今时代我们对人的理解是不是完全一致? 可以讨论。是不是应该一概抹杀个人的追求? 有个人的追求是不是一定就会走向反动? 这也是可以讨论的。

还有一点可以推敲,就是这首诗有两处语言是不是显得不够精练? 例如,上面这一节中的"他活着别人就不能活的人"和"他活着为了多数人更好地活着的人",都可以认为缺乏提炼。至于在当中还有一节:

有的人
他活着别人就不能活;
有的人
他活着为了多数人更好地活。

同样的意思重复了两次,而且并不流畅,这是应该避免的。臧克家早期是以讲究文字提炼著称的,但是在这首著名的诗中,却不太注意话语,可能是受当时风气的影响,为了把思想说得更鲜明一些,不惜牺牲艺术。

注:

① [美]瓦·惠特曼《惠特曼散文选》,张禹久译,湖南人民出版社1986年版,第90—92页。

"愚公"还是"智公" "智叟"还是"愚叟"
——解读《愚公移山》

关键词语(句)：愚公、智叟

阅读本文要注意四点：

第一，这是一篇寓言，是虚构的，不是历史的，也不是有关地貌变动的描述，其中有关山脉位置的变迁，都是想象。

第二，虽然是虚构、想象，但并不是随意的，是有一定的分寸的。故事的可信性可以用太行山、王屋山的现今位置印证，正如"夸父逐日"中的"邓林"，要以河南、湖北、安徽三省交界处大别山中的"邓林"来印证一样。愚公移山的故事不过是对这两座山为什么在这个位置上的一种解释，作者没有把这两座山搬到任何别的地方去的自由。

第三，无限的人力胜过有限的山，这是一种情感、意志，但在实践中是不可能的，这个漏洞，作者在文章的最后用了一个幻想的"操蛇之神"把它堵住了。

在与智叟辩论时，从理论上说，愚公有相当有力的论据，就是他的劳动力（"子子孙孙"）是"无穷匮"的，而两座山的体积却是有限的（"山不加增"），以无限胜有限，只是个时间问题。河曲智叟似乎是理屈词穷，弄到"亡以应"的程度。

第四，这只是在口头辩论上一时的急智，与其说是愚公理论的胜利，不如说是智叟一时的语塞。因而作者并没有把愚公这套理论付诸实践——以愚公的儿孙辈移山的实践来证明其正确。相反，故事到了最后，作者并没有安排愚公把山移走，这说明作者意识到愚公的移山壮志在实践上是行不通的。他的胜利，不在实践，而在精神。作者让操蛇之神害怕了（"惧其不已"），报告了天帝，天帝被愚公的"诚（心）"感动了（"帝感其诚"），命令两个大力士把山搬走了。

这说明，故事的主旨并不在于移山的实践，而在于移山这样的顽强意志。

故事留下了一个疑问，既然是神话，超越现实的想象，为什么不让愚公用实践来证明自己呢？这就让我们感觉到，即使是幻想，也不能太自由，还是要受现实的一系列限

制。首先,河曲智叟提出的问题,和愚公妻子提出的问题是一样的。妻子的话是:

> 以君之力,曾不能损魁父之丘,如太行、王屋何?

河曲智叟的话是:

> 以残年余力,曾不能毁山之一毛,其如土石何?

人力之渺小和大自然的宏大不成比例,并不是没有道理。但愚公并没有切实回答这个严峻的问题。对于智叟提出的把山往哪儿放的问题,他也没有认真思考,就听从了乱纷纷的、七嘴八舌的议论("杂曰"),说是把它丢到渤海里去,就匆匆忙忙地动工了。这是不是有可行性呢?是不是可持续发展呢?愚公没有考虑。其次,只凭手工业式的工具("担""箕畚")能够把山移走吗?这个问题,甚至没有人提出。再次,自愿参加的人数是有限的,只有自己的子孙和极少数志愿者(邻居的孩子)。这就说明劳动力并不如愚公和智叟辩论时所说那样"无穷匮也",而是有限的。而且,这样的组织形式,子子孙孙看不到有任何经济效益,能够长期坚持吗?

正是因为这样,作者最后,也显示了对愚公的保留,不是让愚公,而是让神力把山移走。

可见理解本文不能不从语言上分析两个关键词:愚公、智叟。

作者把决心挖山的"正面人物",叫作"愚公",把"反面人物"叫作"智叟",含有比较丰富的意蕴。其中至少有两层意思。第一层,从表面来看,愚公是不愚的。他的顽强意志是光彩的,不但对大自然坚持不懈地搏斗,而且在世俗之见面前也不动摇。这是充满诗意的,这和我国的谚语"世上无难事,只要肯登攀",和马克思说的"只有不畏艰险的人,才有希望登上光辉的顶点"是异曲同工的。

毛泽东以愚公移山为喻,号召人们以愚公式的矢志不渝的精神,完成中国革命的历史大业。同时也指出,愚公因为感动天帝而获得了胜利,而中国共产党要感动的天帝是人民,只要有了人民的拥护,不管什么样的大山都不在话下。

从坚信人的精神力量这一点上讲,愚公是很有智慧的,可以叫作"智公"。叫他"愚公",是一种反语,应该是打上引号的。文章并没有打上引号,可能是因为我国古籍原本一概没有标点符号,即使作者有讽喻的意图,也无从以标点符号来表达,而在二十世纪初新式标点发明以后,标点者也不敢随意把自己的理解放到经典文献中去。与愚公相对比,智叟不相信"人定胜天",是不智的,应该叫"愚叟",叫他"智叟"是一种反讽。

从这里可以看出,作者给自己作品中的人物取名字的时候,就包含着对世俗观念的讽喻。

第二层,"愚"与"智"之间从不同的角度分析,是不难转化的。作者虽然反讽,但倾向是明显的,"愚"者叫作"公",而"智"者叫作"叟"。"公"是老公公,"叟"是老头子。文字上的微妙含义不可忽略。

象征和系列意象
——解读高尔基的《海燕》

关键词语(句):歌唱、大笑、争鸣、预言、欢乐、自由、乌云、雷声、暴风雨

《海燕》以象征的手法赞颂革命精神。"海燕"本身就是象征。象征和比喻,特别是暗喻,表面上差不多。但实际上,区别很大。

不论明喻还是暗喻,有一点是相同的,就是都出现了本体。而在《海燕》中,虽然读者感到,这是暗指革命家大无畏的精神,但就是没有出现"革命家精神"这样的字眼,全文从头到尾都是在描绘海燕在暴风雨中翱翔,其中的思想和意味全由读者去想象。喻体单独出现,这就是象征的特点。

海燕的形象内涵,有以下几点值得分析:

第一,它被安置在大海与天空之间,这就为豪迈的情感提供了辽阔无垠的空间。

第二,在天空与海面之间,有乌云和海浪,这就意味着危机和凶险。

第三,海燕在这样充满凶险的空间中,从天上到海上,不但运动的幅度极大,而且极其迅猛,暗示海燕具有强劲的力量。

第四,海燕像黑色的闪电。黑色在西方,本来是和丧服联系在一起的。用黑色,而不是一般革命文学中常见的红色来表现革命,说明高尔基敢冒旧世界之大不韪,即使被视为恐怖也无所谓。同时他把黑色和闪电联系在一起,又赋予了光明的性质,比喻比较新颖,有点"陌生化"的效果。但又不牵强,原本"黑色"和"闪电"是矛盾的,但是在俄语里,"海燕"这个词"буревестник"包含着"буря(暴风雨)"和"вест(光)"的词根,是个复合词,因而不论在内涵上,还是在语言上,都相当统一。

第五,这种矛盾因为海燕的叫喊声,在对立中展开。一方面是乌云从海燕的叫喊声中,听到了欢乐;而另一方面,海鸥、海鸭、企鹅则相反,它们听到的是恐惧。从这里,读者可以看出来,乌云象征着孕育革命的风暴,海燕则象征着呼唤革命高潮到来的革命战士。而海鸥、企鹅、海鸭共同的特点是对革命高潮到来的恐惧。海鸥、企鹅、海鸭以弱者的姿态出现,这种弱者,不仅是躯体上的衰弱,而且是精神的侏儒,所有这一切都是为了衬托海燕作为强者的精神力度。

有了这样的对比,本文的思想和形象脉络就比较清晰了。但意象和情绪还远远谈不上丰富。为了让形象和思想在丰富中深化,高尔基把海燕的意象和它的背景意象在几个方面都进行了派生。这种派生大致可以分为三个系列:

1. 从海燕的飞翔派生出了海燕的歌唱,这就点题了,因为俄语的原文标题就是《海燕之歌》。从有声的"歌唱"又派生出:"大笑""高叫""跟狂风争鸣""发出胜利的预言"。

2. 从海燕的心情(最初是"高傲")派生出了:"欢乐""自由""从雷声的震怒里早就听出了困乏"。

3. 从暴风雨派生出了:"乌云""海浪""雷声""狂风"巨浪被"摔成尘雾和水沫""乌云,像青色的火焰,在无底的大海上燃烧""闪电箭光""火蛇""怒吼的大海"。

所有这一切集合起来,就顺理成章引出了最后的呼喊:"让暴风雨来得更猛烈些吧!"情绪、思想都在这个焦点上凝聚,意象的派生系列也得到了有机的统一。

附：

《水浒传》里的英雄观

《水浒传》是我国古典文学四大名著之一。成书的时候,远在元末。从那时到现在,几百年过去了,人们的生活和趣味经历了翻天覆地的变化,但《水浒传》仍然家喻户晓,其中的人物深受当代读者的喜爱。前些年,《水浒传》还被改编成电视连续剧,有相当高的收视率,这充分说明《水浒传》具有不朽的艺术感染力。

《水浒传》上百万字,光是"英雄"就写了一百零八个,此外,围绕着他们跑龙套的人物至少还有几十个。上至将门之子、高级军官,下至市井小民,乃至牢头、无业游民,开黑店的、小偷、无赖,当中还有殷实富户、县衙官员、巡捕、都头,等等。每个人都有自己的遭遇和命运,都有不同的性格,走着自己选择的生活道路。这么多人物却并不杂乱,他们结合在一起,构成一个有机的思想和艺术的整体。这是因为有一条思想线索贯穿在每一个人的命运之中,简单地说,就是"逼上梁山"。

这些人物没有一个生来就打算造反的,他们最初都力求能过上安安稳稳的小日子,当个守法的顺民,都有一种回避上梁山造反的倾向。但却有一股莫名其妙的力量把他们逼上了造反的、叛逆的,在当时看来是大逆不道的道路。

《水浒传》人物中最早出场的是高俅,他是十足的市井无赖,起初和王子踢球,后来这位王子当了皇帝,他就当上了太尉(国防部长)。金圣叹认为,这样安排意味着"乱自上起",如果直接从《水浒传》英雄写起,就是"乱自下起"了。这可能是有一定道理的。

《水浒传》英雄谱中,最早出现的是林冲。他本来是首都军事学院的领导,社会地位很高,待遇优厚,又有贤惠的妻子。这个上层人物本来是比较保守的,即使妻子被顶头上司调戏了,他也决计逆来顺受。自己被冤枉了,判了刑,发配沧州去劳改,还差一点被公差暗害,幸亏鲁智深救了他,但他还是不想远走高飞,还乖乖地重新戴上枷具,继续他的流放路程。直到他知道妻子被逼死,上司又派人火烧草料场,要置他于死地时,他才义无反顾,一反到底。《水浒传》中有好几个级别不算太低的军官走上造反的道路,不管命运和性格与林冲有多大不同,都有"逼上梁山"的特点。鲁智深倒是本来平平安安地当他的"提辖"。他后来造反,完全是主动的,似乎没有什么人来逼他。他的主动出击,是出于路见不平,碰上了恶霸公然欺侮弱者的事情。但只要他拔刀相助,就不能不与官方对抗,除了被逼到梁山上去,没有别的生路。同样是军官,杨志以"三代将门之子"而自豪,本来是十分仇恨梁山的,但最后也阴差阳错上了梁山。原因是他负责押解的"生辰纲"被劫了。这本是一个责任事故,但这只是表面原因,背后还有原因的原因。为什么"生辰纲"会被劫呢?因为它本身就是贪官刮来的民脂民膏。《水浒传》的作者对劫走生辰纲的"强盗",不但没有丝毫的保留,相反充满赞赏之情,细致地表现了他们的智慧(所以回目上叫作"智取生辰纲")。从这里,读者不难从一个侧面看到社会贫富悬殊、民不聊生的情况。正是在这个前提下,我们才能理解为什么大刀关胜、双鞭将呼延灼、霹雳火秦明、小李广花荣等上层军官虽然被动地上了梁山,却仍然得到了作者(同时也就是读者)的同情和赞美。

所谓"乱自上起",就是中央政权的腐败必然把人"逼上梁山"。

当然《水浒传》如果仅仅表现"乱自上起",也可能比较肤浅。幸而它表现得更为彻底的是上梁不正下梁歪,这便必然引出"乱自下起"。《水浒传》似乎没有刻意强调是绝对贫困逼得百姓无以为生,而更多的是在表现基层政治权力腐败、贪官横行的现实。法制本来就是为富豪服务的,而贪官与土豪勾结,超法制的黑箱操作普遍盛行,构陷冤狱,暗无天日。百姓欲哭无泪,投诉无门,除了暴力反抗以外,别无选择。解珍、解宝兄弟的故事可能是最典型的"乱自下起"。不仅因为他们是《水浒传》中为数不多的劳动者出身(猎户),而且因为他们在官司中是极其无辜的。他们幸运地打了一只老虎,老虎滚落到地主毛太公家的园子里,他们居然就因此而遭受牢狱之灾。最后,终于酿成一场弱势群体的联合起义。这充分展示了"逼上梁山"更为深邃的含义。

"乱自上起"和"乱自下起"的结合,使北宋王朝的统治陷入了风雨飘摇之中。正是因为这样,官兵与梁山作战几乎每战必败。

就是在这种起义的烽火的背景上,《水浒传》展示了一条英雄人物画廊。

这些英雄人物都有中世纪传奇英雄的特点,拥有某种超人的绝技或者神勇。有的还有点神化,比如入云龙公孙胜甚至有点神秘的道术,宋江还得到过九天玄女娘娘的天书。在今天看来,这些显然是不科学的,甚至还有迷信的嫌疑。但是,用历史眼光来看,这在当时,不过是善良百姓天真的想象。这和一开头以张天师误走妖魔来解释《水浒传》一百单八将梁山泊风云际会的因果一样。如果过分拘泥,可能妨碍我们把握英雄人物形象的实质性含义。《水浒传》中的英雄和后世小说中的英雄的最大不同是,他们虽然有超人的神勇和体力,却并不是神仙,而是普通的凡人。那些刻画得最生动的英雄往往是超人和凡人的结合。例如武松,他是打虎英雄,他的神力绝对是超越任何凡人的,但他并不是事先就有为民除害的意图主动去打虎的。相反,他打老虎似乎是偶然碰上的,甚至可以说,是他犯了一系列错误的结果。起先,他不相信店家的警告,以为人家要赚他的住宿费。接着,看到县政府的布告了,本来完全可以理性一点,回到店家去。但是,他又觉得会给人家"耻笑"。为了面子,他宁可冒生命的危险。后来,走了一段路,觉得没有老虎,酒意又涌了上来,居然想睡觉。这可是有点麻痹大意。结果老虎真来了。他用的并不是无懈可击的方法,以超常的爆发力,把老虎打死了。这时,他想把老虎拖下山去,卖几个钱。没想到,活老虎打死了,死老虎居然拖不动。在这最后关头,他不得不比较理性了,还是赶快下山去罢。快到山下时,又发现两只老虎,他的想法竟然是,此番"罢了"。意思是这下完蛋了。所有这几个情绪层次的变化,武松的表现都和平头老百姓差不多。《水浒传》的伟大成就就是,发现了哪怕是具有超人神力的英雄,他的情感也不是超人的,他是实实在在的凡人。

懂得了这一点,就不难理解《水浒传》第一号英雄人物宋江了。这个人物,是所有梁山英雄无条件崇拜的对象,不管什么人,一听"宋江""纳头便拜"。他的名声和威望,给人一种感觉,完全是超人的、神化了的。但他又是一个比较现实的人物,他走向梁山的道路是最曲折的。他比任何英雄人物都表现得更犹豫、容易动摇,甚至在江州,上了法场,被众兄弟劫出来以后,他还在半路找借口回家了。直弄到差一点丢了老命,他才肯上梁山。

《水浒传》为什么要把他当作绝对崇拜对象?因为他代表一种社会人格理想——仗义疏财,也就是富裕者主动把多余的财富奉献出来,消灭社会上财富的不平等。可又为什么要把他写得那么容易动摇?因为梁山英雄中只有他感觉到在"聚义厅"大碗喝酒、大秤分金银,只是暂时的,而不是最后的出路。从这一点上看,他是梁山泊上最清醒的一个。他为梁山设计的出路是打辽国,用民族矛盾来缓和阶级矛盾。这当然也是空想。这就注定了他和他的兄弟们最后走向悲剧的结局。

有些学者认为《水浒传》是"农民起义的史诗",有人认为这种说法并不一定很准确,因为梁山泊上,除了阮氏三兄弟、解珍、解宝兄弟以外,没有一个是农民。当然,梁山泊的平均主义理想有小生产者的特点。从这一点来说,反映了农民起义的某些特点,是不错。但是,其主要成员为城市贫民和无业游民,又使《水浒传》英雄带上了帮会的特点。武松以为民除害、除暴安良为务。但是,他衡量"暴"和"良"的标准是混乱的,不清醒的。他杀死西门庆、张都监,不错,是除暴安良;他醉打蒋门神,是除暴;可是他扶持的施恩,和蒋门神却并没有本质的区别,也是借助自己父亲的权势,在快活林收取"保护费"的。杨志上梁山要杀一个客商,他就在山下等待倒霉鬼。这明显是妄杀无辜。崇拜宋江的李俊是英雄,他自己承认,在当地,他和李立是一霸,穆弘、穆春是一霸,张横和张顺是一霸。他非常自豪地说"以此谓之三霸"。菜园子张青夫妇,开的是黑店，差一点把武松杀了拿来做人肉馒头馅儿。李逵在江州劫法场，杀人杀得兴起，居然对法场上的看客也"排头砍去"。如此等等，都说明了农民起义（或者市民暴动）的破坏性，这也是中世纪传奇英雄的残暴性。作者在竭力赞美他心目中的英雄的时候，并没有盲目抹杀这一点。这正是《水浒传》的深邃之处。我们在阅读的时候，不能随意忽略过去。

《水浒传》有多种版本，通行的有一百二十回本，还有七十回本（开头有一回"楔子"）。七十回本是金圣叹改动过的。他把一百二十回本中众英雄上梁山以后，受朝廷招安去抗击辽国入侵，然后攻打方腊起义军，最后走向灭亡的过程全部删除了。金圣叹删节的目的是出于对起义军的偏见，不让他痛恨的叛逆得到归顺朝廷的名分。但这却歪打正着，对《水浒传》的流传做了一件好事。因为后面的五十回在艺术上比较粗糙，尤其是正规的马战场面，似乎不是作者所长，不见精彩，又多有重复。直到今天，比较流行的，读者比较认可的还是金圣叹改动过的七十回本。

前几年电视剧《水浒传》的编剧和导演受到阶级斗争思想的影响，把宋江和晁盖人为地对立起来，硬派宋江作为"投降"路线的代表，演员甚至为宋江设计小碎步，完全忘记了宋江是当时平均主义理想的英雄，把宋江的形象弄得不伦不类。特别是在投降朝廷以后，电视剧刻意删去了梁山众英雄先去进攻屡犯边境的辽国的环节，改成直接攻打方腊起义军。本来《水浒传》作者的意图是以民族矛盾来缓和阶级矛盾的，这么一改，宋江带领梁山英雄的合法性和权威性就完全没有着落了。故在改编为电视剧的四大名著之中，《水浒传》改编是最不成功的，引起了极大的争议。

第四章 童心、童趣和心灵宝库

前言：贴近混沌初开的心灵的精彩

童心童趣是中学文本分析的核心范畴,这已经成为耳熟能详的常识,但是,朱光潜先生说,熟知非真知,对于童心、童趣说得越多,真正的理解却有越少的迹象。原因在于,第一,读者总是以成人的感知、心态,以成人的话语看文本,而不能从平常的字眼如"乐园",如"有趣",如"真的""假的"中感到童年那有限经验的、混沌初开的心灵的精彩。第二,读者习惯于成人的现实感,忽略了童心的想象,很难在超越现实的假定中,享受真切的感动。在作文教学中,广泛流行的所谓"真情实感",其实,对于儿童来说,是不到位的,离开了儿童的想象、幻想,是谈不上童趣、童真的。童真和儿童想象的假定性是密不可分的。第三,读者缺乏文体感,对于童话等文体的特殊性视而不见,习惯于用分析小说的办法分析童话,其结果是南辕北辙。童话文体的特点和小说文体不同,主要是人物的类型化,而不是个性化,其针对性,是人类普遍的弱点,也就是思想倾向的概括化,这是应该特别引起注意的。

还原法分析和关键词解读
——解读《从百草园到三味书屋》和《阿长与〈山海经〉》

关键词语(句):乐园、无限的趣味、宿儒、阿长、特别的敬意、伟大的神力

中学语文教学最大量的时间花在作品分析上,但是,分析的有效性却令人悲观,原因在于,第一,流行的文学和语言学的观念,在根本上是落伍的,远远落在当代文学理论和文学史研究成就之后;第二,方法,在根本上是错误的,实际上是从表面到表面的滑行,造成大量的庸人自扰。目前的任务的严峻性不仅仅是观念更新,而且在于把哲学的分析方法转化为可操作的具体方法。

大家都反复声言要对作品进行分析,但却往往满足于作品与对象之间的同一性。分析的对象是矛盾和差异,如果连矛盾都没有,没有揭示矛盾的具体办法,还谈什么分析呢?还原法,先要解决的问题是,如何揭示矛盾,然后才是如何进行分析。

从宏观理论上谈问题,肯定是远水救不了近火,本文仅以两篇鲁迅作品的"分析"来展示这种方法。

一、《从百草园到三味书屋》解读

首先提出一个问题,在这篇课文中,有什么东西是有可讲性的,也就是值得分析分析的。许多时候,在中学语文课堂上,我们都不知道要讲些什么。经常发生的情况是,该讲的不讲,不该讲的大讲特讲,有时更无谓地制造难度,把本来很简单的问题复杂化,白白浪费了自己的和学生的生命。为什么会对明明有可讲性的地方,视而不见?很大程度上是因为,忽略了语言的人文性。没有把语言和人物、作者的精神生命结合在一起来解读。许多教师对于海德格尔的"语言是存在的家园"这个经典命题并不太陌生,但是,并不真正理解"存在"是什么意思。存在,在英语里,就是being,也就是人,人的生命。没有弄清楚这一点,难怪在教学实践中稀里糊涂。我们读懂作品不能满足于字、词、句、段、篇的解释,因为阅读不光是为了文字,也是为了读懂作者和人物的生命,他们内在的精神和情感。这一切都不是抽象的,而是在非常具体、非常灵活的语言

中的。我们的中学语文教学最大的弱点,往往是读懂了文字,却没有读懂作者在特殊语境中的心灵,因而,从根本上来说,也就谈不上可分析性。

从哪里找出可分析的矛盾性?

应该是从语言出发,甚至也可以说是从语词出发,这没有争议,但有两种可能:一是,纯粹的工具性,讲字词句段篇。当然不能说这没有必要。但是光停留在这一点上,则可能画地为牢,得言忘意。

另一种可能是,从语言的工具性上深入一步,对语义进行分析。要注意两种不同的情况:一种是科学性的,语言的工具性,讲究用词的准确和规范,字典语义是共通的、稳定的;另外一种,是超越字典语义规范的,表面看来,甚至有可能是违反了语言规范的。因为它带着非常强烈的个人的、临时的感情色彩,这种语言的性能和语义不像字典语义那样是共通的,而是在具体语境中,个人化的。正是从这种个人化的运用中,我们能够辨认出作者和人物的个性和深层的、潜在的情感。我们所说的语言的人文性,大体说来,就是人的精神的载体,不是一般的、抽象的人,而是个别的、特殊的人,以超越常规的语义表现自己丰富的精神。

(一) 找到关键词语,抓住工具性与人文性的差异和矛盾,看特殊的心灵奇观

并不是在所有的语句中,都充满了这种超越常规的、瞬时的语言。如果所有的语词都是个人化的,都富有作者临时的、在特殊语境中赋予的意义,读者就很难理解了,作者和读者之间就很难沟通了,就像我们在一些前卫性很强的诗歌中看到的那样。在经典散文里,这种超越常规的情况,只是在一些局部的、关键的词语中,表现得特别明显。正是在这种地方,隐藏着作者和人物的心灵密码,也正是在这里,显示出语言的精妙。

比如,在《从百草园到三味书屋》里,"乐园"这两个字,在许多教师那里,可能觉得没有什么可讲性,因为在他们心目中,它只有一种含义,那就是写在字典里的那种意思,这样就没有什么矛盾可以分析。但是,没有矛盾,没有差异,就无法进入分析的层次。关键不在于要有矛盾,而是如何把矛盾揭示出来。因为,一切经典文本都是天衣无缝的,矛盾不在表面,不是现成的。得有一种具有操作性的方法把矛盾揭示出来。

我们在分析《荷塘月色》和《再别康桥》的时候,曾经提出一个方法,叫作"还原法"。

首先要从文学语言中"还原"出它本来的、原生的、字典里的、规范的意义,其次把它和上下文中,也就是具体语境中的语义加以比较,找出其间的矛盾,从而进入分析的

层次。

按原生语义,乐园,令人想到美好的天堂,至少是风景极其精彩的地方吧。如果是一个荒废的园子,"只有一些野草",把它当作"乐园",可能会给人以用词不当的感觉。但是,鲁迅在开头第一段就强调说:百草园,"不过只有一些野草,但那里却是我的乐园"。这里关于"乐园"的特殊理解和运用,正透露了一个孩子的童心,离开了孩子天真的心灵是不能得到解释的。这里的乐园,具有双重含义,一重和字典里的含义有关,肯定是一种美好的场所,但同时还有另外一重含义,用来形容一种并不美好的场所,但可以和读者分享童年美好的回忆。

从符号学的理论来说,这就是所谓能指和所指之间的矛盾和转移。关于符号学,也许有些教师并不陌生,有些理论家讲起来,更是滔滔不绝,但是,一到具体文本,我们有些同行就有点捉襟见肘了。

福州市有一位小学生,写了一篇作文,题目叫作"过了一把当班长的瘾",写的是他们班主任想出来一个很好的主意,让每个同学都当一天班长。全文就是他当班长的兴奋和趣味。但老师却在评语上说,当班长的"瘾",不妥。瘾,是贬义词,和烟瘾、酒瘾联系在一起。轮值当班长本是为同学服务,也是锻炼自己。老师建议小作者要正确用词,应该先查查字典。最后还批评小作者的文章"缺乏童趣"。这真是有点滑稽了,"过瘾",恰恰是最有童趣的地方,你把人家批了一顿,又回过头来问人家要童趣,这不是骑在马上找马吗?语义,尤其是在抒情性语境中,具有无限潜在的能量,日常交往和写作的最佳效果就是对这种潜在能量的发掘,学生凭着语感和直觉,并不难做到。教师的任务,是帮助学生发挥自由直觉,而不是扼杀。

这个批语,在理论上的根源就是单纯工具论的流毒。工具论把语言当作客观事物本质的反映,当作思想的"物质外壳",这就难免造成一种错觉,以为语义是本质的唯一表现,这就必然把语言的人文性、文学语言的个体性忽略了。我们的汉语,字典意义和具体语境中的语义(或者所指),并不完全重合。字典里的意义非常有限,而在具体上下文(语境)中的语义,却因人而异,因事而即时生成。可以毫不夸张地说,在无限多样的语境和人物身上,同一语词所能表达的意义是无限的。正是在这无限多样的语义中,我们领悟到的不是在不同的人手里性能相同的工具,而是因人而异的情感记忆的唤醒和超越语言的心照不宣的共悟。

心照不宣是自动化地把许多逻辑层次省略掉的,因而给人一种不言而喻的感觉。但是这种心领神会之处,恰恰是可讲性的所在。这里包含着语言和人的精神的奥秘。

鲁迅在文章中说这里有"无限的趣味"。"无限"和"趣味",就有矛盾,就有可分析性。

　　在一般情况下,"无限的趣味",让人想到的,一定是十分奇特的、罕见的、美妙的事物。但是,鲁迅明明说,这里只是菜畦、石井栏、皂荚树、桑葚、蝉、黄蜂、叫天子,可以想象,成年人肯定觉得没有什么趣味。觉得这一切有趣的人是什么样的人呢?他有什么样的心灵特点呢?要说蟋蟀弹琴、油蛉低唱有趣,倒还可以理解,但是,鲁迅却说,"翻开砖来,有时会遇到蜈蚣;还有斑蝥"。这一切,都是有"无限趣味"的证据。我们把它还原一下,在成年人心目中,蜈蚣是毒虫、斑蝥的俗名叫作放屁虫,和"乐园""趣味"不但没有关系,反而是很煞风景的,而鲁迅却特别强调它放屁的细节,"用手按住它的脊梁,便会啪的一声,从后窍里喷出一阵烟雾",这算什么"趣味"呢?还要说"无限"!是不是应该改成:"虽然有点可怕,但是在我当年看来,还是挺好玩、挺有趣味的。"这样一来,从表层语义来说,好像是用词更恰当了,但是,从深层的含义来说,却是大煞风景了。因为,这样一来,就没有孩子气的天真、好奇和顽皮了,而是大人的感觉了。

　　在教学过程中,如果满足于把语言当作工具,那么只要学会准确运用"趣味"这两个字就可以说是完成任务了。但是,要体会到"趣味"这两个字在不同人的心灵中有无限丰富的差异,就不太容易了。语词并不是抽象的概念,而是唤醒读者感觉和经验,进行对话和交流的符号。如果光把语言当作硬邦邦的工具,就没有办法完成唤醒读者经验的任务,也就无法让读者的想象参与创造,难以让读者受到感染。

　　读者光凭语感、光凭直觉就能感到,在这开头两段里,就是这两个关键词(组)最为传神。传什么神?孩子的心灵之神,这种神,就是天真的、顽皮的、对世界经验很少的、对什么都感到好奇的童心。这并不是大人的乐园,而是孩子的乐园。不是一个物质意义上的乐园,而是心灵的乐园。明明不是乐园,之所以成为乐园,是因为在这里活跃着一颗童心,洋溢着儿童的趣味。

　　如果仅仅从字典意义上去理解这趣味,就是从成人意义去理解,就没有乐园可言了。

　　语言的人文性并不神秘,它就在这样平凡的词语中。

　　拘执于工具性的特点,就是把"乐园"和"趣味"孤立起来。这样,自然没有什么可讲性。而兼顾人文性,就是紧紧抓住具体的人,瞄准人的年龄和经历特点,学生的情感和记忆就会被激活,就不愁没有话可说了,课堂就不愁不活跃了。

　　(二) 提出问题的方法和可对话性

　　可讲性、可分析性,和可对话性是联系在一起的。

　　一个称职的语文教师,仅在课堂上滔滔不绝,不一定是有效的。关键在于,要在学生忽略掉的、以为是不言而喻,甚至是平淡无奇的地方,发现精彩,而且揪住不放,把问题提出来,也就是把矛盾揭示出来。

用还原法把矛盾提出来,还原的对象有两种,一种是我们前面已经讲过的,把原生的语义即字典上的语义想象出来,这叫作语义还原。还有一种,还原的不是语义,而是作品所表现的对象——人物和景物——将其原生态、未经作者心灵同化的状态、逻辑,想象出来,让它和文本中的形象形成对比,矛盾就不难揭示出来了。景物是静态的,变动性是比较小的,因而一般比较容易"还原",而人物则比较复杂,特别是人的心灵、人的情感,更是变动不居的,还原也就不容易。但是,既然有矛盾存在,要发现它就不是不可能的。

《从百草园到三味书屋》接下去写到长妈妈讲的故事。

用"还原"法,不难发现,这是一个迷信故事,但是,作者并没有把它作为迷信故事来批判。这样,就把矛盾(迷信和理性)揭示出来了。问题提出了,就有比较好的对话题目了:为什么鲁迅在这里没有以理性为准则声明——这是一个迷信故事?

如果声明一下:长妈妈给"我"讲了一个迷信的、可笑的故事。是不是可以呢?

当然不是不可以。但是,读起来的感觉是不是会差一点,甚至倒胃口呢?

不声明反倒好,因为这是在一个孩子感觉中的、有趣的长妈妈。这里语言所完成的任务,不仅仅是传达长妈妈的故事,而且表现孩子记忆里好玩的人物。有些教师,对有可讲性、拥有巨大潜在量的、可对话性的东西,常常视而不见,就是因为强大的成人趣味淹没了、窒息了儿童趣味。

鲁迅的叙述突出了孩子的特点。不仅在字面上,而且在字里行间,在行文的逻辑和理性逻辑的矛盾之中,形成一种反差,一种空白。读者在阅读时,完全可以心领神会,自动化地填充这空白。但是,要把问题讲清楚,上升到理论的高度,却不能不把其间的逻辑空白揭示出来。这里有几点不能忽略:

1. 从整个故事的逻辑发展来说,作者有意让其中的因果关系显得粗糙,不可信。第一层因果是:老和尚光是从书生脸上的"气色",就断定他为"美女蛇"所迷,有"杀身之祸"。客观地讲,这是不可信的,不科学的,这一点难道鲁迅一点都不知道吗?第二层因果是:给他一个小盒子,夜间就有蜈蚣飞出去,把美女蛇治死了。因果逻辑更不充分,太不可思议了,但是,长妈妈却说得十分自信。鲁迅故意把这种矛盾写得很突出、荒谬,其间就隐藏着讽喻。说得具体一点,叙述者虽然是童年的鲁迅,但也隐含着写作时,成年鲁迅的深邃的洞察,流露出他对长妈妈的迷信的调侃。但是,又没有过分谴责她,因为鲁迅特别强调,长妈妈并非有意骗人,相反,自己十分虔诚,十分执着。因而,她虽然可笑,但不可恶,相反有点好玩、甚至可爱。

2. 当然,也许有同学会提出质疑说,这不是迷信,而是神话或者童话。在神话和童话里,善良总是轻易地战胜了邪恶。这当然不能说没有道理。但如果是这样,那么童话的诗意增加了,而讽刺意味却弱化了。从这里,更可以看出鲁迅对小人物的宽厚。

3. 故事讲完了,长妈妈作出的结论是,今后"倘有陌生的声音叫你的名字,你千万不可答应他"。这个因果逻辑就更荒唐了。从这样一个可信性很低的故事,或者就算是神话吧,根据这个个别的、罕见的故事,居然就得出了一个极端普遍性的结论,一切在背后叫名字的声音,都可能是美女蛇发出的。这种逻辑的荒唐和长妈妈的郑重其事,形成了矛盾、反差、不和谐,就显得可笑,这就是幽默。鲁迅的讽喻就藏在这幽默笑容的背后。但是,鲁迅并没有以此为满足,接下去,他不但没有指出这个故事的不可信和长妈妈的教训荒诞,还反过来说:"这故事很使我觉得做人之险,夏夜乘凉,往往有些担心,不敢去看墙上,而且极想得到一盒老和尚那样的飞蜈蚣。走到百草园的草丛旁边时,也常常这样想。"这样,把自己写得很傻气的样子,又明显把长妈妈的故事,进一步导向荒谬,愈是荒谬,愈是可笑,幽默感愈强烈。

4. 然而鲁迅对自己已经相当强的幽默,还是不满足,他继续发挥下去:"但直到现在,总还是没有得到,但也没有遇见过赤练蛇和美女蛇。叫我名字的陌生声音自然是常有的,然而都不是美女蛇。"这几句的精彩在于,好像这样荒谬的故事,作者一直没有觉察,连怀疑一下的智商都没有似的。这就不仅仅是对长妈妈的调侃,同时也是自嘲了。自嘲,在西方幽默学中,叫作自我调侃,属于幽默之上乘。把对长妈妈的调侃和自我调侃结合起来,显示出鲁迅作为一个幽默大师的特点。对小人物,哪怕愚昧麻木,他也是同情的。这种同情中渗透着儿童的天真、纯洁和善良。这就把幽默和抒情结合了起来,和鲁迅在小说中写到的对阿 Q 的尖锐讽刺,有很大不同。

从这里,我们还可以体会到一个有趣的规律,那就是幽默和抒情的不同。我们读到的抒情散文,大抵是美文,共同的倾向是对环境和作者内心的美化、诗化。而幽默,似乎不是这样,幽默不回避把自己和人物加以贬抑,甚至"丑化"。如长妈妈讲的愚昧的故事,还有作者的自我贬低。这样很有趣,只是与抒情的趣味不同。如果说抒情是一种情趣的话,幽默就是一种谐趣。注意这个"丑"是加引号的,从一种意义上来说,是"丑",但从另一种意义上来说,是"丑"中有美。这个问题比较复杂,留待另文详说。

5. 提一个建议供大家参考。在"口语表达"中,让学生们复述这个故事,特别要注意学生们在叙述中遗漏了什么,有些学生可能把故事说得很周全,却把故事后面长妈妈别出心裁的"教训"省略了,或者遗忘了。而这一笔是很精彩的,是幽默感的高潮。

不理解这一笔，就是在艺术上没有读懂鲁迅的幽默。

6. 还有一点值得注意，在叙述过程中有一个插入语，更显示了鲁迅对故事中人物的嘲讽。那个书生，拿了老和尚的小盒子放在枕边以后，"却是睡不着——当然睡不着的"。这句从叙述故事来说，可以认为是多余的，但是对叙述语言的趣味来说，可以叫作涉笔成趣。叙述者突然插进来评论——这家伙自讨苦吃——流露出对人物可笑心理的嘲讽。

总起来说，鲁迅在这里显示的幽默感真是有笔墨淋漓之感。

下面接着写到闰土的父亲教童年鲁迅用竹筛捉鸟的故事，趣味便不再幽默了，似乎更多在抒情。但是在表现童心、童趣方面是一以贯之的。

（三）反语、幽默和人文精神

写过百草园以后，写三味书屋，仍然是写人物的，趣味仍然是以幽默为主的。他猜想自己被送到书塾里读书的理由，显然是不可靠的，读者当然知道，绝对不是作者猜测的那样：由于顽皮。为什么要强调一下这种不可靠的理由？无非是为了表现儿童式想象和推理的趣味。

鲁迅写他的老师的笔墨也是幽默的。首先觉得他是极"渊博的"，而孩子问他"怪哉虫"时他却不知道。这里有多层意味可以分析出来：1. 对先生所谓"渊博"的讽喻；2. 同时，也是对孩子以为"渊博"就是什么都懂的一种调侃；3. 更深的调侃当然是对先生的，孩子问他什么是"怪哉虫"，他答不出，居然"不高兴，而且脸上还有怒色了"；4. 接下来的一段话不能忽略："我才知道做学生是不应该问这些事的，只要读书，因为他是渊博的宿儒，决不至于不知道，所谓不知道者，乃是不愿意说。年纪比我大的人，往往如此。"这里明显是不合逻辑的，是反语。因为文章明显表现出是先生不知道。可作者却说，先生是无所不知的，只是不愿意说罢了，错误在学生不该问。读者一眼便可以看出结论和理由之间的矛盾。正是由于矛盾、不和谐，才怪异，才显得好玩、好笑、有趣味，这叫作幽默，这种幽默是一系列反语构成的。

要真正分析这种不和谐的逻辑，而不是停留在赞叹的层次上，就要抓住结论和理由相矛盾的反语不放。同时要真正懂得一点幽默，就不能忽略讲歪理的功夫。人当然要讲正理，但那是在正经的时候，在追求幽默效果的时候，就要讲一点歪理。许多人，许多文章幽默不起来，就是因为不会讲歪理，不敢讲歪理。

先生的教学法很简陋，在三味书屋读书很刻板。稍稍出去游玩一下，就被呵斥："读书！"除此之外，似乎没有什么启发兴趣的办法。一天到晚让学生读个没完，而且，鲁迅特别强调，学生对所读的内容，完全是死记硬背，根本莫名其妙。

这样的读书不是很枯燥吗？这样的先生不是很可恨吗？在心灵不开阔、趣味不丰富的作者笔下，可能是这样的。但鲁迅是个人道主义者、艺术大师，他只是把教师的教学法写得很"菜"，却没有把他的心写得很"菜"。鲁迅突出写了他教书没有什么真本事，但又渲染他自己读书很投入，简直是如痴如醉。他所读的文章明明很平常，他却沉醉在自己营造的境界之中："读到这里，他总是微笑起来，而且将头仰起，摇着，向后面拗过去，拗过去。"

用还原的方法想象一下：如果不是在艺术中，而是在生活中，一个人空有渊博、宿儒之名，却教书无方，说刻薄一点，是误人子弟，令人厌恶。但是，我们读到他如此沉浸在自己的境界之中时，是不是也会觉得这个老头子，也有挺好玩、挺可爱的一面？这就是鲁迅对小人物的人道主义的宽容了。

三味书屋既是这样枯燥，老师又是这样一种水平，这日子不是很痛苦、一点乐趣都没有吗？不。

接下去写的是在枯燥无味的书塾里，孩子们快乐的天性仍然不能被磨灭。学生们趁先生自我陶醉的时候，自己开小差，做小动作了。用纸糊的盔甲套在指头上做戏者有之，用半透明的纸蒙在绣像小说上画画者有之。从这里，我们可以看到，明明是无聊的事情，儿童却乐此不疲，鲁迅用的语言是普通的、平淡的，但传达出来的趣味却是隽永的。在三味书屋读书虽然枯燥，但是三味书屋里趣味盎然。不管教育体制多么僵化，孩子们活泼的天性总能够找到自己的表现形式。对童心的肯定，就是对旧教育体制的批判。

当然，关于三味书屋是乐园还是苦园，可以争论，只是不要忘记鲁迅笔下的孩子不论在什么简陋的地方——满目荒废的百草园，或者连下课和休息都没有的书塾里——都能创造出自己的欢乐，甚至在愚蠢的长妈妈、迂腐的先生身上都能逗引出一种幽默的情趣，足以让读者感受小人物的可怜和可爱，感受到生活的有趣。从文学创作的根本意义上来说，这就是才华，才华不仅仅是驾驭语言，更是在别人感觉不到情趣的地方，感受到情趣。文字不过是情趣的载体，没有情趣，凭空耍弄文字，是不可能写出好文章来的。

鲁迅的语言就是这样，把我们带进了一个充满童趣的精神家园。这是童年鲁迅的，也是成年鲁迅的。学生写作，为什么老是觉得没有什么可写呢？就是因为对日常的、平淡的生活，没有激发出趣味。而阅读经典文本的主要目的，并不在于文字，不在记忆佳句，而在心灵的熏陶，在于拓展我们的情感和趣味的领域。

细细品味这样的作品，难道不能激动我们的心灵，使它更加开阔吗？对于生活中有毛病、甚至令人讨厌的人物,难道不能从另一个角度,去发现他们的善良和可爱吗?欣赏浑身都是优点的人,是容易的,欣赏缺点非常明显的人物,则需要更为宽广的胸怀。设想一下,如果我们碰到类似长妈妈的人物,我们会不会有鲁迅这样的趣味和胸襟呢? 为什么学习语言不能把它仅仅当作工具呢? 就是因为,语言是和人的心灵、人的精神境界水乳交融地结合在一起的。

二、《阿长与〈山海经〉》解读

开头两段,似乎很平常,没有什么可讲性。但是,用还原法,是可以提出问题来加以分析的。

我们可以把还原法落实到寻找关键词语上。以《阿长与〈山海经〉》为例,阿长这个名字意味深长,对理解作品的主导思想,非常关键。

为了交代阿长的名字,鲁迅用了两段文字,这样是不是太烦琐了? 如果删去这两段,有没有损失呢? 肯定是有的。因为"阿长",在这个关键词的深层,不但有长妈妈的,而且有周围人的精神密码。名字对于人来说,应该是郑重其事的。一般人的名字,大都寄托着美好的期望,不同的人,有不同的叫法,表现的是不同的情感和关系。

鲁迅强调说,她叫阿长。然而,"长"并不是她的姓,也不是她的绰号,因为绰号往往是和形体的特点有关系的,而阿长身材并不高,相反,长得"黄胖而矮"。原来她的名字是别人的名字,她的前任的名字。问题、矛盾,通过关键词还原,就不难揭示出来了:

1. 在正常情况下,可以把他人的名字随意安在自己头上吗? 什么样的人,名字才会被人家随便安排呢? 一个有头有脸的人,人家敢这样对待她吗? 被如此随意对待的人,肯定是社会地位卑微的,不被尊重的。这是很可悲的。鲁迅不惜为此而写了两段文字,说明他对一切小人物的同情,和他对小人物的尊严如此被漠视的严肃审视。用鲁迅自己的话来说,这叫"哀其不幸"。

2. 名字如此随便被安排,在一般人那里难道不会引起反抗吗? 然而,阿长没有,好像没有什么感觉,很正常似的,也没有感到受屈辱。这说明什么呢? 她没有自尊,人家不尊重她,她自己也麻木了。鲁迅在这里表现出他对小人物态度的另一方面:"怒其不争"。

从研究方法来说,这样的分析已经提供了可讲性,但是,还可以扩展一下,力求结论有更大的涵盖面。

用名字来揭示人物的社会地位和心灵秘密,是鲁迅常用的手法,在《阿Q正传》里对阿Q的名字,在《祝福》中对祥林嫂的名字,都有同样细致的用心。祥林嫂也没有自己的名字,她叫祥林嫂,因为丈夫叫祥林,在鲁镇人看来,这是天经地义的。但是,后来

她被抢亲,被迫嫁给了贺老六,在贺老六死了之后,她又一次回到鲁镇。鲁迅特地用单独一行写了一句:

大家仍叫她祥林嫂。

这句似乎是多余的。读者早就知道她的名字了。鲁迅之所以要在这里强调一下,是因为"祥林嫂"这个关键词里隐含着荒谬,旧礼教的荒谬。丈夫叫作祥林,她就叫作祥林嫂,可是,她又嫁了贺老六,那么还原到正常道理上来说,应该研究一下,是叫她祥林嫂,还是叫她老六嫂?或者还是叫她祥林老六嫂比较合理呢?这并不是笑话,在美国人那里,不言而喻的规范是明确的,不管嫁了几个,名字后面的丈夫的姓,都要排上去,没有什么见不得人,难为情的。例如,肯尼迪的太太杰奎琳,后来又嫁了希腊船王奥纳西斯,她死了以后,墓碑上就堂皇地刻上:杰奎琳·肯尼迪·奥纳西斯。但是,在我们的封建礼教传统之下,没有把她称为祥林·老六嫂的可能,因为人们只承认第一个丈夫的绝对合法性。可见礼教传统偏见之根深蒂固,在集体无意识里,荒谬的成见已经自动化成为可怕的习惯了。

需要注意的是,鲁迅在整篇文章中,没有对阿长进行肖像描写。光是这么叙述名字,看来连描写都算不上。这说明,在鲁迅看来,这比肖像描写更重要。读者也并没有因为没有肖像描写而感到她的面目不清,相反,她的精神状态是很清晰的。在文学作品中,人的外部肖像是没有多大重要性的,除非外部肖像对人的灵魂刻画有作用。

分析如果到此为止,是很可惜的。因为还有深入的余地。许多教师即使会分析,也往往浅尝辄止,原因是方法单一。当一种方法好像使用到头了的时候,就满足了。要深入下去,有时就应该换一种。还原不够了,还可以用比较的方法。事实上我们前面分析长妈妈的名字的时候,就用了比较的方法,把她的名字和祥林嫂比较。

要深刻地揭示《阿长与〈山海经〉》的特点,不妨再把它和《从百草园到三味书屋》加以比较。从对人物的态度来看,我们可以感到,鲁迅对他的保姆阿长,比对他的老师,感情复杂得多。这是一篇童年的回忆,因而童心和童趣是我们注意的要点,进行比较的目的主要在于揭示它们之间的同和异。

《从百草园到三味书屋》写了一些表面上互相不连贯的事,《阿长和〈山海经〉》和它不同,尽管事情不少,但都集中在一个人身上。这是一篇写人的散文,但集中在一个人物身上的故事并不太连贯。把全文连贯起来的,是作者作为儿童对阿长态度和情感的变化过程。

这个过程比较丰富，也比较复杂。如果要作段落划分，就比较烦琐，吃力不讨好。要把作者对长妈妈的情感变化过程，按照其各个阶段分析出来，最好的办法是把标志着"我"对长妈妈的情感发展和变化的关键词找出来。

鲁迅在名字上做足了文章以后，就写对她的一般印象，无非说她喜欢传播家庭里面的是是非非、小道新闻，还特别点出细节——说话时，手指点着自己的鼻子和对方的鼻尖。这说明什么问题呢？没有礼貌，没有文化，不够文明而已。

作为保姆，（用还原法）她的任务应该是照顾孩子的生活，包括睡眠，但是，她夜间睡觉却自己摆成一个"大"字，占满了床。这说明她不称职。而且，即使"我"的母亲向她委婉地表示夜间睡相不太好时，她也居然没有听懂，不但没有改进，反而变本加厉，把自己的手放在"我"的脖子上。把这一切归结起来，用几个关键词来概括作者的态度，就是："不佩服""最讨厌"和"无法可想"。

这以后，事情有了发展，作者与阿长的矛盾加深了。

过新年对小孩子来说，有无限的欢乐，而且充满了童心和童趣的想象。而阿长却把这一切弄得很煞风景。首先是新年第一句话，一定要吉利。把孩子的心情弄得很紧张。其次是完成了任务，给一个福橘吃，却又是"冰冷的"东西。注意，没有这个冰冷的感觉，就很难表现出孩子莫名其妙的心情和阿长如释重负的喜悦之间的冲突。这一切造成的结果，又有一个总结性的关键词语——"磨难"，或者"元旦劈头的磨难"。把节日变成了"磨难"，这标志着作者和阿长情感矛盾的第二个阶段。

第三个阶段是对阿长情感的一个大转折，关键词不是事情讲完了才提出来的，而是在事情还没有讲出来之前就出现了："伟大的神力""特别的敬意"。

阿长讲了一个荒诞不经的故事。这是本文中最精彩的笔墨，尽显一个幽默大师从情感到语言的游刃有余。

首先，这个故事一望而知是荒诞的。

1. 概念混乱：把太平天国和一切土匪混为一谈。尊称其首领为"大王"。殊不知，太平天国在正规场合，是以兄弟姐妹相称的。

2. 缺乏起码的判断力：门房的头被扔过来给老妈子当饭吃。鲁迅对其可信性，毫无保留。

3. 逻辑混乱：小孩子要拉去当小长毛，女人脱下裤子，敌人的炮就被炸坏了。这是显而易见的荒谬，而长妈妈却讲得很认真，并没有流露出任何欺骗或者开玩笑的样子。这就显得好笑，不和谐，不一致，有点西方人幽默理论中的 incongruity（不和谐）了，相当幽默了。

其次,用还原法观之,对长妈妈的荒谬逻辑,特别是抓去做小长毛和女人一脱裤子敌人的炮就被炸坏了的说法,"我"不但没有表示怀疑、反驳,反而引申下去。

4. 自己不怕这一切,因为自己不是门房。这就把逻辑向荒谬处更深化了。好像真的所有的门房都要被杀头,好像太平天国时代还没有成为遥远的过去似的。这是第一层次的荒谬。

5. 第二层次的荒谬是,这一切居然既没有引起"我"的恐惧,也没有引起反感,反而引起了"我"的"特别的敬意"。这里的逻辑就更加荒谬了。越是荒谬,就越是可笑。此等"敬意"的内涵,在字典里是找不到的。语言的单纯工具性,在这里无能为力,只有把语义的变幻和人的情感世界的丰富和奇妙结合在一起才能真正领悟。这从理论上讲是非常复杂的,但是,从母语的感受来说,领悟并不困难。语感之所以重要,原因就在这里。

6. 这里的幽默感得力于将谬就谬。按还原法,正常情况下,应该对长妈妈的荒谬故事加以质疑,加以反驳:阿长的立论前提绝对不可靠,推论也有明显的漏洞。但作者对这些都视而不见,还顺着她的错误逻辑猛推,将谬就谬,愈推愈谬;层层深入,越推越歪。幽默感随之而强化。

7. "特别的敬意"和"伟大的神力",如果不是在这个意义上用,可能要被认为是用词不当。但是,这种用法有一种特殊的功能,就是反讽,表面上一本正经,作者未加否定,实质上却越来越荒诞不经。在一本正经与荒诞之间,有着作家特别的情趣,非常生动地表达了作者的幽默感。

接着,正面引出作者想念《山海经》的事情。对于这种孩子的童心,没有人关心,而这个做保姆不称职、生性愚蠢而又迷信的长妈妈,却意外地满足了孩子的心灵渴求。

作者对长妈妈的感情来了一个大转折。这是第四个阶段。

关键词是:"空前的敬意"。比之第三个阶段的"特别的敬意"还增加了一点分量。作者还怕不够,又在下面加上了一个"新的敬意"。

但在性质上,这个"空前的敬意""新的敬意"和前面的不一样,它不是反语,不是幽默的调侃,没有反讽的意思,而是抒情的。它和前面的幽默反语遥相呼应,构成一种张力。

在整篇文章中,最精彩的就在这里了。

同样的词语,在不同语境下,唤醒读者不同的情感体验。一个是反语,有讽喻的意味,而另一个则有歌颂的意味。而这两种本来互相矛盾的内涵,竟可以水乳交融地、自然地结合在一起。在这里,我们看到了语言大师对汉语语义的创造性的探索。

这从单纯工具性角度是难以解释的,细心的读者可以从这里深切地感受到语言的人文性:在字典中的语义是固定的,甚至可以说是僵化的,而具体语境中的语义,则是变化万千的,是在人与人的特殊精神关联中变幻的。这种变幻,是语义的生命,从这种变幻的语义中,读者充分感受到人物的精神密码和作者对人物的感情。鲁迅对这个小人物的愚昧,并没有采取居高临下的、尖锐的讽刺,而是温和的调侃,还渗透着自我调侃,同时对小人物的优点,哪怕是很微小的优点,都要以浓重的笔墨,甚至直接抒怀来表现。在最后一段,居然用了诗化的祈使语气:

仁慈黑暗的地母呵,愿在你的怀里永安她的魂灵!

对中国的国民性一直持严厉批判态度的鲁迅,用这诗一样的颂歌式的语言是很罕见的。鲁迅在小说中写过一系列农村下层人物,但几乎没有什么人物是受到他歌颂的,从阿 Q 到祥林嫂,从七斤到爱姑,从单四嫂子到王胡小 D,从来没有一个人物受到鲁迅这样诗化的赞美。长妈妈却享此殊荣。从这里可以看出,鲁迅对下层小人物,对被侮辱、被损害的小人物,并不仅仅是"哀其不幸,怒其不争"能概括完全的,至少在特殊的情境下,鲁迅还为下层小人物所感动,似乎可以用"欣其善良"来补充。从这个意义上,我们能不能说,鲁迅自己所说的,对他的人物"哀其不幸,怒其不争"不够全面呢?这一点是可以讨论的,可以在课堂上进行对话。

读文章,就是要读出它的好处来,用比较的方法,就要比较出它们各自的特点来,《阿长与〈山海经〉》和《从百草园到三味书屋》与鲁迅小说中的人物刻画相比,它的特点就不难概括出来,那就是:不但有幽默的调侃,而且有真挚的抒情。

从这里可以看出鲁迅作为一个伟大的人道主义者,他的广博的胸怀,即使对一个有这么多毛病和缺点的、麻木的愚蠢的小人物,哪怕她只做了一件可能是微不足道的好事,鲁迅也把它看得很重要,要用诗一样的语言来歌颂。

在这里,我们应该深深地体悟鲁迅式的人文情怀。而表现这种人文情怀,最为关键的词语就是"伟大的神力""空前的敬意"和"新的敬意",这一切和最后祈求大地母亲永远安息她的灵魂这样的诗化语言结合成一种鲁迅独具的精神境界。一味拘于字典语义,是不可能进入这种深沉浑厚的精神境界的。

进入孩子的感觉世界
——解读鲍尔吉·原野的《雪地贺卡》

关键词语(句): 怕冷、饿、害怕、嫉妒雪人、相信神话的孩子,多么幸福、带有秘密的童年是多么的幸福

这一篇文章很简单,唯其简单,似乎一目了然,没有什么可分析的,但实际上,分析的难度反而大多了。分析什么呢?分析矛盾。这里有什么矛盾?

首先,这里有两个世界,一个是大人的,一个是孩子的。

通常情况下,人们都要求孩子无条件服从大人。孩子不懂事,要听大人的话。这当然有道理。但这里却恰恰相反,大人没有把自己的一套强加给孩子,而是非常细心地贴近孩子的心灵。为了贴近孩子的心灵,就得先把大人的一套收起来。为什么要贴近孩子的心灵呢?他的所作所为不是很不科学吗?给雪人写信,不是空想吗?虽然是空想,很不现实,但却很有趣。如果完全用大人的一套去代替,可能就不当一回事,漫不经心,一笑置之;也可能觉得孩子浪费时间,还会出于好心叫他不要做这样的傻事。但这样,就一点趣味都没有了。

孩子"傻",不科学,但却傻得有趣。大人很讲理性,讲科学,但却失去了童年的趣味。我们常常要求孩子写文章要有趣味,特别强调要有童真、童趣。但是,在现实生活中,在作文中,我们很少能够真正达到这个境界。因为儿童的心灵和成人的心灵有很大的不同。最大的不同在于,孩子生活在自己的感觉中,他习惯于把一切都当成有生命、有感觉、有感情的,而且这种生命、感觉、感情还是和自己一样的,孩子气的。实际上,那一切都是按着孩子有限的经验去想象的。例如,鲁迅把相当破旧的园子当作乐园,把放屁虫看得非常有趣,把长妈妈美女蛇的故事结论当真,在枯燥无味的三味书屋中也能找到乐趣。这些都是孩子心灵纯真的表现。这一切,在成人的生活现实和理性熏陶下,都不知不觉失去了。理性是现实的,而情感和趣味则是和孩子的幻想联系在一起的,理性增长了,幻想没有了,孩子气的情趣就减少了。从幻想这个意义来说,大

人有不及孩子之处。懂得了这一点，才能懂得这篇文章。前面说过，在日常生活中，我们总是要求孩子服从大人的观念，而在这里，作者作为一个成人，代替孩子写贺卡，好在他能用孩子的感觉来体验孩子的心情。这里所说的孩子的感觉，实际上是一种幻觉，把雪人当作有感情、有感觉的人。设想他可能会怕冷，在夜里可能会害怕。如果饿了，该怎么办？表面上是孩子对雪人的设想，但从这样的想象中，可以明显看出，这是孩子自己对生活的感觉。

最关键的是，这种感觉表现出他对人（哪怕是雪人）怀有的一种普遍的同情和关爱。当然成年人也有关爱，但他们的关爱往往是给予与自己有关的人的。而这个孩子是给予一个和自己毫无关系的"人"的。成年人的关爱是给予有知觉的人或者物的。而这个孩子，却把关爱给予了一个没有知觉的"人"。正是因为这样，这种关爱，不应该被当作是孩子气的，而是成人应该深思的。进入孩子的感觉世界，不完全是为了好玩，也是为了在孩子的情感世界里体验一种人类的、无私的、无条件的关爱。接下去的一句话很值得重视：

我有点嫉妒雪人，能收到李小屹这么诚挚的关爱。

"嫉妒"本来是贬义的，可在这里却消失了贬义的色彩，因为这样的关爱在成人世界里是很少有的。嫉妒，从反面突出了作者的觉悟。这样一来，就不是孩子进入大人的世界，而是大人进入了孩子的境界。不是大人优越，而是孩子值得大人羡慕。

这是一个什么样的世界呢？一个幻想的、神话的（严格说是童话）世界。在这个世界里，所有事物都和孩子一样，有生命，有意志，有情感，有感觉，而且所有的人物和事物，都能无条件地互相关爱。作者代替雪人给孩子回的信，也有真实的价值。这就不再是单方面的关爱，而是互相交流的友谊。孩子的回信中，提出了假的还是真的这样的问题。作者没有回答。因为孩子本人是相信神话（童话）的。是他首先给雪人写信的。接下去的话更值得重视了：

李小屹是个相信神话的孩子，多么幸福。

这里出现了另一个关键词语"幸福"。沉浸在幻想中是幸福的，充分表现了作者对人的赞美，对童心的赞美。人的一切都是宝贵的，哪怕是幻想，也是宝贵的，孩子气的幻想更是宝贵的。沉浸在孩子气的幻想中的人，是幸福的。人一旦长大了，这种幻想就一去不复返了。当作者发现孩子处在幻想与现实之间的时候，他没有再回信。因

为,一旦回信,就打破了幻想,打破了梦境,破坏了幸福的感觉。正是因为这样,作者在文章的结尾才这样说:

> 我不忍心让李小屹就这么盼望着,像骗了她。但我更不忍心破坏她的梦。不妨让她惊讶着,甚至长成大人后跟自己的男友讲这件贺卡的奇遇。

梦境,总是要被现实代替的,但不是现在,而是将来。这说明在现在与将来之间,梦是一种幸福的体验。这是很宝贵的,让它成为一种自我心灵的"秘密"。其次,可以肯定,在将来的某一天,她会明白。回忆起今日,不是别人,而是她自己说起往事,就不是某种煞风景,而是一种亲切的、带着微笑的怀恋。

一个带有秘密的童年是多么的幸福。

关键词"幸福",就此衍生出了另一层含义。这种含义,是字典里没有的,只有从上下文中仔细琢磨、钻研,才能真正体悟。

文本语义和幽默感
——解读舒婷的《童年絮味》

关键词语(句)：(为洋娃娃)整容、小美人、小神童、小妖精、替她出征、大多告捷、脸上一派胜利者的光辉、(自己报幕)鬼叫狼嚎

这一篇和张洁的《拣麦穗》一样都是写童年的，但是，在许多方面不大相同。至少，张洁写的是一个完整的故事，而舒婷写的却是一系列片断回忆。就片断连缀的结构方法看，有点像《从百草园到三味书屋》。但是，从趣味来说，还是和张洁的文章比较接近：一是写童年的调皮，二是写童年的苦难和人物与妈妈的感情。为了方便起见，我们从文章的最后几段谈起。

舒婷说，那时家里穷，买不起雨鞋，春雨一下，鞋子湿透了，第二天上学还是湿的，穿进去又湿又冷，要咬着牙噙着泪才能穿进去。因此每逢梅雨将至，作者就焦灼不安：

> 就像小时丢了东西，回家等妈妈发火，可妈妈脸上却不见动静，害得我做不下作业，眼睛跟着妈妈在屋子里乱转。

这很容易使人联想起张洁在《挖荠菜》中写自己丢了鞋子，不敢回家。但是，张洁怕的是让妈妈想到这是由于自己贫穷，弄得孩子狼狈，引起自责，目光暗淡（这表现了张洁把感情价值放在一切之上）。而舒婷怕的却是因为贫穷而导致的寒冷。从这个意义上来说，舒婷表现的情感，不如张洁的那样深厚。但是，舒婷的文章，最动人之处在于充分写出了她的调皮，充满了幽默感，从头到尾，语义翻新，妙语连珠，笔墨酣畅，淋漓尽致。

这当然与舒婷所处的经济环境与张洁当年不大相同有关。张洁写的是当时吃不饱肚子的情况，而舒婷表现的，除了没有雨具，主要是缺乏玩具的童年。

然而，缺乏玩具居然也有缺乏玩具的乐趣。一个天真的孩子，内心的趣味是很难被逆境完全扼杀的,这使我们想起鲁迅的《从百草园到三味书屋》,那么枯燥的教学都挡不住孩子找到自己的乐趣。

舒婷的趣味,主要表现为"活泼",不管多么煞风景,多么不像样,趣味都油然而生:

第一,文章开头强调自己只有一个不像样的洋娃娃(塑胶面具损坏剥落)。对这样的洋娃娃,如果觉得很差劲,当然也是一种情感,也挺真实,但没有什么特点,没有多少趣味,很难动人。舒婷的特点在于,她不但不嫌弃,相反十分珍爱。不但十分珍爱,还认真地为她"整容"。注意,"整容"这两个字,原来的意义是"修饰容貌,特指为面部有缺陷的人施行手术,使美观,或者是指为死人整理容貌"。这都是相当严肃的事情。在这里,固然有一本正经的意思,写出了她专注的神态,但同时也显示了她为洋娃娃作任意的"化妆"的效果是事与愿违的。二者形成反差,很有一点"用词不当"之嫌。我们分析鲁迅的《从百草园到三味书屋》时指出,把荒废的园子当作"乐园"的妙处在于,有意的"用词不当",但这种用词不当是一种误差,反差程度不太强,有利于表现孩子有限的经验,突出孩子的天真。而舒婷把为洋娃娃任意化妆说成庄重的"整容"却有强烈的反差,造成一种荒诞之感,这就有点诙谐的趣味了。

整容的结果如何? 如果直接写一塌糊涂,当然也不是不可以。但是,就没有多少儿童的趣味了。舒婷换了一个角度,从妹妹的角度写,妹妹求她为自己的洋娃娃进行整容,为了讨好姐姐,"主动勤奋地给我的洋娃娃洗澡。结果我可怜的娇滴滴的小美人,真正成了一袋湿漉漉的细糠"。这里的关键词是"湿漉漉的细糠",与前面的"整容"构成反差,"勤奋""主动"不可忽略,是在程度上强化谐趣,越是"主动",越是"勤奋",就越是破坏性大。

这里所用的手法可以称作:导致荒谬,越是荒谬,越是可笑。

下面对妹妹的形容:"那几天妹妹畏畏缩缩像小老鼠一样"和"我脸上自然是雷霆万钧",则是对诙谐(幽默)效果的进一步强化。

第二,文章中写作者和妈妈、祖父的关系,也相当有趣,但最有趣的是她和妹妹、小表妹的关系。妹妹生性善良,在外面被人欺侮,"我"被她视为"绝对权威"屡屡替她"出征",大多"告捷"。虽然文具损失不少,受到妈妈怪罪,但"我"的脸上仍然"一派胜利者的光辉"。

一系列属于政治、军事范畴的话语,用在孩子打架方面,显然是大词小用,但如果不是这样,用通常正规的话语,例如把"绝对权威"改成"有力的帮手",把替她"出征"改成"替她去打架",把"大多告捷"改成"常常能把对手打败",就可能失去了儿童的谐趣。因为,在这些政治、军事的术语中,包含着某种庄重的、严肃的含义,这种含义和小孩子的调皮是不相称的。但正是这种不相称、不合拍、不一致(incongruity),造成了一种好玩好笑的意味。

从这里,我们可以体验到一个相当重要的规律,那就是不但要学习词语的常规使用,还要学习在特殊情况下,尤其是在营造幽默趣味的时候,词语的超常规使用。学习常规使用,是天经地义的,但是,切忌把常规使用当成唯一正确的使用方法。如果拘泥于常规使用,就很难欣赏超越常规使用的特别趣味。

超越常规使用,其实并不神秘,日常生活中比比皆是。在舒婷的散文中也特别普遍。她这样描述称呼自己的好朋友:"扁头啦,傻呆啦,各种绰号常常一生都蹭不掉。"

从常规词义来说,把人称为"扁头""傻呆"是不礼貌的,但是,在特殊的语境中,在表现人与人之间特殊的情感的时候,恰恰是这样的"不礼貌"更能表现人物之间的亲密情感。如果不是这样,在日常生活中,不管什么情境,都用正式的全名称呼亲密的朋友反而有生疏之感。

语词的意义本来是无限丰富的。可有时,我们有些误解,以为词语的意义仅仅是字典上的那些。其实不然。字典语义只是语义比较稳定的一部分。每一个比较稳定的词义到了具体的语境中,都或多或少地发生一些变异。举一个最简单的例子,在鲁迅的《风波》里,七斤上城,回来以后,失去了辫子。和他的利益休戚与共的七斤嫂见了他,却说,"你这死尸怎么这时候才回来,死到哪里去了?""死尸"本来是诅咒人的坏话,可这里却没有任何诅咒的意味,而是把埋怨、关切、丧气、发泄等等意味都集中地表现出来了。我有一个朋友回忆童年——每逢吃饭,他妈妈叫他名字,他都不理睬。一旦他妈妈发火了,叫"狗日的,回来!"一叫他就马上坐到饭桌上了。这并不是个别的孤证,许多骂人的话,在特殊语境中往往成为亲热的话。当然只有亲近的人,才有这样用词的权力,换一个人,用这样的词语,就可能变成污辱。在汉语里,"狗"在一般意义上是用来骂人的,但在特殊语境中,把小孩子叫作小狗、阿狗、狗崽子,又是亲情的一种表现。

我们熟悉的词汇学,是有历史局限性的,因为它太拘泥于词汇的字典意义。字典意义的局限性就是因为它脱离语言环境,从而也就忽略了最为丰富的文本语义。这是索绪尔语言的局限,把复杂的语言抽象为极其有限的模式。这方面的任务,已经由新近发展很迅速的语用学来承担了。

所谓语用,主要是研究语言在具体语言环境(或者说文本)运用中语义的变化,用我的话来说,就是文本语义。

文本语义是字典语义在不同上下文中的变化形态。每个具体的上下文都会影响字典语义,使字典语义发生微妙的变化。

语词的运用离不开语境,而语境,其实就是人境,人境就是人与人之间的关系。这种关系除了可以形诸文字和有声语言的一方面以外,还有在有声语言以外的、无声的心照不宣的意味。这种意味,因人而异,因事而异,因地而异,因时而异,因条件而异,因为有具体的时间、地点、条件的暗示和参与,往往带上了临时的意会的成分。文本语义因为有了语境的暗示引申,自然就比有声语言更加丰富,更加微妙,更加精致。有时,还超越字典语义,产生一种超越规范的语境语义。

正因为这样,我们学习语言不能孤立地学习词语的基本语义,而要把相当的注意力放到这些基本语义在不同语境中的微妙的变幻中。这太微妙,太精致了,以至于任何一个词语都很难在字典上完全地、严密地表述。所以不管是学习中文还是学习外语,都不能孤立地学习一个一个的词,而要在一句一句,几句几句,在上下文中仔细体会其微妙,体会在具体语境中暗示、引申的言外之意,言外之情,言外之感。语言的感觉是无限丰富的,根本不是一种字典式的规范所能穷尽的。正因为这样,夏丏尊先生才提出,语言的学习是一个积累"语感"的过程。

每个具体词语的超越常规的运用都是特殊的人的精神的无声交流。精神交流的变幻是无限的,而词语却是有限的。每一个词语的成功运用,都意味着一次创造,一次对陈词滥调的胜利。

本文中,还有许多类似的词语的活用,例如:如果问妈妈今天下午干什么,妈妈必定会"捆"她一巴掌。"捆"是比较重的打,而且带有一种凌厉的意味。如果换成感情色彩比较淡的"打",是不是会更恰当呢?显然不。其间的道理就在于,在最亲密的人之间,可以用最不亲密的语词来表现其心照不宣、心领神会的一种情感。又如:自己爱打扮,打了六条辫子,自以为很美。而姨妈下班回家看到的却是"一个小妖精""满头万国旗"。再如:自己洗过了地板,还要骑在楼梯的扶手上"陶醉"半天,自我表演的时候,唱得"鬼叫狼嚎",等等。

这种语境和一般抒情散文不同,不是抒情时常用的自我美化、诗化,而是自我调侃。从字典意义来说,上述词语很难说是规范的,但这样的字眼恰恰能表现自我贬抑中的自鸣得意,或者说是他人眼中的不伦不类,却恰在自己心目中自我陶醉。而这里的他人,并不是一般不相干的人,而是和自己有特殊感情的人,姨妈和妹妹,一个是爱怜,一个是崇拜,她们眼中、心中复杂、丰富的感情通过这样超越常规的语词运用,得到了独特的表现。这样的用词所引起的幽默感,属于自我调侃一类。

《皇帝的新装》中的人物为什么没有个性？

关键词语(句)：不称职、愚蠢得不可救药

这是一篇童话,但又不是一般的童话,其含意已经越出了童话,进入了日常语言,即使没有读过《皇帝的新装》的人,也会懂得这个典故的意思：心照不宣的谎言。按何其芳的"典型共名"说,一个文学形象,成为口头或者书面交往中人所共知的话语,意味着成为家喻户晓的典故,这是文学作品的最大成功。在中国文学经典中,类似的还有"画皮"(《聊斋志异》)、东郭先生(《中山狼传》)、诸葛亮、张飞(《三国演义》)、李逵(《水浒传》)、贾宝玉、林黛玉(《红楼梦》),等等。

《皇帝的新装》是一篇外国人的作品,之所以有这样大的影响,其中一个重要的原因就是这篇童话有某种寓言的性质。它不仅仅是一个童话故事,而且超越了一般童话的想象和道德教化的价值,揭示了人类一种普遍的心理现象：在权势者面前,人们包括那些位高权重的大人物,对显而易见的谎言都是随声附和的。

因为要揭示的是具有普遍性的、跨越时代历史的社会心理,所以童话故事一般并不强调具体的地点和时代：

> 许多年前,有一个皇帝,为了穿得漂亮,不惜把他所有的钱都花掉。

不但时间、地点是不具体的,连皇帝的名字、年龄,也都是含糊的。这样写的好处,是便于突出某种普遍性。这是寓言的特殊功能,它讽喻的不是某一个国家的皇帝,也不限于某一个时代的大臣,而是人类生活中一种普遍的精神现象。

《皇帝的新装》的故事是荒诞的,这自然是作者的虚构。读者和作者有一种默契：这样的情节在现实世界中是不可能发生的,只有在想象世界才可能发生。但这种想象的虚构却必须是可信的。不但讽喻的内容要可信,而且情节的发展也要可信。而要让这个荒诞的故事情节发展的每一环都可信,难度是很大的。不仅要让皇帝,而且要让大臣都睁着眼睛说瞎话,无一例外地对客观事实视而不见,大家心照不宣,这就必须有一个心理根据。

在我国古典文言小说中,《崂山道士》是以视而不见作为故事情节的核心的,但那是道术。修炼不到家,是要碰钉子、闹笑话的。在梁释慧皎撰的《高僧传卷二·晋长安鸠摩罗什》(汤用彤校注,中华书局,1992 年 10 月)中也有过类似的想象:

> 如昔狂人,令织师绩线,极令细好,织师加意,细若微尘,狂人犹恨其粗。织师大怒,乃指空示曰:"此是细缕。"狂人曰:"何以不见。"师曰:"此缕极细,我工之良匠,犹且不见,况他人耶。"狂人大喜,以付织师,师亦效焉。皆蒙上赏,而实无物。

这段原本是一个寓言,用来说明大乘佛教"有法皆空"的精义。从性质上说,这是宗教哲理。孤立地看,故事里视而不见的原因是心理的迷狂。首先是,狂人自己要求太高,明明是极细之织物,却嫌织得不够精细。后来,什么也没有,却又盲目相信"良匠",由自卑而迷信,以不见为见。从性质上来看,这就是一种心理变态、扭曲的现象。

从这一点来说,这个故事和安徒生的《皇帝的新装》有相近之处。但是,在安徒生的作品中,视而不见并不是由于道术。它不像道术那样须要超越现实的利害,一旦有了非分的功利之心,道术就不灵了。

在安徒生这里,恰恰相反,首先是由权力决定了利害,使皇帝、大臣、世俗人等明明没看见任何新衣,为了避免给自己带来不利,就随大流说皇帝的新衣如何美好。除了孩子以外,没有一个人敢讲真话。如果光有这样一个原因,就来构成故事情节,显然还比较勉强。安徒生作为一个艺术家,还特地为整个情节的因果性提供了一个更为深邃的心理基础,他让两个骗子提出,他们缝制出来的最漂亮的衣服有一个特点:

> **任何不称职的或者愚蠢得不可救药的人,都看不见这衣服。**

骗子是要骗人的,骗一个人容易,要骗许多人还是有困难的。但是,有了这一条,就可以使许多人一起顺理成章地自我欺骗并相互欺骗。《高僧传》的欺骗是自我迷狂,是一次性的自我蒙蔽,不是很自觉的,而安徒生笔下的自我欺骗是带有连锁性的,陈陈相因,最后,个人在这个欺骗的网罗中失去了自主和自由。如果没有这样因果的连锁性,从形式上来说,不但情节难以构成,而且更为关键的是,即使构成了,也缺乏荒诞性。没有荒诞性，也就没有童话式寓言艺术的风格可言了。

这种荒诞性不同于一般的荒诞性。第一，其荒诞性是层层强化的，从大臣到国王，从国王到群众，都按着同样的荒诞逻辑行事。当皇帝光着躯体在街上游行的时候，"站在街上和窗子里的人都说：'乖乖！皇上的新装真是漂亮！他上衣下面的后裾是多么美丽！这件衣服真合他的身材！'"社会身份是不同的，但是，睁着眼睛说瞎话的心理动机却是同样的："谁也不愿意让人知道自己什么也看不见，因为这样就会显出自己不称职，或是太愚蠢。"第二，在这种愈演愈烈的荒诞性怪圈中，暗示着一种清醒的批判。安徒生一次又一次向读者揭示，每一个人都陷入了矛盾的选择：要么承认自己愚蠢或者不称职，要么就用谎言来掩饰。整个社会都不约而同地选择用谎言来自欺欺人。这不仅表现了个人的心理迷狂，而且说明了社会风习的黑暗。自欺欺人不单纯是一个人的心术不正，更是一种社会心理的恶性循环。人们，不分良莠，都陷入了这种恶性循环中不能自拔。在这里，读者不难感到安徒生严酷的、忧伤的眼神。第三，在所有人中，唯一的例外竟是一个小孩子。保持理性的居然是一个童稚未开的孩子。由此可见人们陷于疯狂之中已经到了不胜其疯的程度。字里行间，成人的愚昧和儿童的纯洁，批判和赞扬，揭露和抒情，反差如此强烈，张力如此强大，但又如此和谐地处于水乳交融之中。第四，这篇童话的精彩还在其结构，尽管情节层次相当丰富，但并不像小说那样曲折多变，不像小说那样让每一个人物都各自遵循着各不相同的逻辑作出选择，显示出各不相同的个性；相反，所有的人，几乎都按着同样的逻辑行事，这本来是有可能造成个性的丧失的。但是，诚如前文所述，我们不能忘记，这不是小说，而是童话，而且是寓言性的童话，寓言的寓意性，就是把一种普遍的意念寄托在没有时间、地点、条件特点的环境和没有个性的人物身上。这就构成了寓言式童话的单纯性。环境、人物的普泛性和思想的单纯性是紧密联系在一起的。如果是小说，这可能是败笔，但对寓言式的童话而言，却是长处，深刻地揭示了身陷如此社会环境，自欺欺人，恶性循环。越是循环，越是荒谬，越是荒谬，越是可笑。

这就构成了这篇童话的喜剧风格。

正是这种喜剧风格在两个方面展示了安徒生的艺术风貌：其一，越是可笑，越是深邃，也就越是动人；其二，自欺欺人的动机是相同的，但是，每个人的表现如果重复、单纯就走向单调了。安徒生的匠心就在于，每一个人的外部表现都各有差异。前后两个大臣，都被皇帝认为是"诚实"的（注意，原文在"诚实"两个字上面，连引号都没有加，后面说他是"善良"的，原文也没有引号），都一样害怕被认为是愚蠢的或者不称职的。如果安徒生一味单纯下去，用同样的语言表现两个人物，读者就会厌倦。于是，艺

术分寸感极其强烈的安徒生得心应手地用了稍稍不同的文字来表现他们的心理。第一个:

> 可怜的老大臣眼睛越睁越大,可是他仍然没有看见任何东西,因为的确没有什么东西。"我的老天爷!"他想,"难道我是愚蠢的吗? 我从来没有怀疑过自己。这一点决不能让任何人知道。难道我是不称职的吗? 不成! 我决不能让人知道我看不见布料"。

第二个:

> "我并不愚蠢呀!"这位官员想,"这大概是我不配有现在这样好的官职吧? 这也真够滑稽,但是我决不能让人看出来!"因此,他就把他完全没看见的布称赞了一番,同时对他们保证说,他对这些美丽的色彩和巧妙的花纹感到很满意。

至于皇帝来的时候,心理逻辑也是一样的,文字上却有明显的差别:

> "这是怎么一回事呢?"皇帝心里想,"我什么也没有看见! 这可骇人听闻了。难道我是一个愚蠢的人吗? 难道我不够资格当一个皇帝吗? 这可是我遇见的一件最可怕的事情。""哎呀,真是美极了!"皇帝说,"我十二分的满意!"

值得注意的是,这并不是《皇帝的新装》的特殊手法,而是寓意性作品一条重要的规律。比如,在《中山狼传》中,狼要吃东郭先生,东郭先生提出应该先征询"三老"的意见,结果是"三老"中的二老都认为狼应该吃东郭先生,但二者的表述却各不相同;又如普希金的《渔夫和金鱼的故事》,老渔夫放走了金鱼,老渔夫的太太却贪得无厌要求报答。当老渔夫向金鱼转达老太婆的要求时,金鱼每次都满足了她的要求,但每次都有差异:第一次要一只木盆时,"大海微微起着波澜";第二次"要座木房子"时,"蔚蓝的大海翻动起来";第三次"要做世袭的贵妇人"时,"蔚蓝的大海骚动起来";第四次"要做自由自在的女皇"时,"蔚蓝的大海变得阴沉昏暗";第五次"要做海上的女霸王,叫金鱼来侍候她,听她随便使唤"时,"海上起了昏暗的风暴:怒涛汹涌澎湃,不住地奔腾,喧嚷,怒吼"。除了最后一次,金鱼都满足了老太婆的要求,但是大海的反应,每次都有递进性的差异。这在美学上,叫作统一而丰富。光有统一的情节可能会单调,可是,一味曲折,又可能显得芜杂。比起小说来,童话这种形式更加强调统一,以统一的因果性达到单纯的效果。因而除了文字上的差异以外,人物的心理并没有多大差别。如果是在小说中,可以肯定,那两个大臣的个性肯定是要有巨大反差的,甚至可能产生矛盾乃至冲突。这是因为,在童话中人物的普遍性比人物的特殊个性更受重视。

值得注意的是,皇帝穿着所谓的"新装"游行的时候,睁着眼睛说瞎话的人,并不限于大臣和武士,还有普通的百姓:

> 这样,皇帝就在那个富丽的华盖下游行起来了。站在街上和窗子里的人都说:"乖乖!皇上的新装真是漂亮!他上衣下面的后裾是多么美丽!这件衣服真合他的身材!"

这说明,自欺欺人的并不一定是统治阶级,连普通老百姓都一样陷入了这个欺骗的网罗。

这样的讽喻已经相当警策了。如果安徒生仅仅揭露到这个程度上,当然也是相当深刻的但似乎还不够全面。谎言虽然可以被盲目地认同,可它毕竟是脆弱的。为什么安徒生最后安排了一个小孩子来揭穿这个谎言?这说明,首先,谎言并不难识破,只要具备最普通的人的感觉就足以认清。其次,谎言并不拥有特殊的力量,只要小孩子喊一声,它的真相就会暴露。第三,"所有的老百姓",也并不顽固,只要有人,哪怕是小孩子,带头振臂一呼,就觉醒了。第四,皇帝对真理也没有特别的抵御的感觉,他得知自己身上没有任何衣服,他甚至"有点儿发抖"。这就揭示了一个朴素的真理:谎言是不堪一击的纸老虎,这是比盲从谎言更为深刻的一笔。

但这还不是最深刻的。安徒生接着揭露:滑稽戏并没有因为百姓和皇帝都意识到而立即结束。

> 不过他自己心里却这样想:"我必须把这游行大典举行完毕。"因此,他摆出一副更骄傲的神气。他的内臣们跟在他的后面走,手中托着一条并不存在的后裾。

这说明,安徒生虽然是在写童话,在幻想世界自由地想象,但他却很现实——即便意识到了荒谬、虚假和欺骗,也并不意味着马上就能改变。要真正改变现实世界中不合理的事情,还有很长的路要走。

解读哈谢克的《黑信》

关键词语(句):黑信、无人不知

和《皇帝的新装》相比,这个故事表面上看似乎是写实的,但并不完全是,它也具有很强的想象性。如果按纪实的文章来读,读者很可能要怀疑其情节的合理性。哪能有这样愚蠢的国王和警察局长呢?这说明,在不追求纪实性的描写这一点上,它和《皇帝的新装》有共通之处。但比较起来,二者又有区别。最明显的是《皇帝的新装》更带概括性,连皇帝的姓名、国家、年代都一概省略了。而这里却交代得很清楚,地点在德国中部的一个邦,国王的名字是弗里德里赫。在安徒生那里,讽刺的是普遍的人性,不但统治者,连一般老百姓在内,都在共同的声音的压力下,失去了按照自己的感觉讲话的能力。而这一篇小说揭露的,不是人类共同的弱点,而是很具体的国王和警察局长的愚蠢和弱智。这不是所有的皇帝和警察局长,而是具体的德国一个邦的国王。

为什么一个捷克作家要选中德国一个城邦的国王来进行批判呢?

因为在哈谢克生活的时代,捷克受奥匈帝国,同时也受德国统治。作为一个民族解放意识非常强烈的作家,他当然要把矛头指向统治他们的民族敌人。这在他是天经地义的,就像我们二十世纪三十年代的作家几乎一致把矛头指向日本帝国主义一样。为了说明这一点,我们来看萧乾先生在哈谢克的经典之作《好兵帅克》(译林出版社,2001年)序言中的介绍:当时的捷克受奥匈帝国统治,捷克这国家只是奥匈帝国的一个省份叫作波希米亚,现在捷克的首都布拉格在当时是波希米亚省的省会。在军队里,捷克士兵受德国军官的奴役,哈谢克看到德国军官把捷克人当作狗一样呼来喝去,他在经典小说《好兵帅克》中就创造出一个可笑而又可爱的小兵形象,嬉笑怒骂,以喜剧性的荒诞来讽刺奥匈帝国军事机器的腐朽和野蛮。

虽然有如此的不同,但在喜剧风格上,二者又有深刻的相似之处。从故事情节来看,《皇帝的新装》无疑是可笑的,《黑信》的情节也一样是可笑的。哈谢克嘲笑的是德国统治者居然愚昧到把骂他是"傻瓜中的傻瓜"的信,念了五十来遍,才发现是匿名的。这就是说他并不能凭借他的独裁特权惩治这个发信人。为了这样一件小事,他居然要召开国务会议。这个会议,具有秘密的性质,只有四位枢密参赞参与。这里有个矛盾,是可以分析的。

第一,本来谩骂国王的这封信的内容是绝对保密的,可是国王自己却把它公开了,光他自己就公开讲了三次,再加上警察局长的愚蠢,结果是"黑信"变成了"公开信"。

第二,明明是出于维护自己专制的权威,才要对发信人进行凶残的惩处,可是却堂而皇之地宣称是"为江山社稷计"。国王的愚昧中包含着凶残,而这凶残是包装在堂而皇之的话语之中的。所有这一切都显现出一系列矛盾。这些矛盾是如此显而易见,这就构成了滑稽的感觉。但是,这样的滑稽感,还不是文章的高潮,接着召开的会议使滑稽提升了:一方面,会议主席宣读了国王亲笔书写的呼吁臣民忠诚的诏书;另一方面,事出何因,议员们却"丈二和尚摸不着头脑"。会场陷入了一种"莫名其妙的气氛"。而自作聪明的警察局长却主动求见,而且踌躇满志,宣称自己一定会"一鸣惊人",至于如何办案却秘而不宣。其结果是在悬赏捉拿的布告中,把谩骂国王是"傻瓜中的傻瓜"广为传播,弄得举国皆知国王是"傻瓜中的傻瓜"。警察局长因此下台。

这样的结局,显示了三重矛盾:第一重在权力的极端专制和机构本身的效率低下之间;第二重在权力机构的凶残和官僚的弱智之间;第三重在国王居然在事后才感到事态严重,把警察局长轰下了台,说明他的政治智慧和操作上的迟钝,实在是"傻瓜中的傻瓜"。

解读聂绀弩的《我若为王》

关键词语(句)：暴君、明君、寂寞和孤独、奴才的首领、不能为王、古今中外最大的王

这篇文章和《皇帝的新装》一样是虚拟的,这从题目就可以看出来,我若为王的前提就是我目前不是皇帝,不是国王。作者一开头,就宣布自己根本不想当国王,也看不起国王。"我若为王""是一种完全可笑的幻想",是一种"假定又假定"。但是,整篇文章的精彩就在于全是假定的、想象的。

我们在欣赏的时候,自然而然可以感受到文章的这种优点,但因为太自然了,反而不觉得奇妙。尤其是在写作时,流行的机械唯物主义的观念,如反映生活啦,观察生活啦,往往给人一种错觉,以为为文之道,就是要写现实中存在的东西,殊不知想象的东西,有时比写实的东西更能表现人生的真谛。《皇帝的新装》是想象的,写了现实世界中不可能存在的事情,不但很动人,而且在思想上发人猛省。在高考作文中,常常有这样的现象,用虚拟的方法写寓言故事的,往往比写现实情境的要显得有深意和创意。台湾作家张晓风女士在一次作文讲座中出的题目就是《假如我是上帝》。这个题目很精彩,因为它能刺激学生的想象。

我们不知道,张晓风女士的这个题目是否受到聂绀弩先生这篇《我若为王》的影响,但有一点是可以肯定的,假定性的命题对作者、学生的想象力的冲击很强烈,一旦想象力被调动起来,人的思想的潜在能量就可能得到超常的发挥。在诗歌中类似的题目是很多的,例如艾青的《假如我是一只小鸟》、舒婷的《也许……》(另一种形式的假如)、海伦·凯勒的《假如给我三天光明》。

不过,聂先生的这篇文章并不是抒情诗,而是一篇理性和激情交融的文章,带着很明显的尖锐的杂文的批判性。聂绀弩先生在杂文创作上,有很高的成就,翻译家冯亦代在《缅怀聂绀弩》中引用吴祖光的话说他是个传奇人物,弃文习武投奔革命的书生,

是文坛继鲁迅、茅盾之后一位学贯古今的大家。他写的杂文可以与鲁迅媲美,不过,和一般的杂文不同,他的文章把批判专制的矛头掩藏起来,用的是一种自我调侃的笔调。这就显出了独异的风格。

这种风格就是,把尖锐的批判掩藏在荒诞之中。

作者不是正面批判专制权力,而是遵循专制权力的逻辑,把它推导到荒谬的境地,以结果的荒谬显示权力本身的荒谬。如果作者正面批判专制权力,就要从理论上和事实上去论证独裁权力的腐朽,这是一般议论文的做法。如果这样,文章可能更全面,更深刻,但是,也有个弱点,就是不如假定自己是皇帝,来得有智慧,有趣味。

王权专制由来已久,王位与日常生活距离(从心理的到物理的距离)比较遥远,虽然充满了野蛮和荒谬,但是,习惯、历史和现状对人的思想有一种束缚力,一般人不能敏锐地感到其中的不合理、悖谬和野蛮。用假定自己当了国王的办法,当然在讲道理的全面和彻底方面有所损失,但是,也有一个好处,就是拉近了野蛮的制度和自己的感觉之间的距离,其悖谬的性质就被放大了。潜藏在堂皇的制度下的荒谬,就显得违反常识、可笑。

堂皇和可笑互相冲突,从荒谬中现出深刻,同时也显出了作者的智慧、机敏和趣味。这就叫作智趣或者理趣,这和一般所说的情趣有所不同。

这种智趣,来源于机智地揭露其荒谬,不是一般地揭示,而是从深层次上揭示其荒谬。

荒谬的第一层次:假如自己为王,妻子就成了王后,儿子就成了太子,女儿就成了公主。不管他们多么平庸,他们都会被追捧,"纵然是一无所知、一无所能的白痴,也仍旧是太子或王子"。"无论他们怎样丑陋,怎样顽劣""都会被人们像捧天上的星星一样地捧来捧去"。

如果满足于这样的荒谬,固然也无不可,但文章可能显得很单薄。作者的功夫在于,把荒谬向更深的层次推演。

荒谬的第二层次:自己作为一个普通的人,就变成了"万岁",自己的每一贪欲都具有神圣的合法性,可以任性胡为,没有过失,没有罪行。所有的人,不管尊卑长幼,都对我卑躬屈膝。所有的人除了谄媚和歌颂,没有别的语言。所有的人,都戴着面具:"快乐的时候不敢笑,不快乐的时候不敢不笑,悲戚的时候不敢哭,不悲戚的时候不敢不哭。"

荒谬到了极点,讽刺却并没有达到极点。相反,作者突然笔锋一转,从反面的讽刺导向正面的批判。虽然"我"的权威、"我"的尊荣至高无上,但我却感到"寂寞和孤独"。这一笔透露了作者人文主义的价值准则。这个价值超越了世俗的虚荣,着眼于人的精神,尤其是人的情感。那些奉承"我"的人,是没有感情、没有自尊、没有人格的。他们是一群奴才,连同"我的所敬畏的尊长和师友也无一不是奴才"。从人的严格意义上来说,他们并不是人。而"我"因而只是一群奴才的首领。"做奴才们的首领,我将引为生平的最大的耻辱,最大的悲哀。"

文章写到这里,可谓峰回路转,来了一次大转折,这是文章开头到此最大的一次逻辑转折。其动人之处,已经不完全是趣味,而是智慧,是思想激发出来的机智的火花。

这一转折,可以说有点神来之笔,但思想和趣味的深化还没有终止,接着而来的是又一次逻辑转折,这个转折,比上一个转折更大,对读者的想象有更大的冲击力:

> 我将变成一个暴君,或者反而正是明君:我将把我的臣民一齐杀死,连同尊长和师友,不准一个奴种留在人间。我将没有一个臣民,我将不再是奴才们的君主。

这个逻辑转折使得"暴君"和"明君"的内涵也发生了转折。更值得欣赏的是,从这个转折,又引申出另外一个转折:

> 我若为王,将终于不能为王,却也真的为古今中外最大的王了。"万岁,万岁,万万岁!"我将和全世界的真的人们一同三呼。

这里表面上自相矛盾,但却是最为深邃之笔墨。不能为王,是因为做奴才的王不值得;成为古今中外最伟大的王,是因为杀尽了奴才。这个"王",是消灭了王权社会思想基础的"王"。正如鲁迅在《阿长与〈山海经〉》中最后一次说到她有"伟大的神力"的双重内涵,是文章最精彩的关键词语一样。这里的"暴君""明君""为王""不能为王""世界上最伟大的王",也是文章的精华所在。词语在不同逻辑、不同语境中,有了双重内涵,二者矛盾而又统一,错位而又和谐,这常常是思想的高潮也是艺术的亮点。

从一个亮点延伸出一个又一个亮点,转折和亮点的密集度很高。这好像是欧·亨利的小说,到了结尾处,一个接着一个的转折,一次又一次地让读者享受阅读的惊喜。

这对培养读者杂文的文体感来说,是绝佳的机遇。聪明的语文教师应该揪住不放。当然,任何语言的教育,都不能孤立地进行,不能忘记,这样的高潮迭起,转折重重,正表现了作者的愤激——愤激中的机智,机智中的尖锐,尖锐中的深邃。

附:

《朝花夕拾》中含笑的批判
——走近伟大作家的童心

《朝花夕拾》这个书名,读者可能比较陌生,但对其中一些作品,却早就熟悉了,比如《从百草园到三味书屋》和《阿长与〈山海经〉》。读这些文章,和读鲁迅先生的小说有些不同。在小说中,我们看到伟大作家对旧社会和中国传统思想的解剖,为他的深邃而震撼。读他的散文,尤其是自传性散文,则能看到他自己平凡的童心。

一、含笑的批判

他表现得最生动的是,早期读书受教育的过程中,儿童的心灵受到的扭曲和伤害,但不管怎么扭曲,他的天真心态仍然相当自由。如,他的"百草园"当然比较残破,在成年人看来,可能相当荒凉,那些野草、破墙没有什么意思,可是,对孩子来说却比读书好玩得多。在私塾里,先生的教法单调沉闷,但鲁迅先生自己不觉得单调,相反却有点自我陶醉的样子。孩子们活泼的天性受到无情的压抑,却能抓住极其有限的空隙,找到乐趣。家里的保姆是那样愚昧,讲的故事是那样荒谬,但鲁迅却并没有直接批驳,而是用含蓄的笔法去调侃,让人露出会心的微笑。保姆不称职,夏天的夜晚在床上挤得自己不好睡觉,鲁迅也不作正面的批评,而是结合她的迷信故事,说她有"伟大的神力",对她有"空前的敬意",用说反话的办法将之化为善意的调笑。

这是一种含笑的批判。

这也许可以说是《朝花夕拾》一个不可忽略的特点。

在小说中,鲁迅对小人物的麻木是严峻的,甚至可以说是冷酷的。但鲁迅在散文中写的小人物却是自己身边的。近距离的亲密关系使他对下层小人物分外宽厚,使他的微笑更多地带着温情,笔锋也不以犀利为特点了。最明显的莫过于长妈妈做出一点好事,鲁迅就由衷地用诗一样的语言去赞美她。

读伟大作家的文章,不仅是为了学习文字,也是为了拓展、丰富心灵。我们是否能够反省一下,自己在日常生活中,对身边平凡的人们,能有鲁迅这样宽厚的胸怀吗?

《朝花夕拾》在艺术上之所以不朽,不仅仅在于表现了鲁迅的人道精神,还在于他通过平凡的童心来表现。他总是以一个儿童的纯洁心灵去感受在他身边发生的一切。关于他的读书,有一段很有趣的事,即使到了一百多年以后的今天,可能还会引起我们的共鸣。他正兴冲冲准备出发去看"五猖会",家里所有的人都为之兴奋,为之忙忙碌碌,他的父亲却突然命令他背非常枯燥的《鉴略》。背不出就不能去。文章的氛围写得很紧张。幸而他背出来了,于是大家都松了一口气。旧式教育的无情和可笑,由此可见一斑。

当然,鲁迅并没有把这种扼杀儿童天性的教育归咎于个人,而是把矛头指向传统的教育理念。正是因为这样,不但他父亲,包括长妈妈,他都只用轻松的调侃的笔调。事情是可恨的,但是,人却并不可恨,相反有时,却是可笑、可同情,甚至是可爱的。

可恨的是观念,而不一定是人。

二、含蓄和尖锐

他的批判矛头指向的是普遍存在的观念,而不是某一个人,就是对耽误了他父亲的命的所谓有名的中医也一样。这就使他的文字往往十分含蓄,耐人寻味。即使在后果十分严重的时候,文字也很少锋芒毕露。

出诊费是那样的贵,所用的药引又是那样的古怪,而效果却是白白送了自己父亲的命。但是,鲁迅并没有借庸医害人的事故来抒写愤怒,把这个名医写得十分可恶,而是写他医了两年之久而无效后,很坦然地表白:"我所有的学问,都用尽了。这里还有一位陈莲河先生,本领比我高。我荐他来看一看,我可以写一封信。可是,病是不要紧的,不过经他的手,可以格外好得快……"鲁迅写当时的他和家里人的反应,只是说:"似乎大家都有点不欢,仍然由我恭敬地送他上轿。"接着来的陈莲河医术同样不高明而出诊费用却是同样的昂贵,后果同样的严重:

单吃了一百多天的"败鼓皮丸"有什么用呢?依然打不破水肿,父亲终于躺在床上喘气了。还请一回陈莲河先生,这回是特拔,大洋十元。他仍旧泰然的开了一张方,但已经停止败鼓皮丸不用,药引也不很神妙了,所以只消半天,药就煎好,灌下去,却从口角上回了出来。

没有一个字是直接说这位庸医草菅人命的。但是,读者完全可以从字里行间看出鲁迅深沉的目光。

读鲁迅关于中医的文章有一点可能是要提醒一下的,鲁迅对他接触到的中医,所写可能完全是真实的,但是他在其他地方涉及对中医的评价的时候,有笼统地否定中医的倾向。这可能并不一定很公允,但在这里,他的写法却很精彩,至少可以让我们体会到含蓄比一览无余更有表现力。

从《朝花夕拾》全书来看,当然并不是所有的文章都一概是这么含蓄的。该尖锐的时候,鲁迅的文字还是有鲁迅式的尖锐的,可谓嬉笑怒骂皆成文章。

比如在《〈二十四孝〉图》中,他对野蛮的封建孝道的批判就是极其无情的,语言虽不失鲁迅式的幽默,但在这幽默里的温情不见了,变成了尖锐的讽刺。二十四孝中有个"哭竹生笋"的故事,说是三国时期,有一个叫孟宗的人,他的后母喜欢吃笋,冬天叫他去弄。他没有办法交差,就跑到竹林中去痛哭。没想到,他的孝心感动了老天,笋就自动冒出来了。还有个"卧冰求鲤"的故事说,晋代王祥的后母常常想吃活鱼,碰到天寒地冻,王祥就得把衣服脱了,睡在冰上,冰化了,就有一对鲤鱼跳出来。

鲁迅对此的批判不但不含蓄,还语带讥讽,把其中的虚伪和荒谬描写出来:

"哭竹生笋"就可疑,怕我的精诚未必就会这样感动天地。但是哭不出笋来,还不过抛脸而已,一到"卧冰求鲤",可就有性命之虞了。我乡的天气是温和的,严冬中,水面也只结一层薄冰,即使孩子的重量怎样小,躺上去,也一定哗喇一声,冰破落水,鲤鱼还不及游过来。自然,必须不顾性命,这才孝感神明,会有出乎意料之外的奇迹。

二十四孝中还有"郭巨埋儿"的故事,说是郭巨这个人因为担心孩子(婴儿)分了母亲的食物,就挖个坑准备把亲骨肉活埋了,结果是挖到了黄金。鲁迅这样写道:

我最初实在替这孩子捏一把汗,待到掘出黄金一釜,这才觉得轻松。然而我已经不但自己不敢再想做孝子,并且怕我父亲去做孝子了。家景正在坏下去,常听到父母愁柴米;祖母又老了,倘使我的父亲竟学了郭巨,那么,该埋的不正是我么?如果一丝不走样,也掘出一釜黄金来,那自然是如天之福,但是,那时我虽然年纪小,似乎也明白天下未必有这样的巧事。

批判这样残酷、野蛮的孝道,思想是深沉的,讽刺是尖锐的。但是,鲁迅的功力在于,把这样可怕的事批判得这样隽永有趣。这是要反复欣赏才能体悟到的。

三、弃医从文的原因

《朝花夕拾》中最有名的文章要算《藤野先生》了,曾经入选许多中学语文课本。研究鲁迅思想变化,这是一篇很重要的文献。在这篇文章中,鲁迅描述了他弃医从文决心的形成过程。那是在仙台医学院的课堂上,鲁迅受到了刺激:起先是藤野先生的课,他考了60分。可能藤野先生的分数给的是很严的,60分很不容易,就有一些日本同学以为是藤野给鲁迅漏了题,还引起了莫名其妙的风波。鲁迅这样写自己的感受:"中国是弱国,所以中国人当然是低能儿,分数在六十分以上,便不是自己的能力了。"接着再来的是下面这件事:

> 第二年添教霉菌学,细菌的形状是全用电影来显示的,一段落已完而还没有到下课的时候,便影几片时事的片子,自然都是日本战胜俄国的情形。但偏有中国人夹在里边:给俄国人做侦探,被日本军捕获,要枪毙了,围着看的也是一群中国人,在讲堂里的还有一个我。

正是这样一种刺激,使鲁迅决计放弃医学,转而献身文学。在当时的鲁迅看来,身体再强健的中国人,如果思想麻木,也只配给外国人当侦探,抓住了,做示众的材料,幸而置身局外的,也只能做麻木的看客。因而在当时的鲁迅看来,最重要的不是身体的强健,而是思想的启蒙。而文学便是启蒙的最好手段。

鲁迅的这篇文章一直是阐释鲁迅思想发展的权威文献,并且入选语文课本。但是,对初中生来说,这样的文章并不是特别容易理解,近年的语文课本更倾向于选《阿长与〈山海经〉》等比较有趣的文章。

有一点,值得一提。

近年有人查阅了鲁迅当年在日本仙台医学院的成绩,分数并不太高。除了伦理学是80分以外,其他的课程都是60分上下,其中解剖课学年平均只有五十九点多分,不及格。有研究者就此推断说,鲁迅当年弃医从文,并不是为了启蒙,而是因为成绩不好。

但这个说法不太妥当。查当年鲁迅在仙台医学院同年级有一百六十多人,鲁迅的成绩排在80名左右。一个中国人,用日文考试能够考到中等应该是相当不错了。一门功课差零点几分并不影响继续学习。后来鲁迅的主要作品证明,他集中全力批判的正是中国人在严峻的形势面前的思想麻木。阿Q的身体并不差,但却麻木到上刑场的时候,还想出风头;祥林嫂身体本来是很健康的,但由于迷信,仅仅因为不能参加除夕敬神,就痛苦得丧失了劳动力;华小栓得了肺病,却用蘸了革命烈士的鲜血的馒头去治,结果当然治不好。这表明,连革命者的鲜血也不能唤醒他们的觉悟。

同学们如果能在课余,关心一下鲁迅研究中出现的学术争议,肯定是很有趣、很有益的。

四、有趣的注解

许多同学,阅读作品只读正文,往往不耐烦看注解。

《朝花夕拾》每一篇文章后面都有很详细的注解。其完备程度没有任何一个作家的文集能够超过。不但有文字的注解，还有典故、风俗的注解，而且许多注解都有原始的文献根据。还有一些鲁迅自己记错了的东西，都严肃地加以说明。许多地方，其学术的可靠性不亚于百科全书。

只要有耐心，读起来是很有趣的。

这本书不厚，注解也不特别多，如果有足够的时间，把这些注解从头到尾读一遍，可以增长许多见识，收获也许不亚于读《朝花夕拾》。

书中有许多当时鲁迅和陈西滢、徐志摩、章士钊等人论争的注解，不但可以增长文化历史的感性知识，而且有助于欣赏即兴发挥的技巧。不过这些笔墨，时间和距离比较遥远，一般同学读起来可能比较隔膜。鲁迅的文字又相当曲折，如果一下子难以产生兴趣，跳过去也罢。等长大了，读起来就不困难了。

契诃夫小说中的儿童心理

契诃夫的名字大家并不陌生。十九世纪中后期他活跃在俄国文坛。他不但是伟大的小说家,而且还是伟大的戏剧家。他的剧本《万尼亚舅舅》《樱桃园》和《三姊妹》在世界戏剧史上开"内在冲突"的风气之先,对欧洲戏剧发展有重大影响,在传入中国以后,对中国现代戏剧的影响也很大,曹禺的《北京人》在艺术上受他的影响就很明显。当然他的小说的影响更为广泛。

他的作品很多,上海译文出版社1999年出版的《契诃夫文集》长达16卷。我们不可能全部阅读,但是,选读一些他的小说的选本不会有什么困难。至于他那些表现少年儿童的小说,如果能学会欣赏,对提高我们的人文素养,肯定是很有帮助的。

欣赏契诃夫的小说,不能求全、求多。最好是从广泛流行的作品开始。

例如《万卡》,发表已经一百多年了,为什么能够感动一代又一代的读者呢?

小说写的是一个9岁的童工,父母早丧。他在城市里一家商店做学徒,挨打受骂,难以忍受,流着眼泪写信给祖父,恳求他把自己救回去。孩子的生活显然很痛苦,但光是把痛苦倾泻出来,是很难感动读者的。关键在能否揭示出孩子不同于大人的感情和想象。这篇小说在艺术上之所以不朽,就是因为它刻画了在悲惨的生活中极其孩子气的想象。万卡把希望寄托在信上,坚信祖父收到信以后肯定会来救他,这已经接触到孩子的童心了。但是光有这样的信念还不能有很强的感染力,关键是他写的地址——乡下祖父收——在他想象中,是很可靠的,但读者却十分清楚,祖父不可能收到。艺术的动人之处就在于,孩子越是坚信能够得救,读者就越因为没有任何希望而痛心。小说的艺术震撼力在最后表现得最为强烈。万卡把信寄出以后,就沉沉睡去,梦见祖父收到信,正在读信。孩子沉浸在自己的幻觉里,越是睡得安心,读者越是感到悲哀。

小说的感染力不仅仅在于人物的生活,更重要的是,人物的感觉,甚至是幻觉。通常我们说人物要有独特的个性,这是不错的,但个性和人物(在这篇小说中是儿童)独特的感觉和幻觉是分不开的。

欣赏契诃夫的小说,就要抓住人物的感觉不放,这可能算是一个入门的办法。

他的另一篇小说《渴睡》在艺术上和这篇有异曲同工之妙。《渴睡》的主人公也是一个童工,备受奴役,痛苦不堪。白天一刻不停的苦工已经弄得她疲惫不堪,夜晚还要看护老板的婴儿。每当她昏昏沉沉,梦见自己在泥泞的地上躺下睡着的时候,老板的孩子就哭起来,老板娘就会来打骂她,她不能不强打精神,呵护这个孩子。如此再三,她实在难以驱赶睡魔,就果断地作了一个决策,那就是把老板的孩子掐死,让自己好好睡一觉。

明天早上会发生什么样的灾难,小说并没有再写下去。小说的最后一句是:"她把他掐死后,赶快往地下一躺,高兴得笑起来,因为她可以睡觉了。过了半分钟,她就已经睡熟,跟死人一样了。……"孩子的笑容,淡淡的一笔,没有任何渲染和形容,这是很有匠心的,也是才华的表现。

读者很清楚,这个童工面临的灾难很可怕,但是,作者让她一无所知。孩子对于严重的犯罪没有任何感觉,她全部的感觉就是困,就是想享受睡觉的甜美。这比把孩子写得哭哭啼啼要艺术得多了。这种笑和犯罪的对比就是小说动人的奥秘。用这样的笑来控诉黑暗的童工制度,真是一大创造。

契诃夫似乎偏爱用儿童的视角来表现自己对社会乃至自然的感受。有时,连表现一个厨娘恋爱的故事,也通过一个不懂事的孩子的感觉来展开。

孩子的目光,使本来十分平淡的事情变得分外有趣。

他的小说《美人》,是通过男孩子的感觉来表现女性之美的。这个男孩子随同祖父到中亚草原上去。起初,他对草原上的炎热十分厌烦。尤其讨厌的是,祖父没完没了地和一个阿尔明尼亚老头谈天。他巴不得祖父赶快结束谈话,离开这个鬼地方。可祖父却没有离开的意思。这时,他觉得非常恨草原,恨灰尘,恨这里的太阳,恨那阿尔明尼亚老头的辫子。可就在这个时候,来了一个非常漂亮的女孩子,给他倒了一杯茶。一下子,他忘记了刚才的恨,感到自己应该和这个女孩子讲一些文明、美好、诚恳的话。

这种手法在《艺术品》中也是一样。医生为孩子治好了病,母亲为了感谢他,送给他一个带着裸女雕像的花瓶。而医生觉得,放在自己诊室不太雅观,就送给了自己的朋友。朋友也觉得花瓶很好,但就是怕人家议论,于是又送给另一个人。这个人,也有同样的顾虑,就把它卖给了古董店,恰恰这个古董店的老板就是那个孩子的母亲。她喜出望外,以为终于找到了和原来那个花瓶成对的另一个花瓶,就让孩子把这个花瓶赶紧送到医生那里去,以便配成一对。当孩子把花瓶送去的时候,医生看着花瓶却什么话都说不出来了。

他的经典小说《草原》,通篇没有故事,只写了一个叫叶果鲁希卡的孩子随同大人乘大车经过草原的过程。全篇对俄罗斯草原风景的描写充满了诗的情调。小说成功的原因,就是一切都通过孩子天真无邪的目光和感情去表现。孩子气的纯真增加了草原风光的诗意。全文很长,差不多有一个中篇小说的长度。如果是一个才华不济的作家,反复写风景,就难免重复、沉闷。可能就是为了防止这一点,契诃夫让孩子在草原的风雨中感冒了一下。然后通过感冒了的孩子的眼光再来表现草原的美。

当然,光是学会欣赏契诃夫小说中孩子的眼光和感觉,是不够的,因为契诃夫小说中并不总是有孩子。对于许多成年角色,我们也可以用前面分析孩子的感觉的方法去欣赏。例如,契诃夫的经典名篇《苦恼》,写的是一个老马车夫姚纳。他已经衰老了,一直指望自己的儿子来接他的班。但是,儿子却突然死了。他就此陷于无限的苦恼之中。小说一开头,他驾着马车在彼得堡的大风雪中等待顾客,但是,令他无限苦恼的并不是顾客很少,而是无法解脱的孤独。孤独的痛苦,像大海一样淹没了他。他最期盼的是,有人听他倾诉失去孩子的痛苦。只要有人听,苦恼就减轻了。于是,一有顾客,他就向他们诉说,至于车资倒是无所谓。可那些顾客不但不愿意听他的,反而嘲笑他,打他。契诃夫的惊人天才就在于,他刻画了姚纳对顾客的打骂和嘲笑的满不在乎,他觉得这总比没有人听好得多。但悲剧就悲在,他就是连打骂嘲笑都不能得到。他不得不回到旅店去,眼见一个人从床上起来了,他以为这一下,会有人听他的诉说了。可是那人却喝了一点水,又躺下去睡了。最后他只能走到马圈里,把自己的苦恼说给小马听。小马很耐心地倾听着他的苦恼,还温柔地舔着他的手。

和深刻表现孩子的感觉和想象一样,在这里,契诃夫成功地表现了老人的感觉和想象。正是在这种感觉世界里,契诃夫表现了他对小人物的同情和对世态炎凉的批判。从这里,我们可以看到一个伟大的艺术家的人道精神。进入契诃夫艺术世界的门,就在这里。

契诃夫的短篇小说之所以不朽,还因为他在短篇小说形式上的贡献。他和法国的莫泊桑为短篇小说的结构开辟了新阶段。这就是所谓"横断面"式的结构。这种结构不像欧洲和中国的传统小说那样强调有头有尾,故事环环紧扣,而是从生活和经历中切取一个片断,像《万卡》《渴睡》和《苦恼》都是这样。从故事来说,这不能算完整。按传统小说的写法,《万卡》和《渴睡》的主人公后来的命运如何,是要交代一下的,但在这里却完全省略了。姚纳在向小马诉说以后,有没有解脱?在这种小说结构中,这也已经显得不重要了。因为,人与人关心的缺乏到了还不如马的程度。这就足以说明问题了。在莫泊桑的《项链》中,我们最后发现项链是假的,但十年的青春代价,已经不可挽回地流逝了,就是把真项链换回来,也已经不能补偿了。横断面结构的小说的这种优越性,在阅读契诃夫的小说时,只要稍加注意,是不难有所领悟的。

舒婷诗歌中人的价值

当舒婷开始写诗的时候，根本就没有想到发表。看到自己的诗在知识青年枕头下珍藏着、日记本里传抄着、昏暗的煤油灯下默读着，她已经十分满足了。政治运动把人的心灵弄得扭曲，互相之间不是敌视就是戒备的气氛使她感到痛苦；然而她并不绝望，她相信人与人之间的善良本性是可以达到沟通的。她觉得用诗来沟通是最好的方法。

1980年以前，没有什么正式出版的刊物接受她的诗。幸而，福州市马尾区有一个油印的刊物《兰花圃》，创造了一个奇迹：发表了她的诗，吸引了全国各地的诗歌爱好者对她的诗展开了相当激烈的争论。在福州的一次讨论会上，一个心胸狭窄的理论家甚至把舒婷弄哭了。然而舒婷的诗还是取得了节节胜利。影响扩散到全国，推动了中国当代新诗史上波澜壮阔的"朦胧诗"大辩论。她的著名诗篇《祖国啊，我亲爱的祖国》①从此变得家喻户晓，至今仍然经常入选大学和中学课本：

> 我是你河边上破旧的老水车，
> 数百年来纺着疲惫的歌；
> 我是你额上熏黑的矿灯，
> 照你在历史的隧洞里蜗行摸索；
> 我是干瘪的稻穗；是失修的路基；
> 是淤滩上的驳船，
> 把纤绳深深
> 勒进你的肩膊；
> ——祖国啊！

这样的诗作，在当时之所以引起极大的轰动，是由于，第一，在"四人帮"文化专制时期，诗歌只能表现慷慨激昂的，其实就是"假大空"的感情，祖国的一切都应该是辉煌壮丽的，而舒婷的诗，却并没有回避祖国仍然没有彻底改变贫困和落后的局面。"老水车"是古老的工具，"熏黑的矿灯"则更提示着原始的劳动方式，而且是在"历史的隧洞里"，千百年来没有变化。"蜗行"是劳动者的形象，同时也是历史缓慢进展的形象。

"干瘪的稻穗""失修的路基"显示了破败,不仅是生产,而且还有整个社会生活。下面的意象"驳船",是"淤滩"上的,给"历史的隧洞"又加了一份沉重。最后两个意象更富感性——"纤绳"和"勒进肩膊"。这是总结的一笔,把祖国苦难的历史转化为当代人的感受,不是一般的苦难,而是带着深沉的痛楚的感觉。这完全是用感性形象来调动读者的感情,不像十年浩劫时期的诗歌那样充满了抽象的口号。第二,这首诗的想象很大胆,老水车、矿灯、驳船、纤绳等等并没有被当作外在的对象,而是当作了诗人自我。从表面上看,好像不太通顺,但是,却更能让读者想象到诗人对祖国苦难的切肤之痛。第三,这种具有切肤之痛的意象不是单一的,而是成系列的,意象之间不是按散文的语法和逻辑顺序连贯的,而是时而若即若离,时而叠加,造成了感情层层深化的感觉。第四,这首诗虽然不回避苦难和沉重,但是,也并不陷于苦难和沉重,相反,她以相当明丽的语言写出了古老的祖国在新时期的希望:

我是你簇新的理想
刚从神话的蛛网里挣脱;
我是你雪被下古莲的胚芽;
我是你挂着眼泪的笑涡;
我是新刷出的雪白的起跑线;
是绯红的黎明
　正在喷薄;
——祖国啊!

同样是一系列意象的并列,其间有矛盾(理想和蛛网,古莲和雪被,眼泪和笑涡)、有单纯的激情(起跑线、黎明),在这里,我们甚至可以感受到舒婷的深刻。可贵的是,她的热情并不盲目,而是相当诚实而且清醒的,这表现在她对自己这一代青年的认识上。她在诗的最后,概括自己这一代人是"迷惘的我、深思的我、沸腾的我"。

如果舒婷的诗歌都是这样一种风格,在当时就不会引起那么激烈的争执了。按传统诗歌理论,诗歌表现的应该只能是集体的、人民的感情,诗人自我,不应该在诗中有突出的地位。而舒婷在诗中,往往有一种忧郁的情调,更多地表现出对自我、对个人情绪的关怀。有时,她明显地回避流行的豪迈。她在诗中公开表示蔑视那种"佯装的咆哮",同时也厌恶某种"虚伪的平静"。不管某种隐私的沉寂还是痛苦,她都认真地关切。因而,她时常表现出某种个人的低回。她抒写沉默和孤寂,流露出对人的心灵的沟通的追求：

赠②

在那些细雨霏霏的路上

你拱着肩,袖着手

怕冷似地

深藏着你的思想

你没有觉察到

我在你身边的步子

放得多么慢

如果你是火

我愿是炭

想这样安慰你

然而我不敢

……

当你向我袒露你的觉醒

说春洪重又漫过了

你的河岸

你没有问问

走过你的窗下时

每夜我怎么想

如果你是树

我就是土壤

想这样提醒你

然而我不敢

这样温婉的、无言的心灵的沟通,在那以阶级斗争为纲,人与人之间充满了戒备和怀疑的年代是罕见的。如此精致的心灵的脉搏,无疑为新诗打开了一片崭新的天地,带来了一股新风。在诗坛长期只允许欢乐,任何痛苦都被定性为"资产阶级"的年代,她却不厌其烦地抒写人与人之间由不能沟通造成的深沉的苦难。在爱情、友谊都会受到批判的年代,她不惜用浓墨重笔来倾情赞美,但她强调,不管什么样深厚的感情,都不能有任何人身依附,人的价值和尊严,都必须建立在人格独立的基础上。她的《致橡树》可以说是这方面的代表。许多读者以为这是一首爱情诗,这样的理解可能太狭隘了。她在这首诗里强调的是,不管感情多么相通,不管对方多么伟岸、多么高大,都不能"借你的高枝抬高自己":

> 我必须是你近旁的一株木棉,
> 作为树的形象和你站在一起。
> 仿佛永远分离
> 却又终身相依。

在舒婷看来,"这才是伟大的爱情"。这事实上远远超越了狭隘的爱情,而是一种人与人之间的默契和理解,是一种相互独立的精神。其意义相当于一种新时代的人格独立宣言。这在习惯于呐喊的诗人和论者看来简直有点大逆不道。不少参与论争的文章之所以火气很大,原因大概在于他们觉得他们视为神圣的美学原则遭到了亵渎。

舒婷的诗就在这样的讨论中迅速扩展到全国,不但成为诗歌解放的信号,而且成为改革开放初期思想解放的论题。

谁也没有预想到这个历史的任务竟然由一个黄毛丫头(和她的同辈诗人)承担起来。舒婷只有初中毕业文凭,有时也不免给偏爱她的读者以昙花一现的忧虑。但是在她后来的作品中,尤其是到了八十年代、九十年代,她对自我和生命有了不少更加深刻的发现。这一切无疑在她个人的创作历程上标志着新的高度,像《神女峰》③就是可以列入二十世纪新诗经典之作的。几乎所有的诗人和作家写到长江三峡这个自然景观的时候,都以浓重的笔墨赞扬爱情传说,舒婷却对之发出了疑问:

> 美丽的梦流下美丽的忧伤
> 人间天上,代代相传
> 但是,心
> 真能变成石头吗
> 为眺望远天的杳鹤
> 而错过无数次春江月明
>
> 沿着江岸
> 金光菊和女贞子的洪流

　　　　正煽动新的背叛
　　　　与其在悬崖上展览千年
　　　　不如在爱人肩头痛哭一晚

　　这就把人的价值、女性的价值,推向了新的高度。坚贞的爱情传说,其实忽略了女性的生命。传统美德的象征,不过是石头而已,人才是最重要的,哪怕是一夜的痛哭,也比千年的景仰更有价值和尊严。

　　她一出现就比较成熟的风格并没有把她的自我监禁起来,她的才华和活力使她没有不断地重复自己、模仿自己。她不时地发表超越已有成就的诗作,令热爱她的读者惊喜。

注：

① 选自《全日制普通高级中学教科书(试验本)·语文》(第三册),人民教育出版社1997年版。

②③ 选自《舒婷的诗》,人民文学出版社1994年版,第96—97页,第216—217页。

第五章 亲子之爱的诗意和卑微

前言：在非诗意的亲子之爱面前睁开眼睛

这一章完全是表现亲子之爱的。但是，与其他各章不同，所选文章，并不完全是以诗意为纲的，也有非诗意的，甚至反诗意的。诗意的，如泰戈尔的《金色花》，母子之爱固然纯洁无瑕，但如果光是纯洁无瑕，就单调了。这一篇的趣味在于，孩子是调皮的，躲起来，化为一朵花让母亲找不到。因为调皮，才显出母子之间的亲密。最为传神的是，最后母亲说："你这坏孩子！"用"坏"这个否定性的词语来表现嗔怪、疼爱、喜悦、原谅与欣赏。一般表现母爱的诗文，之所以不如这一篇经典，就是往往把母子之爱概念化、理想化了。既然母爱是人世间最无私、最博大、最崇高、最纯洁的爱，母子之间，就是没有任何矛盾，绝对心心相印的，没有任何误解的。把这种文章当作唯一的样板、经典，可能对孩子造成误导。正是因为这样，在这里，我们没有选择冰心的文章。虽然冰心有她的重要性，但是，对于青少年来说，并不适合。因为现实的母爱，并不是绝对崇高、无私的；相反，是很世俗的，有时是有点自私、有点小气的，甚至是以爱的名义施虐。把母爱绝对化、抽象化，对孩子们认识现实中的母爱可能构成一种遮蔽。

要让孩子们在非诗意的母爱面前睁开眼睛，在表面上没有诗意的地方发现诗意。

川端康成的《父母的心》，是很有诗意的。但是，这诗意却和一点没有诗意的卖孩子、反复说谎紧密联系在一起。穷得活不下去，只好卖孩子。从实用价值考虑，这对孩子的前途和家庭生计有好处。但是，却抵不过对孩子的感情，因而这对父母一再反悔。没有卖孩子这样的反诗意的决策，也就没有爱孩子爱到不顾生计的结局。诗意和反诗意的水乳交融，是天天发生在孩子身边的亲子之爱的特点。

对于《背影》的分析，八十多年来，最好的成果，归结起来不外是，第一，父爱像母爱一样无微不至；第二，把大学生当孩子一样关爱。其实，这样的分析是不够到位的。因为《背影》全文的大部分都在强调，对父亲的细心的关爱，儿子是不领情的，反觉得他"迂"，给自己丢脸，于是内心拒绝，外表隐忍。这一点往往被忽略，原因是理想化的、抽象的亲子之爱这一观念的遮蔽。其实，这里最为生动的，第一，恰恰是爬上月台，那吃力的背影，比之当面多少语言和姿态都动人，而且，不雅的背影，却感动得儿子落下了眼泪;第二,这是更重要的,当父亲回过头来,儿子却马上把眼泪偷偷地擦干了。抗拒父亲的爱是毫无愧色地流露出来的,而为他的爱感动落泪却是秘密的。《背影》之所以成为不朽的经典,就在于它写出了亲子之爱的永恒的特点,那就是爱的隔膜。现实的爱,是有隔膜的,父与子的矛盾,两代人的亲情的错位,是一代又一代不断重复着的人性,具有超越历史的性质。

在历史经典和当代青少年经验之间打通联系,是一个重大的难题。

《我们是怎样过母亲节的》是西方的,但是,仍然有人性的共通性,母爱是绝对无私的,充满了诗意的,丈夫和孩子却是自私的。当丈夫和孩子们各自为自己过了最美好的一天而感到幸福时,母亲却并不感到失落,相反仍然觉得因为丈夫和孩子过了最美好的一天自己也过了最美好的一天。两个"最美好的一天"的内涵是错位的,母亲与孩子和丈夫之间并没有沟通。这种诗意与反诗意的错位,分外动人。

《背影》背后的美学问题

前一阵武汉一家晚报披露,《背影》在中学生民意测验中,得分相当低,被某套得到国家教育部批准立项的中学语文教科书排除在外。中学生不满的理由是"父亲违反交通规则""形象又很不潇洒"。这一消息引起了据说是百分之九十以上的家长的义愤。教科书的编者连忙出来"辟谣",说该新闻失实,《背影》已经被列入下一册语文课本。

一场新闻风波暂告平息。

但是,我倒感觉这里是有马脚的。这"辟谣"很可能是在众多反对声中的一种补救措施。要不然,为什么不把此文放在已经出版的课本中,而要放到尚未出版的一册中去?更值得关注的是,虽然入选了,但对于"违反交通规则"和"不够潇洒",并没有从理论上来回答中学生的质疑。

事实上,这里有一个很严肃的美学问题,主要是审美价值和实用价值之间的关系问题。

实用价值是一种理性,主要讲的是理性的善恶,遵守交通规则是善,不遵守交通规则是恶。而审美价值,则是以情感为核心的,情感丰富独特的叫作美,情感贫乏的叫作丑。但是,情感和理性,并不是绝对统一的,而是有矛盾的,情感太强烈往往超越实用理性,不实用,是不善的,但是从审美情感来说,不但不是丑的,反而是很美的。

通常我们笼统地讲真善美的统一,从宏观的最高层次来说,大体是没有错的。但是,从微观的文学创作的实践层次来讲,却不是这样简单的。一般情况下,合乎情的不一定合乎理。二者之间的关系,既不是完全统一的,也不是分裂的,而是"错位"的,既有统一的部分,又有错位的部分。二者属于不同的价值系统。审美价值往往是超越实用功利的。从实用价值来说,眼泪是一点价值也没有的,在人生变故中,哪怕你哭得死去活来,也于事无补。但是,林黛玉的眼泪,仍然能感动人。

由于生存的压力,不实用的情感自发地遭到理性的压抑;在科学教育中,情感是被忽略的。从小学到中学,所谓智育,就是以理性,也就是以压抑情感为主的。但是,如果光有理性,人就是片面的,不是完整的人,而是半边人,甚至是机器人。而文学最大的价值,就是为人恢复那失去的另一半,让人变为完全的人。

在《背影》里父亲为儿子买橘子,从实用价值来说,完全是多余的。让儿子自己去,又快,又安全,又不会违反交通规则。父亲去买,比儿子费劲多了,就橘子的实用价值来说,并没有提高。但是,父亲执著地要自己去,越是不顾交通规则,不考虑自己的安全,就越是显示出对儿子的深厚情感。如果不是这样,父亲认真地考虑上下月台的安全问题,就太理性,没有感情可言,甚至煞风景了。朱先生这篇是抒情散文,并不是以实用价值动人,而是以情动人。情感的审美和实用价值,二者并不是成正比的,有时,恰恰是成反比的。越是没有实用价值,越是有情感的价值。反差越大,越是动人。杜十娘怒沉百宝箱,完全不讲实用理性,但她越是把情感看得比财富,甚至比生命更重要,才越动人,审美价值越高。

至于"不够潇洒"的问题,也一样。父亲越是感觉不到自己的费劲,自己的笨拙,越是忘却了自己不雅观的姿态,就越是流露出心里只有儿子没有自己的情感。这就是诗意,如果不是这样,父亲很轻松地、很潇洒地、很轻快地把橘子买来了,就光剩下了实用性,一点诗意也没有了。

学生不理解,与他们缺乏当时的物质生活状况的经验有关,同时也与他们在美学上缺乏修养有关。如果能成功地对《背影》进行教学,对青少年的审美启蒙是很有冲击性的。这正说明了《背影》应该入选语文课本。

在"不够潇洒""违反交通规则"面前打退堂鼓,这个小小的事件,暴露了我们的编者对于经典文本,只有一点蒙眬的感觉,而在理论上缺乏系统的理解,因而也就不可能有原则的坚定性。

当前的语文教改课堂上最为突出的现象是,由过去的满堂灌,变成了满堂问,问来问去,平面滑行,一千个读者,就有一千个哈姆雷特,什么都是对的。《背影》中的父亲"不够潇洒"也是对的。这种倾向发展到极端,就是"一切由学生说了算"。事实上是,一千个学生说了都算,结果只能是谁也不能算,这就完全放弃了教师的职责。

这提醒我们,对于西方文论要有全面的理解,不能满足于一知半解。其实,就是接受美学,也有一个"共同视域"范畴。在一定的历史语境当中,还要看你是不是达到学科前沿。还有一个相对而言哪一个比较深刻正确的问题。一千个哈姆雷特,还是哈姆雷特,不可能变成李尔王。鲁迅说过:一部《红楼梦》,"经学家看见《易》,道学家看见淫,才子看见缠绵,革命家看见排满,流言家看见宫闱秘事。"① 似乎也可以说,一千个读者有一千部《红楼梦》,但并不是每一个读者都是对的,就是对,也没达到同样的深度。教师还有一个把学生向当代学术水准的高度引导的任务。当学生把《背影》的精华当成糟粕的时候,教师的理论水平和具体分析能力就面临着严峻的挑战。

这不仅是对教师美学观念的考验,还是对教师思想方法的考验。对于《背影》不但要用共时的方法进行分析,还要用历史的方法进行分析。《背影》的语言,和朱自清前期的许多作品相比,有一个显著的不同,那就是在最关键的地方,不像《春》《绿》《匆匆》和《荷塘月色》那样采用华彩的语言、排比的句式,也不作大幅度的渲染,而是将直接抒情的语句压缩到了文章的结尾。在作者情感发生震撼的地方,反而采用比较朴素的语言,几乎全是叙述。这是很见功力的。

朱自清早期常用的抒情和渲染的办法,如《绿》,其实并不是文章成熟的表现,留下了比较稚嫩的痕迹。到了二十世纪三四十年代,朱自清的文风一洗铅华,回归朴素,达到了更高的层次,这是叶圣陶、唐弢、董桥等人早已指出的。这说明《背影》中的"不潇洒",正是朱自清散文中最可珍贵的因子,正是在这个基础上,朱自清向艺术的成熟高度挺进。

造成当代中学生对《背影》这样的经典之作产生隔膜的另一个原因是,我们的编者往往把经典文本孤立地突出,脱离了时代和语境,切断了文学经典的历史连续性。把经典实际上当成了唯一的样板,造成一种模式,一种可怕潜在的陈规,这就在学生心目中造成一种幻觉:经典文本的模式是唯一的。

从理论上来说,历史上的经典文本越是被孤立地强调,就越容易造成对同类精神现象的遮蔽。这不仅可能发生在《背影》式的父爱主题上,而且可能发生在冰心式的母爱主题上。如果不把这种主题的历史语境和当代语境的关系作适当的编排,把情感多种多样的表现充分地展开,只能导致中学生的漠然。

从这个意义上来说,在中学语文课本中,选择像《背影》这样的历史性的经典文本,比选择当代其他经典,是要更加慎重的。

注:
① 鲁迅《〈绛洞花主〉小引》,《鲁迅全集》(第8卷),人民文学出版社2005年版,第179页。

解读梁晓声的《慈母情深》

关键词语(句)：巨大的财富、破产了、从绰绰富翁变成了穷光蛋、绝望得不想活、想死、一个十分自尊的女人的尊严、语调很平静、昂然、谁叫我们是当妈的啊、我第一次发现、我的母亲原来是那么瘦小、十五岁了才意识到自己应该是个大人了而感到羞愧难当、无地自容、没有权利买任何别的东西

  这一篇表现的生活和朱自清《背影》里的时代大不相同，和当代许多贫穷孩子的生活比较接近。一开头的一系列细节，房子、胡同、零钱，都在强调贫穷，但是穷而不苦，文章并不突出有多么苦恼。孩子对生活要求很低，积攒几分、几毛，买得起本小人书就满足了。这一方面细致地说明了小人书便宜，另一方面又强调了当他的小人书被一个警察没收以后，他的心理反应是多么的强烈。

  这里有几个关键词，是要特别注意的：

  先是"号啕大哭"，"用头撞墙"。这是用行动效果来表现小人书在作者心目中的地位。接着是心理描写：小人书是"巨大的财富"，失去它就觉得"破产了""从绰绰富翁变成了穷光蛋""绝望得不想活""想死"。这里的用词，对读者有巨大的冲击。这是因为字典意义和文本意义有巨大的错位。从字典意义来说，这太不准确了。几本小人书，怎么就会造成这么大的痛苦？从客观的角度来说，不至于吧。但是，这里写的不是客观的东西，而是孩子的心灵。这就是童心，不是一般的童心，而是一个穷得吃饭都困难的穷孩子的童心。他把可能接触到的文化，尽管不是什么高级的文化，都当成比生命还重要的东西。从这里可以看出，这个后来成为著名作家的孩子的内心深处、心灵底层的价值观。

  从这里，是不是令人想到鲁迅在《从百草园到三味书屋》开头的"乐园"和"无限的趣味"？还有在《阿长与〈山海经〉》中的"伟大的神力"和"空前的敬意"？

  这还只是前奏，为写母爱提供了一个背景，在孩子心目中，小人书这么重要，目的

很明确,就是为了加大母亲来解决这难题的迫切性。如果在孩子心目中没有这么重要,母亲完全可以心不在焉,不当一回事。作者的匠心在于把母亲推到一个没有退路的极端上去。用还原法,在一般情况下,妈妈会义无反顾地斗争。大叫大嚷,声嘶力竭,都是可能的。如果这样写的话,不能说没有一点特色,但却很难有新意。作者笔下的母亲,之所以给读者强烈的冲击,恰恰是因为她一方面非常英勇,非常坚定,一方面又非常平静,既没有和警察的口头顶撞,也没有正面的行为冲突。她选择的只有一个动作,就是静静地坐在警察局门口。任凭警察来来往往,对她表示不屑("葛里高利"冷笑着),她既不在意,更不着急,她就是不动声色地坚持静坐。

在这中间插入了作者的感觉,是一种对比和反衬,孩子没有信心,但是,不敢劝妈妈回家。原因很重要,很关键。原文是这样的:"那意味着我失去的是三十几本小人书,而母亲失去的是被极端轻蔑了的尊严,一个十分自尊的女人的尊严。"

两个"尊严",不是重复,而是为了强调。本来对孩子来说,小人书已经是生命了,可在和警察对抗的情况下,孩子觉得可能不能不认输了。但是,并不像孩子那样把小人书当作生命的母亲却比孩子坚定。因为这时的小人书,固然是因为在自己孩子的心目中重要,才在她的心目中重要,同时,一旦进入当下的情境,小人书在自己,又多了一份含义——做人的尊严。这一句写得很深刻。深刻不仅仅在于,写出了小人书在儿童心目中的价值,而且写出了母亲的人格,母亲的个性。这是一个自尊心很强的女人,虽然很疼爱自己的孩子,为了孩子挺身而出,代替孩子说了好多好话。但是说好话无效时,她就不再啰唆,不再说任何话。这表明她自尊心很强,不因为疼爱孩子就委屈自己,作可怜相。她唯一的抗争姿态就是坚定地静坐,不达目的,决不罢休。

抓住"自尊"这两个字,就抓住了母亲人格的核心。忽略了这两个字,对文章的理解,就可能流于皮毛。懂得了这两个字,才能深深地透视到这个贫穷的、没有多少文化的女人的高贵和坚强。正是这种坚强,让这个弱势的、贫穷的女人的抗争取得了胜利。这是意志的胜利,自尊的胜利。

抗争坚持了四个小时,这个过程写得挺生动。时间的推移,本来是看不见、摸不着的。但是,作者通过灯光的影子,在特定地点的特殊细节,让读者有了形象的感觉。

这种坚强,还因为警察前后截然不同的表现而得到突出。文中的"葛里高利",起初很是蛮横。作者描写他用了不多的细节。开头,大檐帽歪戴着,动作粗暴,把母亲和我推出来,冷笑,不屑。后来,他顶不住了,把小人书"扔"在孩子的怀里。警察的行为有鲜明的对比,然而母亲的行为却一如既往,一点变化也没有。

警察输了,母子两个赢了,母亲却没有任何变化,既没有表示起码的感谢,也没有显示高兴,而是叫孩子清点一下小人书的数量。在这里,关键词语是:语调很平静。

这就表明这个妇女在逆境中和在顺境中一样是沉着的、自尊的,对强势者的前倨后恭,无动于衷。管你什么鬼样子,我只要达到我自己的目的,百分之百地维护我儿子的权益,一点也不能少。我只要保持我的尊严而已,不管你的表现、你的心情有多大的变化,都与我无关。

警察实际上是屈服了,但母亲不管他。只顾自己"昂然"走下警察局的台阶。"昂然"这两个字很传神,写透了自尊的、无声的威严。正是这种旁若无人的威严,把原来傲慢的、有点流气的警察感动了。他拦了一辆小车,让司机把母子两个送回家。弱势的母亲不但没有丧失尊严,而且赢得了强势者的尊重。

文章没有明白说,母亲是一个刚强的女人,但刚强的形象却留在了读者的印象中。

文章其实是讲了两个互不相干的故事。但由于都是写母亲和儿子的书的,因而很自然地构成一个统一体。后一个故事写的是,孩子想要买一本小说,向极端贫困的母亲要钱。母亲已经被原来的工厂辞退,只能在一个街道小工厂上班。作者用了很多细节写这个手工作坊劳动条件的恶劣,母亲工资的菲薄。而自己索要的买书的钱在工资中的比例又是相当巨大的。文章中的对话,几多重复,强调了作坊里震耳欲聋的噪音,让人连说话都听不见。文章写自己没有勇气开口要钱,而妈妈却毫不犹豫地拿了出来。作为陪衬的其他工人,也写得相当到位,一个工友反对母亲给钱,而母亲却说,谁让我是他妈呢?

这就是说,不管多么穷困,妈妈的爱,是无条件的。

文章写到这里,已经把母亲的个性刻画了出来。应该说,已经是相当不错了。

但这篇文章的精华,却不完全在这里。后面,母亲这样无私的爱感染了孩子,使孩子在精神上长大了。下面几段是全文的高潮。

写受到感动的孩子在精神上的顿悟,最忌直接升华,因为那样容易脱离孩子的心理特点。本文的精彩,就在于写得很有层次,因而很自然。他不先写自己思想上的升华,而是先写自己对母亲感觉的变化。不是写她精神高大,而是写自己突然发现母亲原来是那么瘦小,那么衰老。这是暗示,母亲年轻的生命都无私地奉献给了孩子。接着,才直接表白:

> 那一天我第一次觉得自己长大了,应该是一个大人了。并因为自己十五岁了才意识到自己应该是个大人了而感到羞愧难当,无地自容。

写到这里,思想闪光点是有了,文章的主题也提升了,如果就此结束也未尝不可,但作者的才华在于,在这一般人是强弩之末的地方,他又上了一个新层次,让孩子用自己的行动来表现自己的觉悟。这不但是一个思想的升华,而且是一种结构的转折。孩子因为被感动而不忍心为自己买小说,而是为母亲买了一盒水果罐头。

这个转折本来已经相当精彩,但还不是高潮的顶点。母亲又凑足了一块多钱,叫他去买他神往的书。

从情节上来说,全文两个故事,前一个故事有两个转折,一个是警察把书还给了他们,一个是警察为他们叫了小汽车。后面的故事有三个转折:一个是向妈妈要到了钱;第二个是要到了钱却没有买书,而是给妈妈买了水果罐头;第三个转折是妈妈又给了钱让他去买书。故事的生动全在转折,但是,写转折的笔墨却不一样,前面的转折,用的笔墨比较多,最后的转折,用的笔墨就比较少。尤其是后一个故事的最后两个转折,只花了五六行文字。前面不管多少转折,往往没有独立的价值,大都是为了最后的转折蓄势的,情节往往比较缓慢,而最后的转折,则是文章的精华所在,情节进展往往比较快,文字越是精练越是耐人寻味。

这种结尾的特点,在情节性小说(如欧·亨利的小说)中表现得更为明显。

更值得注意的是文章的最后一句:

我想我没有权利用那钱再买别的任何东西,无论为我还是为我母亲。

这句话说得很有分量,又很含蓄。和前面的"长大"形成呼应,实际上解释了"长大"的内涵,也就是理解了母亲,懂得了母亲的心:只要为儿子的智力的成长,不管付出多大代价,在所不惜。在这之前,"我"买了水果罐头给妈妈,就是不理解妈妈,就是没有"长大"。现在懂得了不买东西给妈妈,才是"长大"了。

解读川端康成的《父母的心》

这篇文章，不像梁晓声的文章和此前的一系列文章那样，充满了描写和形容，作者好像有意回避直接表述感情，全文除了开头在甲板上有一点有限的人物衣着和场景的描写以外，几乎没有抒情性的渲染，基本上是一些相当简洁的叙述。

造成这种简洁的特点的原因是：

第一，描写被压缩到最小的限度。开头还有一点交代性的描写，到故事发生以后，就连起码的描写都没有了，剩下的都是对话。对于感情大起大落的父母，连可以看得见、摸得着的表情、动作、语调等等外在描写全都一概没有了。文章基本上没有细节，越是到关键处，越是简洁，用词越俭省。例如，穷人父母第一次和卖掉的孩子分手的时候，这本来是可以大幅度抒情的，作者却只用了这样几个字，"眼含热泪，难割难舍"，这好像是陈词滥调。后来提出要用二儿子换回大孩子的时候，也只用了"无精打采"几个字。在母亲用三女儿来换二儿子的时候，更是直截了当，只写她"很不好意思"。在富人眼中看来，也只是"失魂落魄"。究竟如何失魂落魄，一点细节都没有。作者可能觉得与其去详细描写，还不如让读者自己想象。最后一次，母亲干脆把小女儿要了回去，作者的形容也只有"痛哭失声"。这好像有点缺乏感觉，有点抽象，似乎缺乏形象的可感性，但统观全文却又是感人至深的。作者的用力全不在于形容，而在于故事的结构，反反复复，再三反悔，不成理由的理由，蕴含着叠加和对比。

第二，故事的叙述者，不动声色地把父母亲的活动，包括如何商议出让孩子，如何一再提出调换出让的孩子等等的盘算，全都放在了幕后，只让读者看到他们向贵妇人讲述自己要求调换的理由。如果不是这样的话，本文就不会这样简短了。

然而，全文却并不因如此简略而缺乏动人的感染力。原因在于，作者把全部功夫都用在了对话当中。这对父母的感情，虽然没有直接写出来，但对话却充满了潜在量，读者不难从对话的空白中，想象出这对父母的情感震荡。

对话之妙在于，表现了"父母之心是多么伟大"，这是文章开头就声明了的。但是，文章主要的篇幅却是描述伟大的父母是如何出卖孩子的。如果从概念出发，既然父母之爱是伟大的，一开始就拒绝贵妇人的要求不是更干脆吗？但是，那样一来，就显得简单。因为这一对父母处在一种极其困难的境地："无力抚养。"突然来了这样一个机遇，既可以让孩子过上富贵的生活，又可以继承财主的家业，日后的富贵是毫无疑问的。于是父母答应转让自己的儿子给富人妇女。

全部对话表明，这种考虑显然并不是轻率的，而是经过夫妻两个商议的，但后来却一而再、再而三地反悔。这说明起初答应，只是一时的、不得已的决定，这种决定经不住时间的考验。这里有个心理问题，表面的、一时的决定，也许是理性的，但却经不住感觉和情感的考验。一旦真正离开了自己的骨肉，理性的决策就顶不住感情的折磨了。所有这一切，读者可以从父母二人的对话中感觉到。但是，父母三番五次地反悔，至少是在最后不得不老老实实承认割舍不了骨肉以前，都是把自己真实的意图掩盖起来的。

孩子的父母总是用种种借口，声称不是自己后悔、舍不得，而是把老大给别人，次序不对：

> 昨晚上仔细地想了又想，大儿子嘛，不论怎么穷吧，也是我们家的接班人哪。况且，把老大给别人按次序也不对，如果可能，我们想用老二换下老大。

反悔的理由不能算不成立，也很难说很充分。问题在于，反悔的时间间隔之短和频率之高联系起来，就令人生疑了。

> 简直没法跟您说，今天早晨给你送来的二小子，从眉眼长相到说话的嗓门，都和我那去世的婆婆一模一样。我就实话跟您说吧，我这心里呀，就像把婆婆扔了一样不好受，再说也对不起我们当家的。况且，他已经五岁了，我觉得他一定会永远地记着我们，想到这儿觉得他可怜得不得了。能不能答应我用这个女孩子把他换下来？

这样的理由好像比上一次更多一点，似乎不能说是没有道理，孩子大了，会记得父母，又好像是比较牵强的，例如像婆婆之类。但这第二次反悔，与第一次相隔的时间距离这么近，这样的理由，就显得有些可疑，隐约让人感到，这么多理由后面有一种不愿明言的理由。接着是第三次反悔：

> 昨晚上我们两口子本来是商量好,说得一妥百妥,决不留恋孩子啦,可是正因为她太小,所以总担心她是不是会这样那样啦,结果是我们两口子一夜没睡。把那么个无知的孩子给人家,连我自己都觉得这当爹的太冷酷无情……与其舍掉一个孩子,还不如爹妈儿女一家六口饿死在一起好。

到了这时候,矛盾终于显现了,就在真情和信用之间。要真情就不能不违约。父母的苦心本来是既要真情,又尽可能保持守约的自尊,同时也不伤害对方。结果是二者不能得兼。最后,真情压倒了违约的顾忌,为了真情,甚至选择了可能带来的饿死的后果,关键是"在一起",只要不分离,就是以死亡为代价也在所不惜。

从这里,可以看出情感超越一切的价值。

再回顾前两次的说法,那都不过是借口,自以为头头是道,读者却越来越感到那些理由不能成立,很笨拙,甚至欲盖弥彰。但越是明显的笨拙,越是感到父母与孩子感情的深厚。更可爱的是,就父母亲本身来说,他们的种种借口,只是借口而已,编得似乎天衣无缝。与其说是要骗过富人,不如说要骗过自己。但是,对读者来说,理由越不充分,越有漏洞,越是显得可爱。

这样的对话共有三个层次,前两层掩饰,最后一层自我透底,动人的效果就在这里。

听觉、记忆、动机发生变异的奇观
——"安娜·卡列尼娜回家看儿子"片段解读

托尔斯泰的杰作《安娜·卡列尼娜》,有许多读法,最流行的是从作品中去找寻托尔斯泰对当时俄国社会,特别是对官僚专制、土地制度、宗教、法庭的批判,这就是所谓社会评论的方法,在《复活》和《安娜·卡列尼娜》中,对当时俄国土地制度的批判,对教会制度、审判制度的批判,虽有较高的社会认识价值,但这些部分大都写得比较枯燥,在读者心目中没有留下多少深刻的印象。在读者情感中激起波澜,在记忆中留下烙印的毕竟还是作品中人物的命运、人物的心理活动。因而即使从社会批判的角度去看托尔斯泰的作品,也不能离开作品中人物心理结构的深度和广度。只有人物的命运、人物的心理结构的刻画撼动了读者的心灵,读者的情感、想象、思维都受到了冲击,作品中那些社会批判的成分才能成为艺术的有效功能。如果不是这样,脱离了人物命运和心理结构的刻画去阅读作品,就可能把概念的说教当成艺术。

进入小说艺术之门,首先要从小说艺术形象的实际情况出发,而不能从小说作家的宣言和议论出发。不管作家有多么光彩的思想,如果这种思想的光彩不是渗透在刻画人物命运、人物心灵结构变幻的过程中的,那就可能是外加的、生硬的概念。所谓艺术欣赏,首先要欣赏人物心灵结构的变幻如何被艺术地表现,其次才是这种心理结构的运动过程渗透着什么样的思想,它是深刻的还是肤浅的,复杂的还是单纯的,进步的还是保守的,等等。

欣赏安娜回家看儿子这一段,首先就是欣赏安娜回家的心理结构变幻的奇观。

本来安娜为了爱情,不顾名誉地和伏隆斯基逃到西欧,但是,对儿子的想念使她的心灵不能安宁。于是她又不顾一切从西欧回到俄国,目的是看望儿子,为儿子庆祝生日。她前一天就选购好了玩具作为儿子的礼物,这在心理学上叫作动机。心理学告诉我们,动机在人的心理活动中占据极其重要的地位,人的行为、人的意识活动、人的感觉知觉、人的记忆和语言,无不受到动机的制约。在动机范围以内的心理活动常常被强烈地记忆和感知，而在动机以外的心理活动往往就容易遗忘或者很难被感知，有时甚至视而不见，听而不觉，感而不知。正因如此，我们在一般小说中看到的人物动机往往是很明确的。动机与人的行为、语言、记忆、想象、思维之间有着直线的联系，但这样的描述和刻画，往往并不太动人。因为人的心理活动是很复杂的，动机和人的其他心理要素处于一种复杂的有机结构之中，每一个要素都与其他一切要素互相依存，一个要素的变动必然引起其他相关要素的相应调节。这个变幻和调节的过程就是我们要欣赏的心理奇观。

安娜回家之所以成为艺术品，就在于托尔斯泰通过安娜淋漓尽致地写出了我们既熟悉又陌生的心理变幻，既唤醒了读者的潜在记忆，又发现了人物心灵的深层结构。

安娜看儿子的要求，遭到丈夫卡列宁的拒绝。她决意反抗，不取得卡列宁的同意就闯去看儿子，她"买了玩具，想好了行动计划""手头预备下给门房和仆人的钱"。所有这一切都是一种理性规划，都属于她的动机。如果托尔斯泰让安娜的理性规划——她明确意识到的动机——圆满地实现，那么这一段就没有什么可看的了。

小说艺术的特点就在于让人物的心理活动越出理性的常轨。导致这种越轨的动力，就是人的情感。由于情感的冲击，人的心理结构失去了平衡，越出了理性的规范，于是人的感觉、知觉、记忆、思维、语言、行为都发生了变异，这种变异就是心理恢复平衡前的调节或反馈。

在安娜进入家门时，突然产生一种狼狈的感觉，这就使她的听觉越出了常轨，失灵了，当门房的新助手问她"找谁"时，安娜狼狈得居然没有听到他的问话，因而也没有回答。她没有预料到丝毫没有变化的门厅会这样深深地打动了她。这种感觉激起了她的记忆，使她忘了自己来这里的动机。她一时不知道自己是来干什么的，这就是说环境的刺激使她早已被遗忘的情感记忆活跃了起来，进入意识，淹没了一切，而前来看孩子的动机却被遗忘了。这是情感奇妙的分化作用，使一部分沉睡的记忆复活，使另一部分新鲜的记忆麻痹。

对于听觉，这种分化作用就更奇妙了。一方面她在走上那熟悉的楼梯的时候听不明白老门房说的话，另一方面她单凭小孩子打呵欠的声音，就知道这是她儿子，而且这种听觉影响了她的想象，使她"仿佛已经看到他在眼前了"。看到儿子以后，安娜的听觉的分化就更奇妙了：

> 她听着他的声音，注视着他的脸和脸上表情的变化，抚摸着他的手，但是她却没有听明白他所说的话。她非走不可，她非离开他不可——这就是她唯一想到和

感觉到的事。她听到走到门边咳嗽着的瓦西里·卢基奇的脚步声,她也听到了保姆走近的脚步声;但是她好像成了石头人一样地坐着,没有力量开口说话,也没有力量站起身来。

用还原的方法来分析安娜的感觉:在通常情况下,近处的听得清晰,远处的听不清晰,可是在这里,由于害怕看到她即将到来的丈夫的焦灼感,一种特殊的情感的冲击,使心理功能发生了相反的变异,空间距离相近的儿子的语言听不清,空间距离远的卢基奇和保姆的脚步声反而听清楚了;情感距近的听不清,情感距离远的反而听清了,这是一种感觉功能的越出常轨。这种感知变异,也许只是一种表面现象、表层结构。决定这种表面现象、表层结构的是深层的情感的作用。深层的情感和深层的焦灼使安娜的感觉知觉特别是听觉发生了变异。深层的情感是看不见、摸不着、感觉不到的,可由于情感冲击而变异了的感觉、知觉(在这里是听觉)却以一种变异的形式,而成为一种强化的效果出现了。

要把人物的感觉原生状态想象出来,就得想象出人物感知的常规状态。在正常状态中,安娜的听觉和语言功能是没有障碍的。但是由于人物关系和客观环境越出了常轨,导致安娜的情感也越出了常轨,越出的幅度是如此之大,不但使她的听觉发生了变异,而且使她的语言机能也发生了障碍。当老家人认出了安娜,默默地向她低低地鞠躬,说"请进,夫人"时:

她想说什么,但是她的嗓子发不出声来。

当她迫于形势终于不得不离开她儿子时:

她不能够说再会,但是她面孔上的表情说了这话,而他也明白了。……以后她想起了多少要对他说的话呀!但是现在她却不知道怎样说好,而且什么话都说不出来。但是谢辽沙明白了她要对他说的一切。他明白她不幸,而且爱她。

这里就出现一种心理奇观了,语言是一种传达思想的交际工具和文化载体,在人所使用的工具中,语言是一种特殊工具,它的特点就是并不是完全被动的。相反,人有时却多少有一点被动,不是人说话而是话说人——在特别强烈的情感冲击下,人失去自由运用语言的能力。在正常情况下,失去了语言表达能力的人,是不能和他人交流思想情感的。但是奇迹出现了,安娜失去了发出语音的能力,却并没有妨碍她与儿子交流思想和情感。这是因为在特殊情感的冲击下，语言并不是交流思想和情绪的最有效工具。这时有一种比语言更有效的交流手段，那就是人的表情。语言是以声音为媒介的概念符号系统，它传达的是概念。概念对丰富多彩的情感来说，太贫乏了。而表情虽然不及概念那样明确，但它是一种直觉，直觉的丰富性是任何概念都赶不上的，孤立的直觉虽然不如概念深刻，但在艺术里，表情作为直觉的对象不是孤立的，而是处在一种复杂的人物情感结构之中。结构的功能大于要素之和，一个很平常的表情都可能有比概念深广丰富的含意。比如，安娜的表情在别人看来只是一种别离时的悲抑而已，而在她儿子看来内涵就要丰富得多了。

人的内心情感活动是一个很复杂的整体，如果仅仅限于上述知觉和语言的层次，那还是比较表面的。托尔斯泰的高明之处就在于他不但揭示了知觉和语言的变异，而且直接深入到情感的深层结构中去，剖析其中丰富的变幻。

通过还原，我们知道，正常的人物的主要情感特征是比较稳定的、明确的，但不是一成不变的，它在外部刺激作用下会发生多彩的变异而产生瞬时的变态情感，如安娜憎恨、厌恶卡列宁。在安娜来到她过去的家之前，由于见儿子的要求遭到拒绝，这种憎恨化为一种受到屈辱的痛苦，引起她一种毅然反抗的情绪。一旦她进入了她过去的家就变化了，当一个不认识的门房助手问她来找谁的时候，她感到狼狈了，而当她熟悉的门房助手向她深深鞠躬的时候，她的眼光却是"羞愧、恳求的"。走上楼梯的时候她的运动机能不正常了，"套鞋绊着梯级"。后来当保姆通知她卡列宁即将出现的时候，她的儿子看到她脸上露出"惊惶和羞愧的神色"。在正常情况下，那么无畏地反抗世俗道德，蔑视、厌恶、憎恨卡列宁的她，居然惊惶、羞愧而且害怕了。

由此可见，在正常情况下，人的情感固然有一种稳定的基本性质特征，但这种基本性质不是固定的、僵死的，相反，在外界环境和语境的作用下，会不断变幻出派生的性态来。写出这从属性态的丰富的变幻，正是托尔斯泰作为艺术家的过人之处。同样的情状到了才能不济的作家笔下也许就变得缺乏变化，只剩下憎恨这样一个僵化的性质了。

许多作家缺乏这样的能耐，其原因不仅在于缺乏这样的追求，而且在于不了解情感知觉之间互相影响的规律。

通常，洞察情感冲击感觉，也许并不难，因为感觉、知觉是表层的，情感是深层的，深层决定表层。但是很少有人注意到，二者的作用也可能倒过来，感觉决定情感。在这一点上，托尔斯泰有深刻的发现。当安娜即将与儿子离别时，她感到儿子的表情在问她该如何看他的父亲，安娜说：

> 爱他；他比我好，比我仁慈，我对不起他。

这是一种歉疚的情感，自认为有罪的情感。这种情感发自内心，是十分真诚的。但这种表白与其说是一种情感，不如说是一种理智。因为这种表白是在没有对卡列宁的现场感觉知觉的基础上的。一旦安娜看见卡列宁，对卡列宁有了现场的感觉和知觉，她的情感就发生了变幻：

> 亚历克赛·亚历山特罗维奇迎着她走过来。一看见她，他突然停住脚步，垂下头来。
>
> 虽然她刚才还说过他比她好，比她仁慈，但是在她匆匆忙忙看了他一眼之后——那一眼把他整个的身姿连所有细微之点都看清楚了——对他的嫌恶和憎恨和为她儿子所起的嫉妒心情就占据了她的心。她迅速地放下面纱，加快步子，差不多跑一般地走出了房间。

由于对卡列宁有了具体的感觉，在具体感觉基础上建立起的厌恶和憎恨就代替了自己的有罪之感。安娜的情感性质又恢复了原状。

在托尔斯泰笔下，人物的情感既是这样具有顽强的稳定性态，又是这样变幻不定，在一切外界的、内部的刺激作用下，它不断发生变异，好像阳光透过多个旋转的三棱透镜发生了令人惊异的奇妙变异，这种变异是那样令人意外，那么偶然，然而又是那样必然，那样合乎人类心灵辩证法的规律，因而也就那样富于认识人类内心的普遍意义。当我们看到这一节的最后一句：

> 她昨天怀着那样的爱和忧愁在玩具店选购来的一包玩具，她都没有来得及解开，就原封不动地带回来了。

安娜在情感焦灼的优势兴奋中心的负诱导作用下，导致了对送礼物的动机的抑制。如果没有对人的心理活动规律的熟谙，托尔斯泰不可能对人物内心有这样的洞察。

许多作家对人物心理活动的规律性缺乏探索的自觉，因而他们笔下的人物往往不能遵守自己的心理活动规律，致使人物变成了作家的"驯服工具"。人物感情世界的单调和粗率，其实就是作家心灵境界单调而粗率的反应，因为作家内心世界的单调决定了他的想象力的缺乏。

最常见的是,当人物与人物发生联系时,常常是注意的主体和被注意的人物之间心理的完全重合。一个人去找另一个人,另一个人的全部注意立刻就被这个人全部占有了。你问他话,他就准确无误地解答;请他想办法,他就竭尽全力想出最好的或最坏的主意。可是在托尔斯泰笔下,问题并不这样简单,一个人到另一个人的房间和这个人讲话了,这个人也答话了,可是他只与他的表层心理发生了关系,而深层仍然沉浸在自己的情感、感觉世界里。例如,在《复活》一开头,玛丝洛娃在受审,法官在投票,都投了赞成票,但这是表层的心理现象,其深层心理都不一样:庭长在思虑着去与金头发的情妇幽会,法官在担心妻子要罢工不做饭。在表态要不要判决玛丝洛娃有罪时,有一个法官的内心根据居然是面前公文号码的数字加起来能否被3除尽,而副检察官之所以坚持要判处她有罪完全出于成见和对自己口才的自我欣赏。人的表层心理机制与内心深层心理机制的重大区别,不但被托尔斯泰发现了,而且被他表现出来了。在安娜这里,她见了儿子以后,并没有占据她儿子的全部心理纵深层次。起初她只唤醒了孩子的表层意识。孩子看到安娜,如果让我们的作家来写,肯定是大叫一声,全部情感都苏醒了。这样,孩子的心理结构就显得单调了。托尔斯泰把人的心理情感结构理解得相当复杂。安娜起初并没有唤醒孩子的深层意识:孩子看到妈妈,脸上浮出了幸福的微笑,又闭上了惺忪的睡眼倒在妈妈怀中,并且在她怀中扭动,使身体各部分都接触到安娜的手。但是他并没有真正清楚地意识到发生了什么,孩子还处在半梦半醒状态,因而他不但没有充分兴奋起来,反而是进入了抑制状态:

他又睡着了。

有些作家把人的情感的纵深层次看得很简单,他们是绝对不会也不敢这样写的,他们的想象力达不到这样精深微妙之处。等到安娜哭了,孩子才"完全醒来了"。全部感觉、知觉、想象、思维、语言、心理结构的各纵深层次才彻底苏醒,充分兴奋起来,开始与安娜的心灵进行全方位交流。在这以前,他与安娜的交流只是局部的、表层的,在这以后,才达到了深度的、全面的情感交流。这种交流突破了感知的表层,进入了情感的深层,"好像直到现在,看见了她的微笑,他才完全明白是怎么回事了"。

深度情感交流的特征是不停留在情感上(他不相信别人告诉他的话:他母亲已经死了),而是深入到思维的层次,甚至不通过语言,他也理解了他母亲的不幸,明白了他母亲与父亲是不能见面的,而且引起了思索:

为什么她脸上会有一种惊惶和羞愧的神色呢?

在这时候,他虽然还没有完全得到理性的答案,却想出了宽慰、挽留他母亲的话:"不要走,他还不会来呢。"

即使亲密如母子这样的关系,二人相见,要达到心理的完全交融和重合,也需要这样一个复杂的过程,何况是其他关系的人物呢!我们许多作家忽略了这个过程,匆匆忙忙地把结果推到读者面前。而忽略过程,就忽略了心理情感结构纵深层次的丰富性,只能导致审美价值的贬值。如果作家能真正在艺术上读懂托尔斯泰的作品,我想对他们欣赏力和表达力的提高一定会有好处的。

解读里柯克的《我们是怎样过母亲节的》

关键词语（句）： 让母亲高兴、隆重、实际上、粗活和脏活、挖个垃圾坑、不要顾虑、三年来、真正的假日、父亲担心母亲着凉、本来可以好好休息、硬拉、永远不会原谅自己、折腾、最愉快的一天、痛快极了、最豪华的筵席、最快活的一天、眼里含着泪水、最大的报偿、迁就

这是著名的加拿大幽默作家斯蒂芬·巴特勒·里柯克写的关于母爱的故事。通篇没有一句直接写母爱的无私，但读者却深深感到了母亲的无私；通篇没有一句话写到丈夫和子女的自私，但全篇无处不在显示丈夫和子女的自私。

错位随着故事的进展，一层又一层地展开。但不是表面上的，而是潜在的，隐藏在字里行间的。表面上没有任何错位，所有公开的、堂而皇之的字眼（能指），都是为了母亲，而实际内涵（所指）恰恰是丈夫和孩子为了自己。这就构成了错位，也就定下了以后贯穿全篇的反讽基调。

第一个层次在字面上和潜在的含义之间的错位似乎并不特别明显，只是表现了在一再强调的"隆重"和漫不经心的"否决"之间，充满了能指和所指的错位。

一方面是丈夫和子女主动提出为了报答母亲终年的操劳，要在母亲节这一天，"做一切力所能及的事，让母亲高兴"。大家都请假回来，庆祝母亲节。这里的关键词是"隆重"。"隆重"的具体表现是：用鲜花和格言装饰房间；女孩子隆重地购买了新帽子，男孩子则隆重地购买了新领带。另一方面，一切为了让母亲开心的举措都一个一个被否决。开始是为母亲买一顶新帽子的提议被轻易地否决了。一旦母亲说自己更喜欢旧的，女儿就说那顶旧帽子，母亲戴了更合适。

这里的反讽不是特别明显，因为是母亲自己提出不要新帽子的。但被否决的过程，毕竟有点轻率，这就消解了前面特别强调的"隆重"。

第二个层次在字面上和潜在的含义之间的错位不但明显，而且越来越尖锐化了，

表现了为母亲制定出游的目标及其消解过程。

一方面是大家决定租一辆汽车让母亲到乡下郊游,享受一番,免得她在家里总是忙得不可开交。父亲提议,与其出游,不如钓鱼,有了"目标",更能提高母亲的兴致。另一方面,则又慢慢透露,钓竿是父亲昨天才买的。暗示了钓鱼和父亲的目的联系在一起是多么巧合。父亲口头上说,钓竿"实际上"是为太太买的。注意这个"实际上"透露了本来不是为母亲买的。这个错位本来可以展开,但被母亲的一句话淡化了。她说,她宁愿看父亲钓鱼,自己却不想钓。

这里的暗示是,父亲有心机,嘴巴上说得好听,实际上却一味考虑着自己,而母亲为了亲人的乐趣,早已习惯于放弃自己的乐趣。

为了把故事推向高潮,作者设置了一个矛盾,汽车太小,必须有一个人留在家里。这时,父亲潜在的动机和表面堂而皇之的话语之间的错位就显得更突出了。他主动提出自己留在家里。如果光是这样说,也就没有什么反讽可言了。他接下来说的话,就有点错位了。他先说,自己留下来可以在花园里干点活。这也还没有什么潜在的意味可言。接着,他说可以干点"粗活和脏活",比如"挖个垃圾坑"什么的。这种话语的错位是:表面上是自己主动留在家里,实际上要让人感觉到他在大家郊游的时候,却承担着繁重的劳动。作者的功夫在于,不是一下子把父亲的底细全部兜出来,而是逐渐透露,在程度上逐渐加强:一点一点把言外之意强化到超越字面的意思。父亲叫大家不要"顾虑"他"三年来"一直没有过过一个"真正的假期"。这里的错位在于,字面上是叫大家不要顾虑,实际上却在提醒大家,事情有点严重:三年来都没有过过一个假期了。这样的话语中的逻辑重音,落在"三年来"和"一个真正的假期"之间的对比上,是不能不叫人顾虑的。这里矛盾虽然明显,但父亲的情绪还没有超越语言的表层。而下面的话,就近乎牢骚了:"他想过个什么节就是想入非非。"如果真是这样,就根本不是顾虑不顾虑的问题,而是要不要对这个赌气的家长给以补偿的问题了。

通俗地说,字面表层含义和深层含义不一致时,在具体上下文中,深层含义占上风的情况叫作"反讽"。在这篇小说中,表面上说自己应该留下来,而实际上,留在逻辑空白中的意思很明显,要他留在家里,是不公平的。

说反话的修辞技巧,我们在讲鲁迅的《从百草园到三味书屋》和《阿长与〈山海经〉》中大量存在,但那里的反语属于幽默的性质。因为鲁迅对长妈妈充满了同情和怜悯,并没有要揭露她什么动机的目的。在这里,作者写父亲,也用了反语,突出他千方百计地掩饰自己的自私,而且,他的言内和言外显而易见的矛盾,充分暴露了他的自私。这样,幽默就转化为讽刺了。

讽刺与幽默的相同之处,是都有反语,但幽默是温情的,非对抗性的,而讽刺则是严峻的,带着刺的。

下面写孩子们的考虑也充满了反讽。一是父亲留下来不合适。原因是虚无缥缈的,"他准会闯祸"。而排除另一种选择即两个姐妹留下来的道理,则更荒谬。因为"她们买了新帽子不戴一戴,未免太使人扫兴了"。这个理由的微不足道,和文章开头十分强调的,要"做一切力所能及的事,让母亲高兴","隆重"地庆祝母亲节,形成反差。这一大家子,一个个都很自私,讽刺意味是十分强烈的。

如果文章就写到这个程度,当然也可以了,但可能给人太直露的感觉。

作者笔墨的深邃之处是:父亲和孩子都自私,但他们似乎并没有感到自己的自私;母亲无私,却也同样没有感觉到自己无私。

一方面强调把母亲留在家里,大家都觉得有很充分的理由即可以让她痛痛快快地休息一天,另一方面,又把这种理由说得不成理由,因为需要她准备午饭。这不是不能休息了吗?矛盾是留在逻辑的空白之中的,由读者去判断。让母亲留下还有一条理由更为荒谬,室外有点凉,"父亲担心母亲着凉"。明明是为自己考虑,却偏偏说是为母亲考虑。父亲越是努力自圆其说,越是漏洞百出,越是漏洞百出,作者的幽默就越是显得精彩。下面这一段,可以说发挥得淋漓尽致。父亲说,正当她"本来可以好好休息"的时候,如果他"硬拉"母亲到乡下去转悠,一下子得了重感冒,他"永远不会原谅自己"的。尤其是考虑到母亲为大家"操劳了一辈子",大家有责任让她"安静、安稳地多休息"。不让她郊游,是让她避免了一场"折腾"。本来大家提出让妈妈郊游,是为了让她休息,可是经过父亲这么一演绎,郊游变成了"折腾",而且很危险。这是明显的荒唐。但越是荒唐,就越是可笑,越是可笑,就越是显出父亲的虚伪——千方百计掩饰自己的自私,明知自私,还要坚持为自私寻找冠冕堂皇的理由。这样的讽刺就有深度了。

文章对孩子的自私,当然也是有讽刺的,但相对比较温和,可以说,讽刺意味比较少幽默意味比较多。因为,孩子不像父亲那样有意掩饰自己的自私,他们比较单纯,比较天真,在大多数情况下,他们没有觉得自己自私。

全文都从孩子的视角来叙述。在许多明显自私的地方,孩子们并不像父亲那样做出一副为母亲考虑的样子。在把母亲留下来以后,作者在分寸上很有讲究。孩子们向母亲"欢呼了三次"。虽然有些自私,但总还有些天真烂漫,应该说自私得有点无知,还没有学会为母亲设想,正是因为这样,孩子们的自私就显得不虚伪,有点坦然,因而不无可爱之处,而父亲却表现得对妻子特别多情:

母亲站在阳台上,从那里瞅着我们,直到瞅不见为止。父亲每隔一会儿就转身向她挥手,后来他的手撞在车后座的边上,他才说,他认为母亲再看不着我们了。

明明是最自私的,却表现得最多情。挥手,要挥到手碰到车后座,越过了表达感情的限度,这里就有一种对比,过度的外在动作和贫乏的内在情感。

接下去的文章,突出了感受上的反差,用词比较夸张。一方面孩子们出游的感觉是度过了"最愉快的一天",玩得"痛快极了"。回来以后,母亲为他们准备了"热腾腾的饭菜",这是"最豪华的筵席""吃得有趣极了"。另一方面,母亲还给父亲拿来手巾和肥皂。这样"忙"了一阵以后,吃饭的时候,母亲又不得不"屡次三番地站起来"帮着上菜。

所有这一切语言,都在构成一种热烈的家宴氛围。但是,所有这一切又和前面宣称的宗旨相违背:让母亲留在家里,是为了让她"安静"。所有用来描述家庭喜庆场景的词语都是与休息、安静背道而驰的。这就是含蓄的讽喻。

文章正面的描写处处透露了父亲和孩子们的自私,但没有一句说出"自私"这两个字,同样没有一个字正面说明母亲是如何的无私。全文的功力在于反讽,但是,又不限于反讽,同时有歌颂,反讽父亲和孩子的自私,恰恰反衬出母亲的无私。这二者相辅相成,父亲和孩子有多么自私,母亲就有多么无私。

说好了过母亲节,要让母亲休息,感恩她的操劳。结果,母亲不但没有出外休息,也没有在家里安静,却更加操劳了一天。而这个母亲不但没有感到这种矛盾,而且心安理得。不但母亲没有感到任何异常,孩子们也没有感到任何异常。一方面有这么多夸张的对比(安静和忙碌),另一方面母亲又表现得异乎寻常的平静。作者对母亲几乎没有多少正面的描写,基本上都是简洁的叙述、讲话、做事,甚至连细节都没有,都是概括的叙述。而对父亲和孩子们却用了大量的细节。只有当孩子们去吻母亲,母亲说这是她有生以来过得"最快活的一天时",孩子们觉得她"眼里含着泪水"。这是描写妈妈的唯一的细节,也是最意味深长的细节。一个本来要让她休息安静的节日,却过得这么劳累,说明她并没有把自己的劳累放在心上,她之所以感到愉快,就是因为她看到丈夫和孩子们的快乐。

最后一句,可以说是神来之笔,孩子们在看到母亲眼睛里含着的泪水时,居然产生了这样的感觉:

  我们所做的一切得到了最大的报偿。

  这里面的含意可真是太丰富了,太奇妙了。

  表层的意义是,在孩子们的感觉中,母亲最幸福的一天是他们给予的。而全文所显示的恰恰是孩子们提出要让妈妈休息、安静,可结果妈妈没有休息,也没有安静。他们本来打算为妈妈做的都没有做。他们做的无非是两个方面:第一,保证了自己郊游,却排斥了母亲;第二,把本来允诺的安静取消,代之以忙碌操劳。对于这一切,他们没有一点惭愧,相反,却感到这是对母亲的奉献。在孩子心目中的"最大的报偿",在母亲却是"最大的剥夺"。这是显而易见的荒谬,越是荒谬,讽刺的意味就越明显。但是,"最大的报偿"不仅仅是讽刺,还有另外一层含义,那就是母亲并没有感到自己被剥夺,相反她把被剥夺当成了幸福。这就不是反讽,而是抒情了。同时,这种抒情中还隐约带着反讽,而孩子没有感到自己对母亲的剥夺。孩子毕竟是天真的,天真把讽刺意味淡化了,幽默意味就更突出了。同样的倾向还表现在吃饭以后,孩子们"争着帮忙擦桌子,洗碗碟,可是母亲说她情愿亲自来做这些事,我们只好让她去做了,因为这一次我们也总得迁就她才行"。明明是母亲无私奉献了自己的一切,却被说成是迁就,好像不是自己不懂得体贴母亲,而母亲有什么古怪脾气似的。这些地方,都是幽默、讽刺和抒情深邃的交融之处。

  从这里可以看出,作者对这个家庭的关系虽然有所批判,但并不太严厉,孩子们并不是有意自私,而是习惯了被母亲照顾,以至于失去了主动照顾人的意识。正是因为这样,讽喻是很有分寸的,就是对父亲,作者也是有节制的。母亲吃饭时,老是站起来为别人服务,"父亲注意到这种情况","他要她歇会儿,于是他自己便站起身到碗橱里去拿苹果"。大人毕竟是大人,至少在口头上意识到该让妻子休息一下了。这种描写虽然并不完全是肯定的,但也并没有给人明显装模作样的印象,多多少少也淡化了讽刺的程度。从这样的分寸感上,可以看出作者的老到,他没有把父亲简单化,没有把人物关系漫画化。

解读泰戈尔的《金色花》

关键词语(句):金色花、花香、投我的影子在你的书页上、落到地上,又成了你的孩子、你到哪里去了,你这坏孩子、我不告诉你

这篇文章在表现亲情这一点上和前面的文章是一致的,但是,又有不同,如果不注意亲情的千差万别,就可能造成一种模式化的印象,而模式化不管是出自什么样的经典,对读者都可能是情感和语言的窒息。这不但对体验生命的丰富性不利,而且不利于感悟语言的多彩。

敏感的读者也许会觉察到,我们选读了泰戈尔的《金色花》,没有选冰心的散文。这并不是说冰心的散文不值一顾,而是因为,对这类诗化经典文本的消极性应保持高度的警惕,不能过分堆积。冰心表现母爱的散文和泰戈尔的这首散文诗,虽然各异其趣,但是在把爱诗化这一点上,是一致的。选入泰戈尔的散文诗就够了。《金色花》和我们前面选的文章最大的不同,就在它是散文诗。所谓散文诗就是没有采用现代诗歌的分行形式,而是采用了散文的连行形式。但是,它的艺术方法却不是散文的。因为它明显不是散文式的写实的,而是诗化的,诗化的特点就是想象、虚拟。

想来,读者不难辨析,前面的文章都是散文,散文是写实的,所写的人物、景物,都是具体的,有名有姓的,有时间地点标志的。而泰戈尔的散文诗里,这个孩子和这个母亲,是没有姓名的,也没有具体的地点。这是诗的特点,诗是概括的,表现的不是某一具体的人物,而是普遍存在的亲子之爱。

形象、时间、空间的概括性,是诗的特点,正因为它是概括的,所以它是想象的,是诗人想象化、情感化了的表现。所以这篇文章一开头就是"假如",表明这不是真的。想象最明显的特点就是变异,也就是把表现对象变异为自己假定的意象。有了变异的意象才可能有寄托情感、加以美化的充分自由。

懂得了这一点,才能理解为什么这首诗一上来就把自己变成了一朵"金色花",因

为金色花提供了一种美好的意象。这种意象，所要表达的是孩子对母亲的美好的感情。花的美好和感情的美好是一致的。

在这里，我们希望读者得到启发，一方面，亲情是多种多样的，各不相同的，以其相异性见长，而另一方面，亲情又只可以作相当概括的表现，把相对共同的属性集中表现在概括的意象中。这就是说，不但亲情的内容可以多侧面、多层次地表现，而且其形式也可以作多种选择。由于形式的不同，情感得到了不同的表现，语言也有不同的功能。

寄托在金色花这个意象中的，如果仅仅是一般化的孩子的感情，那也可能是模式化的。泰戈尔这首诗的独特生命在于，它不是一般的花朵，而是一朵调皮的花朵。之所以要变成花朵，首先不仅是为了变得美好，而且是为了和母亲淘气，让母亲找不到它，而它自己却能看到母亲在工作。注意，就是这种调皮、淘气，也是美化了的，金色花开放了花瓣，默默地笑着，看母亲工作。其次，亲情的美好，还从花瓣的香气上表现出来。母亲闻到了花瓣的香气，可不知道，这来自孩子身上。

调皮进一步发展，变为对母亲阅读的干扰、捣乱：用影子去干扰她的阅读。这种干扰，无疑是一种美好的调皮。正显示了母子的亲密无间。

当孩子出现在母亲面前的时候，母亲对他的疼爱，却并没有用亲密的语言来表现，而是用了责骂的语言：

你到哪里去了，你这坏孩子？

从字典语义来看，"坏"是完全否定的意思，是责骂的意思，但责骂的语言不但没有任何责骂的意味，却反而显示出疼爱的感情，亲密的感情。"坏"字，在通常用法中，是不可能有这样的意思的，如果单纯从通常语义来衡量，可能要被认为是用词不当的，但这里的上下文却显示出，这个"坏"字用得相当好，比"好"字还要好。这是作者对语词在特殊语境中的潜在能量的一种发现。如果不是这样，把"坏孩子"改成：

你到哪里去了，我的好孩子

或者改成：

你到哪里去了，我的调皮孩子
你到哪里去了，我的宝贝孩子
你到哪里去了，我的淘气孩子

> 你到哪里去了,我的可爱的孩子

反倒煞风景了。

　　这是凭语感就能体悟到的,但语感是自发的,我们学习这样的语义,就是要把自发的语感升华为自觉的语感,差不多每一个词语在具体语境中都可能发生微妙的差异,积累这种差异就能使语感丰富起来。

　　孩子却并不因为母亲的责难而感到害怕,相反,更加调皮起来:"我不告诉你。"这比之"告诉你吧,亲爱的妈妈"不知要好多少倍。因为调皮增加了亲密之感。

　　我们前面讲过,关键词语超越了字典语义,在具体语境中产生特殊意蕴,和人物的心灵有一种奇妙的联系,在这里可以进一步体会。

　　这首诗写的虽然不是具体的对象,而是想象的意象,其中有一些细节的特点,显然和我们民族(例如,母亲读印度史诗、做祷告)的习俗不同,但其中的情感却能唤醒我们的记忆,引起我们的共鸣。

　　这是文学感染力的一个奥秘,它内在的情愫,总是具有召唤心灵记忆的功能。

　　文学形象不管多么普遍,总是能唤醒特殊的心灵经验,不管多么特殊,总是能让广大读者受到感动。

　　细心的读者,也许可以感觉到在进行词语分析时,我们采用了一种新方法,并不属于我们一直强调的还原法,而是替换法。某一词语的好处从其原生状态来看并不十分清楚,用一个近义词替换一下,其妙处就比较突出地显示出来了。

第六章 生命的价值和尊严

前言：生命的价值不限于人类

　　这一章的主旨是生命价值和尊严。小说《最后一片叶子》强调的是，病人是否能存活，完全取决于她是否有信心活下去。小说全部思想和艺术的核心集中在窗外的一片叶子上。如果纯粹从现实的角度来看，这个情节的可信度是要打折扣的。和一般情节性小说不同，这篇小说中没有坏人，没有对立面，所有的人都对病人充满了同情，连一个最没有出息的画家，都为她牺牲了生命。小说中的好人，没有遇到坏人捣乱，没有人物之间的斗争，美好没有和邪恶发生冲突，小说中的人物充满了和谐。正是这种和谐推动了情节的发展，从这个意义上来说，小说中，诗的特性是强化的，而小说的特性是弱化的。小说的可信度未受质疑，因为其中有诗的可信度。

　　生命的价值，并不限于人类，哪怕是猫，哪怕是灰喜鹊，生命都是珍贵的。但是，梁实秋的《猫的故事》和周晓枫的《小地主》，整个文风，却不是诗意的，不是美化的，而是充满了"丑"化的，主要是对"我"，对人的自私和小心眼的"丑化"。"丑化"，用之于自我调侃，便构成了幽默感，作品中的情趣也就不单纯了，其中渗透了诙谐的趣味。

　　至于《狼》和《说虎》，说的是道理，但是，说得很有趣味，不过不属于情趣和谐趣，而是另外一种趣味，叫作理趣，或者叫作智趣。把三者分别清楚，不但对于分析文本，而且对于作文，都有开阔视野的价值。

词典语义与文本情景语义
——《最后一片叶子》解读

关键词语（句）：最后一片叶子、杰作、惊人之作、一盏灯笼

这些词语都是很平常的，在词典里有其固定的、普通的意义。正因如此，我们在阅读小说的时候，往往忽略它们。但是，这篇小说的精神含量，基本上就潜藏在这些词语中。我们把它叫作情景语义。相对于词典语义来说，它是艺术家创造出来的崭新的、深厚的意义，而且是极其丰富的。作品解读要落实到文本上，落实到语言上，就是要从词典语义和文本语义的矛盾切入。

要理解这篇小说的特点，首先要提出一个要害问题：得了肺炎的人，能不能够活下来，是由病人想不想活决定的吗？

这篇小说，虽然表面上是写实的，有现实的环境，有现实的生活细节，有现实的人物，一切都和经典的现实主义小说一样。但有一点是不一样的，就是在现实生活中，得了肺炎的人的生命主要是由生理和病理决定的，而在这篇小说里，却是由一种精神，一种对于生命的信念来决定的。小说里的医生对乔安西的病是这样说的：

> "现在十成希望只剩下一成。"医生一边甩下体温表里的水银一边说，"这希望取决于她抱不抱活下去的决心。"

心理对于病理来说，可能有相当的影响，但是，像这样起绝对决定性作用无疑是不太可能的。从这里，可以判断作者所要强调的是，如果丧失了对生命的信念，人就注定要死亡；反过来，只要坚持生命的信念，就可以战胜死亡。

把主观情感的重要性放在客观的生理规律之上，在小说里并不罕见。例如，《儒林外史》中有一个著名的例子，就是那个吝啬鬼严监生，临死前因为家里一盏灯点了两根灯草，就老是不断气，弄得家里人莫名其妙。后来他的老婆理解他，把灯草退去一根，他才平静地死了。

但这是一种讽刺。

精神超越死亡,在童话和神话里,或者在抒情诗里比较多见。最有名的是白居易的《长恨歌》,其中的爱情是超越时间和空间的局限的。"在天愿作比翼鸟,在地愿为连理枝。天长地久有时尽,此恨绵绵无绝期。"说的是,情感是如此绝对,甚至可以超越无限的时间和空间,成为绝对地永恒。再如,臧克家的诗《有的人》:"有的人活着,他已经死了;有的人死了,他还活着。"强调的是精神是可以超越生死界限的。这种超越不是现实的,而是想象的,不是一般的想象,而是诗歌的想象。抒情诗想象的最大特点,就是情感的自由。为人民的幸福而牺牲的人是不死的,他的生命就能永恒。抒情诗表现的并不一定是现实的,而是诗人的情感。感情和理性不同,理性是遵循客观的,而感情却是听从主观的。主观越是超越客观,感情越是动人,越是有诗意。

信念决定生命使这篇小说充满了诗意。但是,如果用写诗的办法来写小说,可能有概念化之嫌。因为信念是抽象的、概括的。如果让病人直接讲出来,读者是很难感受得到的。为此,作者又在构造情节时,设计了相当独特的关节,把生命的信念集中到一个具体可感的事物上去。如果仅是可感,比如,留恋、舍不得情人送的礼物之类,也并不是不可以,但这样就极有可能落入俗套。小说中,医生和病人的朋友休易有几句对话,粗心的读者可能没有注意到:

"这位小姐认定自己再也好不了。就不知道她还有什么心事吗?……我是问她心里有没有还留恋的事。比方说,心里还会想念哪位男人。"

"男人?男人还会值得她想?"休易的声音尖得像单簧口琴,"没有这种事,医生。"

这一笔,看起来很平常,却颇有意味,一个女孩子快要死去了,在美国人看来,总有能够引起她对生活的留恋的,还有什么比爱情更强烈呢?连爱情都没有,可见是极其绝望了。但小说出奇制胜地设计了一个看得见、摸得着的东西,比爱情更为强烈,那就是叶子,窗外的叶子,一片片正在凋零的叶子。

为什么是叶子呢?

首先,因为她是画家。她对画面最为敏感。其次,叶子很平凡,但在这里,作家赋予它以生命在凄风苦雨中顽强生存的意味。这就不完全是现实的描写,更多的是诗意的象征。作者赋予这片叶子的意义远远超越了叶子本身。女主人公乔安西不厌其烦地提起:

> 等最后一片叶子掉下来,我也就完了。
>
> 要是天黑前我看到最后一片叶子掉下来就好,见到了我也好闭眼。
>
> 我只愿像没了生命力的败叶一样,往下飘,飘。

最后一片叶子,成为生命的一种象征,不是一般的象征,而是战胜死亡的象征,是诗意的象征。它象征着生命的信念。告诉人们:精神的力量可以战胜病魔。

然而,这种精神的力量,女主人公原来是并不具备的,她曾经把自己比作"弱不禁风的藤叶",是另外一个人物以生命为代价改变了她。

值得欣赏的是,乔安西从失去生活的信心,到重新获得生命的信念,本来是很抽象、很复杂的一个过程。对于作家来说,要恰当地表现这个过程无疑是一个艰巨的任务。如果正面去写可能吃力不讨好,而欧·亨利却驾轻就熟,只是在对话中用了几个细节就完成了一个人的生命观念的转化。

起初是医生的话:

> 如果病人盘算起会有多少辆马车来送葬,药物的疗效就要打个对折。要是她能问起今年的冬天大衣袖时兴什么样式,那么我对你说罢,她的希望就不是一成,而是两成。

只用了送葬车和大衣袖这两个细节,就说明了生死之别。后来乔安西病体好转了,读者从她外表就可以看得一清二楚。但是她的内心如何呢?欧·亨利同样也是用对话的方式作了精练的交代。当然,如果接着医生的话头说下去,乔安西打听起时兴的大衣袖子样式了。这就既不真实,也不艺术,甚至有点傻乎乎了。作者让乔安西说话,实际上回答了医生提出的问题:

> 休易,我太不应该。不知道是怎么鬼使神差的,那片叶子老是掉不下来,可见我原来心绪不好,想死是罪过。你这就给我盛点鸡汤来,还有牛奶,牛奶里搁点葡萄酒——等等!先拿面小镜子来,再把几个枕头垫到我身边,让我坐起来看你烧菜。

一共才用了五个细节:鸡汤、牛奶、葡萄酒、小镜子、坐起来看烧菜。这些细节说明,她对饮食、打扮、生活琐事又充满了情趣。这是简练的手笔,一来表现出作者对短篇小说这种形式的娴熟驾驭,二来透露出作者明快的风格追求。

导致乔安西转化的人物贝尔曼,无疑是作品中的英雄。但对于这个英雄,作者好像故意把他写得毫无英雄的光彩。先是他的外表:他老了,年过六十,其貌不扬,红眼睛不住地流泪;其次是,他四十年作画,一事无成,穷困潦倒;再次,他说话粗鲁,用的都是下层百姓的口语,在英文原著里,充满了发音的错误。说明他没有受过多少正规的教育。中学课文所用的译文,除了用语粗俗以外,无法把他在口语中透露出来的文化上的弱点充分表现出来。试举老贝尔曼和休易的对话为例,短短的几句话,就说错了许多:

"You are just like a woman!" yelled Behrman. "Who said I will not <u>bose</u>? Go on. I come <u>mit</u> you. For half an hour I <u>haf peen</u> trying to say <u>dot</u> I am ready to <u>bose</u>. <u>Gott</u>! <u>dis</u> is not any <u>blace</u> in which one so <u>goot</u> as Miss <u>Yohnsy</u> shall lie sick. Some day I <u>vill baint</u> a masterpiece, and <u>ve</u> shall all go away. <u>Gott</u>! yes."

对英语有兴趣的教师可以看出,他把 pose 说成 bose,with 说成 mit,have 说成 haf,been 说成 peen,God 说成 Gott,this 说成 dis,place 说成 blace,good 说成 goot,paint 说成 baint,we 说成 ve,甚至连女主人公的名字 Johnsy 都说成了 Yohnsy:这可能暗示读者:他是欧洲某国移民,在美国属于那种"unsettled"(尚未融入)的、社会地位很低的一类人。

到小说结尾,读者才明白,正是这个老头子在窗户上画出一片叶子,表示那最后一片叶子没有凋零,给了女主人公以生命的信念。他是在雨中画的,弄得"衣服、鞋子全湿了",受了风寒,得了和女主人公一样的肺炎,他牺牲了生命,女主人公却因此获得生命的信念,战胜了病魔。

由此可见,这篇充满诗意的小说所歌颂的,不仅仅是生的信念,而且是为了他人的生命作出自我牺牲的一种精神。贝尔曼无疑是个英雄,但却平凡异常。他一点没有英雄的自我意识,他也没有意识到自己会牺牲,这正是他的平凡之处。然而,作者又暗示,这样的平凡的人物,又是不平凡的。

这种不平凡的暗示,主要集中在关键词语"杰作"上。

这个"杰作",一连几次都带有反讽意味,直到最后一次才是抒情的。这种手法和鲁迅在《阿长与〈山海经〉》中几次用"伟大的神力"一样有异曲同工之妙,前面一直是反讽的,直到最后一次,才是歌颂的。

贝尔曼出场的时候,作者强调他在艺术上一直没有什么成就,但是又一直强调,老头子念念不忘要有所成就,念叨着要画出"惊人之作"。可是,他把画架支起来25年了,还没有开始画上一笔。这么一把年纪,没有什么成功的希望了。单纯从这一点上看,小说的笔调语带嘲讽,这在原文中是很明显的。可惜我们选用的译文,却没有充分把欧·亨利式的调侃传达出来。然而,到了小说的结尾处,作者借休易的嘴巴说:

  现在你看墙上还趴着最后一片藤叶,你不是奇怪为什么风吹着它也不飘不动吗?唉,亲爱的,那是贝尔曼的杰作,在最后一片叶子落下来的晚上,他又在墙上补上了一片。

这里的"杰作",才是真正的抒情性的话语,点出了挽救生命的叶子,原来出自这个不成才的画家之手,讽刺的意味变成了歌颂。

最后一片叶子的内在含义是多重的。不仅仅是生命信念的象征,还是平凡的自我牺牲的象征。"杰作"在这里,是个双关语,表面上是绘画,可要真正从绘画的角度来说,根本没有什么了不得的成就;从精神境界上看,是作出奉献,而又没有奉献之感的象征。只有从这个意义上来说,才是难能可贵的,是真正的"杰作"。

不论从思想上,还是从艺术上,这都是小说的焦点,关键词中的关键词,就是这个"杰作"。然而,作者却采取了一种很奇特的写法,不正面写这个英雄,也不正面写获得生命信念的乔安西,正面着笔的是休易的感觉。这个人物在故事情节中没有起多大的作用。她的任务只是通过她的眼睛和嘴巴,让读者体验情节、人物的发展和变动,其中包括老贝尔曼的英雄行为。最后通过她的嘴巴作了简单得不能再简单的叙述,连一点描写都没有。

这不是本末倒置吗?不是。

这正是欧·亨利构思独特的地方。如果直接正面写贝尔曼如何在夜里搬了梯子,拿着画笔,忍受细雨和寒风,艰难地完成了那最后一片叶子,也不是不可以。但那样篇幅会很长,悬念也没有了。现在这样写道:

  头一天看门人在楼下房间发现他难受得要命,衣服、鞋子全湿了,摸起来冰凉。谁也猜不着他在又是风又是雨的夜晚上哪儿去了。后来他们发现了一盏灯笼,还亮着,又发现扶梯搬动了地方,几支画笔东一支,西一支扔着。一块调色板上调了绿颜料和黄颜料。

这种写法最明显的好处是精练。只用了几个细节,就把一个人死亡的整个过程表现出来了。一盏灯,说明是夜里,而且还亮着,微妙的暗示,隐现在字里行间。梯子搬动过,说明是往窗户的高处画。衣服鞋子都湿了,是冒雨工作的结果。几支画笔,东一支,西一支,说明零乱,是受冻以后艰难支撑的痕迹。

真正的好处还在于把悬念和思想的焦点都放到了最后一句:"亲爱的,那是贝尔曼的杰作,在最后一片叶子落下来的晚上,他又在墙上补上了一片。"

这正是欧·亨利式的结尾:突然把故事的谜底揭示出来,人物突然被思想照亮,前面的故事有了新的意义,对人物的评价发生对转:贝尔曼从一个穷愁潦倒的人物变成了一个崇高的英雄,"杰作"从绘画的意义上升到人格的意义,这不但非常具有戏剧性,而且非常深邃。这样曲折深沉地把故事的价值提升到一个新的层次的结尾,话说得越少,越是具有潜在的力量,不但是思想的,而且是艺术的。这样的叙述就不是一般完成故事情节的交代任务,而是把想象的空间留给读者,促使读者掩卷沉思。欧·亨利在结尾处常常利用这样的发现,让读者得到艺术和思想的双重享受。

解读梁实秋的《猫的故事》

关键词语（句）：一家不安、执法如山、不稍宽假、缓颊、从轻发落、予以开释、稍予膺惩、像是新婚夫妇的汽车之离教堂去度蜜月、准备高枕而眠、打了一个冷战、要用重典、一腔怒火消去了不少、天地之大德曰生

生命之所以珍贵，就是因为它只有一次，是不可重复的。因而生命的价值是一切价值的根本。人本来是大自然（动物）的一部分，只是人在制造了工具，有了语言符号以后，就从动物中分化出来，变成了大自然的对立面，把大自然、动物和植物作为征服的对象，从而提取生活资料。在生产力不发达的时代，生活资料比较匮乏，人类生存时时刻刻受到威胁，人与自然处于对立的状态。社会达尔文主义强调生存竞争，物竞天择，适者生存，弱肉强食。这在某个特殊的时代，曾经成为共识。人要生存，就必须征服自然，甚至破坏自然，不惜让某些生物绝灭。

对动物生命的鄙视、漠视，就是在这样的历史条件下产生的。

但是，随着生产力的高度发展，人类的生存、生命的存续，越来越不成问题，人对大自然的破坏却越来越严重，生态环境越来越失去平衡，人类的反省就有了物质方面的基础。人对动物的同情和爱惜，就成为风气。动物保护主义由此而生。对动物生命的珍视，是社会生产力和文明程度提高的反映。

梁实秋的《猫的故事》，表现的是对动物生命的珍视。如果，我们的分析仅仅到此，还不足以完成课堂教学的真正任务。因为，这样只是说出了许多类似的文章的共同性，没有涉及梁实秋这篇文章的特殊创意。

梁实秋文章的特点是：第一，把这种珍视写成一种过程，亦即从虐待到愧疚；第二，文章写得很幽默，不是一般的幽默，而是自我调侃的幽默。亦即不是诗化自我的情感，而是强调自我的情感转化，把重点放在暴露转化之前的自我的凶残。其中明显包含着对自我的批判。

表面上是自我暴露,实际上隐隐透露出,如此这般的凶残——以虐待家畜为乐,其思想根源乃是人类的自私。从厨师到自己都是为了一己私利,不惜以虐待动物为乐。其中写厨师惩罚猫的恶作剧,笔墨尤为淋漓。文中的自我调侃达到自我暴露的程度。没有一个字是直接暴露自己的凶残的,但字里行间无处不暴露人类的自私。如果直接说这是人类的自私,比较困难。人类,涉及的面太广了,缺乏感性的描述对象。用自我调侃的办法,把自己写得非常可笑,非常自私,既比较容易,又比较感性。

此类文章有很明显的叙事线索,但如果直接从叙事线索去分析,起初如何,后来如何,结果如何,可能比较表面,容易陷于现象的罗列。要真正分析出深度来,最好还是从分析关键词入手,不能把一些学生一看就明白的话拿来大讲特讲。

分析什么样的关键词?主要是表现作者对猫的态度的词语。作者对猫的态度有一个变化的过程,层次很多,这是很重要的。文章的丰富性,感情的复杂性和独特性,全在这里。下笔从容不迫,很见功夫。如果是一个没有功底的人,可能就在这种过程的表现上简单了、粗糙了。

我们来看梁实秋的关键词是如何表现他内在情感的曲折的:

起初是,感到"搅得一家不安"。

接着是,"有些不耐烦"。

再是,"按捺不住"。

看到被吊着的猫,"为她缓颊"。

在猫的尾巴上系上空罐头后,"准备高枕而眠"。

听到屋顶上的罐头声,"打了一个冷战"。

下决心:再捉到"要用重典"。

发现猫窝里的四只小猫,"一腔怒火消去了不少"。

赞美猫的母爱。

为惊扰了猫,使之离去而忏悔。

引导学生把这情感变化的过程整理出来,本身就是一种情感教育,或者叫作审美陶冶。

从写作的角度来说,也是一样,最大的难度,不是没有最后的题旨,而是如何把题旨慢慢引导展示出来,过程、层次要井然有序。层次推进转换还要自然,这就叫作娓娓动人。当然,在这样的过程中,并不是每一个转折都要平均使用力量。其中最关键的,也就是最动人之处,在读者记忆中印象最深的,也就是这样的部分,也许多少年后,什么都忘记了,唯独这个部分记忆犹新。在写作时,就会冒出来,推动想象和词语的选择。所以在教学的时候,一定要把那最精彩的地方,作深入的分析,让学生有比较深刻的体悟。本文中,这样的得意之笔至少有两处:

一、看厨师惩罚猫的恶作剧

  厨师对于捉到的猫向来执法如山,不稍宽假,我看了猫的那副可怜相直为她缓颊。结果是从轻发落予以开释,但是厨师坚持不能不稍予膺惩,即在猫身上原来的铁丝上系一空罐头,开启街门放她一条生路。只见猫一溜烟似的稀里哗啦地拖着罐头绝尘而去,像是新婚夫妇的汽车之离教堂去度蜜月。跑得愈快,罐头响声愈大,猫受惊乃跑得更快,惊动了好几条野狗跟在后面追赶,黄尘滚滚,一瞬间出了巷口往北而去。

这里,当然有些个文言的字词是需要讲一讲的,但不要过分停留在词义的解释上。第一,这没有什么难度;第二,光是把这些词语按字典上的意义讲明白了,也并不能让学生真正欣赏梁实秋语言之妙处。因为文本语境中的语义和字典里的语义有很大的差异。这种差异,恰恰是作者之匠心所在,艺术成就之所在。

一般学生光凭语感,就可以领悟其中的精彩,但能够说出道理来的很少。此即所谓可意会不可言传。如果仅仅按字典意义去讲,可能反而把本来生动的语言讲得枯燥无味。

引文中加点部分字句是十分庄重的书面、文言词语,而且还有一些法律用语。把这么庄重的语言,用在一只猫身上,是不伦不类的。表面看来,似乎是任意乱用,但明显又有契合之处。一方面这些法律词语中有庄严的意味,显示厨师煞有介事的姿态和神情,另一方面惩罚的对象又是法律条文完全不适用的对象。用词在似正似歪之间,趣味在亦庄亦谐之内,语义的错位构成谐趣,充分显示出作者对厨师的调侃。

这些词语暗示着内在的矛盾:一方面强调的是自己对猫的同情,不想让她被吊死是真诚的,故而用了庄重的语言,但另一方面,又对厨师的恶作剧有所批判,细致地描述空罐头的声响,让读者感到残忍,却又没有明点出残忍,也没有直接表示不安。然而,读者仍然感到此举的可笑和残酷。可笑的,表面上是猫尾巴上拉着罐头的狼狈相,作者为了强调这种狼狈,还加上了一个比喻"像是新婚夫妇的汽车之离教堂去度蜜月"。这个比喻在一般的叙述和描写中是不伦不类的,但从构成幽默趣味来说,却是十分贴切的。这里不但有对猫的调侃,还有对厨师的调侃。作者自己,多多少少也流露出一种幸灾乐祸的情绪,读者无疑也可以从中体会到作者的自我调侃。幸灾乐祸,是人类的心理特点之一。对于残忍的事,因为并不发生在自己身上,就把那身外的灾难当成内心的快乐。就因为猫给人带来一点不便,一向号称文明的人——知识分子居然容忍这样的事在眼前发生。这可以说是对人类的一种批判,然而又不是一般的严厉的批判,而是一种快乐的批判,是在会心而笑的过程中完成的批判,这是幽默的特殊功能——即便是对你的批判,也能让你笑着、舒舒服服地接受。

所以说这样的幽默是一种文明的熏陶。

二、结尾

光是看出了上述方面,可能还是不完全的。文章最有特点的地方还在最后一段。作者发现:"书架上有呼噜呼噜的声音。怎么猫找到了这个地方来酣睡?我搬了高凳爬上去窥视,吓我一大跳,原来是那只瘦猫拥着四只小猫在喂奶!"

这时作者的情感和思想发生了转折:

> 在车船上遇到有妇人生产,照例被视为喜事,母子好像都可以享受好多的优待。我的书房里如今喜事临门,而且一胎四个,原来的一腔怒火消去了不少。天地之大德曰生,这道理本该普及于一切有情。猫为了她的四只小猫,不顾一切地冒着危险回来喂奶,伟大的母爱实在是无以复加!

这一段是卒章显志,本来是猫狗之类的小事,作者却把文章的主题升华到中国传统的天道、人性本善的哲学上去[①],这样完全可以结束了。但作者没有满足,接下去的一笔才是神来之笔:

> 猫的秘密被我发现,感觉安全受了威胁,一夜的工夫她把四只小猫都叼离书房,不知运到什么地方去了。

在觉悟以后,本来可以弥补的,但却留下了遗憾。这是感情的又一波澜。在文章是结束了,在感情却是余波未尽。这是一种不结束的结束,令人掩卷沉思。这里的文字非常平实,没有多少形容却蕴藏着非同一般的感叹和渲染的力量。

值得注意的是,这一笔写得很平淡,不像前面那样妙语如珠。但对全文来说,其价值至少在两个方面:第一,增加了文章的思想深度。人对动物的侵害,已经成习惯,即使觉悟,往往也已经永远无法弥补过失了。第二,全文的风格是幽默的、轻松的,但到了最后,却不幽默、不轻松了,反而来了一笔沉重的忏悔。从文章的情绪来看,这里一笔是抒情,和前面的幽默形成一种对比。有了这一笔,文章的情绪显得更加深邃,结构显得更加丰富。

对于生命的珍惜是无声的,情感的伤害是隐性的,有些错误是不可弥补的。缺乏文明修养的人,对这样的事情往往没有感觉,只有高度文明、感觉十分细腻的人,对于生活真谛才有这样精致的体验。

注:

① 笔者注,周易《系辞》曰:"天地之大德曰生",又曰:"生生为之易"。易经的根本精神就是天地矛盾变化,阴阳交替,引申出男女,引申出乾坤,阴阳合德,生命不断繁衍之道,不仅仅是个别的生命,而且是天地阴阳之本性。天道本善,人道本于天道,故人性亦本善。

解读蒲松龄的《狼》

关键词语(句):一狼/一狼、前狼/后狼

这是清代著名作家蒲松龄《聊斋志异》中的故事。和柳宗元一样,他把古代汉语的精练发挥到了极致。古代汉语之所以简洁,有一个原因,就是句法比较简明。句子大多是简单句,句子之间的逻辑因果和时间空间的承接都是省略了的。把复杂的过程、其间的因果、前后的联系,放在叙述的空白里,是文言小说作家常用的手法。

这篇文章,文风之所以如此干净利落,还有一个原因:全文几乎都是叙述,没有描写,没有抒情。除了最后一句是感叹以外,作家的感情没有直接流露。作家运用这种白描手法,可以说是炉火纯青。但要真正把白描手法讲得让学生有感觉,就得用还原的方法,把那些在作者那里省略的东西补充出来。这就是说,要懂得文章的好处,就得不仅仅满足于欣赏文章已经写出来的,还要把文章没有写出来的想象出来。对一个教师来说,光是讲解课文上已经有的东西是不够的,还要养成一种敏感,就是善于把文章中没有写的东西想象出来。

一屠晚归,担中肉尽,止有剩骨。途中两狼,缀行甚远。

这个屠户的面目、衣着、年龄就没有写,客观的情况,除了一个"晚"字,全部省略了。能否省略的原则是对后面文章的进展有无作用。有则多写,无则省略。没有肉只有骨,就对后文描写屠夫穷于应付的作用极大。如果肉很多,狼吃饱了,撑得慌,情节可能会有另外一种发展。"途中两狼",表明不是一只,如果是一只就没有后面的惊险故事了。这里作家的省略很多,两只狼,是公的,还是母的,是灰的,还是白的,是老的还是小的,都与后面的情节无关,所以全都省略了。"缀行甚远"一句,省略的内容更多。跟着他,摆脱不了,是一个很长的过程。直到追得他没有办法,才把骨头丢给狼们。从这种过程的省略,不仅可以看出作家的笔法简洁,更重要的是可以看出作家的匠心。大凡前面提到的,后面必有发展。

蒲松龄叙述的功力,并不仅仅在叙述比较简单的事情上,而且在叙述复杂的事情时,他也能使之具有某种不亚于描写的效果。对于比较复杂的事情,叙述本来是比较困难的。亏得蒲松龄以简驭繁:

> 一狼得骨止,一狼仍从。复投之,后狼止而前狼又至。骨已尽矣,而两狼之并驱如故。

这里,值得注意的是量词的灵活运用。

由于两只狼在前面没有以形状和颜色来区别,这给后来分别叙述二者带来了难度。蒲氏起初用了两个"一"("一狼得骨止,一狼仍从"),代表两只不同的狼。紧接着,情势变化了,再用两个"一"就缺乏变化了。他改用位置来区别(后狼,前狼)。等到骨头吃完了,两只狼仍继续跟踪着屠户,但它们是并排,还是一前一后,或者是一会儿并排,一会儿一前一后,就不值得交代了,作者就干脆含混地用"两狼"(并驱如故),不再强调二者的区别了。接着,作者又有区别了:"一狼径去,其一犬坐于前。"还是用一个"一"字,就轻而易举地把两只狼恰如其分地分别开来了。读者只要从中获取必要的信息,凭上下文想象出二者的不同,就足够了。至于其他的区别,本来可以写出很多,但是,作者略而不计。这就是精练的"精"的要义。不要小看这样的文字。这里有作家的匠心——尽可能把与情节发展无关的细节省略掉。把动作和情景减少,以免干扰读者对情节因果链的注意,这是本文之所以精炼异常的原因之一。

本文的好处不仅仅是精炼,还在于把有限的细节有机地组织起来。

随着故事的进展,叙述出现了细节和比喻,有了一点描写。如"狼不敢前,眈眈相向","其一犬坐于前。久之,目似瞑,意暇甚"。这是因为,这种状态是一个悬念,结局时将有一个解释,这对情节有相当的重要性:屠夫杀了两只狼后才悟出来,原来狼做出心不在焉的样子,是为了麻痹他("乃悟前狼假寐,盖以诱敌"),结局使前因获得了解释,读者对情节的意义也有了新的体悟。这种情节因果的有机构成,正是小说的特点。

这篇文章,表面上看,好处是写得很干净,没有可有可无的话。但光是这样还不能解释为什么有些地方又有一些描写的笔墨。仔细分析以后才发现,凡是花了一点笔墨的地方,在后来都是有新的意义的。这就使这篇篇幅很小的文章,在文字结构上,具有了一定的有机性。前文不仅仅是为了前文,而且对后文有用,后文也不仅仅为了后文,而且对前文有用,这叫作用笔有前后照应之效。

  文章最后有一点议论,从小说的角度来说,是可以省略的。现代小说家往往回避把主题都讲出来,因为把倾向性隐藏在情节发展的过程中,更有利于调动读者的心理参与。现代小说更倾向于为不同读者的多元理解留下充足的空间。但蒲氏是我国古代文言小说家,他的《聊斋志异》几乎在每一篇故事后面都要发一通议论,有时用"异史氏"的名义(其实也就是他自己),有时则作为文章的一个部分。可以把这看成是一种体式。不仅《聊斋志异》如此,早在司马迁的《史记》中,文章后面就有"太史公曰"。这是一种传统的格式,蒲氏不过是稍稍作了一些调整而已。

(本文由孙彦君执笔)

解读刘基的《说虎》

关键词语(句)：用力/用智、力之用一/智之用百、自用/用人

这篇文章很短小,但却是议论文章很常用的体式。

对于这种体式的特性,通常的议论文理论恰恰是忽略了的。一般的文论都强调先有论点,然后组织与论点相一致的材料进行论证。这种说法,有一定的道理。初中学生乃至高中学生,往往不善于将论点和论据作适当的配合。加强这方面的指导是很有必要的。但这样的说法是有缺点的,那就是忽略了论点是否正确的问题。如果把论点当作天经地义的,就容易片面,容易让人忘记一个重要原则——对一切论点都要进行具体分析。其次,即使论点是完全正确的,也还有一个如何形成论点的问题。总不能在任何时候,都等待别人把论点准备好了让你来论证啊。再次,正确的论点,也要发展,不然就会变得僵化、肤浅。

刘基的这篇文章,恰恰在形成初步论点、分析初步论点、拓展初步论点这几个方面,为我们提供了一种范式。

刘基文章的特点是：论点在后,不是一下子就给你一个现成的结论,而是把事情的矛盾揭示出来,和读者一起排除层层障碍,得出一个初步结论,然后层层深入,在文章最后得出结论,得出结论的过程就是议论文章写作的全部。结论出来了,文章也就结束了。这和先有论点,再论证,完全是两种思路。相比起来,这种范式要可靠得多。

刘基的文章先说,老虎比人有力气得多,人和老虎斗争,人被老虎吃掉是没有什么奇怪的。如果用先有论点再论证的范式来写,要找多少例子来"证明",也是不费力的。但这样做,就太肤浅了,太盲目了。刘基的文章之所以经典,就在于,他接着由此提出了相反的事实,不是老虎经常吃人,而是人经常吃虎肉,享用虎皮。

提出反例,就是揭示矛盾。从写文章的角度来说,就是提出问题。

议论文要深刻,不肤浅,就要善于提出问题,要提出和前面的观念不相符合的事实来,也就是提出反例。这样,才能推动思考,一层层得出结论。刘基先拿出初步的结论:虎用力,人用智。虎用自己的躯体,而人用他所创造的事物(工具)。躯体是有限的("一"),工具是无限的("百")。这就不但提出了矛盾,而且由于"一"和"百"在量上的巨大差异而出现了矛盾转化的条件。人由弱变强,虎由强变弱。

这样,论点就变得深刻了。

分析的过程是完成了,但文章却没有完成。因为刘基是个政治家,他所考虑的,不仅仅是老虎与人的关系,而且是人与人的关系,是领导与人才的关系。他的更深刻之处在于,他把这仅仅当作一个比喻,当作他自己主题的基础。从"用力而不用智",引出"自用而不用人"。领导人即便很有本事,如果不能用人,而只会用自己有限的智力,那就都属于老虎一类。

这里,从一定的意义上来说,意思已经很清楚了,但刘基还要点一笔,什么样的老虎呢?"其为人获而寝处其皮也。"这就不但很生动,而且在结构上很严密了。开头从虎与人之比开始,结尾落实在虎与人的关系上。从结构上说,这是首尾呼应。从内容上看,这是在首尾呼应的结构中,又有首尾对比。开头说虎比人强大,而结尾则说虎是人的手下败将,虎是失败的象征。在这样严密的,甚至可以说是封闭的结构中,显示出深刻的对比,结构的完整性更加突出了"智"在内涵上的张力。

(本文由孙彦君执笔)

解读周晓枫的《小地主》

关键词语（句）：表情就像在示威、神态太天真了、孩子式的任性、太过淘气、逃课、发出带着感叹号的抗议、我教育它说："别动，有猫！"、"小地主"、妒忌、我成为一个有味道的女人、不太温柔，可是心眼还不坏

简单地以人的狭隘需求为准则来决定动物的生死、善恶，这种观念已经比较陈旧了。人类日益认识到人与自然的和谐共处，是自然和人类持续发展的条件。在这种情况下，对动物的爱护成为具有时代特点的价值观。爱护动物，成为全人类的共识。正是因为这样，在《小地主》中，这只不知名的小鸟，居然被描写得那么可爱。

小鸟本来是不起眼的，作者用什么手段让它显得可爱呢？我们来看第一段：

它歪着脑袋，嘴巴向上翘成45度角——我看不出恐惧和紧张，它的表情就像在示威。可以肯定，这是一只雏鸟，因为它的神态太天真了，有种孩子式的任性。我初见到它时，它正扑腾着翅膀，累得气喘吁吁却收效甚微地停在大树底下。我不知道它是急于成长，趁父母不在就翻窗跳出家门，还是太过淘气，总在试飞练习中逃课才造成今天的危险局面。我弯腰捡起它，它用小翅膀用力拍打着我的手，并发出带着感叹号的抗议，非常反对。我教育它说："别动，有猫！"

要把小鸟的可爱分析出来，就得抓住文章中的关键词。第一，作者抓住了小鸟的特点，关键用语具有孩子（婴孩）的特点："表情就像在示威""神态太天真""孩子式的任性""趁父母不在就翻窗跳出家门""太过淘气""逃课""带着感叹号的抗议"。所有这一切，与其说是对小鸟的形容，不如说是对孩子的描述。其妙处在于把鸟的特点和孩子的特点，结合得很紧密。第二，这里隐含着作者对这只小鸟特别的感情，说它"太过淘气""逃课"，看出它是在"示威"，但是，仍然带着欣赏的语气（"孩子式的任性""神态天真""带着感叹号的抗议"）。把对小动物的关爱和对孩子的疼爱结合在一起，这种疼爱竟使作者也把小鸟真当成小孩子,居然对它说起话来,对他进行"教育"。"教育"这两个字,看起来很平常,但在这里却透露出作者对小鸟疼爱到着迷的心态。文章的才气就在于从一个平常的词语发现特殊的表现力。

这种疼爱到着迷的心情,更明显地表现在下面,有人认为这是乌鸦,有人认为这是喜鹊。作者却总结说:"说它是乌鸦的人肯定出于妒嫉。"疼爱到了不惜冤枉人的程度,明显是一种偏爱,显然是无理的。但正是无理,才显出偏爱,偏爱才有趣味。四平八稳的爱,反而无趣。

不可忽略的是:这种趣味和一般的情趣有一点不同。这只有在词语的分析中,才能具体分析出来。例如,"妒嫉"这样的词,在词典里的词义和这里的文本语义,既不相同,又不是完全脱节,既有部分相通(妒嫉他人的可爱),又有部分似乎不太相通(人不见得会去妒嫉动物的可爱)。这种词义交叉,叫作"错位"。由这种错位产生的趣味,不是一般的抒情的趣味,而是一种令人会心而笑的趣味,这是诙谐的、幽默的趣味。要把这贯穿于全文的幽默的趣味分析出来,就不能离开关键词语。

学习母语,当然要学习字典语义,但字典语义是有限的,而词语在具体上下文中的用法、语义是无限的。这无限多样的用法,是很难用科学的定义穷尽的,通常都是从语感的直觉去体悟。但光是有直觉的语感可能还是不够的。因为直觉是可以意会而不可言传的,可能会把谐趣和一般抒情的趣味混为一谈。作为一个教师,不能仅凭语感去教学生语感,而要对语感有更为深刻的理解,要能够用理性的语言把不同种类的语感区别开来。

接下去,作者写小鸟:"不领情""翻白眼""不理人""气愤地盯人"。

这都很有趣。这种趣,一来写出了小鸟的无知,同时又写出了作者对它的解释——孩子气。正是在这种解释里,流露出了作者对小鸟的一切——从任性到调皮,从娇气到放肆——都极其欣赏。即使自己的好心收养,有被其家庭误解为"绑架"的危险,作者也极其坦然。

好心照顾小鸟,结果是它在自己的口袋里大小便,这是很煞风景的,一点诗意也没有,一点抒情的趣味都没有。但这不等于就完全没有趣味了,作者经营的另一种趣味就表现在她下面的一句神来之笔:"它使我成为一个有味道的女人。""有味道的女人"明显是有贬义的,而且贬义很重,让人联想到脏,甚至暗示道德上有缺陷。这是有意夸张、渲染自己的狼狈,但狼狈中有趣味。与其说是怨言,不如说是自得。

把狼狈、煞风景写得有趣,把没有诗意的事情写得很有味道,这是和抒情不同的另一种功夫。这叫作幽默感。

作为语文教师,要争取能够把诗意的情趣和幽默的谐趣分别开来。如果能做到这样,在具体解释下面这句话时,就不困难了,

> 根据它的脾气和对食物的挑剔,我给它起名"小地主"。

这里的趣味,显然是一种调侃的趣味。作者形容自己对小鸟的宠爱,用的不是美好的语言,而是在政治上带贬义的词语。这种以贬表爱的错位,构成了谐趣,而作者用的方法是自嘲。在诗意的抒情中,诗人对自我和环境一般都是采取美化的、诗化的办法的。而在这里,作者明显不是在美化,而是相反,有意在自我贬低。但这种贬低,很有趣味。

谐趣和情趣一样,并不一定注定是粗糙的。这篇文章有时表现得相当精致。例如,一方面她坦然地把小鸟放在阳台上,让它自由地飞翔,另一方面,又为小鸟无力飞向自己的亲人而感到"侥幸的甜蜜"。可是在小鸟有了足够的力气飞走以后,她又为小鸟"不辞而别"感到"难过"。这以后,她又期盼小鸟像文学作品中写的一样,回来感谢她的"大恩"。在这种"故人重逢"的期盼不能实现时,她又"鼻子里喷着冷气"骂小鸟:"那个小没良心的,哼!"作者坦然地把自己的虚荣写得可笑,浅薄,还带着一点自私的性质。所有这一切在幽默学中,都属于自我调侃的性质。说通俗一点,就是把自己嘲弄一番。这在西方,属于幽默的上乘。

在中国的诗文中,向来也有自嘲的范畴。比如鲁迅的《自嘲》:

> 运交华盖欲何求,未敢翻身已碰头。
> 破帽遮颜过闹市,漏船载酒泛中流。
> 横眉冷对千夫指,俯首甘为孺子牛。
> 躲进小楼成一统,管他冬夏与春秋。

其中,第一、二、四联,就是自嘲,但这里的自嘲与《小地主》的自嘲有所不同。鲁迅的诗句,表层是自嘲,深层却是对论敌的藐视,属于讽刺之列。而周晓枫的《小地主》却是自我调侃内心深层潜在的弱点。尤其到了最后,文章说,她希望"小地主"也有一点虚荣,日后有向同伴夸耀的资本,吹吹自己年少时期在人类社会的经历,说起它曾经遇到过一个人:"虽然有时不太温柔,可是心眼还不坏。"这样的自我调侃就更有特点了。因为这不但嘲弄了自己的虚荣,而且表扬了自己的"心眼还不坏"。把调侃和自得结合得这样自然,这样的谐趣就更丰富,更经得起欣赏了。

附：

《西游记》中动物的特点

从表面上看，《西游记》里许多人物都有超现实的神通，能呼风唤雨，腾云驾雾，尤其是孙悟空，一个筋斗十万八千里，拔一根毫毛，要它变成什么就变成什么。这些都是不科学的，但并没有骗人的感觉，反令人感到十分亲切。为什么呢？因为这些虽然都是幻想，但却都是人的幻想，它表现的是人的愿望。

人希望能超越大自然的局限，达到更高的自由境界。

你想想看，吴承恩写作《西游记》是在十六世纪末的明朝，没有火车、汽车、飞机，连骑马都不普及，交通十分不便，外省的书生要到京城去赶考，步行带乘船，可能要用好几个月时间。一路上花费且不说，风餐露宿，一旦有个伤风感冒，也许就赶不上考期，这一误就是好几年。在那个时候，哪怕是想象一下，要是能有腾云驾雾的功夫，成千上万里路，一眨眼就到，该是多么过瘾。

所以马克思说：神话是在幻想中征服自然。

初读《西游记》的同学，要注意的第一点就是：神仙是超人的，但神仙的法术却只是人的愿望。不懂得这一点，把幻想的神话当成真实的故事，就可能读迷糊了。幻想不是科学，但幻想、想象表现了人的愿望，哪怕是幼稚的，也是心灵的财富。不懂得这一点，就很难欣赏"千里眼"、"顺风耳"、长生不老、成仙得道之类的妙处了。

建议同学们要记住的第二点是：神仙妖魔虽然是人编出来的，但并不是瞎编，那些神仙妖魔的心理其实就是人类自己的心理。神仙妖魔的内心活动都是人的，不管好心肠还是坏心眼都一样。以孙悟空为例，他本是"妖"，后来，又超越了妖，和神仙差不多。但不管他神通有多大，他心里总是充满了人情味。他不把现成的规矩当一回事，他任情率性，天真烂漫，天不怕，地不怕，乐观机智，英勇顽强，不管干什么事情都毫无畏惧感。即使打上神圣的灵霄宝殿，被天兵天将包围，他也能从容对阵，随机应变，直打得玉皇大帝胆战心惊，天兵天将丢盔卸甲。当他身处逆境的时候，哪怕面临灭顶之灾，也总是无所谓、胸有成竹，甚至装出一副老油条的样子。这种精神是一只猴子不可能有的。这和我们看米老鼠、唐老鸭觉得有趣、亲切是一个道理。有谁会把他们仅仅当成老鼠和鸭子呢？真老鼠可没有米老鼠那么多孩子气的机智，真鸭子也没有唐老鸭那么憨厚。

欣赏《西游记》还有一点要注意。那就是作者并没有把孙悟空、猪八戒仅仅当作人来写,他非常细致地突出了他们作为猴子和猪的特点,而且不乏神来之笔。比如,孙悟空打不过二郎神,就随机应变把自己变成了麻雀。《西游记》中这样写道:

> 二郎圆睁凤目观看,见大圣变了麻雀儿,钉在树上,就收了法象,撇了神锋,卸下弹弓,摇身一变,变作个饿鹰儿,抖开翅,飞将去扑打。大圣见了,搜的一翅飞起去,变作一只大鹚老,冲天而去。二郎见了,急抖翎毛,摇身一变,变作一只大海鹤,钻上云霄来嗛。大圣又将身按下,入涧中,变作一个鱼儿,淬入水内。二郎赶至涧边,不见踪迹。心中暗想道:"这猢狲必然下水去也,定变作鱼虾之类。等我再变变拿他。"果一变变作个鱼鹰儿,飘荡在下溜头波面上,等待片时。那大圣变鱼儿,顺水正游,忽见一只飞禽,似青鹞,毛片不青;似鹭鸶,顶上无缨;似老鹳,腿又不红:"想是二郎变化了等我哩!"急转头,打个花就走。二郎看见道:"打花的鱼儿,似鲤鱼尾巴不红;似鳜鱼,花鳞不见;似黑鱼,头上无星;似鲂鱼,鳃上无针。他怎么见了我就回去了?必然是那猴变的。"赶上来,刷的啄一嘴。那大圣就撺出水中,一变,变作一条水蛇,游近岸,钻入草中,二郎因嗛他不着。他见水响中,一条蛇撺出去,认得是大圣,急转身,又变了一只朱绣顶的灰鹤,伸着一个长嘴,与一把尖头铁钳子相似,径来吃这水蛇。水蛇跳一跳,又变作一只花鸨,木木樗樗的,立在蓼汀之上。二郎见他变得低贱——花鸨乃鸟中至贱至淫之物,不拘鸾、凤、鹰、鸦都与交群——故此不去拢傍,即现原身走将去,取过弹弓拽满,一弹子把他打个跐蹉。
>
> 那大圣趁着机会,滚下山崖,伏在那里又变,变一座土地庙儿:大张着口,似个庙门;牙齿变做门扇,舌头变做菩萨,眼睛变做窗棂。只有尾巴不好收拾,竖在后面,变做一根旗杆。真君赶到崖下,不见打倒的鸨鸟,只有一间小庙;急睁凤眼,仔细看之,见旗竿立在后面,笑道:"是这猢狲了!他今又在那里哄我。我也曾见庙宇,更不曾见过一个旗竿立在后面的。断是这畜生弄喧!他若哄我进去,他便一口咬住。我怎肯进去?等我掣拳先捣窗棂,后踢门扇!"大圣听得,心惊道:"好狠!好狠!门扇是我牙齿,窗棂是我眼睛;若打了牙,捣了眼,却怎么是好?"扑的一个虎跳,又冒在空中不见……

猴子诚然机灵,把躯体的一切部位都利用上了,把尾巴当旗杆,似乎也很巧妙。在这里,猴子的机灵和人的机智似乎结合得天衣无缝,但毕竟是猴子,少不了有漏洞,而这种疏忽又是和猴子的生理特点(尾巴在后)结合在一起的,几乎是不可避免的。这就很可笑,很好玩,说文雅一点就是有一点幽默感。这就成了《西游记》中的经典片段。

和孙大圣相映成趣的是猪八戒。他有猪的外形,同时又有人的情绪。他没有孙悟空那样的本事,不像孙悟空那样英勇,他长相又很丑,常常扮演倒霉蛋的角色。但他很可爱,很有趣。他参加取经队伍,坚持到了最后。他心地善良、淳朴憨厚。他也有自尊心,非常愿意表现自己对取经事业的忠心。但他也时常打自己的小算盘。他和孙悟空除了合作之外,有时也搬弄是非,做一些小动作,甚至还闹出大乱子来。幸而他能及时改正,没有把事情搞砸。但他常常动摇。遇到比较大的困难,他的动摇性就会大发作,有时就公开地要求"分行李""散伙"。平时他有点好吃懒做,贪财好色,又不善于掩饰,往往越是掩盖,越是出洋相,闹出了不少笑话。他是大错误不犯,小错误不断的喜剧角色。

他也是有一点神通的,甚至和孙悟空一样,也会让自己的躯体发生变化,但是他变化的灵活性是有限的,他变石块、大象、骆驼都行,却变不了轻巧之物;变个胖大汉还可以,变个女孩,头是勉强变了,"只是肚子胖大,郎伉不像"。作者把动物外形的丑和人的小毛病结合起来,显得很幽默。不过,即便有些可笑,他也还不是坏人,就是做了一些可恨的事,也还引人同情。

读文学作品,欣赏好人是容易的,讨厌坏人也是容易的。但如果要欣赏又好又坏、又可爱又可恨的人就不那么容易了。欣赏猪八戒,对于我们的智慧是一个考验。如果你既能讨厌他的毛病,又能同情他、理解他的一些小毛病,你的感情就会比较丰富了。在生活中,你对同学、朋友的感情和理解就可能更多。

把猪八戒和孙悟空各自单独看,已经很有趣,把二者结合起来看就更有趣。事实上,《西游记》最精彩的片段往往是这两个取经战友发生矛盾的时候。比如在高老庄,孙悟空变作女孩子,在洞房里逗弄了猪八戒一番。后来猪八戒打不过孙悟空,又听到唐僧的大名,就同意归顺,一同往西天取经去了。临行时,猪八戒这样告别自己的老丈人:

> 那八戒摇摇摆摆,对高老唱个喏道:"上复丈母、大姨、二姨并姨夫、姑舅诸亲:我今日去做和尚了,不及面辞,休怪。丈人啊,你还好生看待我浑家:只怕我们取不成经时,好来还俗,照旧与你做女婿过活。"行者喝道:"夯货!却莫胡说!"八戒道:"哥呵,不是胡说,只恐一时间有些儿差池,却不是和尚误了做,老婆误了娶,两下里都耽搁了?"

还没有上路已经准备好了退路,这充分暴露了猪八戒的动摇性,但在一般人,动摇是偷偷藏在心里的,而猪八戒却是公而开之、堂而皇之地讲出来的。可见他头脑简单,性情直率,这样的缺点不是既很可恨、又很可爱吗?

要读懂猪八戒,比之读懂孙悟空、唐僧,就要多一份同情心。多懂一分猪八戒,对人的同情和理解就多了一分。

《西游记》中,几乎所有的人物都有各自的本事,他们既有神性(魔性),也有人性,妙趣横生又合情合理,其他的妖精大多也是狮、虎、豹、鼠等动物变化而来,都是拟人化的动物,自然也就染上了神奇色彩。

《西游记》是在幻想世界里的虚构,但在历史上却不是一点没有根据。唐僧的原型是玄奘。玄奘的确是个高僧,他于唐太宗贞观年间从长安出发,费时17年,历尽艰辛,从天竺(印度)取回了佛经原典657部。他还口授取经的过程,让门徒记录整理,写成《大唐西域记》。后来,他的传奇经历就成为小说杂剧的素材,《大唐三藏取经诗话》是最早的雏形。最后由明朝的吴承恩写成长篇小说《西游记》。

还有一点不能忽略,道教祖师太上老君和最高统治者玉皇大帝,在宗教意义上的地位是极高的,但在小说中,他们常常表现得相当无能和昏庸,多多少少显得有点可笑。这表现了吴承恩对道家的态度。当然有时,佛祖也会被揶揄、捉弄。从这一点来说,取经的宗教意义被淡化了。

对《西游记》的主要故事,许多同学早已经有所耳闻了。但可能大多只是从影视节目或者缩写本或者连环画上看到一些片段。要真正理解《西游记》,最好还是阅读原著。但这并不是要求大家把三大本《西游记》从头到尾一个字一个字地读完。《西游记》中有些东西,可以略略翻阅,甚至可以跳过去,并不妨碍我们理解它的根本内容。

比如《西游记》第一回,一开头就有将近一千字的神秘议论,读起来很费劲,对欣赏《西游记》并没有太重要的意义,如果不是有志于研究,就可以跳过去。

还有一些用词赋体描述人物面貌或者场面的文字,比较铺张,而且往往陷入老套,如果不急于专门研究,也可以略而不计。事实上,在流传过程中,有些版本早就把这类过于烦琐的词赋删节了。

《西游记》虽然是经典,但并不是所有的篇幅都同样精彩。大体说来,开始取经以前的部分比较精彩。一旦上了取经路,每每遇到妖魔或遭遇灾难,总少不得请南海观世音,或者西天如来佛来搭救。这些部分除了一些经典性的片段以外(如"三打白骨精"等等),故事和人物总免不了陷入一种模式。

这并不奇怪,即便是经典,也并非每一个部分都同样精彩。精彩的,就详读,有兴趣的章回,反复读。不精彩的就略读,对一些雷同的情节,一目十行地浏览,甚至跳过去,找到比较有趣的地方再读下去,也是保持兴趣的一种方法。

第七章 进入小说艺术的审美世界的程序

前言：情节就是把人物打出常轨

这一章讲的是小说艺术。小说分析，通常都是以情节、人物为中心的。但是关于情节和人物的理论，却是有问题的，经不起推敲的。流行的理论说，情节由开端、发展、高潮、结局构成。但这个理论根本就够不上理论的起码要求。一来它只涉及情节的现象，却并没有揭示任何情节的内在规律。二来，它并不完全，因为许多现代、当代小说情节，并不是这样一环扣一环，环环紧扣的。打破情节的连贯性，刻意留下断裂和空白，正是小说的精心构思所在。西方传统的情节理论，比这个要高明得多。亚里士多德早在《诗学》中，就指出情节有"结"和"解"。如《最后一片叶子》，女孩子没有死的原因，是窗外的叶子没有凋落；而那叶子，是画家画上去的。福斯特把这种规律简化为因果关系，他还举了一个通俗的例子：国王死了，王后随后也死了，事件是按时间顺序发生的，这不是情节，仅仅是故事。事件之间要有因果关系，才能算是情节。如，国王死了，王后因为悲伤过度而死。

这个说法比较有道理，也比较好操作。但是，还不够完善。因为，并不是一切有因果关系的情节，都是艺术的。这个理论，没有揭示小说情节的特点，或者说，没有回答什么是好的情节，什么是坏的情节。我们的回答是，好的情节因果，不是理性的因果，而是情感的因果，或者叫作审美因果。如《范进中举》的原始材料，江南秀才中举发疯，被"神医"救治，也是有因果关系的，心病还要心药医。但，那是实用理性的因果关系。如果吴敬梓把它照搬到《儒林外史》里去，就不会有"范进中举"这样的经典了。吴敬梓的天才，就表现在把这个实用理性因果改变成为审美的情感因果。

西方的情节与人物关系的理论，还有一个缺陷，即只是含糊地说，情节是表现人物的，但是，如何表现人物才是好情节，则语焉不详。我们这里提出，好情节，是把人物打出常轨，让人物的深层心理，非常规心态暴露出来。如《最后一课》，一向不爱读法语的小弗郎士，不可逆转地需要面临最后一堂法语课时，被打出常轨了，因为他以后就不再像以前那样天然享有学习法语的权利了。于是深藏在他内心的对祖国语言的热爱就冒了出来，他变成了另外一个人，可是他却比平时更深刻、更完整了。

流行的小说理论说到人物时,总是强调人物要有个性。但,对如何才能有个性这个问题,却没有说出什么有用的话来。

我们这里提出,把人物打出常轨以后,有两种可能,一,如果人物只有一个,那就要看把他打出了什么样的第二、第三心态;二,如果人物不是一个,而是多个,那就要看他和其他,特别是关系亲密者之间,是否拉开了心理的错位距离。如《西游记》中,遇到白骨精时,猪八戒、孙悟空、唐僧的心理距离被拉开了,就酿成了危机,距离越大,越是有戏,也就越是有性格。

为什么吴敬梓把心理疗法改为胡屠户的一记耳光?
——审美价值和实用价值拉开距离

重点阐释作品

儒林外史·范进中举/吴敬梓　　药/鲁迅

万卡/契诃夫　　　　　　　　最后一课/都德

项链/莫泊桑　　　　　　　　祝福/鲁迅

百合花/茹志鹃

不管什么样的小说总要表示作者的一种倾向,这种倾向,用比较通俗的话来说,就叫小说的主题。什么是主题呢?就是作者体验到的一种特殊的观念。具体一点说,是独到的人生体验。这太笼统,和读者没有办法沟通。人与外部世界沟通的唯一渠道就是人的感觉。不管是思想还是情感,离开了感觉,就很抽象了。小说里的人物要动人,就得有他独特的感觉。作家的人生体验和思想只有和人物、和作家的感觉结合起来,才能成为小说的倾向,或者主题。

善于通过人物的感觉传达情绪,这是许多作家的经验或者愿望,然而并不是一切感觉都有利于情绪的传达和表述。

比如,人对面前的一棵白杨树有感觉,如果你只是考虑如何利用它去做建筑材料,或者当柴火烧,你所想的就是如何把它砍倒,如何运输,如何脱去水分,如何加工等等。这时,你的感觉完全集中在实用目的上,凡与实用目的无关的,或者有冲突的,你就毫不在意。它那挺拔向上的姿态、绝不旁逸斜出的风姿,都被你忽略了。但如果你因为树枝挺拔美观而不忍芟除,你就成不了一个企业家。

如果不是一个企业家,而是一个生物系的大学生,你的感觉就是另一个路子,你将认定它是一种乔木,而不是灌木,冬天是落叶的,等等。这种感觉是一种科学家的感觉,你的感觉必须是严格客观的,不能带任何主观感情,带上感情就不科学了。

不论是出于实用的还是科学的目的,人对客观事物都会有感觉,但这种感觉与艺术感觉不同,它们的特点是理性的、客观的,是抑制主观感情色彩的。

科学家甚至不相信自己的感觉,时时刻刻提防自己的眼睛、耳朵、鼻子会歪曲了客观事物,因而发明了不受主观影响的仪表和刻度。

然而艺术家的感觉却是主观的,感觉的情感色彩是它的生命。没有情感的感觉是死的,不可能有艺术生命。富有情感的感觉是变幻的,随情感的变幻而变幻。

同样是白杨树,抗战时期,在茅盾眼中,它是一个挺立在北方广漠原野上的挺拔向上的哨兵。而在二十世纪五十年代,在流沙河眼中,它是一把闪光的长剑,在暴风雨中,宁愿折断也不愿弯腰。

这样的感觉是不科学的,也是不实用的,但它是艺术的。

正是在这自由变幻的感觉中,茅盾和流沙河传达了他们主观的、独特的感情。如果死死认定白杨树是造纸原料,啊,这是多么好的原料啊,利用它,可以供应文化市场,创造税收和利润,增加就业率。或者说,啊,落叶乔木的特点就是冬天叶子落了,春天又会生长出来。那还有什么艺术可言呢?

再举一个更浅近的例子。假如在我们面前有一碗面条,做得很咸,很难下口。从实用的角度来说,要尽可能逃避吃这样的面条。从科学的角度来说,之所以不好吃是由于盐放得太多了,改进的方法是控制放盐量。

如果一篇文章里,光写了这些东西,肯定是很枯燥的。但你还可以从另一个角度去看待这碗蹩脚的面条。你可以设想,你孤身一人从北京到一个偏僻的山城,住在一家机关招待所里,并且病了。你很晚才来到食堂,本没有什么胃口,也不指望有什么可口的饭菜,何况又过了开饭时间。没有想到,居然有一张桌子上放着一碗面条,在等待你。一个大师傅笑脸相迎,显然这碗面是特意为照顾远方来客而准备的。你自然十分高兴,满怀感激之情坐下吃面。然而这碗面却很不好吃,咸得可怕。这时你会想到,如果直接流露出不满,或公开表示面条的质量不行,就可能损害大师傅的自尊心,特别是他那一片热忱。于是你强制自己,装出十分欣赏大师傅的手艺、吃得很香的样子,大师傅的脸上现出了从心里发出来的笑容。第二天,你为了避免再吃到那样可怕的面条,便提早去食堂,自己选择饭菜。但一碗同样的面条已在桌子上等待你了。这显然是昨天你的笑容对大师傅的鼓舞的结果,你只好把这同样难吃的面条吃了。如此再三。大师傅越是殷勤有加,你就越是要忍受那可怕的咸面条。最后,你要离开了,你对大师傅的感情如何呢?如果下一次你要再来这里,你是不是一想到那咸面条就觉得不寒而栗呢?

张洁在《依伯》中叙述了上面的故事以后说:"但是,只要我再到福建去,我一定要去看看依伯,哪怕再有那样一碗令人生畏的面条在等着我!"

这就是说,在张洁的心灵中有一种比味觉更重要的东西。味觉是一种生理感觉,满足生理需求是人生存的基础,这是一种实用价值。然而在张洁看来,大师傅热忱服务、主动关切的情感,还有自己对大师傅的理解和同情,无疑更为重要,尽管这种情感不是实用的,不能当饭吃,但是对于人与人之间的互相理解和沟通,更为重要。对艺术形象来说,这非常能感染人,能加深人对人、人对自己的情感的体验和理解,因而它是很美的。这是另一种价值,叫作审美价值。

从实用价值来说,饭菜做得可口的,是水平高的大师傅,而从情感的审美价值来说,饭菜做得好不好并不太重要,如果他出于真诚的、执着的情感,他就是可爱的,就是美的。

在日常生活中,人因为受到生存的压力,实用价值自发地占着压倒优势,情感价值常常因为不实用而处于被压抑的地位。为了生存,就不能不讲究实用理性,而实用理性是压抑情感的。据弗洛伊德研究,人从一出世,欲望的情感就受到压制,久而久之,就把它压抑到潜意识里去了。因而就有了一种说法:人是理性的动物。故古希腊哲学家柏拉图在《理想国》里,就把理性的人当作理想的人,而诗人则被逐出了理想国。但如果光有理性,并不是最全面的人,要不然,机器人就是最理想的人了。人牺牲了感情满足了生存的需求,吃饱了,穿暖了,就觉得很满意了,这不是和动物差不多了吗?于是就有了艺术来满足人的情感需求。

这里我们讲一个典故。鲁迅在《且介亭杂文·门外文谈》中说:

> 我想,人类是在未有文字之前,就有了创作的,可惜没有人记下,也没有法子记下。我们的祖先的原始人,原是连话也不会说的,为了共同劳作,必需发表意见,才渐渐的练出复杂的声音来,假如那时大家抬木头,都觉得吃力了,却想不到发表,其中有一个叫道"杭育杭育",那么,这就是创作;大家也要佩服,应用的,这就等于出版;倘若用什么记号留存了下来,这就是文学;他当然就是作家,也是文学家,是"杭育杭育派"。[①]

鲁迅的这段文字曾经很有权威性,这除了得力于他的话说得通俗而且幽默以外,还在于,当年占主流的文艺思想是艺术起源于劳动,文艺与实用价值的统一。其实,鲁迅所说的那种在劳动过程的呼喊,其功能不过是为了求得节奏的一致,为了省力。从价值范畴来说,仍然属于实用价值。这还不能算是艺术,只有在劳动之余,例如木头抬完了,大家围着篝火休息时,回忆起劳动的艰辛,有人就假装抬木头,发出杭唷杭唷的歌声来,这才是艺术。真劳动不是艺术,因为它是为了达到实用的目的,而假劳动才是艺术,因为它的目的不是实用,而是重温劳动的体验,愉悦情感,是把在实用劳动中放弃的感情,那生命的另一半恢复过来,以获得生命的完整的体验。实用价值很高的东西,很可能是没有审美价值的。英国作家罗斯金有句名言说:"少女可以为她失去的爱情而歌,守财奴不可以为他失去的钱袋而歌。"因为为失去的爱情而歌是出于情感的目的,是美的,而为失去的钱袋而歌是出于实用的目的,是丑的。

在艺术形象里,如果你能让情感占优势,使之不但不为实用的需求所压倒,而且还超越于它,获得了自由,你所用的语言,就会以一种不同寻常的"陌生化"的姿态出现,就可能引起读者的潜在记忆,导致他内心无意注意的集中,使他的兴趣被引起,他的情感被激活。

俄国形式主义者首先提出了"陌生化"的观念。但是他们把它局限于语词的运用上,这就太狭隘、太表面了,其实语义的"陌生化"是价值的"陌生化"(也就是从实用到超越实用的审美价值)的表现。

懂得了这一点,才可能懂得艺术家气质的最根本特点。

朱光潜先生在他早期的美学著作中非常强调实用的态度和艺术的态度的区别,这是很重要的一个出发点。不懂得这一点就不可能从根本上去弄懂艺术的奥秘。由于审美价值普遍存在着盲目或者蒙眬状态,许多终生研究文学的教师,不能摆脱实用价值的强在优势,总是情不自禁地用实用价值观念去联想,甚至从"二月春风似剪刀"都会引申出对于读者具有"创造性劳动"的教育意义。这就不可能懂得艺术、懂得小说的真谛了。为了说明问题,试举一例。

《儒林外史》中最脍炙人口的片段是"范进中举",这个片段并不完全是作者的虚构,它是有原始素材的。清刘献廷的《广阳杂记》卷四中有一段记载:

> 明末高邮有袁体庵者,神医也。有举子举于乡,喜极发狂,笑不止。求体庵诊之。惊曰:"疾不可为矣!不以旬数矣!子宜亟归,迟恐不及也。若道过镇江,必更求何氏诊之。"遂以一书寄何。其人到镇江而疾已愈,以书致何,何以书示其人,曰:"某公喜极而狂。喜则心窍开张而不可复合,非药石之所能治也。故动以危苦之心,惧之以死,令其忧愁抑郁,则心窍闭。至镇江当已愈矣。"其人见之,北面

再拜而去。吁！亦神矣。②

最后一句："吁！亦神矣。"用今天的话来说就是："哎呀！袁医生的医术真是棒极了。"可以说这句话是这段小故事的主题：称赞袁医生的医道高明。他没有用药物从生理的病态上医治这个病人，而是从心理方面成功地治好了他。

这件事本身有一点生动性，读起来也相当有趣，但是拿来和《儒林外史》比较，就会觉得相去甚远，因为这个故事的全部旨趣都集中在实用价值方面——袁医生出奇制胜地用心理疗法治愈了精神病。实用价值、理性占了优势，以至于这位活生生的新举人的特殊情感状态——为什么开心得发狂——完全不在作者的关注范围之内。在治愈的过程中，与之相亲的周围人士有什么情感特点则完全没有展开，有的只是一个理性的结论：心病就得以心理治之。

而《儒林外史》中"范进中举"一段则展开了一幅多彩的情感变幻的神妙图景。这种神妙性大大超越了医术的神妙性。用学术语言来说就是审美价值超越了实用价值。

在《范进中举》中，吴敬梓把袁医生治病的方法改掉了。这说明，在医生看来最重要的东西，在吴敬梓看来是不重要的。他把治好范进的药方改为胡屠户的一记耳光。

胡屠户在范进中举以前是最瞧不起他的，甚至在他中了秀才后还公然嘲笑他。范进要考举人意欲向他借旅费，他不但不借，反而当众侮辱他说，举人是天上文曲星下凡的，应该像城里举人府上的老爷那样，一个个方面大耳才是，可他却尖嘴猴腮，应该撒泡尿自己照照。胡屠户绝对不照顾范进的自尊心，随意公然侮辱他的人格，他依照的完全是一种迷信的愚昧的逻辑。对自己女婿的狼狈和贫困，不但没有同情，反借以为乐。胡屠户的情感特点，他的整个精神状态，通过他这些语言和行为表现得淋漓尽致。然而待到范进中了举人，疯了，为了挽救范进的命运，治疗范进的疯狂，建议他打范进一耳光，告诉范进根本没有中时，他却不敢了。在胡屠户的情感深处，他真诚地以为举人都是天上的文曲星下凡，即使为了救这举人，他也缺乏打他一下的勇气。他的恐怖是如此执著，以至于在他硬着头皮打了范进一耳光，使范进清醒过来以后，竟然感到他那打耳光的手疼痛起来，手指都弯不过来了。按照他的情感逻辑，凡是中了举人的都是天上的文曲星，自己打了文曲星，天上的菩萨会怪罪。他的恐惧加深了，连忙讨了一块膏药贴在自己的手上。

吴敬梓对这一情节的设计就把重点从原本故事中实用的理性的医术转向了不实用的、非理性的情感世界。感动我们的不再是实用的心理治疗方法，而是不实用的情感变幻奇观。

理解小说的艺术奥秘应该从这里开始，先要学会把作品中的实用价值和情感的审美价值区别开来，再寻求超越日常实用价值的情感优势的具体表现。要善于看出小说家如何将实用价值和情感价值拉开一点错位的距离，让情感的审美价值具有某种超越性，最忌讳的是把二者混同起来。

不从这个根本上出发，就不可能懂得分析小说三昧。不论你分析哪一篇经典作品，其成功的根本秘诀都在这里。

鲁迅的小说《药》也是这样。本来革命烈士的鲜血的全部价值在于唤醒群众的觉悟，激发他们的革命热情，然而却被用来当作医治肺病的药物。这正表明他们情感的麻木。正是由于这种实用价值和感情价值拉开了距离，构成了对比，发生了错位，小说才有那么强烈的震撼人心的力量和发人深思的启发性。如果华小栓的肺病在吃了染了夏瑜的鲜血的馒头以后，奇迹般地好转了，实用价值与情感价值的距离缩短了，小说就可能失去悲剧的力量。

契诃夫的《万卡》，写万卡向祖父写信诉苦，恳求祖父把自己从城里接回去，免除当皮鞋店学徒的种种苦难。如果光有这些内容，那么契诃夫与当年俄国那些热衷于表述对劳动者苦难的同情的民粹派小说家没有什么两样。这篇小说的最动人之处在于：由于万卡写的地址太笼统（"乡下祖父收"），信是不可能被收到的。也就是说，其实用价值等于零，可是万卡却以为爷爷一定会收到，并且做着爷爷收到信的梦。也就是说，在他的情感深处，这封信的价值具有救命的性质。

正是由于这两种价值拉开了距离，小万卡的情感世界才能得到如此充分的显现，其形象的感染力才充分地发挥出来。如果这封信被万卡的祖父顺利地收到，实用价值提高了，情感的价值就降低了。

我们可以在都德的《最后一课》中看到同样的情况。

从实用意义来说，最后一堂法语课是一堂，不可能等于两堂，也不可能少于一堂，可从小弗郎士的情感世界来说，这一堂课的价值远远超过了一堂课。正因为这是最后一堂了，他才发现学习祖国语言的权利是多么珍贵。他心灵深处潜在的对祖国语言的热爱一下子被调动了起来。本来非常讨厌学习法语的他，变得非常热爱法语课了。

情感价值与实用价值之间的反差越大，艺术的感染力就越强。

如果，《最后一课》中的小弗郎士觉得以后永远不用上法语课了，十分开心，这一课就没有什么特别的情感价值了，这篇小说的艺术感染力也就完全丧失了。

莫泊桑的《项链》也一样，从实用意义来说，那挂借来的项链使女主人公在舞会上出了一夜的风头，但丢失项链而造成的后果让她付出了十年青春的代价，她由一个爱慕虚荣的女人变成了一个讲究实际的女人。

这篇小说构思的焦点在于：那挂项链是假货。也就是说其实用价值是很低的。如果不是赝品，而是真货，两种价值的差距就缩小了，情感价值就相对地降低了。

小说写到女主人公发现项链是假货时，为什么戛然而止了呢？为什么作者不再写下去：把真的项链取回来，拿到市场上去卖了好多钱呢？为什么作者对皆大欢喜的结局那样避之犹恐不及呢？

因为再写下去就完全是实用价值了：把真项链拿回来卖钱，在情感上也得到了某种安慰，这两种价值的距离就缩小了。在女主人公发现项链是假货时，十年的青春和一条假项链的（实用价值和审美价值）反差已达到极限，接下去就是对女主人公的补偿了，再往下写就煞风景了。

用同样的道理，我们可以解释《祝福》的妙处：祥林嫂花钱去捐门槛，目的是为了能参加除夕祭神——端福礼，但却仍然得不到参与敬礼的权利。如果光从实用价值说，她不端不是更轻松吗？也不至于被鲁四老爷家解雇吧。

然而从她的情感价值来说，她不能端福礼和捐门槛的目的形成了反差。

茹志鹃的《百合花》中最动人之处在于：小通讯员在世时向新媳妇借被子遭到拒绝，而在他牺牲后新媳妇却主动把被子放入他的棺材。

越是不强调实用价值就越是富于情感价值。从日常生活来说，实用是自发地抑制情感的；而从艺术创造来说，就要冲破这种自发的抑制。

对于一个立志于分析小说艺术的教师来说，字词句的分析不能离开价值的范畴，特别是情感价值和实用价值的区别。许多分析之所以陷于空谈，甚至自我迷惑，就是把二者混为一谈。对实用价值的自发优势进行自觉的防御是十分必要的。

我们说审美的情感因果超越实用的因果，不得不声明一点，上面的道理是相对的，只适用于比较传统的现实主义和浪漫主义的作品。这些作品，在我们的中学语文课本中是占绝对优势的。在世界文学史发展到二十世纪中叶时，文学对于情感的泛滥感到厌倦了。先是诗歌反抗滥情，关起了抒情的窗子，直接从感觉到理念。接着，小说也对浪漫的情感多少采取了某种抑制的态度，转而对理性加以青睐。表现在小说的情节中就是，因果性往往显得理性色彩很明显。

因而，我们对小说情节的因果联系，不能不作一些补充和调整。在现代派小说中，情节的因果性常常有超越情感的特点，但它没有牺牲感觉。因而，它基本上还是属于审美的[③]。

为了通俗地说明这个问题，我们举北大教授、儿童文学作家曹文轩的一次谈话为

引子:

> 那天我在课堂上做了一个试验,我说,同学们,你们说出任何一个东西,然后我通过想象现场给你们写一篇小说。其中有个学生马上说出一个成语"咬牙切齿",说:"老师你写一个东西吧。"我深思了片刻,说我试试看。也许是非常平庸的,非常拙劣的东西,但没有关系,我要看看我是否有这种能力。想了大概有五分钟,我说我现在来写这样一个东西:
>
> 有一个人,这个人对世界充满了仇恨,他每天都是咬牙切齿的,结果在他很年轻的时候,一口好牙已经被咬碎了,他只好配了一副假牙。有一天夜里,他听到他家卫生间发出水的声音,他觉得很奇怪,家里就他一个人,怎么会有声音呢?他把灯拉亮了一看,什么也没有发现,然后他上床又去睡觉,刚躺上床,卫生间的水又响了,"咕噜咕噜"翻腾。这一回他借着从窗外照进来的月光——他看到的是什么?假牙晚上都要拿下来泡在杯子里面的清水里,原来是两排假牙在互相咬——咬牙切齿。④

这里也是情节,因为这里也有因果性,不过和前面的因果不同,它不是情感的,而是偏重理念的。人与人之间的仇视,居然会达到这样的程度,连假牙都会咬牙切齿。这不是很概念吗?好像不是,因为小说的因果性是建立在感性的基础(牙齿的声音)上的。审美是情感和感觉的学问,情感可以被驱逐,但感觉却仍然很鲜明。

从这个意义上来说,这里的情节仍然是审美的因果范畴。

超越情感,依仗感觉的贯穿,是现代派小说的特点。

故曹文轩最后说:"这是个现代派的小说啊,现代主义的小说啊,后现代主义的小说呀!"

这样的因果情节,我们在下面分析卡夫卡的《变形记》时,还会说到。

注:

① 《鲁迅全集》(第6卷),人民文学出版社1981年版,第94页。

② 李汉秋编《儒林外史研究资料》,上海古籍出版社1984年版,第170页。

③ 为了解释这样的现象,我曾经发明了一个"审智"的范畴。请参阅我的论文:a.《当代智性散文的局限和南帆的突破》,《当代作家评论》,2000年第3期;b.《从西方文论的独白到中西文论的对话》,《文学评论》,2001年第1期。

④ 曹文轩《模仿、素描心态与耐心》,《作文大革命》,福建文艺音像出版社2004年版,第98页。

薛宝钗、繁漪和周朴园是坏人吗？
——真善美的统一和错位

重点阐释作品

雷雨/曹禺　　　　　　　　　　红楼梦/曹雪芹
安娜·卡列尼娜/列夫·托尔斯泰　五·一九长镜头/刘心武

大自然是吝啬的，人是被迫遵循大自然的规律才勉强满足了自身迫切的生理需求的。人类征服物质世界，凭的是自身的理性，却牺牲了情感。情感被抑制着，被压迫得处于沉睡状态，或者叫作潜意识状态。在人的小丘脑的下部，有一个机制，就是压抑人的自发性欲望的。在人的种种欲望中，最强烈的是性欲和食欲。光有小丘脑的控制是不够的。为了不使人们在满足欲望时发生暴力争夺，除了法律的他律，还有道德的自律。让人自己分辨善恶。为了最有效地获取生活资料，便有了科学，追求客观的真，排除虚假。一个人从懂事开始所接受的就是道德的善恶和科学的真伪教育。

这自然是很重要的，但是对全面发展的人来说，仅有这一点是不够的，因为人的情感的美，是人的生命不可缺少的组成部分，其特点就是超越善与真。

小孩子看电视往往问大人，某个角色是好人还是坏人，这类问题有时很好回答，有时不好回答。越是简单的形象越好回答，越是丰富的形象越不好回答。这是因为形象越简单，情感价值与道德的善和科学的真之间的矛盾越小；形象越是丰富，意味着情感越是复杂，与善和真之间的矛盾也越大。

为了说明这个问题，试举曹禺《雷雨》中的繁漪为例。她是周朴园的妻子，却与周朴园的大儿子周萍发生了感情，而且有了肉体关系，从某种意义上来说，这是乱伦。当周萍要结束这种关系，带着女佣四凤远走矿山时，她为了缠住周萍，不惜从中破坏，甚至利用自己儿子周冲对四凤的爱情，强迫他出来介入周萍和四凤之间。

单纯从道德的角度来看,她肯定是自私的、邪恶的、不善的,是一个道德上有污点的人物。但看完《雷雨》以后,观众和评论家却很难把她当作坏人看待。

这是因为,虽然她的物质生活很优裕,但她在精神上受着周朴园的禁锢,她炽热的情感在这种文明而野蛮的统治下变得病态了,这就造成了她恶的反抗。她绝不为现实的压力而委屈自己的情感。她寻找情感的寄托,而且不把情感寄托当成可有可无的,相反她把她与周萍的关系当成生命。曹禺在她第一次出场时,对演员和导演作出如下的描绘和分析:

> 她的脸色苍白,面部轮廓很美。眉目间看出来她是忧郁的。郁积的火燃烧着她,眼光时常充满了一个年轻的妇人失望后的痛苦和怨望。她经常抑制着自己。……她的性格中有一股不可抑制的"蛮劲",使她能够忽然作出不顾一切的决定。她爱起人来像一团火那样热烈;恨起人来也会像一团火,把人烧毁。

曹禺在这里所作的,并不是一种道德善恶的鉴定,而是对她情感世界的揭示。他不在乎她是好人还是坏人,甚至也不分辨她的哪一部分行为是善的,哪一部分行为是恶。对这些,作者自然是有某种隐秘的倾向性的,但那是一种侧面效果。作者正面展示的是这个人物的"郁积的火",亦即受压抑的火,这种潜在感情是矛盾的:她外表忧郁,甚至沉静,而内在状态,却是以"不可抑制的'蛮劲'"能够激发出"不顾一切的决定","她爱起人来像一团火那样热烈,她恨起人来也会像一团火,把人烧毁",不管这种"火"是纯洁的火,还是邪恶的火,都是人的生命的一种状态,而这种状态,是一向被人们视而不见的。曹禺对那些越出道德的善和认识的真的范围的情感并不采取排斥的态度,而是当作一种可贵的发现,让读者在体验这种感情的过程中,体验到生命的丰富和复杂。

而情感的丰富和复杂的发现,就是美的发现。

一个普通的有道德善恶观念的人和一个有强烈审美倾向的艺术家的区别就从这里开始。艺术家并不满足于作出道德的和科学的评价,这不是他的主要任务,他追求的是在此基础上作出审美的评价。在艺术家曹禺看来,这个感情压抑不住,窒息不死,没有顾忌,一爆发起来就不要命,甚至在儿子面前都不要脸的女人才表现了女人的内在的追求,才是一个充满了生命的女人。而那个害怕自己感情的周萍,则是软弱而空虚的,他总是在悔恨中谴责自己的错误,他缺乏意志和力量,"他痛苦了,他恨自己,他羡慕一切没有顾忌,敢做坏事的人"。

然而,这个不再敢做坏事的人,尽管在道德上并不是负面的,在情感上却是苍白的,在审美上是被否定的。他肯定不是《雷雨》中的正面人物。

要提高对经典文学作品的艺术的欣赏水准,在这一点上是绝不可含糊的——必须把艺术形象的情感价值放在最重要的位置,哪怕这种情感与理性的善和真拉开了某种距离也不能手软。

正是在这样的基础上,曹雪芹把林黛玉和薛宝钗放在对立的位置上。她们之间有对立,但基本上不是道德的对立,而是情感的对立。

林黛玉的情况和繁漪有一点相似,那就是她为情感而生,为情感而死,情感给她的欢乐大于痛苦。她的情感是这样敏锐,这样奇特,以至于她和她最爱的贾宝玉相处也充满了怀疑、试探、挑剔、误解和折磨。这是因为她爱得太深,把情感看得太宝贵,甚至比生命更宝贵,她不能容忍有任何可疑的成分、牵强的成分,更不要说有转移的苗头了。让这样强烈的情感出于她这样一种虚弱的体质,这在曹雪芹看来可能并不是出于偶然或随意,也许他正是要把情感的执着和生命的存活放在尖锐的冲突中,让林黛玉坚决选择了情感之花的盛开而不顾生命之树的凋谢。从理性的实用来说,这是负价值,而从情感上来说,则是正价值。

古希腊人把关于人的学问分为两类,一类是理性的科学,一类则是和理性相对的,包括情感和感觉的,翻译成英文叫作"aesthetics"。但是,关于科学理性的学问比较发达,关于情感和感觉的学问,好像比较逊色。直到后来鲍姆嘉登才把这门学问定下来。汉语里没有一个相对应的词语,日本把它翻译成"美学",也就是讲究情感的学问。但是,这也给人带来了一种感觉,似乎美学就只涵盖诗意盎然的审美,跟丑没有关系似的。

这就造成了一种事实,大凡与美相对立的,往往就变成了恶。其实美的反面是丑,而善的反面是恶。美的不一定是善的,而恶的不一定是丑的。真善美三者不是完全绝对统一的,而是互相错位的。所谓错位,是价值的交错,而不是绝对的对立或者分裂。

薛宝钗是林黛玉的"对立面",即林黛玉是美的、善的,那么薛宝钗肯定是恶的吗?道德上一定是卑污的吗? 其实,在道德上薛宝钗并无多少损人利己之心。有些研究者硬把薛宝钗描写成一个阴险的"女曹操",和这一形象本身的倾向是不相干的。薛宝钗的全部特点在于她为了"照顾大局"而自觉自愿地,几乎是毫无痛苦地消灭了自己的情感,不管是她对贾宝玉可能产生的爱,还是对王夫人逼死金钏儿以后可能产生的恨,她都舒舒服服地化解掉了。她在人事关系上取得了极大的成功,她克制自己的情感,不让自己和任何人冲突,甚至把自己的青春和爱情都没有认真当一回事,结果是她自己成了生命的空壳。和情感强烈但没有健康的美人林黛玉相反,她成了一个健康却没有感情的美人,一朵没有生命的纸花。

她时时要服食一种"冷香丸",其实这正是她心灵的象征:她虽然很美,但情感已经冷了,没有生命了。从审美价值来说,这就是丑。

从这个意义上,我们可能会对周朴园有比较深刻的理解。

许多学术论文几乎异口同声论断周朴园是个道德上十分虚伪的家伙。我以为,这样的理解可能太浮浅了。如果他仅仅是一个虚伪的人物,那只不过是说明他恶而已。但文学作品的价值追求,不在于善恶,更重要的在于美丑。繁漪是恶的,但从审美价值来说,她对情感的不顾一切的执着,说明她还有审美的一面。薛宝钗是善的,但她有丑的一面。说周朴园是恶的,并不一定比说他是丑的更深刻。

问题在于,周朴园自己倒是觉得自己是有恶行的,但那是过去年轻时的事,而他为此而时刻忏悔着,家具的布置也一直保持着当年侍萍生孩子时的原样——大热天,连窗子都如当年一样关得紧紧的。这一切,都并不是做样子给谁看的,而是他的一种向善的心意。有些论者把他发现当年的侍萍就在眼前时,给她开了一张支票,也说成是虚伪。这多多少少有点强词夺理。因为在他们心目中,只有道德善恶一种价值观念。其实,这张支票并不是空头支票,而且是他主动开出来可以兑现的。问题不在于虚假,而在于真实。他真真实实地认为,这张支票足够补偿三十年前他欠下的情债。他的问题出在他诚实地认为,这些金钱大大高于侍萍所付出的情感价值。把情感价值放在实用之上,是美。而把实用价值放在情感价值之上,这就是情感枯窘,从美学意义上说,这就是丑。

这种丑,在他对待繁漪的问题上,也同样得到充分的表现。他对繁漪,从道德上来说,应该是善的,他花了大价钱请了德国医生为她看病。他逼迫繁漪服药,是很"文明"的。最严重的,也不过是让大儿子下跪。在这方面,他并没有做任何缺德的事,所以称不上恶。但是,他所做的一切都是对情感的漠视。他看不到妻子在精神上遭到自己的压抑已经变态。他对任何人,包括自己的儿子和妻子,都没有感情的沟通。

他和薛宝钗一样是个感情的空壳。

从这个意义上说,他是丑的,但是,并没有多少显著的恶。

用同样的道理,我们可以解释安娜·卡列尼娜与卡列宁的冲突,主要不是在道德上,更不是在政治上,而是在情感的生命上,也就是在审美价值上。卡列宁对安娜说:"我是你的丈夫,我爱你。"安娜的反应却是"爱这个字眼激起了她的反感",她想:"爱,他能够吗?爱是什么,他连知道都不知道。"

连爱都不会,这并不是不道德、不善,而是不美。卡列宁是丑的。

这正是托尔斯泰修改安娜这个形象,找到安娜这个人物的生命的关键。在这以前,托尔斯泰原本企图把安娜写成一个邪恶的道德堕落的女人的,而后来安娜却变得美了。安娜和伏隆斯基发生了关系,怀了孕,卡列宁并没有张扬,也没有责骂她。她在难产几乎死去时,卡列宁与伏隆斯基已握手和解了。她也表示:今后就与卡列宁共同生活下去,不再折腾了。可待她痊愈之后,她却感到,卡列宁一接触到她的手,她就不能忍受了。从科学的理性说,这不是理由,可是从情感和感觉的互动关系来说,这是很充足的理由。

在这一点上不彻底的作家往往只能写出格调不高的作品来。中国古代有一些劝善惩恶的小说,在艺术上都是软弱的。就是在新时期的初期,有些曾经轰动一时的小说,如《窗口》《赔你一辆金凤凰》之类,甚至《明姑娘》那样的作品,都很快就被读者遗忘了。倒是因为付了五块钱旅馆费而破坏性地在房间里沙发上一跳的陈奂生,却成了富有艺术感染力的形象。

自然,让审美价值和实用道德理性拉开距离并不是无条件的,这个条件就是不可直接与道德的善对抗,亦即不可诲淫诲盗。拉开两种价值的距离是为了在错位中充分展示情感结构的奥秘,把作者自己的道德理性结论隐蔽起来,让读者自己在潜移默化中有所感受。

许多语文教师都希望文本分析有一个较高的起点。审美价值的相对超越就是高起点,如能在这一点上不含糊,就有了摆脱无效阐释的可能。

为了说明科学的真和艺术美之间错位的关系,举一个当代文学的例子。

1985年5月19日,国足与香港足球队争夺进入世界杯足球赛的入场券,国足只要打平就可达到冲出亚洲的目的,但结果却输了,巨大的心理落差引起了球迷的一场骚乱。第二天新华社电讯历数"害群之马"的行径之后这样说:

> 更为恶劣的是,少数人在工人体育场附近故意拦截外国人的汽车,恣意辱骂……北京体育场发生的这一事情,是新中国成立以来在北京体育比赛中最严重的有损国格的事件。这种愚昧野蛮的行为与首都的地位极不相称。北京的政法部门将依法严惩肇事者。

报道的无疑都是事实,从科学的认识来说,肯定都是真实的。但把科学上真实的事实,拿到艺术中就可能变成虚假的。正因为这样,刘心武在以此事件为题材写作

《五·一九长镜头》时,虽然主人公滑志明是当天的肇事者,但却没有把他处理成一个野蛮的罪犯,而是一个相当善良的人。

刘心武着力展开的不是他如何破坏,如何犯罪,而是他在一种失落的感情掣动下的感觉如何变幻,他自己如何"跟着感觉走",终于懵懂地走向推翻汽车的行动。

展现在读者面前的是他失落感变幻的层次。

首先是一种倒霉、背时、自卑的感觉。个子小,学历文凭都不如人;好容易找了个对象,第一次领回家,就被父亲当着人家的面训了一顿,以致忘了下次约会的时间;借来了录像带,还没有享受到现代文明,却因不会播放而洗掉了,只好赔钱。由于缺乏文化而百无聊赖,完全凭着迷茫的感觉来到球场。感受着球迷们的狂热自信,又承受不了输球以后巨大的心理落差,在盲目的哄闹以及肆无忌惮的发泄中,这个缺乏主心骨的人长期埋藏在心灵深处的不满和郁闷终于被勾引了出来,但并没有立即发作,待到他走出了球场,由于一个好像是偶然的因素的推动,他不由自主地卷入了掀汽车的行动,最后导致被捕。

这是一个被缺乏文化和法律观念的麻木感觉牵着鼻子走的人,在盲目发泄郁闷的群众潮流的裹挟下走向犯罪道路的人。

这里展示的不是他犯罪的外部动作过程及其社会危害性(这是实用价值),而是他追求时髦和物质文明的表面感觉和潜在的缺乏文化的麻木情绪互相催生的过程(这是审美价值)。如果在这两个过程中看不出差别,作品就可能概念化了,让这两个过程拉开一点距离,才能创造出富有感染力的形象。自然,情感的美对认识的真的超越也是有限的,不能是绝对的、无限的。超越以不歪曲生活的根本性质(或者叫作本质)为限。在拉开距离以后,从根本上歪曲生活的性质无疑是应该警惕的。

事实上,对艺术家来说,把握真善与美之间既统一又矛盾的"错位"关系是十分重要的。完全否认其间的矛盾,可能导致公式化、概念化;而无限夸大其间的矛盾,则可能导致诲淫诲盗或胡编乱造。真正的艺术家能游刃有余地控制真善美的互相错位而又不让它们分裂。

为什么都德不写从落后到转变的全过程?
——情节和心理"突转"的临界点

重点阐释作品

世说新语·王蓝田性急/刘义庆　　世说新语·周处除害/刘义庆

最后一课/都德

在弄清真善美的关系以后,最重要的就是小说的情节结构问题了。

对人物情感的揭示和表现是一切小说家的共同愿望。然而,情感的特点是它的蒙眬性,正如心理学家所说,它是"黑暗的",是受到实用的道德和认识的、科学的压抑的,因而很大一部分被埋藏在潜意识之中,要用语言去把它调动起来、表达出来,是很困难的。正是因为这样,文学创作才需要特殊的才华。一代又一代的作家所进行的艺术创造都是不可重复的,可以重复的只是他们所使用、所发展、所创造的形式。正是在形式中,一代代才华卓越的作家的经验被积累起来,而且为后来者所继承。初学写作者借助于形式,就不用从零开始去积累经验,表现自我了。他们之中最成功的,可以从前辈探索的制高点上开始。

小说多种多样,而且日新月异。从体裁来讲,有最初的《世说新语》式的片段和志怪传奇以及后来的章回体小说。从结构方法来讲,世界小说史上出现过以情节为主的、以性格为主的和非情节、非性格的小说。对于有志于分析小说的教师来说,应该从哪种小说开始呢?

应该从情节小说开始,正如学书法的应该从写正楷开始。因为一切性格小说,乃至非情节、非性格小说都是从情节小说发展而来的,是情节小说内部机制、内部矛盾转化的结果。事实上,小说艺术的历史发展过程也显示了这一点。最初,人们并没有意识到故事情节在小说艺术上的重要性。《世说新语》中有一篇《王蓝田性急》,说这位王先生性急,吃蛋用筷子夹不起来,用筷子戳也不成,便把蛋摔在地上,蛋又转个不停,就用木屐去踩它,又没有踩到,索性把蛋抓到嘴里拼命嚼碎,然后吐掉才解了恨。

从写人物的情感特征来说,这已经相当强烈了,但还未曾具备小说的基本特征,因为它在一个单层次的现象上打转,没有变化和发展,或者说没有亚里士多德在《诗学》中所讲的突转。

许多讲情节的理论著作都说情节有开端、发展、高潮(突转)和结局。其核心是高潮或突转。至于开端、发展和结局,倒并不一定是十分重要的,在十九世纪以后的欧美短篇小说中,尤其是契诃夫、莫泊桑的小说,强调生活的横断面,结局往往是被省略的。契诃夫的《万卡》和莫泊桑的《项链》,都是只有开端、发展和高潮,没有结局的。而鲁迅的《故乡》只有开端和结尾,没有发展和高潮。

故事情节之所以能吸引人就是因为它有高潮,也就是亚里士多德所说的突转。情节突然向相反方向变了过去,出乎读者的预期之外,才能把读者吸引住。《王蓝田性急》之所以不能令读者充分着迷,就是因为它朝着一个方面(性急)发展,没有突转,如果他在嚼碎鸡蛋以后发现这个蛋是全家性命所系,后悔不及,大哭不已,就有了突转,也就有了故事性了。

但即使有了这样的故事性,这种故事仍然是非常低级的,没有太大的吸引力,为什么呢? 因为这样的故事并没有提供对人物情感世界的更深刻的理解。

福斯特在《小说面面观》中说,故事是一种低级形式,而情节则是比较高级的。他说:

> 我们曾给故事下过这样的定义,它是按时间顺序来叙述事件的。情节同样要叙述事件,只不过是特别强调因果关系罢了。如:"国王死了,不久王后也死去",便是故事;而"国王死了,不久王后也因伤心而死",则是情节。虽然情节中也有时间顺序,但却被因果关系所掩盖。又例如:"王后死了,原因不详,后来才发现她是因国王去世而悲伤过度致死的。"这也是情节,不过带一点神秘色彩而已。[①]

这种说法,不完全是福斯特的发明,实际上是亚里士多德在《诗学》中有关情节的观点的通俗说明。亚里士多德的原话是这样的:

> 如果一桩桩事件是意外发生的而彼此间又有因果关系,那就最能(更能)产生这样的(按:指"恐惧与怜悯")效果;这样的事件比自然发生即偶然发生的事件,更为惊人。[②]

沿着时间顺序往后写,可能写出芜杂的流水账。事件之间可能互不联系,即使有所联系,也可能在同一个方面、同一层次上重复表现人物的情感。而一旦发现一个层次的强烈感情是由另一个层次的感情决定的,那就意味着向人物的心灵结构深入了,对于读者来说,不再是被动地接受,而是和作者一起主动地创造了。

《世说新语》中有一则《周处除害》:周处年轻时横行霸道,为乡里所患。当时他家乡水中有蛟,山上有虎,再加上周处,乡里称之为"三害"。而周处是第一害。有人想出了个鬼点子,撺掇周处杀虎斩蛟,希望三者死伤其二。结果周处把老虎杀了,又下水斗蛟,搏斗了三天三夜,远去家乡几十里。乡亲们以为他死了,大为庆祝起来。周处杀了蛟,上得水来,看到自己为乡亲痛恨,便立志改过自新。他找了一些名人,从他们那里得到鼓励,从那以后改邪归正,终于成了"志士仁人"。这样就不但有"突转"(从横行乡里变为志士仁人),而且有了转变的原因(不愿为乡亲所痛恨),好像是具备了情节的基本格局了。但不然,这还不是很成熟的小说形态。

因为这里的因果关系,还只是一种道德的理性的因果关系,它阐明的是一种道德观念,甚至是一时的道德理性的激发把一个坏人改变为一个好人的。从理性的因果来说,这可能是接近可信的。但从人的情感、从人的复杂心理结构来说,这还不够完全,因而不够美。从情感和感觉的复杂关系着眼,一次性的刺激不足以改变他多年养成的习气,在他下决心改过自新以后,他面临的是一时的决心和根深蒂固的情感倾向的矛盾。在许多场合下,理性的决心是软弱的,而情感的自动化的惯性却是强大的。艺术家的任务,不在于表现那简单的决心和外部世界的道德理性,而是这种决心和他本人的感觉、知觉、智性、意志、情感的矛盾。这肯定要发生反复和曲折的斗争,在这种斗争中外部的决心(意志)要征服每一个心理层次的自发干扰和反抗,是不可能没有瞬息万变的心灵戏剧的。而这一切,正是审美价值所在。离开这些,艺术家就丧失了用武之地。

新时期初期有一篇得奖短篇小说《窗口》,就是这样一个例子。女主人公是个售票员,她的服务态度比较差。作者没有充分审视解剖其内在情感的奥妙构成,而是出于一种善良的道德性愿望,用与《世说新语》的作者同样的方法,给人物一个刺激,促使她转变。这个刺激就是她卖错了票,而买票的不是别人,正是跟自己关系异常密切的人。接着又让这个女主人公碰上一个服务态度和她一样差的售货员。最后她听了领导给她讲的周恩来总理工作如何认真的故事。这样,她就匆匆忙忙地像周处那样浪子回头了。

这样的因果关系,不是人物内心情感、感知、记忆、动机、意志充分作用、充分饱和的审美因果关系,而是一种概念化、理性化的因果关系。

情节粗糙,人物缺乏生命,都是这种理性因果关系在捣鬼。教师们在分析小说时,要从被动进入主动,起码应该不被这理性因果关系所迷惑。深察一个编故事的匠人和一个艺术家的区别,关键在于一眼就能看穿贫乏的理念和活生生的人物丰富的感觉、知觉、情感和意志的复杂结构之间的巨大差异。具备这种差异感,才可能具备艺术感受力。有了这种感受力,就不难看出艺术家看似平静实则抓住人物灵魂钥匙的匠心。有时,他们就是抓住人物情感和感知的一个饱和点,把这个饱和的一刻作为命运突转的契机,就抓住了人物的一生。要学会在关键时刻,在转变的一刹那,把握住人物全部心理感知、情意的饱和度。试以都德的《最后一课》为例。

要让一个顽皮的不爱学习祖国语言的孩子转变为一个热爱学习的人,这太难了。看来都德不敢有把这个过程全面展示出来的"野心"。都德利用短篇小说的特点回避了事情发生前后的许多事情,只是把这个小孩送到了绝对惊心动魄的境地,以便很快使他的心灵达到突转的饱和度,然后集中一切力量写这个平时最头疼法语课的孩子,在得知这是最后一堂法语课,从明天开始就不能不以德语来代替法语之后的变化。都德顺理成章地展现他心灵深处突然发生的一种他自己都没有料想到的裂变(突转)。他突然感到法语课是这样美好,他后悔过去没有好好学习法语,他巴不得这堂法语课无限期地延长下去,然而这堂课却很快地结束了。

小说家关注的中心就是这种在特殊条件下的心理转折,这种转折,在亚里士多德那时叫作"突转"[3]。正是这种"突转",才把那些埋藏在意识深处的、连主人公自己也没有意识到的情感暴露出来,使读者大吃一惊以后,引出一段深思:原来人是这样复杂,虽然在意识的表层,这个小学生是那么讨厌法语课,可是在意识的深层(或在他的无意识中),他对祖国语言的热爱是根深蒂固的。不过,在通常情况下,这种潜在的对祖国语言的热爱是很难表现出来的,只有在非常特殊、非常极端的条件下(我们可以把这种条件称为"第二极端环境"),才有可能被激发出来。

也许,阅读这篇小说,睿智的读者会想到更为深广的心理奥秘:对某些自然享有的权利、感情,人们往往并不觉得可贵,倒是在失去了的时候,才觉得无限珍贵起来。《最后一课》大胆地把这个小孩从此以后是不是变好放在一边不管,表面上是表现得更少了,事实上却使读者想得更多了。

这就是审美情感的表层和深层都得到表现的特殊效果。要学会欣赏小说艺术的教师应该抓住这个要害。

所谓抓住要害就是抓住心理"突转"的临界点。

抓到了这个临界点,你就找到了人物情感的,也是小说艺术奥秘的钥匙。只要在这里加以过细的分析,其余的什么开端、发展、结局,就是完全不管,也无所谓。心灵激发的临界点抓住了,情节的其他构件,不过是为了引出它而服务的,对艺术来说,这是次要的,可有可无的。

注:

① 福斯特《小说面面观》,花城出版社1984年版,第75—76页。
② 伍蠡甫主编《西方文论选》,上海译文出版社1979年版,第66—67页。
③ 伍蠡甫主编《西方文论选(上)》,上海译文出版社1979年版,第76页。

孩子杀死婴儿后为什么情节中断？
——从外部的临界点和内心的临界点来阐释作品

重点阐释作品

渴睡/契诃夫　　　　故乡/鲁迅

套中人/契诃夫

来自亚里士多德《诗学》中的突转概念，原来讲的是悲剧情节。这是一个比较模糊的概念，亚里士多德并没有更深刻地阐明这个突转是外部事件的突转，还是人物内心情感的突转。从具体行文来看，指的应该是外部事件的突转。

但是，对于一个深刻而精致的情节来说，最重要的并不是外部事件的突转，而是人物内心世界的变幻（包括向相反方向突然转化）。如果只有外部事件的突转，哪怕是反复的突转，也只能吸引读者于一时，而不能有长久的艺术魅力。许多大众文艺作品，如现代和古代的一些粗俗的武侠小说，都因此而不能进入严肃文学之列。

对一个在艺术上追求创造的作家来说，人物内心情感的突转才是更重要的，一旦抓住这种变化，外部条件的突转就显得十分不重要了。

在小说发展的早期和中期，不论是意大利的小说还是中国的小说，都十分讲究情节的完整性。中国古典小说特别讲究有头有尾、一环扣一环的连锁性情节；但是到了十九世纪，欧洲和北美的小说却不再讲究情节的完整性，而是采用"生活的横断面"和"纵切面"的结构，把短篇小说这一文学艺术形式推到了一个新的历史阶段。在这种潮流推动下，完整的外部事件被瓦解了，取而代之的是片断性的外部事变，外部事件完整链条的瓦解只是为了突出、强调内部情感世界的奇异。

首先被省略掉的是事件的开端，绝大多数小说都是从中间切入的。其次被省略的是结尾。契诃夫就曾经说过，他要写一种小说，既没有开头，也没有结尾。其实，他不仅写过没有头也没有尾的小说,而且写过把外部事件的高潮(或突转)放在情节结束以后的小说。

他的小说《渴睡》就是典型一例。

有一个小孩在一家商店当童工,白天忙个不停,晚上已经疲倦至极,忍不住要打瞌睡,可是她还得看护睡在摇篮里的小主人。每当她睡意蒙眬进入幻觉中,梦见自己随时随地都可以睡觉,哪怕在雨水潮湿的泥土上都能睡觉时,小主人就大哭起来,而女主人就非常凶暴地把她痛打一顿。整篇小说大部分篇幅就写这个孩子苦苦地和自己瞌睡的生理本能搏斗。然而孩子的意志终于不能战胜她的生理反应,最后她采取了一个极其果断的措施——把她的小主人掐死了。然后,她异常甜美地睡去了。

小说到此戛然而止。

也许按有头有尾、环环紧扣的原则,还可以写一个外部事件的突转:第二天一早醒来她所面临的灭顶之灾。但是契诃夫坚决省略了这个高潮,以及由此轻而易举地获得的外部动作的戏剧性。这是因为,小孩子的内在情感的突转已经完成了。瞌睡和挨打本来似乎不可调和地矛盾着,现在既能入睡又不挨打的办法找到了。至于杀死婴儿的后果,这完全在她情感和想象世界以外。

由此,读者不但看到了这个孩子瞌睡的程度,而且看到她情感逻辑的特点与我们所知道的理性逻辑有多么大的差异。读者还可触摸到这个孩子心灵世界的边界,她不能想象的东西和读者轻易可以想象的东西产生了对比。在这个世界之内和世界范围之外的一切都是那么使人震惊,使人不寒而栗。而这一切,都是孩子内心的突转造成的。

相比起来,未来的外部事件的突转——孩子从甜睡转入更大的苦难——就显得不那么出乎读者的意料了,因而也就显得不重要了。

这个心灵的临界点是双重的,它不但是主人公的,而且是读者的。抓住这种内部心灵的临界点是许多作家的愿望,而真正抓住的并不多,原因是外部动作突转和表面的戏剧性,对于没有水平的作者,甚至审美意识不强的作家,有一种虚幻的诱惑力,以致他们很难抵御。外部的动作比较容易直接感知,很容易看得见、摸得到,而且也是很便于以一种强化的夸大的形式加以表现的。而内部心灵的变幻则是很难直接感知的,容易被忽略,比较难以想象,因而其审美价值往往容易被忽略。

要培养起对审美创造力的高度敏感,第一,要对表面的戏剧性、外部矛盾的肤浅突转保持高度警惕;第二,要对有头有尾、环环紧扣的情节程式细致分析,其中每一个部分的必要性都不能放过。片面的环环紧扣,开端、发展、高潮、结局的理论套路,长期束缚着教师的想象力，好像离开了这种程式就没有别的分析门路似的。

有雄心的教师对一切形式规范都不要绝对化地崇拜。当然，遵循它是有必要的，突破它也是有必要的，关键在于是否有利于发现，是否有利于对隐藏在文字以下的人物内在的情感的探索，是否有利于揭示出新的层次、新的奥秘。

自然，对于外部事件的开头和结尾也不能一概抹杀，有时为了特别的需要，它们也可能特别地被强调。鲁迅在《故乡》中，就只写了"我"与闰土交往的开头和结尾，不管是人物外部动作的高潮还是内心的高潮都没有写（自然"我"的内心高潮还是有的，但并非这篇小说的主线）。

有时，为了突出某一种审美效果，不拘一格的作家往往在完整的情节，即开端、发展、高潮、结局之外又加上序幕和尾声。在契诃夫的经典名篇《套中人》的尾声中，那个听了"套中人"故事的人，半夜不能入睡，起来抽烟。叙述者那一明一灭的火光给小说增添了非常深沉的情感参照背景，给这篇充满喜剧性的小说增添了一层忧郁的色彩。

杜十娘和陈奂生走向高潮的过程有什么不同？
——古代小说和当代小说的细节

重点阐释作品

京本通俗小说·碾玉观音/不易居主人　　陈奂生上城/高晓声
警世通言·杜十娘怒沉百宝箱/冯梦龙

　　作家对情节结构的各个组成部分敢于自由调遣，并不意味着他们对小说细部，特别是其中的重要细节采取漫不经心的态度。相反，在一篇成熟的小说中，特别是短篇小说中，几乎每一个细节都是不可缺少的。现代短篇小说艺术的发展已经使短篇小说的每一个细节都成为整个形象的有机组成部分，每一个细节都以一种必然的、不可缺少的姿态出现。

　　因而，在阅读教学中，对细节的探究，包括描述细节所运用的话语的分析就是不可忽视的。

　　本来，亚里士多德把情节分成"结"和"解"两个部分，已经为情节一体化奠定了一种因果性基础——整个情节就表现为"结"（结果，效果）找到"解"（原因）的过程。原因与结果之间的关系越精致，小说的结构就越严密。到了十九世纪，情节因果的精密性，不但表现在因果的连锁性上，而且表现在对因果链以外的一切因素（包括细节）采取排斥态度，就是在因果链以内的连续事件，也以裁取其必要的部分而不求其全为原则。因果的精密性不但表现在人物关系、情感的互相推动上，而且渗透在每一个细节中，不能有一个重要细节是没有原因的，也不能有一个重要细节是没有后续结果的。一切没来由的细节都是破坏情节结构的精致性的。契诃夫不止一次地说过：如果你在小说第一节中把枪挂在墙上，那么到了第三节或第四节就得把子弹放出去。换句话说，如果不准备放出去，这支枪就不应当挂在墙上。

自然，这是一个比喻，只是为了说明在结构严密的小说中，一切细节都没有偶然性的成分。不论是一个道具，还是一个人物的口头禅，不论是一种病态的怪癖，还是一种风俗特征，都不能不对后来结果的必然性产生影响。反过来说，一切外部情节和内部心理的结果，都不应该是偶然的，而应该是有充分和饱和的前提条件的。

如果造成情节的原因不是充分的，那么，严重的导致漏洞，轻微些的则造成牵强。

为了避免这种不严密、不艺术的缺陷，小说家们积累了一个经验，那就是为最后到来的结果预先留下伏笔。由于结果通常是意外的，因而伏笔通常是隐蔽的。

《三国演义》的评点者毛宗岗把这种办法叫作"隔年下种，先时伏着"（《读三国志说》）。

> 善圃者投种于地，待时而发。善弈者下一闲着于数十着之前，而其应在数十着之后。文章叙事之法亦犹是也。

他批评一些不谙此道的小说家道：

> 每见近世稗官（小说）家，一到扭捏不来之时，便凭空生出一人，无端造出一事，觉后文与前文隔断，更不相涉。试令读《三国》之文能不汗颜！①

最初，中国的话本作家并不完全懂得这个道理，每逢有什么突发事变时，往往用"补叙"来说服读者，这毕竟是比较幼稚的手法。我们在中国和西方早期的古典小说名篇中不难找到这种幼稚手法留下的痕迹。

在《京本通俗小说》中有一篇《碾玉观音》，是相当出色的经典话本。写到郡王家中失火时，府里一个管刺绣的女仆秀秀，乘乱出动，甚至以威胁的手段，强制管碾玉的手工匠崔宁和她一起私奔。这在宋元时期，是一种非同小可的勇敢行为。对这样一种惊人的结果，在现代小说家手中必然有与之相称的充分的原因才是。然而，在《碾玉观音》中，作者并没有意识到秀秀这样的行为需要多大的勇气，它需要作者为这一结果作足够的、有说服力的铺垫和埋伏。在这位作者笔下，直至秀秀提着包袱出来撞上毫无准备的崔宁了，才想起来补叙一笔：

> 原来郡王当日曾对崔宁许道："待秀秀满日，把来嫁与你。"这些众人都撺掇道："好对夫妻！"崔宁拜谢了，不则一番。

但是后来郡王忘了，秀秀就采取了私奔的果断行动。对这样一个不同凡响的决策，仅用这样几句补叙，只能起弥补外部事件因果性漏洞的作用，而对人物心理的因果来说,则不能不说是十分粗疏的。在那样的时代,一句话不能兑现还不足以为这样冒险的行动提供充分的必然性。要使一个年轻姑娘比小伙子更果断、更不顾礼俗,得有更特殊的心理素质和社会环境的压力才成。

这样的补叙还不能充分启发读者去想象在她的情感深层从哪里能飞来一股这么强大的爆发力。作者显然没有充分理解心理因果的重要性,在补叙时让崔宁对郡王戏言的反应比秀秀还强烈,而说到秀秀,只是"秀秀见崔宁后生,却也指望"。此时这么微弱的心理反应怎么会变成失火时那么不要命、不顾一切的决断呢?特别在小说结尾,读者还会看到,这是个情感特别强烈的姑娘,即使人死了,魂也要跟着爱人去生活的。

补叙这样几句轻描淡写的缘由,对未来那超现实的神奇结果是太煞风景了。

这自然是技巧的幼稚,同时也是结构的幼稚,更重要的是它暴露了作者对人物内在情感理解的幼稚。与之相比,《杜十娘怒沉百宝箱》的结构要精致多了。

作者不但使杜十娘最后投江自杀成为必然,而且使那百宝箱的出现和被抛入江中也成为必然。

百宝箱,作为小说的情节核心,最后是要沉没的,因而要提前在读者心目中留下印象。作者在杜十娘辞别女伴时特别写了"描金文具"这样一笔,有如一个特写镜头。后来船到江边时,又写了杜十娘打开这个箱子取银与李甲,以增加读者对它的关注。最后,在投入江中之前,再一次让读者细看其中百宝,这就不但增加了可信度,而且强化了情感价值与实用价值的巨大反差。

这样几处看似毫无用意的"闲笔",实质上是含而不露地"隔年下种,先时伏着",这个百宝箱突出了杜十娘自杀的必然性。百宝箱本身就是杜十娘追求幸福但又不能完全相信李甲的见证:她明明有钱,却让李甲出去奔走了两次。她明明拥有万金,却只给李甲一百多两碎银。她明明已决计与李甲结合,却把全部财宝瞒过了李甲。这说明她希望得到李甲的感情,而且她要求的是纯粹的感情。一旦她的怀疑被证实,感情掺了假,她就让自己和财宝一起毁灭。

《杜十娘怒沉百宝箱》是明代作品,其叙述语言和人物语言都有一些程式化的成分,对人物的心理剖析和把握也还没有达到完全自觉的程度,但是就情节因果的外部事态和人物情感的内在必然来说,大体上已经具备了近代小说的统一和和谐。

教读文学作品的教师,应该有起码的历史主义观念,一切艺术成就都是历史积累的成果,因而在阅读经典作品时,要养成一种洞察力——一眼看出,它和前此作品的不同,哪怕是微妙的差异也要高度敏感。在《杜十娘怒沉百宝箱》中,学生们看不出这在当时的难能可贵,这是因为这在当代小说中已经成了普遍的共识。

当代文学作品如果不能做到外部事件的顺理成章，内在情感的自然而然，而是露出任何粗疏和牵强的痕迹，都将使自己的作品水平降低到时代的水平线以下。

古代作家可以不为情节发展中的次要细节操心，当代作家就不能。因为当代文学细节的严密性已达到相当高的程度，当代读者的文化水平也比古代高得多。他们的推理能力和感受能力都是古代读者很难相比的。古代读者可以原谅的疏漏，当代读者往往很难容忍。

例如，古代读者可以不去追究杜十娘那百宝箱中的财宝是如何运到她同伴家中去而又不被鸨母发现的；后来放在船中，又如何避免引起对财物并不是没兴趣的李甲的关注的；在李甲把一切都告知杜十娘后，杜的那一番语含讥刺的反话，其锋芒如此之锐，为什么没有引起李甲的心理变化；特别是当杜十娘一件又一件地把宝物往江里扔的时候，就站在一边的李甲、孙富乃至围观者，竟然一个个都没有想到去阻止，除了在一旁发呆外别无所为，甚至在她本人投入江中时竟然没有一个人去抢救。

现代和当代小说对细节的真实性的要求要严密得多，它要求人物内心变幻有外部细节作为可靠的基础。

高晓声的《陈奂生上城》中的高潮是陈奂生在五块钱一天的旅馆中的沙发上发泄破坏欲的一跳。在付出了他认为是完全不合理的五元以后，他的情感从自卑变为报复当然是十分自然的。但光有这一点是不够的，外部环境和动作同样要自然。高晓声为了把这个农民送进在当时是十分昂贵的旅馆中去竟费了不少心机。通常情况下，陈奂生是不会去花这种冤枉钱的。而且他要去也不可能，因为他没有介绍信。于是高晓声让他突然生病，发烧到深夜，而且身不由己，又让曾经和他有交往的县委书记把他送进去。为了避免让县委书记给读者留下不体恤穷困农民的苦衷的印象，高晓声只好让书记匆匆出差经过火车站，然后让他的司机去处理这事。司机考虑不周，而让陈奂生多破费，这样引起的非议就小多了。

当代作家比古代作家要更难一点，他们不但要抓住情感"突转"的临界点，把握住审美的价值方向，而且要把人物放在严密的细节链中，构成可信的逻辑。人物每一次内心的变幻都必须以活生生的有特点的真实细节为基础。

因而作为文学教师就应该具备一种分析关键细节蕴含的潜在意味的能力。对细节麻木不仁，是不称职的表现。当然，这是指关键的细节，并不是说每一个细节都值得仔细分析。有些细节只是说明性的，并不蕴含多么深邃的含义，忽略过去也是必要的。对细节不分主次，眉毛胡子一把抓，往往是缺乏艺术感受力的表现。

注：

① 朱一玄、刘毓忱编《三国演义资料汇编》，百花文艺出版社 1983 年版，第 305—306 页。

巴尔扎克为什么那样残忍地折磨于洛夫妇?
——把人物打入非常轨道

| 重点阐释作品

| 贝姨/巴尔扎克　　　　　**罪与罚**/陀思妥耶夫斯基

郁达夫在论及小说艺术时曾提出一个具体的办法,叫作"偶然事件"(accident)。对于一切强调"必然性"的现实主义小说来说,郁达夫的这种"偶然性"有一点浪漫主义的色彩。但是完全依仗于偶然事件,也可能变成胡编乱造。问题在于偶然事件是什么样的,用偶然事件要达到什么目的。如果纯粹为了编造离奇情节,满足外部动作性的大起大落,那就不可能进入艺术创造的高级层次。高尔基说文学是人学。这句话虽然常常被引用,但大多数情况下理解得并不完全。文学的任务不完全在于人的外部行为,而在于决定外部行为的内在情感。

由于情感类似于一种内在机体的综合体验,它不像外在动作和感觉那样可以准确地定性、定位、定量,因而被称为"黑暗的感觉"。对于一切科学手段来说,它是一个神秘的世界,甚至现代尖端科学手段对它都很难奏效。它的很大一部分是处于潜意识领域的,然而它又有非常强的能量。弗洛伊德甚至认为人的一切意识的根源都在潜意识之中。长期受到道德和科学抑制的情感不是一种单层次的结构,而是一种多层次的结构。在通常情况下我们看到的是人物情感的表层。那深深埋藏在意识底层的、处在无意识中的情感,对人的行为是起决定作用的,但是当人处在相对静止的环境中时则很难显现。

抒情文学往往把人物放在静止环境中,因而很难深入到情感的底层。比如爱情,浪漫主义诗人倾向于把情感的永恒当作美,但事实上,人的情感是多变的,有时还是瞬息万变的。因而,叙事文学就反其道而行之。它把人物放在动态中加以表现。最常用的办法是设置情节,而情节的特点就是事变的偶然性。偶然性就是打破生活环境的正常轨道,把人物打入非常轨道,迫使人的表层情感结构发生动荡,以考察人物心理深层的奥秘。

张洁在《沉重的翅膀》中说过:"人是多面体的,有些侧面,非在必要的时候是看不到的。"在非常轨道中,人的内心潜在的情感就可能暴露出来。

早在十八世纪,法国启蒙主义思想家卢梭就说过,人类成功地创造了许多学问,但是关于人本身的学问却是最没有水平的。卢梭显然忽视了文学在探索人的内心世界方面取得的成就。从某种意义上说,小说家考察、研究人的情感结构,和自然科学家研究物质结构,在方法上不是没有共通之处的。小说家不满足于对人物心理的静态考察,自然科学家也不满足于对客观物质作静态的研究。英国自然科学家何非说,科学研究的工作就是设法走到事物的极端而观察它有无特别现象的工作。只有使事物越出了常轨,而且走到极端,才能观察到事物非常态的、非熟知的现象。但如何使事物越出常轨,走到极端呢? 弗朗西斯·培根说,正如在社会中每个人的能力总是在最容易发生动荡的情况下,而不是在其他情况下发挥出来的,所以同样隐蔽在自然界中的事情,只有在技术的挑衅下,而不是在任其游荡的情形下,才会暴露出来。科学家要借助"技术的挑衅",使研究对象发生动荡,使之达到一种"极端"的状况,才能打破常规的静态的封闭性,观察到"隐蔽在自然界中的"奥妙。小说家在以下三点上与自然科学家是一致的:第一,以"技术的挑衅"(即偶然事件)打破情感结构的稳定状态,进入非常规的动荡状态;第二,使情感处于某种"极端"状况;第三,捕捉那些常态以外的"特殊情况",发现情感结构深层的奥秘。

从这个意义上说,文学家表现人,正等于科学家研究物。不过,文学家不能像科学家那样给他的研究对象加温、加压、通电、加入催化剂,而是以一种生活的变故,迫使人物进入"极端"的、不正常的生活。正如对金属的加温,不达于极端(熔点),它不会从固体变为液体一样,人不达到某种极端,也不可能打破情感的稳定结构,显示出复杂多面的心灵来。

有人说,川端康成的方法是把人放在试管中的方法。其实,这种方法并不是他的发明。左拉早就提出了"实验小说"的理论,并以巴尔扎克的《贝姨》为例,说明巴尔扎克的方法是"通过情况和环境的加工修改",好像用"试剂法分析感情",作出了一份人物"实验报告"。[①]

左拉不是信口开河,《贝姨》确如左拉所说,是把人物情感放在某种试剂中加以分析的范例。这主要表现为把人物打出环境的常轨和心理的常轨。首先是把人物置于一种"极端"的境遇。作品中的主人公陆军部署长于洛男爵是一个不顾家道败落、一味热衷于婚外性生活的好色之徒。如果仅仅如此还不算极端,因为在当时,在他生活的阶层中,这是相当普遍的。巴尔扎克设置了一个极端的例外情境,就在他身旁安排了一个不知丈夫底细、一味替他护短的夫人。她对丈夫忠贞不贰,一往情深。就在夫人拒绝了暴发户花粉商的引诱之后,于洛却勾引了自己下属的妻子华来丽成为自己的情妇。

本来这已经够超越常轨,够极端的了,但巴尔扎克还觉得不过瘾,又把这种极端推向更高的层次。华来丽虽与于洛通奸,但并不真心。她事先与丈夫串通好,让治安法官和警察前来捉奸。于洛为了消除自己被捉后的笔录口供,只好又去借债,并在华来丽的逼迫下提拔她丈夫当副科长。

为了使这种极端情势进一步尖锐化,巴尔扎克又以一突发事件来给极端情势加码。于洛派到非洲去的叔叔贪污事发,于洛立即要赔二十万法郎,他急得晕倒了。

这一切极端尖锐、刻不容缓的严峻形势都落实在于洛夫人的心灵结构,于洛夫人表层心灵的贵族自尊心和对第三等级暴发户的蔑视感瓦解了。她为了挽救于洛,竟企图向原先拒绝过的花粉商出卖肉体。虽然此计因为花粉商已有了情妇而未果,但于洛夫人和于洛的心灵表层结构的瓦解已使读者看到了他们心灵中间某些不同于表层的东西了。

然而巴尔扎克还是不满足,又进一步把人物推向第三个极端超越常轨的层次。于洛男爵在这样的情势中,心理的恐怖转化为生理病痛,大病一场之后,形销骨立。可是于洛更深层的伦理情感结构仍然是以疯狂的好色为核心的,不过,这时他已经达到不顾身份地位和廉耻的程度了。于洛偷偷从家中出走,夫人因之大病一场。原来于洛和一个小姑娘姘居在一个偏僻地方,开一间绣作店,不断更换地址,改换姓名,以免被人发现。当终于被发现并被带回家中时,于洛还舍不得那小姑娘。

然而这还不是巴尔扎克对于洛情感结构实验报告的终结,他的心灵结构仍要被进一步打破,于洛和他夫人某些非常规心理要被进一步揭开。

一天夜里,于洛夫人发觉于洛不在床上,害怕于洛出事,走到仆人睡的楼上,听到男爵和胖厨娘说:"太太活不了多少时候了,只要你愿意,就可以做男爵夫人。"

于洛夫人受此刺激后三天与世长辞。临终弥留之际对男爵说:"一转眼之间,你就可以自由,再找一个男爵夫人了。"这是她一生对丈夫唯一的一次责备。

巴尔扎克就这样残忍地、像科学家那样毫不动情地把于洛放在越来越极端超越常轨的情境中,将他的情感结构一层又一层地剥开,指出他的心灵一层比一层低劣,其根本特点(好色)一层比一层更醒龊。

同样,巴尔扎克也把于洛夫人放在越来越极端的非常轨情境中加以煎熬,让读者去阅读她内心感情的深层结构：竟是一层比一层更贤淑，一层比一层更有忍耐力。

这正是十九世纪西方古典小说共有的特点，用外部情境的步步紧逼，推动内心世界的层层逼近。

左拉所说的情感实验就是这样以层层推进为特点的。大家如果有兴趣，可以去读读他的《邦斯舅舅》。书中的主人公，在好吃而丧失自尊这一点上，和于洛的好色异曲同工。

对人物心灵表层的突破，是十九世纪西方小说家的共同倾向，左拉不过是用自然科学语言，说得比较尖锐。与左拉可以比美的陀思妥耶夫斯基，比左拉更执着于人物潜在精神状态的探求。他固然没有提出像左拉那样把人物情感放在试管里的理论，但是他在他的著名作品《罪与罚》中则比左拉更彻底地把人物灵魂放在特别设计的情境中"拷问"（鲁迅语）。《罪与罚》的主人公拉斯耶尔尼科夫是一个法律系的大学生，贫病交加。他经过长时间的苦思冥想，形成了一套独特的"犯罪论"。他把世界上的人分为两类："平凡的"和"不平凡的"。"平凡的人"不过是"发抖的畜生"，任人宰割，不敢触犯法律；"不平凡的人"则是一些建功立业的"拿破仑们"，他们不受道德法律约束。他认为要做一个不平凡的人，就必须敢于跨过别人的血泊和尸体。他觉得在这个世界上，"谁的头脑和精神坚强，谁就是世界的主宰，谁胆大包天，谁就最正确"。

他立志"试验"一下，看自己的心灵能不能经得起做一个不平凡的人的种种考验。于是他去杀死了一个被他视为"虱子"的放高利贷的老太婆和她的妹妹，并抢走了老太婆的钱财。

但是劫到钱财以后，他却不能忍受精神的苦刑，不论在狡猾的警局侦探面前，还是自己的朋友和亲人面前，他觉得那种精神的痛苦和分裂，比贫困更难以忍受，最后只好去警察局自首。

陀思妥耶夫斯基在这部小说中，以惊心动魄的笔触刻画了拉斯耶尔尼科夫两重人格的冲突，极尽心灵戏剧之能事。他是现实主义文学大师中对心灵深层结构剖析得最不容情的人，正因为他最不容情，所以他在人性解剖的某些方面（如人性恶的、非理性的方面）比托尔斯泰更深刻。

注：

① 伍蠡甫主编《西方文论选（下）》，上海译文出版社 1979 年版，第 239 页。

为什么中国古典小说强调一波三折?
——将人物打入第二环境

重点阐释作品

贝姨/巴尔扎克　　　　水浒传/施耐庵
欧也妮·葛朗台/巴尔扎克

其实用极端情境逼迫人物的办法不独为《贝姨》所有,严格地说,也不是巴尔扎克的特殊嗜好,而是许多情节小说家共同遵守的规范,不管是曹雪芹还是川端康成,都不约而同地在这样一种无形的磁力线的诱导下展开天才的想象。

不管现实主义还是浪漫主义小说家,一般都从调动人物的环境因素入手,使人物进入超越常轨的"第二环境",再来展开其内心情感结构的变动。

张贤亮在《绿化树》的题记中曾引用阿·托尔斯泰《苦难的历程》中的话,大意是,在清水里煮三次,在碱水里泡三次,在血水里漂三次。这说明,对人生真谛的追求得经过十分苦难的历程。其实若用来说明小说艺术,应该这样说更合适,把人物放在超越常轨的"第二环境"中,经受超过情感结构稳定限度的考验,使人物的情感越出常轨。

张贤亮在这里说的是以环境的层层逼近为特点的作品。但层层逼近常常是单方面的,如果人的情感老是从单方面挖掘,其深刻性可能是有限的,除了像《唐·吉诃德》《阿Q正传》那样带有喜剧性的作品。把人物放入层层逼近的极端环境考验的结果,若能引出情感的两个极端,而不是一个极端,则人物的性格就显得异乎寻常的深刻。于洛夫人忠于自己的丈夫,不管丈夫如何沉湎于酒色,她都能拒绝暴发户花粉商的引诱,不屈从他的淫欲,虽然她知道这样做的结果是她女儿的婚姻大事,尤其是嫁妆将难以解决。

这是情境的一极逼出来的情感的一极。

按巴尔扎克的同情心来说,无疑是在于洛夫人这一边的,因而他在全书中常常流露出把这位男爵夫人写成理想的圣女的冲动(正如在写《欧也妮·葛朗台》时表现出的对欧也妮的圣洁化冲动一样)。但是巴尔扎克作为一个艺术家又必须回避情感简单化导致概念化的危险。作为一个艺术家,他有一种直觉——把人物的情感看成一个复杂的结构。

巴尔扎克在反复强调了于洛夫人崇高的一面以后,终于禁不住把于洛夫人向另一极推去。在于洛通奸丑事暴露、破产危机迫在眉睫之时,于洛夫人居然想向花粉商暴发户克勒凡出卖自己(自然,巴尔扎克为了维护人物性格的统一性把其动机写成是为了挽救丈夫)。巴尔扎克让于洛陷人接二连三的灭顶之灾,不过是为了把于洛夫人感情中的另一极给硬逼出来。圣洁的贞女与卖淫妇是如此互不相容的两极,但在于洛夫人的情感结构中竟如此和谐地统一在对丈夫的贵族式的忠贞之中。

这与自然科学家把研究对象放在相反的两极之间加以实验的方法基本上是一致的:把金属放在油中不起什么反应,但如果放在水中就会缓慢地被氧化。这还不是全部,再把它放在火中去,它就熔化了。或者先放在酸溶液中,再放到碱溶液中,从相反的两极中得到的信息要比一般信息多得多。

让人物越出正常轨道,进入第二环境,目的是为了让人物的情感超出正常的稳定的状态。但是情感并不那么容易越出常态。若把它放在相反的两极之间,失去稳定性的可能性就会大得多。把白骨精送到唐僧面前,一次没有使唐僧醒悟,两次也不行,在戏曲中还要第三次。白骨精化为美女,化为美女的母亲、父亲,都只能引起唐僧无条件的怜悯,引起对孙悟空越来越大的愤怒。最后唐僧被捉了去有立即被剁成肉酱的可能时,孙悟空再来打白骨精,唐僧才醒悟过来。

中国古典小说很强调情节的一波三折:一次打不破情感表层结构,再来第二次,二次打不破,再来第三次,就是为了达到揭开情感深层结构奥秘的目的。所以才有三打白骨精、三打祝家庄、三气周瑜、三看御妹、三难新郎、三请诸葛亮,诸葛亮甚至要六出祁山、七擒孟获、九伐中原,所有这些都是为了追求从一个极端走向另一个极端的效果,以达到更深地揭示人物心灵奥秘的目的。

由情境的两个极端逼迫出人的情感的两个极端,这是小说艺术发展历史过程中的一个进步。在小说艺术发展的早期,人类并没有意识到这一点。那时,人类(和他们的代表——作家)对人的精神世界的理解还是比较单纯的,常常以不变的观点来看待人的情感。这在表现人的恋爱情感方面特别明显,人们往往一见钟情,生死不渝。唐宋传奇和早期意大利小说(以《十日谈》为代表)都是单色调人物,忠贞和淫邪黑白分明,互相之间毫无瓜葛。不管条件发生多大变化,感情一旦产生就不可能变化。从《倩女离魂》到《碾玉观音》都写到一种一见钟情——到死也不会变心的爱情。

这事实上是一种诗化了的爱情。在诗歌中，它被反复表现过，诸如"在天愿为比翼鸟，在地愿为连理枝，天长地久有时尽，此恨绵绵无绝期"，说的是一种超越时空的、绝对化的、永恒不变的爱情。事实上，人的情感是一个变幻多端的复合体，它不断受周围环境和人物的影响，唯其是活跃的、变幻多端的，人才是有生命的。虽然，诗歌把人类感情的稳定性表现得那样绝对化的美好，但仍然只能满足人类体验自己情感世界的部分要求，而不能满足人类情感更具体、更深入的要求。

正是由于这一点，小说在受到诗歌的重大影响以后，逐渐摆脱诗歌美学的概括性，而走向心灵层次分化的道路。也正因为此，小说情境的两个极端的目的是逼出人物情感的两个极端。这种端倪，我们在《三国演义》和《西游记》中还比较罕见，而在《水浒传》和《西厢记》中就屡有所见且不以为奇了。

温文尔雅的高级军官林冲，老婆被人家调戏，吃了冤枉官司又差一点被暗害于野猪林时，都是一味地逆来顺受。直到草料场被烧，发现高太尉派来害他性命的人，正是自己往日的朋友陆虞侯的时候，他才终于改变了自己一贯忍让的处世态度，奋起杀了仇人。从此以后，他就变成了另外一个人，处处主动反抗，甚至有点不讲理——他挑了酒葫芦，身不由己地来到柴进庄前，向并不认识他的庄客要酒吃，人家不给，他就毫不客气地把人家打了个落花流水。林冲从温文尔雅、逆来顺受到义无反顾、主动出手，无疑是被逼出来的。

当然，情感的两极分化比情境的两极考验要复杂一些。

巴尔扎克在《欧也妮·葛朗台》中把他年轻的主人公放在两极情境中煎熬，首先引出的情感的一极是：查理的父亲破产自杀，并不知情的风流公子查理来到欧也妮家，闻知父亲的死讯，哭得死去活来，而他的伯父老葛朗台却一毛不拔。欧也妮与查理私订终身，把所有的六千法郎积蓄送给了查理。欧也妮为查理流下了眼泪，两人山盟海誓。巴尔扎克以诗化的笔调赞美了这对年轻人纯真而美好的情感。正因为此，巴尔扎克笔下留情，没有让欧也妮去深究花花公子在巴黎与情人阿纳德的行为，也没让查理对欧也妮的容貌、举止留下任何不顺眼的印象。

如果光有这一极，即使在量上不断增加，例如让查理在临行之前或之后再流露出一些抒情的缠绵，也不会使人物性格的深度有多少拓展。所以，巴尔扎克聪明地不作同方向的叠加，而是朝相反方向探索开去，引出查理情感的另一极端。七年以后，查理发了财，这意味着处境进入另一极端，同时情感也走向另一极端。他和各种女人花天酒地胡混，早已把欧也妮忘得一干二净，欧也妮在他心目中留下的只是一个六千法郎债主的印象。欧也妮后来收到查理的一封来信,信上说他已和另一个女人结婚,并汇来八千法郎的汇票算是还债。这时欧也妮的处境转入另一极,她已继承了他父亲和母亲的巨额财产,但她的情感却不像查理那样,而是还停留在原来的极点上。本来对欧也妮这个人物来说,情感的不变是不利于人物心灵向纵深拓展的,可是如果让她和查理同样走向反面的一极,都变得翻脸无情,倒反显不出她和查理的差别来了,有走向漫画化、概念化之嫌。于是巴尔扎克采取了让他们二人的情感拉开距离的办法(关于拉开情感距离的规律,另有专门的论述),将人物心灵的反差充分显示出来。

欧也妮还替查理的父亲还了他生前欠的四百万法郎的债务,排除了查理可能因父亲曾经破产而造成婚姻流产的危机。欧也妮对失去的爱情极端珍视,她虽然答应与蓬风先生结婚,却以保持童身为条件。

但巴尔扎克并不满足于这样极端化的对比。在他笔下,欧也妮此时的情感并不完全像她过去爱上查理时那样充满了诗意的纯真,此时她的情感中有某种扭曲和畸形:她仍然依照老葛朗台留下的老规程过日子,虽然她拥有那么多的财产,可非到老葛朗台允许生火的日子,绝不生火,她的衣着依然与她母亲一样寒碜,她住的房子仍然没有阳光,没有暖气,老是阴森森的。可是她办了不少公益事业,用来反驳别人责备她吝啬。巴尔扎克力图显示财富使她被包围,以至于她只能平静而枯燥地守着她情感的坟墓。

这样,不但使她的形象与查理的形象的反差更加鲜明,而且使她的纯真和她内心的贫困的反差更加丰富。

表层心理与深层心理的反差
——从心理结构看《最后一课》

| 重点阐释作品
| 最后一课/都德

《最后一课》是经典名篇,从五四时期被翻译成汉语以来,各种各样的中学语文课本,差不多都要选入。在不同的历史时期,不同的意识形态背景下,都被当作经典,其中的奥妙是很值得研究的。

小说不过是写一个小学生本来十分贪玩,对复杂的法语语法极其厌倦,常常逃学去掏鸟窝,滑冰。要让这样一个孩子转变,从贪玩变成好学,并把这个过程写得令人信服,该是多么的艰难。试想,在现实生活中,这样的转变该花多少时间,经历多少曲折?就算转变了,是不是一劳永逸了呢?会不会一遇到新的诱惑,又依然故我?按照传统小说有头有尾、环环紧扣的写法,从开端、发展、高潮到结局,要花多少笔墨?但是在这篇小说里,作者只花了三千多字,就成就了世界短篇小说的经典,主人公从极其厌倦学习法语课变成极其热爱法语课,前后只花了一个小时左右的时间,而且,没有一个读者会怀疑这种转变的真实性。

这是为什么呢?

都德并没有为孩子的转变设置漫长复杂的故事,甚至也没有虚构完整的情节。他只是把孩子放在短短的一堂法语课上。

这堂法语课不是一般的法语课,而是非常特殊的,特殊在这是最后一堂法语课。如果不是这样,孩子肯定不会转变,而且只能是一如既往地讨厌法语的分词规则。

这种写法,是所谓"横断面"的结构方法。这是十九世纪以后的短篇小说,在结构上,和之前欧洲与中国的短篇小说不大相同。

这种结构原则的关键在于把人从日常的、常规的心理惯性中冲击出来,使之进入例外的、反常的环境,然后表现其心理结构的变幻。但是,要把人物冲出常轨是不大容易的。

一个人的心理有其内在的结构,从表层到深层,都具有相当的稳定性,即使外部条件有了某些改变,例如,父母的责备、老师的鼓励等,人物心理也许会在表层作出一些调节,如痛下决心、用功读书之类,但其深层是超稳定的,一般表层的调节不会影响到深层的稳定。因而表层的调节,尽管是真诚的,但不用多久,就会被深层结构的反调节所消解。

都德给孩子设置的外部条件,不是一般的变化,而是重大的变故。

这是最后一堂课,从此以后,就不再有法语课了,这个冲击就特别强烈,因为进入了例外的、超越常规的,而且是不可逆的环境,这就不仅冲击了表层心理,而且引发了深层心理震荡。深层心理震荡,心理失去平衡也是不可逆的,这就不能不产生一种深层的调整,这种调整也是不可逆的。正是因为这样,这最后一堂课,在时间上是短暂的,但对深层意识的冲击,却比漫长曲折的过程还要强烈。

按照小说中老师所说,贪玩的孩子,平常总把自我调节的余地放在时间上("算了吧,时间有的是,明天再学也不迟"),但是,小说设置的例外环境把这个余地排除了。这就显示出,作者的构思抓住了心理变幻的要害:不是从外部现象上探索孩子厌学的原因,而是从内心深处探索最深邃的根源。

作为一个法国孩子,却讨厌法语课,这是很不正常的。原因何在呢?

如果从表面看,原因可能很多。例如,法语的教学方法有问题,小说多次提到了分词的变化规则,死记硬背白白浪费了时间和精力,不但不能激起学习的愿望,反而摧毁兴趣,必然的结论就是改革母语教学。又如,小说快结束的时候,老师自己作了检讨:没有尽到当老师的责任,有时上课让学生给自己浇灌园子,有时老师自己去钓鱼。再如,学生家长也不太重视孩子的学习,为了增加收入,宁愿让孩子去工厂或者田间打工。

如果按照这样的思路写下去,就没有《最后一课》这样的艺术杰作了。因为,这样的思路,是改进教学实践的思路,属于实用价值,而不是小说的艺术价值。艺术价值是情感价值,小说的价值集中在人身上,人的心理,尤其是人的情感是核心,至于教与学的因果关系,在这里,不很重要。

作者提出了另外一种因果,孩子不爱念法语这个"果",是由另外一种"因"造成的。

这是因为,学习法语是天然的权利,这种权利与生俱来,自然享有,在正常情况下,永远不会失去。结果是,不但不觉得美好,反而成了沉重的负担,更谈不上珍惜。小说构思的高明之处在于,不是跟孩子讲大道理,而是把孩子引出常轨,逼迫到另一种不可逆的环境中去。在这个特殊环境中,学习母语的权利不再是天然的、永远不会失去的,而是即将被剥夺的。

设置这样的环境的目的,是把平时隐藏在心理深层的奥秘暴露出来。

人的心理是个丰富多彩的立体结构,隐藏在深层的和浮在表层的,并不一定很一致。在一般情况下,深层情感是隐藏得很深的,连人物自己都不大了解。只有发生了极端的变化,心理结构受到突如其来的冲击,来不及或者永远无法恢复平衡时,长期潜在的情感、与表层情感相异的情感,才可能暴露出来。这时,人物好像变成了和平时相反的一个人,可是从本质上来说,却更是他自己了。

都德之所以要把孩子引入这样的困境,就是要把他内心最深层的情感坦露出来。原来,他并不是不热爱自己祖国的语言,相反,他是非常热爱的。一旦面临学习母语的权利被剥夺,即将被迫学德语时,他对祖国语言的天然情感就充分显露出来了。

都德把描写的重点放在孩子的心理感受的临界点上,把临界感受层次分明地展开,让孩子的感情来一个"晴天霹雳"。(法语原文是 bouleversèrent,意为颠覆、骚乱)。但这种写法,算不得多大的发现,一般的作家也写得出。接着的是"后悔",这就比较深刻了:

> 我再也学不到法文了!只能到此为止了!……我这时是多么后悔啊,后悔过去浪费了光阴,后悔自己逃学去掏鸟窝,到沙亚河上去滑冰!我那几本书,文法书,圣徒传,刚才我还觉得背在书包里那么讨厌,显得那么沉,现在就像老朋友一样,叫我舍不得离开。

这是转折关头的心理独白,话很平常,语言上没有多少花样,也没有多少修辞技巧,但却很动人,因为这里有矛盾。就在不久以前,他还讨厌法语,琢磨着要逃学。这样的矛盾很突然,是对读者想象力和记忆的冲击,能激起读者自己的记忆和想象的参与,于是突然的矛盾,就转化为自然。

孩子已经转变,都德的构思似乎已经完成。但是,如果就此草草收篇,似乎太过单薄。

都德作为艺术家的才气,恰恰表现在这里,他没有草草罢笔,他的创作经验告诉他,孩子"后悔"的感觉,虽然很自然,但光有这么一点儿,似乎内心的感觉还不够饱和,因而也就不够动人。凭着艺术直觉就能感到,这个"后悔"的感觉里,蕴藏着巨大的潜在能量,不把这个潜在能量发掘出来,心理结构的探索就可能半途而废。以这种后悔

为中心,他展开了层层相因的深化:

第一层是,孩子被老师叫了起来,不争气,背不上分词规则。

> 可是开头几个字我就弄糊涂了,我只好站在那里摇摇晃晃,心里挺难受,头也不敢抬起来。

后悔深化了,带上了羞愧:

> 天啊,如果我能把那条出名难学的分词用法从头到尾说出来,声音响亮,口齿清楚,又没有一点儿错误,那么任何代价我都愿意拿出来的。

第二层是,老师意外地没有责备他,他受到的心灵的惩罚,由老师说了出来:

> 我也不责备你,小弗郎士,你自己一定够难受的了。这就是了。大家天天都这么想:"算了吧,时间有的是,明天再学也不迟。"现在看看我们的结果吧。唉……

这一段,如果不让惭愧和忏悔在孩子的感觉中展开,而是把忏悔渲染一番,来一点抒情,对于都德应该是驾轻就熟的,但是,作家却让老师长篇大论地发表议论。这么多议论,对于小说来说,可能造成抽象概念泛滥的结果,这本该避免。但都德为什么甘心冒这个风险呢?可能就是为了下面这些话:

> 唉,总要把学习拖到明天,这正是阿尔萨斯人最大的不幸。现在那些家伙就有理由对我们说了:"怎么?你们还自己说是法国人呢,你们连自己的语言都不会说,不会写!……"

让一个小孩子讲这样的话,是不真实的。把不能讲自己祖国语言的痛苦上升到民族国家的高度,只能让成年人来完成。还有,老师说到法兰西语言时,也超越了孩子的感知:

> 法国语言是世界上最美的语言——最明白,最精确;又说,我们必须把它记在心里,永远别忘了它,亡了国当了奴隶的人民,只要牢牢记住他们的语言,就好像拿着一把打开监狱大门的钥匙。

从这里，可以感觉到都德的匠心。本文情节的进展追随孩子的视角，在孩子的感觉之内展开。好处是孩子气的天真的话语很自由，很丰富，但是也有局限，就是比较理性的话语，多数都超越了孩子的感觉世界。而这样的话语，诗一样的、愤激的话语，在当年历史的背景下，作者肯定认为是极其重要的。老师所讲的，其实就是都德自己要讲的，非讲不可的。

不能让孩子讲，就只好让孩子聆听了。

这些话，就是现在看来，也是很动人的，这是思想和激情的交融。

作者没有在这样闪光的思绪中过多流连，这种思想性很强的语言，不能太多，否则会给人说教的感觉。都德很快就明智地回到孩子的视角中来。

这样，就进入了孩子感觉世界的第三个层次。

这是一个在肃静中沉思的层次，为了强调教室里的肃静，作者一连三次用了反衬的笔法，先是，"只听见钢笔在纸上沙沙地响"，其次，是连金甲虫飞进教室都被感觉到了。再次，是在学校的屋顶上，有一群鸽子在低声咕咕，我一面听着，一面想：

他们该不会强迫这些鸽子也用德国话唱歌吧！

这一笔最为精彩，它又一次深入到孩子的心灵深处，完全是孩子气的感情和想象。这种想象和老师的慷慨激昂，不但异曲同工，而且异趣同工。在对德国侵略者的仇视方面是一致的，但是，感觉和想象又有不同。成人的感觉和孩子的感觉属于两个世界，二者相反相成，相辅相成。孩子的想象和老师的慷慨陈词，互为生动的注解，可以相通，却不能相同。

让人物生活在各自的感觉世界里，而且拉开距离，这就是小说艺术。

这篇小说的主体是孩子的转变，但是，在孩子的转变完成之后，小说并没有戛然而止，相反，小说又花了六分之一的篇幅，从孩子的视角来感受老师的情绪。这是不是多余的呢？

好像不是。

小说的中心虽然是孩子，但是，前面已经说了，光有这个孤立的孩子，他的感知境界是有限的，他的转变，如果仅从他的角度来看，其意义可能是狭隘的，无非就是从厌倦法语课到热爱法语课。但是当孩子精神关注的焦点集中到他的老师身上时，这个老师不但构成了他感知世界的精神背景，而且成了精神亮点。正是这个亮点把孩子和小说的思想境界提高到一个新的高度上去了。

老师这个人物在思想意义上是重要的，但是，作者并没有像刻画孩子那样，采用主体自我感知的办法。这种主体自我感知，没有充分地从细节逐步展开，老师只是被当作孩子感知的客体。凡是孩子经验范围以内的，孩子关注的，都有所表述，在孩子感知范围关注焦点以外的都被省略。综观整篇小说，给予老师的篇幅只有三个片段。第一个片段是，孩子进入课堂所看到的老师，这里包括他异乎寻常的衣着，宣布这是最后一课，他的慷慨陈词。第二个片段是，孩子对老师过去的回忆，他长期的执教生涯，其中有一些精致的细节，很有表现力。如他的眼光里流露出对这所乡村学校的留恋，四十年没有变化的教室，而课桌却是被磨光了，还有那长高了的核桃树。为什么要强调四十年不变的环境？这意在说明，他是一个很普通、很平凡的教师，四十年来，没有多少成就。留在孩子记忆里的，是课堂里的乱糟糟，还有戒尺。他的教学似乎乏善可陈，他显然没有得到过升迁的机遇，然而他忠于职守。正是由于忠于职守，他才在最后一课穿戴整齐，像主持庄严的仪式似的。

有一句话，孩子重复了多次："这个可怜的人。"法语的原文是：pauvre homme，应当译为"可怜的人哪！""这个"是多余的。如果这一点没有离谱，那么其含义是很丰富的。

首先，老师看来可怜，却在下课时，表现出了一种崇高、神圣的爱国感情。

都德把这个最后的姿态，用孩子的视觉，表现得很"高大"，而且安排在象征和平的午祷钟声和象征侵略的普鲁士军号声中：

> 韩麦尔先生站起来，脸色惨白，我觉得他从来没有这么高大。

一方面是可怜的人，一方面却从来没有这么高大，这都令人想起鲁迅在《一件小事》中对人力车夫的感觉。但是，这个高大的人物，却不像刚才那样慷慨陈词了，他的内在情感得不到充分的表达：

> "我的朋友们啊，"他说，"我——我——"
> 但是他哽住了，他说不下去了。
> 他转身朝着黑板，拿起一支粉笔，使出全身的力量，写出两个大字：
> "法兰西万岁！"

在小说的高潮喊政治口号，在文学作品里，是有一点冒险的。但都德在这里，把政治热情和人物的激情恰到好处地结合起来，表现一种崇高的、庄严的、神圣的感情。作者并没有以伟大而洪亮的声音表达,而是相反,这个人物有一种拙于表达的特点。

这仅仅表现出他由于过分激动,而一时说不出话呢?还是因为,都德要突出表现他毕竟是个平凡的小人物呢?

整篇小说的精神无疑是崇高的,但是,和这个"可怜"的老师一样,作品中的孩子也不能算是一个崇高的人物,他也很平凡,甚至看到占领了自己的家乡的普鲁士军队在家乡的土地上操练,也没有表现出任何反感,一心只想逃学。作者是不是有意把崇高的主题让渺小的人物来表现呢?这是可能的。事实上,在普法战争失败之后,法国丧权辱国,法兰西作家在表现本国人民崇高的爱国感情的时候,大都选择了平凡的小人物。左拉的《磨坊之役》写一个庄园主的女婿,原本是一个浪荡鬼,可是抵抗进犯家园的德国侵略者时,变成了一个英勇无畏的战士。莫泊桑的《二渔夫》,也是一样,主人公最后坦然牺牲的导因,只不过是因为钓鱼。小人物是受到赞颂的,而大人物在国难当头时的表现则是受到批判的,在莫泊桑的《羊脂球》里,上层人士在德国占领军面前的表现是无耻的,还不如一个妓女正直。

阿Q死到临头还不痛苦是不真实的吗？
——以喜剧写悲剧

重点阐释作品

百合花/茹志鹃　　　　　孔乙己/鲁迅

一个小公务员之死/契诃夫　　阿Q正传/鲁迅

不管是客观环境的两个极端，还是主观情感的两个极端，大致都可以划分为顺境与逆境两种。在对人的情感进行检验的过程中，二者并不同样受到作家的重视。一般地说，逆境更受作家的重视。列夫·托尔斯泰在《论莎士比亚及其戏剧》中说：

> 任何戏剧的条件是：登场人物，由于他们的性格所特有的行为和事件的自然过程，要他们处于这样一种环境，在这种环境里，这些人物因跟周围世界对立，与它斗争，并在这种斗争里，表现出他们所秉赋的本性。①

使人物"跟周围世界对立"的方法，大体上可以说是让人物处于逆境的方法。让人物和环境闹别扭，让人物不舒服，走投无路，大祸临头，使人物常常处于一种危机或灾难之中。用反复出现的极端的危难来考验人物的智慧、勇气和品性，这在古典英雄传奇和现代侦探小说中是常用的手法。但是设置逆境只是检验人的一种方法，而不是全部方法。把人物安置在极端顺利的环境中，同样也可以打开人物深层情感结构的奥秘。比如，平白无故地给一个一文不名、衣衫褴褛的青年一张一百万英镑的钞票，这是极端的顺境了，但这恰恰可以把人生最卑俗、最势利的眼光和最纯洁的爱情暴露到生活的表层。这就是马克·吐温在《百万英镑》中做的把戏。

马克·吐温是一个以喜剧性小说见长的作家，因而他不像一般小说家那样热衷于把人物打入逆境，让他们到水深火热中去忍受灾难的考验，虽然这样的小说往往具有悲剧性或正剧性的效果。这种方法是一般作家常用的,要掌握它实在并不困难,把人物放在逆境中去好了,让他突如其来地倒霉好了。英国作家罗斯金曾经很形象地描述过这种方法的诀窍:写到写不下去的时候,就杀死一个孩子。或者像我们在许多戏剧性小说中看到的那样,让成堆的死人或者横流的鲜血来迫使人物表层情感结构瓦解,把深层的潜在的情感奥秘表现出来。

在茹志鹃的《百合花》中,那个小通讯员向新媳妇借被子,不但借不到,还闹了别扭。如果让他们就这么闹下去,人物的情感老是这个样子,既单调无味也不深刻。茹志鹃突然让那个小通讯员牺牲了,于是那个新媳妇和小通讯员顶牛的表层情感结构瓦解了。待到那小通讯员要入葬了,那新媳妇却坚持把自己的被子放入他的棺中。

从实用价值观念来看这是很奇怪的:人家生前有急用,向你借被子,你不肯;等到人家死了,被子没有什么用处了,你却一定要把被子奉献给他。从人的情感价值来看,这是很深刻的。生前敢于和当兵的顶牛,这并不说明军民关系坏,恰恰相反,说明军民关系好,好到能跟你赌气、顶牛,不买你的账。试想,如果面对一个日本皇军,她能这样吗?

关于这一点,在作品解读时,往往容易被忽略。

有一种自发的倾向让人们认为,人们之间的关系好就是一切方面都很好,各方面表现出来的都是友好的,融洽无间的。但实际情况恰恰不完全是这样:人们之间感情越是好,也往往就越是互相苛求。比如,林黛玉和贾宝玉算是倾心相爱了,可他们之间的互相折磨也特别多。这些哭哭啼啼的互相试探,不但不能说明他们之间的关系坏,反而恰恰说明他们之间关系的密切,他们互相之间对感情的要求很高,不能容忍有任何龃龉。这几乎是个规律。在托尔斯泰笔下,安娜和伏隆斯基也一样,安娜为了伏隆斯基,家都不要了,孩子都不要了,名誉也不要了。已经达到了不顾一切的程度。然而安娜却不能忍受伏隆斯基心里有任何空间容纳其他的兴趣,不能忍受伏隆斯基哪怕是不把她放在最重要的心灵位置上的刹那。

不管是把人物放在逆境中,还是顺境中,最关键的不是看人物之间外部关系的变化,而是看人物之间内在情感的变化。

由于历史原因,逆境容易导致悲剧性效果,这种效果的不断重复,难免导致艺术构思的老化。要防止乃至克服这种老化,作家得有一个特别机灵的头脑——善于出奇制胜,化腐朽为神奇。通常产生这种老化的原因有一种机械的理解:以为处于顺境中,人物的情感必然是喜悦的;处于逆境中,人物的情感必然是悲苦的。这固然是常规的、一般的情况,但对艺术来说,最重要的不是人物常规状态的情感,而是越出常规的特殊情感。

　　对艺术家来说，一个人发了财，就高兴得不得了，这没有什么可写的。相反，如果一个人中了举人，由于太高兴而发疯，这才值得去写。这就是《范进中举》之所以不同凡响的地方。从客观环境来说，是大顺境，可是从主观情感来说，却变成了大逆境、大灾难，这才有性格可挖掘，有戏可唱。吴敬梓心地比较善良，他不忍心让这种灾难持续下去，很快就让范进恢复了正常。由于后果并不严重，因而是一种轻喜剧的效果。如果吴敬梓更冷酷一些，不那么心慈手软，不让他的疯病轻易地好转，那就可能变成悲剧了，鲁迅在《白光》中写的就是这种悲剧。而在《孔乙己》中则又不同，鲁迅没有把孔乙己的悲剧与某种突发的事变直接联系起来，相反，他把命运的变化写得很婉曲，把因偷东西打折了腿放到幕后去，以减少对读者的正面刺激。鲁迅显然不追求事变的突然性，而是在事变之后，用悲天悯人的态度让他出小小的洋相。

　　从这几个例子可以看出，把人物放在逆境或顺境中以后，作家如果没有特别清醒的头脑，就有可能落入俗套，走向顺境大喜、逆境大悲的被动公式。作家的创造力在这时面临着考验，如果能摆脱被动，就要有某种魄力，力避客观环境和主观情感平行，并使之发生错位。这是作家掌握主动的关键之一。

　　在使人物在顺境中体验痛苦之后，作家仍然要掌握多种选择的余地。这是关键之二。至于是让人物出一点小小的洋相就适可而止呢？还是让人物的洋相层出不穷，灾难愈演愈烈呢？这就看作家的风格追求怎样了。

　　《范进中举》和意大利小说《十日谈》所选择的都是适可而止，而《外套》和《一个小公务员之死》所选择的则是洋相层出不穷，灾难愈演愈烈，直至主人公死亡。

　　要使洋相和灾难不断衍生下去，就得有一种艺术家的想象力，而不能凭朴素的生活经验。试想，如果光从生活经验出发，《一个小公务员之死》的真实性是很值得怀疑的。一个小公务员怎么可能因为打了一个喷嚏，反复向坐在他前面的将军道歉而不被理解，最终抑郁而死呢？人是这么容易死的吗？

　　但是追求喜剧风格的作家有权利以导致荒谬的逻辑推演他的情节。恰恰在这里，不但表现了作家创造情节的自由，而且表现了作家驾驭喜剧逻辑的自由。

　　当张艺谋的《秋菊打官司》上映之时，许多评论家责备他美化现实，指斥他让秋菊在城里遇到的都是好人。但是，评论家们忘记了，这是喜剧性的作品，喜剧赋予作家以让主人公总是遇到好人的权利。

　　作家要在自己设计的情景中不陷入被动，有一个基本概念是必须弄得十分明白的，那就是不同的风格有不同的真实标准。对于喜剧来说是真实的，拿悲剧去衡量，未必说得上真实。从这一点说,要想做一个称职的教师,除了有其他修养以外,还要有文学风格的高度修养。

在鲁迅的《阿Q正传》中,阿Q被绑赴刑场,他已经意识到这回是去什么地方了,还一心想着出风头,好像英雄慷慨赴义似的。有人认为,还让他麻木是不真实的。他起码应该为冤枉地被处死而感到不平,而痛苦,而愤怒,甚至抗争,可是鲁迅却只写他为圆圈画得不圆而遗憾。批评者忘记了艺术风格,鲁迅在这里的伟大创造是,在中国文学史上,第一个以喜剧来写悲剧性的死亡。鲁迅在这里追求的不是通常的悲剧效果——后果的严重,群众的愤懑,而是严重的后果与阿Q麻木的心灵之间的不相称——由此而形成的怪异之感——而这怪异之感正是形成喜剧效果的基础。

把生活中的悲剧当成喜剧来写,这正是鲁迅不同凡响之处,他的想象没有被文学史上悲剧的优势所束缚,而是遵循着喜剧性的歪曲逻辑自由地飞翔。

这对于作家来说是非常可贵的。

同样的情况,我们可以在捷克作家哈谢克的《好兵帅克》中看到。帅克的特点是越碰到倒霉的事,越是作出种种荒唐可笑的反应。甚至在警官书写他的罪状时,他还问有没有什么遗漏了的。

有这样的气魄、获得这样的想象自由的作家是不多的。

能分析出作家的这种气魄的教师也是不多的。

注:

① 杨周翰编《莎士比亚评论汇编(上)》,中国社会科学出版社1979年版,第502页。

安娜·卡列尼娜的"人格面具"是如何当众丢落的?
——人物内心动荡和外部动作之间的不平衡

重点阐释作品

牛虻/伏尼契　　　　简·爱/夏洛蒂·勃朗特

引而不发/朱苏进　　安娜·卡列尼娜/列夫·托尔斯泰

白痴/陀思妥耶夫斯基

  在传统经典小说中,并不是一切逆境和顺境都能使人物的深层情感结构发生动荡,只有那种极端的顺境和逆境才能引起人物内心的强烈震动。极端是一种极限,达到这一强度,人物原有的情感状态就要被冲破,人物的心灵就要越出常轨。

  通常把人物打出常轨的办法是用"偶然事变"(accident),这是郁达夫在《论小说》中提出来的。在传统小说中有那么多巧合,那么多误会;在唐宋传奇、宋元话本中一再出现死而复生的奇迹;在意大利的《十日谈》中,有那么多天真的少女碰上了淫邪的教士;在《水浒传》中,有那么多善良的百姓乃至士绅遇上了贪暴的官吏;在美国西部电影中有那么多的谋杀、决斗、暴发和破产,这一切都不过是为了把人物从命运到情感打出常轨以外。

  但是,作为情节发展的重要契机,如果是纯粹的偶然性,就有可能走向通俗小说的俗套。纯粹的偶然性可能导致胡编乱造。

  特别是现实主义小说家,一般地说,他们回避太明显的偶然和纯粹的意外,他们追求的是偶然中的必然,所谓"出乎意料之外,又在情理之中"。林冲的娘子在大相国寺烧香遇到高衙内,遭到调戏是偶然的,又是必然的。辛亥革命发生了,要求革命的阿Q被枪毙是偶然的,但又是必然的。在英国作家伏尼契的《牛虻》中,天真虔诚的天主教徒亚瑟向神父忏悔,神父却出卖了革命的秘密。亚瑟的恋人琼玛误以为亚瑟因情妒而出卖了革命,她打了亚瑟一记耳光,这一耳光既是偶然的,又是必然的。正是这一记耳光,把亚瑟打出了生活轨道之外,也使他的情感越出了常轨,亚瑟变成了牛虻,天真纯洁的极端相信宗教的亚瑟变成了对宗教怀着极端仇恨的牛虻。

这些既偶然又必然的事变是组织得比较好的,它们既符合情节的需要,又出于人物个性发展的必然。与之相类似的还有夏洛蒂·勃朗特的《简·爱》,正当简·爱与罗切斯特热恋而走向教堂举行婚礼之时,突然发现罗切斯特还有一个疯了的妻子,简·爱忍痛远去。这个事件是突发的,但由于有此前一系列可疑情景作铺垫,因而显得不太偶然。

好的、艺术性强的突发性事件的特点是,既是对过去情节(悬念)的一种有力的解释,又是对未来事变的强有力的推动。不好的、艺术性不强的突发事件只起推动未来事件的作用,与过去缺乏有机的联系。作家编故事的能力常常在这里受到考验。有时即便是大师,也免不了有失手之处,在故事情节上留下漏洞与不自然之处。

衡量偶然事变是不是精彩的一个准则是,是否满足于以情节性增强眼前的戏剧性,是否以其严重的后果迫使人物表层心理结构瓦解,导致人物与人物外部关系和内部情感关系的变化。对于文本分析来说,重要的不仅仅在于那已经变化的结果,而是那将要变化的过程。被变化了的结果吸去了全部注意力,必然忽略人物心理深层变化的过程。最值得注意的是那将变未变的节骨眼,这也就是我们在前面提到过的外部和内心的"临界点"。面对同一变化,不同的人,情感深部作出不同的调节,其互相交织的密度越大,牵动的层次越多,形象的感染力也就越大。

青年作家朱苏进有一个中篇《引而不发》,写的是几十年没有打过仗的部队,忽然来了一个消息,说是要做好准备开赴前线了,一个个人物的心灵都越出了常轨。但是后来又来了命令,开赴前线的决定取消了,于是一切又恢复了常态。只要心理上越出常轨的目的达到了,行动上是否要越出常轨并不重要。行动不越出,而心理却越出了,这就是这篇小说构思的特点,所以叫"引而不发"。

现当代小说和古典小说的不同之处就在这里,现代和当代小说,很看重内心动荡与外部动作之间的不平衡,而古典小说,特别是传奇小说,外部动作与内心动荡常常是同步的。现代小说常常在情感与行为之间的不平衡上大做文章。情感与行为的不统一,或者虚幻的统一,更有助于透视心灵的潜在动荡。这在号称现代派小说的前驱的陀思妥耶夫斯基的作品中表现得十分明显。

陀思妥耶夫斯基的著名长篇《白痴》中有一个非常精彩的场面,值得介绍。

将军的秘书笳纳追求美丽的娜斯塔霞,因为他知道地主托茨基将会赠给她七万五千卢布。在生日宴会上,娜斯塔霞听从了梅思金公爵的意见,拒绝了笳纳的求婚,并且当众退回了托茨基的七万五千卢布和将军送给她的珍珠。这时富商的儿子罗果金带着娜斯塔霞所需要的十万卢布来了。娜斯塔霞嘲笑了笳纳。娜斯塔霞决定跟罗果金走。可她突然转身对笳纳说:"我想最后看看你的灵魂。"

实际上是陀思妥耶夫斯基设置了一个突然事变来检验笳纳灵魂深处的秘密。

娜斯塔霞说:"这里是十万卢布,我现在把它丢到火里去,……你若能当着大家的面,光着手伸到火里去,把钱拿出来,十万卢布全是你的!"

把十万卢布扔到火里去,在客观情境上是大大地越出常轨了,而要当着众人的面,光着手从火中取钱(卖身的钱),无疑要把所谓"纯洁的爱情"的面纱撕破,主观的感情要在更深的程度上越出常轨才成。这就是左拉所主张的对人的情感结构的稳定性的一种"挑衅",应该说这种"挑衅"是很残忍的。

火舌开始舐着钱包,人们给笳纳让开一条路。有人喊叫,有人屏息、画十字。笳纳交叉双手,呆呆地盯住火苗,苍白的脸上露出一丝愚蠢的笑容。他熬不住这精神的苦刑,转身向外走去,没走几步便昏倒过去。经过这样一次情感的检验娜斯塔霞得出结论:"看来,他的自尊心比他的贪财心强些。"她用火钳把钱包勾出来扔在笳纳身边,飘然而去。

笳纳的心灵在常规的自尊心和非常规的贪财心之间忍受了苦刑。他的内心倾向于钱财,他的外部行为努力维持自尊,二者的反差是如此之大,冲突如此之剧烈,以致心理的痛苦转化为生理的昏厥。意志控制住了他的外部行为,但却控制不住内部的生理反应。这个场面之所以成为世界文学史上的著名场面,不但因为它成功地暴露了笳纳情感深层的贪婪和虚饰的外表的矛盾,也揭示了表面上看来是个放荡女人的娜斯塔霞灵魂深处对财富和人情虚伪的蔑视。所有这一切都以外在行为和内在情感的不平衡为特点。

小说的发展历史证明:外部行为与内心活动不一致比外部行为与内心活动相一致,更有利于揭开人物情感深层结构的奥秘。所以越是接近现代,作家们越是倾向于在外部行为和内心活动的"错位"上大做文章。

对于有志在分析文本上有所出息的教师来说,如果想对文本有过人的发现,思考有不同寻常的深度,那就要特别在人物情感与行为不一致的地方下功夫。当人物明明这样想却那样做的时候,当人物一心倾向于这个人却回避与这人接触,甚至害怕想到他时,心灵深处就有许多有趣的戏剧了。

这就是有可讲性、有可对话性的机遇了。这时,就要死死揪住不放。

要培养这种能力光凭反复实践是不够的,还要懂得一些理论,如弗洛伊德的关于潜意识的理论。在这方面最有价值的经典著作可能是列夫·托尔斯泰和陀思妥耶夫斯基的作品。最容易分析的是《安娜·卡列尼娜》。伏隆斯基一见到安娜,被她吸引,正好火车压死了一个人,伏隆斯基为了取得安娜的好感,立即慷慨地捐了一笔钱给死者家属。从这以后就出现了一系列外部动作与内心情感的错位,尤其是在安娜几度挣扎,终于陷入情网之后,这期间不但安娜,与之相关的其他人物的心灵和行为都错位了。著名的经典片断是伏隆斯基赛马的场面,苏联文艺理论家卢那卡尔斯基对之赞叹不已。

在伏隆斯基参加赛马、从马背上翻倒下来这个场景中,托尔斯泰让安娜在观众席上观看。安娜在观看的过程中,情感激动已经达到了外部表现违背主观意志的程度了,但托尔斯泰似乎还是觉得太平淡了。他又让安娜的丈夫卡列宁在一边冷眼旁观,觉察安娜的失态,内心陷于极大的恐惧,而外表却表现得十分平静。卡列宁的意志控制了自己,而安娜却控制不住自己,二者恰好相反。但是他们外表和内在情感的错位却是相同的,为了说明这一经典性的艺术片段,我们不能不作一些比较长的引证。

> 当四俄里障碍比赛开始的时候,她(安娜)向前探着身子,目不转睛地盯着伏隆斯基,看他正走到马旁,跨上马去,同时她听着她丈夫讨厌的、喋喋不休的声音。她为伏隆斯基提心吊胆,已经很痛苦,但是更使她痛苦的却是她丈夫那带着熟悉语气的细声音,那声音在她听来好像永无休止。
>
> 卡列宁的眼光落在安娜身上了。
>
> 她的脸色苍白而严峻。她显然除了一个人以外,什么人,什么东西也没有看见。她的手痉挛地紧握着扇子,她屏住呼吸。他望了望她,连忙回过头去,打量着别人的脸……他极力想要不看她,但是不知不觉地他的目光被吸引到她身上去了。他又观察了她的脸,极力想不看出那明显地流露在那上面的神情,可是终于违反了他自己的意志,怀着恐怖,他在上面看出了他不愿意知道的神色。

这是一双满怀妒忌的眼睛,他的内心和外部表现的不一致(努力不去看,又不由自主地去看),不但使整个场景的心理氛围增加了紧张度,而且使安娜的心理变化有了一个复杂的心理背景,由于这个背景的反衬,安娜那种企图控制自己的外部表现而又不能的过程,就有了更加强烈的反差。

一个赛马者从马上跌下来受了重伤,在场所有的观众都为之叹息。在卡列宁眼中,安娜因为全神贯注在伏隆斯基身上,竟然根本没有注意到这样一个悲剧。按照礼仪,她本是应该装作和普通观众一样发出恐怖的叹息的,然而:

> 卡列宁看出安娜甚至都没有注意到这个,她好容易才明白她周围的人们在谈论什么。……

安娜这时实际上已经控制不住自己了,但只是控制不住自己的听觉,除了听觉以外,她还可以控制住另一部分感觉:

> 安娜虽然全神贯注在飞驰的伏隆斯基身上,却感觉到她丈夫冷冷的眼光在旁边盯着她。
> 她回过头来,询问般地望了他一眼,微微皱着眉,又回过头去。
> "噢,我才不管哩!"她像在对他这样说,就再也没有望过他一眼了。

安娜这时残存的自我控制外部动作和表情的力量不但是有限的,不完全的,而且是带着某种下意识和潜意识性质的,也就是半自觉半不自觉。这是一个临界点,过了这个临界点,安娜就完全控制不住自己了,她的外部动作就要把她的内心秘密暴露出来了。促使这种变化发生的偶然事件是伏隆斯基落马生死未卜,安娜情不自禁地大声惊叫了起来,这还不算:

> 后来安娜脸上起了一种实在有失体面的变化。她完全失去控制。她像一只笼中的鸟儿一样乱动起来,一会起身走开,一会又走向培脱西(她的女友):
> "我们走吧,我们走吧!"她说。

这样,安娜的心理结构就复杂了,本来在外表上她应装得不太激动的样子(和大家差不多,至多稍稍在程度上强烈一点),然而由于她的大声惊叫,暴露了她与伏隆斯基非同寻常的关系。因为别人跌下马来时,她几乎无动于衷,一点同情都没有。这时,如果她的意志充分清醒,她仍然可以在惊叫之后恢复对自己的控制,如果她能做到这一点,就意味着她此刻对伏隆斯基的感情没有达到白热化的程度。托尔斯泰的杰出在于,在这个关节点上,写出了安娜失去控制、但又没有完全失去意志的特殊状态。她的心乱了,但只是说要离开这里,这样的行为还有多种可能的解释,而且有掩饰的余地。

而这时,作为安娜的对照,卡列宁却非常平静地把自己的感情掩饰得很好,他一连几次提议安娜和他一道离开,也就是避开这众目睽睽的场所,但安娜不是没有听到,就是加以拒绝,直到一个士官带来了伏隆斯基没有受伤只是马折断了脊梁的消息。这样的消息使安娜悬着的心放了下来,这样构成的心理的强烈的冲击使安娜最后的控制力丧失了:

一听到这消息,安娜就连忙坐下,用扇子掩住脸。卡列宁看到她在哭泣,她不仅控制不住眼泪,连使她的胸膛起伏的呜咽也抑制不住了。

从半控制状态到完全失控,彻底暴露了她对伏隆斯基的情感经历了一个从落马的恐惧到安然无恙的狂喜的过程。没有这个过程,这个有教养的女人是不会这样在大庭广众之间把自己本以为羞耻的情感暴露出来的。

这一点对于许多教师来说,很值得钻研,他们由于受了过多的概念或理论的束缚,往往不自由地倾向于人物的内在感情和外部表现的一致性,而且把这种一致性看成是一种普遍规律。迷信这种观念使许多教师一辈子都不懂得艺术为何物。从托尔斯泰的许多经典著作(还有其他古典和现代作家的作品)来看,人们在绝大多数情境中都有一种荣格所说的"人格面具",在不同的情境和人物面前这种"人格面具"有不同的形态和色彩。没有特殊的强烈到临界点的突发事件的冲击,这种"人格面具"是不容易被打破的。

为了让安娜的人格面具被打破,托尔斯泰苦心孤诣地设计了大庭广众这样的背景,用安娜的自我感觉和卡列宁的目光交织着,实际上就是以错位情感为这个过程多元着色。为了让这个自我暴露的过程更鲜明,更具反差性,他让卡列宁的人格面具自始至终不发生任何震荡,甚至在安娜已经不顾一切地呜咽起来时,仍然保持着冷静的姿态:

卡列宁用身子遮住她,给她时间来恢复镇静。
"我第三次把手臂伸给你,"他过了一会之后向她说。安娜望着他,不知道说什么好。
卡列宁一再坚持,并以"安娜身体不大舒服"为名,要她回家,安娜才清醒过来。
安娜吃惊地环顾了一下周围,顺从地站起身来,挽住她丈夫的手臂。

这说明安娜终于又恢复原状,又戴起了她那贵妇人在社交场合的人格面具。这里最值得钻研的是夫妻二人的人格面具的变与不变的对比。在同样的情境中,卡列宁的不变,和安娜的不变——变——恢复原状,二者交替、反衬,使这个场面充满了惊心动魄的心理旋律的变奏。

真不愧为大师手笔。

试想如果不是出于托尔斯泰笔下,而是出于左拉笔下,情况可能就大大不同。也许赛马的场景、建筑、妇女的装饰乃至露天马场的阳光、空气都会有更充分的描述,甚至有更为雄辩的细节,但是人物与人物之间这种心灵的反差,它们之间的互相刺激,互相制约,互相陪衬,便不可能达到这样丰富的层次,这样和谐的统一。

如果同样的情节设计,让一个没有高度艺术修养的作家来写呢?也许,他会让安娜大叫一声,接着就是卡列宁气得脸色惨白了。或者安娜失去控制就是失去控制了,中间并没有一个半控制状态,最后也许完全不可能恢复平静,而卡列宁则可能变得完全忘记了他的礼貌和身份,最后的结果就是一场闹剧。

通过假项链、真项链、假金币暴露人物的内心隐秘
——超现实的和现实的第二环境及其功能

重点阐释作品

项链/莫泊桑　　　　　　　　　珠宝/莫泊桑
败坏了赫德莱堡的人/马克·吐温　　变形记/卡夫卡
被开垦的处女地/肖洛霍夫

让人物越出常轨有两种：一种是进入非常规的现实境界，一种是进入非常规的虚幻境界。表面上看来，现代、当代小说所设置的大都是现实境界，只有童话或者神话、武侠小说才是虚幻的假定的境界。其实，不管什么样的题材，设置的境界都带有假定性。只是有些假定境界的特点是超现实的梦幻性的，有些假定境界是模拟现实的。

超现实的境界，在西方表现历史和表现未来的小说中比比皆是，但这些都非小说的正宗。在西方小说中，用得最多的是梦境。例如，美国作家霍桑写了一个青年大卫·史万在大树下做了一个梦，梦中见到三个人，一个可以使他发财，一个可以使他获得爱情，一个则领他走向死亡。作者的目的显然是把人物放在三岔路口加以检验，这种检验的机会在现实生活中是很难遇到的。

正是因为很难，才需要作家的想象。拘泥于生活的逼真性，就不可能有足够的自由的想象力。欣赏作品，不仅仅欣赏人物，而且要欣赏作家自由的想象力。

小说创作的构思，首先遇到的问题是，在必要的时候，敢不敢稍稍超越现实，让人物进入虚幻境界；敢不敢像《南柯太守传》的作者那样，让人物在现实世界里一顿小米饭还没有做熟的时间里，就在梦境中经历几度宦海沉浮；敢不敢像卡夫卡那样让他的主人公一夜之间由人变成一只大甲虫，然后再去检验他和他父亲、母亲、妹妹之间关系的变化。

当然,把人物推到虚幻境界,也就是非常规环境或第二环境,就意味着把人的心理放在假定熔炉中锻炼。假定性就是一种想象性,在现实生活中人是不能拿来做试验的,但在想象中却可以自由地剖析。

现实主义的或者倾向于现实主义的作家常常把现实性的描写和假定性的构思结合得非常巧,也就是说,把假定性掩盖得非常自然。但是不管多么巧妙,仍然是可以分析出来的,有时只要拿一些相类似的作品来比照一下就行了。

例如,要看出莫泊桑在《项链》中如何运用假定性构思来检验他的女主人公是不那么容易的。一个女人为了在舞会上出一下风头,借了一条项链,出足了风头之后,项链遗失了。为此,她付出了十年青春的代价,结果发现项链是假的。一般读者,甚至研究者一下子很难看出作者的匠心在于:项链本是赝品,但被"假定"为真的,而且长达十年。作家就是利用这个假定让读者看到,这个表面看来十分虚荣的太太,在陷入困境以后,居然变成了一个非常勤俭的主妇。但是把这一篇和另一篇小说《珠宝》联系起来就不难看出作者假定艺术的奥秘。小说写一位太太接受情人的珠宝,明明是真的,可她丈夫却一直以为是假的。直到她死后,才在无意中发现是真的。本来读者和女主人公的丈夫一样以为她是一个正统纯洁的妻子,而真珠宝的巨大价值,却使读者明白过来,这正是她和富人偷情的铁证。

把真的当作假的时间那么长,等到发现错了,人都死了。人虽然死了,可是在丈夫眼中却变成了另外一个人。

究竟是真是假,并不重要,重要的是真真假假有利于人的情感深层结构的检验。

在现实境界中,由于种种现实社会的道德、伦理关系的制约,人的心理自由是有限的,有的只是现实出路,没有任何自由选择的可能。而在没有选择的环境中,人的性格只在一种可能性中得到单侧面的表现,只有把多种选择放在人物面前,人物性格的多种潜在性才会萌发起来。即使最后得到表现的仍然是一种,但在多种可能性面前作抉择的过程中,仍然能使性格的许多侧面从隐性化为显性。

如果一个守财奴恋爱,让他爱上一个富甲天下的千金小姐,这是生活常规,没有任何选择余地,也不能使这个守财奴越出生活的常轨,无从进入假定境界。但是,狄德罗说了:"如果你写一个守财奴恋爱,就让他爱上一个贫苦的女子。"(《西方美学史·第九章法国启蒙运动:伏尔泰卢梭和狄德罗》,人民文学出版社 1979 年版)这样比较容易把他逼出生活的常轨,进入一种假定境界,在他面前选择余地较大,因而表现也就可能深刻。果戈理在《塔拉斯·布尔巴》这样带有史诗性的英雄主义传奇中,就让一个哥萨克战士爱上了敌方围城中的波兰小姐。

马克·吐温的《败坏了赫德莱堡的人》就得力于用现实的描述手法,提供了一个假定的境界,让人物本身作自相矛盾的选择。小说假定了一个最清高、最诚实的,享有"不可败坏"的声誉的市镇——赫德莱堡。假定的目的是"败坏这个市镇"。实施假定动作的主体,是一个被得罪的外乡人,他决计要报复。

假定报复(亦即检验)的方法是:外乡人把一口袋东西送到银行出纳家中,留下一张条子说口袋里装的是金元。这些金元赠给一位使他改邪归正的恩人,不管是谁,只要能说出当初规劝他的那句话。马克·吐温就用这个假定对这个市镇上的人的心理进行检验。报纸上登出这条消息以后,市镇上19位"首要公民"和他们的太太都喜气洋洋,想冒充那位不存在的恩人。三星期以后,19位首要公民分别收到内容相同的信,信中透露那句话是"你决不是一个坏人,你去改过自新吧"。到了揭晓的日子,全体居民集合在镇公所大厅,结果19位首要公民中的18位一一当众出丑。只有一位,因有某种私人关系保护,没有露馅。于是他被欢呼为"全镇最廉洁的人"。然后,当众打开口袋,结果其中并不是金元,而是镀金的铅饼。

艺术的假定,使赫德莱堡"不可败坏"的美誉轻而易举地被败坏了。如果没有这个假定,要逐个戳穿19位首要公民的假面具是很费周折的。但是一旦让他们受到诱惑,一旦站在假定的不存在的财富面前,他们外表的诚实、清高就立即剥落了。也许在常规生活中,一辈子也不会暴露的丑恶心灵,在假定境界中,很快就昭然若揭了。与其说马克·吐温这篇小说在成功地揭露,还不如说他善于成功地假定。

假定性是一种熔炉,作家以非常残忍的客观性去试验他的人物,考验人物的品德和本性。

当然,马克·吐温在假定过程中,运用了有限的虚幻性,这个外乡人为什么要这样挖空心思拆赫德莱堡的台,并没有充分现实的解释,但这是假定性允许的,作家有权利公然运用这假定性。有时,还可以更加虚幻一些,把人送进梦境,甚至怪诞到突然让人变成一只大甲虫,全身长出许多脚。卡夫卡就这样把主人公格里高尔·萨姆沙放进外在形态变异而内心感知不变的假定境界,然后看他与父亲、母亲、妹妹之间的关系如何变形。他失去了人的习惯,失去说话的能力,产生了"虫性",不肯吃新鲜的东西,而要吃腐烂的食物,然而他仍然保持着人的感知特点和思维能力。他一直自惭形秽,躲在沙发底下不敢见人,偷听隔壁房间家里人对他的议论,为亲人的烦恼而感到悔恨。他的丑陋形状把母亲吓得晕了过去,他父亲气恼不过向他扔苹果,其中一个陷进他的肉里,始终没挖出来。

由于他不能工作,家庭经济陷入困境,久而久之,最同情他的妹妹也对他产生了厌烦,向父母提出:"一定得把它弄走。"妈妈用鄙夷的眼光看他爬来爬去。而房客们由于发现了他而愤然离去,家里又失去了一份房租收入。父亲把这种尴尬都归咎于不幸的儿子,妹妹干脆把他的房间一锁了事。格里高尔在所有的亲人都厌弃了他以后,在极端的孤独中悄然死去。

超现实的怪诞和现实性的描绘结合起来构成一种混合的假定性熔炉,是《变形记》的特点,但是不管这熔炉多么怪诞,试验的结果——人与人之间的疏离,小人物的孤独感,却完全是现实社会的反映。

其实,任何假定的境界都是假定性与现实性的统一。而假定,也不一定非得采取某种超现实的怪诞形式不可。在小说家那里,假定境界就是一种想象境界。每个人都有一个不能自由选择的现实环境,作家要试验人就得为人在想象中找到第二环境,这种环境可以是超现实的梦境,也可以是非常现实的,但都得是正常生活轨道以外的一种环境。

高晓声笔下的陈奂生种田多年却入不敷出,也并没有全国闻名,可陈奂生一旦进城住了一次五块钱一天的旅馆,走了一次后门买到别人买不到的工业原料,就从此闻名天下了。这是高晓声的突破,也是我国农村题材的突破。当然,这里的关键是在现实性的描绘中尽可能大胆地假定,由于是现实性描写而不是怪诞的变形,因而外在境遇的变化幅度要比较大才能强化内心活动的前后差异。如果光有外在境遇的大胆假定,没有后续的心灵震荡也不能有如此深刻的表现。

长期以来,我国现代、当代小说,由于片面强调所谓现实主义原则——按生活本来面貌表现生活,以致作家把人物推出生活正常轨道时显得非常拘谨。作家的想象力被摹写现实的无形框框紧紧地束缚着,他们的人物总是在正常轨道中运行,很少越出常轨,即使越出常轨了,他们也很少表现出艺术家假定的魄力,因而人物情感的深层结构总是很难得到解放。如果拿我们农村题材的作品(以赵树理的《三里湾》为代表)与肖洛霍夫的作品比较一下,无疑肖洛霍夫为人物设置假定境界的气魄要大得多。就拿他的《被开垦的处女地》来说,光是恋爱和革命的关系就复杂得多。拉古尔洛夫是村支部书记,他得过红旗勋章,走集体化道路的态度很坚决,但是他有点左倾幼稚病,一个村子的集体化还搞不好,偏偏一大早起来自学英语,准备到非洲去搞"世界革命"。他对富农刻骨仇恨,可肖洛霍夫安置在他身边的荡妇老婆鲁什卡又偏偏和富农的反革命儿子铁木菲相好。在小说第二部,这个被驱逐的铁木菲潜回村子,打伤了拉古尔洛夫,而鲁什卡却和铁木菲幽会。更加越出常轨的是,担负组建集体农庄工作的主要负责人达维多夫竟与被拉古尔洛夫赶走的鲁什卡搞了一阵恋爱,而同时庄里寡妇的女儿华丽雅却真挚地爱着达维多夫,可在很长一段时期里,达维多夫并不知道。所有这一切都是不止在一个方面越出了生活的常轨,这里的假定性并不是一种单一的假定,实际上是多种假定关系的结合。在这样的假定境界中,人物命运情感的随机变异比较多,人物面前可供选择的余地比较大,几乎每一个人物的情感的每一种变异都有引起相关人物情感多种变幻的可能。

屠格涅夫的《木木》比莫泊桑的《珂珂特小姐》高明
——前提条件的充分、心理氛围的饱和同结局的关系

重点阐释作品

第四十一/拉甫列涅夫　　蝇王/亨利·戈尔丁

木木/屠格涅夫　　　　　珂珂特小姐/莫泊桑

百合花/茹志鹃

调动一个因子把人物打出常轨，以促使人物内心情感结构发生变幻最简便的办法是给人物改换环境。而改换环境最著名的是把人物送到异国荒岛上去。

我们暂且不说《西游记》把唐僧师徒送到女儿国，《镜花缘》把唐敖、多九公送到"君子国"，光算把人物送到孤岛上去的情形，世界文学史上就发生过不下五次。笛福、史蒂文森、凡尔纳都曾把人物送到荒岛上去，不过，有的是渺无人烟的荒岛，有的是埋藏着金银的宝岛。所有这些人物的心灵在孤岛上都比在本土上得到了更充分的表现。但是把人物送到孤岛上去以后，对他们心理层次挖掘得最深的还要算苏联作家拉甫列涅夫和英国作家亨利·戈尔丁。

拉甫列涅夫在《第四十一》中，把一个白军军官和一个红军女战士送到了没有人烟的荒岛上。这两个人本来在社会环境中是互相敌对的，人的社会阶级斗争的形势占着绝对优势，红军女战士对白军军官充满着仇恨。一旦到了荒岛上，两个人必须互助才能生存，就暂时进入了无阶级社会。在与大自然的斗争中，互相敌对变成了互相支援和互相吸引。人的情感深处的自然属性、人性这时被诱导了出来，占了优势，两个年轻人居然谈起恋爱来。

改变生活的一个因子，就探索到了人的情感的另一个层次，这是与现实生活不同的另一种可能性。

但是拉甫列涅夫的想象并没有到人物情感的第二层次为止。他让海上出现了一条船——回到现实社会中去的可能性出现了。这时一对年轻人又分化了,各自都希望回到自己的社会阵营中去。这是人物情感的第三层次。

结果来的船是白军的。白军军官欢呼起来,奔向沙滩,红军女战士无论怎样呼唤,他都没有回头,于是红军女战士毅然开枪把他打死。这是作家探索到的感情世界的第四个层次。在阶级斗争尖锐的年代,毕竟人的社会属性是占优势的,除非在绝对与世隔绝的条件下,自然属性才有可能暂时占据优势。

但问题又不那么简单,红军女战士又扑到白军军官身上去,抱头大哭:"我的蓝眼睛呀。"这虽然是简短的一笔,却使作家的探索又深入到了人物心理的第五个层次。虽然阶级矛盾不可调和,但人的自然属性并未因此而消失。尽管它处于次要地位,但因为他死了,自然属性就自然而然地表现了出来。

同样是把人放到荒岛上,儒勒·凡尔纳表现的是善良的人为在岛上建设一个文明理性的社会而奋斗,并且战胜了邪恶的人取得了胜利。而英国作家亨利·戈尔丁把一群孩子放到荒岛上,探索的结果恰恰相反。妨碍岛上文明秩序建立的,不是什么外在的恶魔而是人内心深处那可怕的野蛮、贪婪和领袖欲。杀死善良的孩子的不是别人,正是孩子自己。最可怕的不是那布满了苍蝇的猪头,而是人性的恶。

不同的作家探索的结果各有不同,光凭探索的结果很难在艺术上分出高低。拉甫列涅夫的探索很有影响,但是他的《第四十一》却很难列入艺术精品之列,儒勒·凡尔纳在东方世界和西方世界都拥有相当广大的读者群,但是他的作品在艺术上和亨利·戈尔丁的《蝇王》不可同日而语。

决定作品的艺术成就的,不仅是探索的结果,而且是探索的过程,是走向结果的过程的可信性和必然性。

亨利·戈尔丁的《蝇王》虽系幻想,但情节发展的过程相当细致,走向结局的可信度相当高,这主要是因为它的前提条件相当充分,推动情节发展的氛围相当饱和。

这是一个非常重要的原则,为了说明这一点,作一些论述还是有必要的。

从创作实践看,调动一个因子,让人物与环境发生摩擦,这包含着两个方面的技巧:一是如何巧妙地调动,二是如何为之提供可信的前提条件和后续效果,以免生硬牵强,令读者产生抗拒感。

调动因子,作家往往选择那种牵涉面大而效应深的。一般化的调动是很难有强烈的效果的。这好像针灸时寻找穴位,以牵一发而动全身者为上;最好还是新颖的、出奇制胜的穴位。因为即使是要害的穴位,也可能因反复刺激而钝化、老化,对作者和读者的想象失去激活的能量。

因子调动只是一种想象,创造的主要过程在于如何合理地调节由之引起的各个层次之间的关系。如果调动了一个因子,却没有相应的层次、结构的调节与之配合,创作就可能陷入胡编乱造。如果不把前提条件考虑得异常仔细,就有可能出问题,不是情节在一开始就留下漏洞,就是其后续效果不够自然。

调动一个因子的目的在于那预期的后续效果。为此,前提条件要周密,不但要在性质上准确,而且要在程度上有分寸。对于未来连锁反应中每一个层次的每次随机变幻,都要尽可能精确地预期。要让因子调动按人物环境本身的系统层次自然地进行,使心理环境对于性格(情感)的作用有充分的可信性。因子调动以对性格自然而必然者为上乘。可信性充分,则氛围比较饱和;不充分,则必然性不足,氛围不饱和。二者在艺术上的差别是很大的。

试以屠格涅夫《木木》和莫泊桑的《珂珂特小姐》为例,作一比较。这两篇小说都写下层劳动者养了心爱的狗,却引起主人不满,被迫将狗淹死。莫泊桑在结尾处写车夫弗朗索瓦在河中发现狗的尸体,就疯了。而屠格涅夫只写农奴盖拉新不辞而别,离开莫斯科,回到家乡的小屋去了。二者的相同之处在于主人命令把狗淹死这一突发事变(或因子调动),也就是说,前提条件是一样的,但后续效果稍有不同。从表面上看,弗朗索瓦发疯远比盖拉新大踏步地出走效果要强烈,但在艺术上动人的程度却恰恰相反。

《珂珂特小姐》在莫泊桑的作品中远非杰作,而屠格涅夫的《木木》却是世界短篇小说中的经典。原因在于弗朗索瓦的发疯缺乏充分的必然性,整个心理氛围浓度不足。屠格涅夫则不同,为了让他那个忠于主人的农奴盖拉新用行动来反抗他从来不想反抗的主人,他设置了一系列条件,加强心理氛围的浓度。一、盖拉新是个又聋又哑的大力士;二、他无法用语言表达他对女仆塔季雅娜的爱情,而喜怒无常的女主人却把塔季雅娜嫁给一个酒鬼;三、受到了这样的精神打击,他才养了一条狗。这条狗成了他感情的唯一寄托,生命的唯一乐趣。可是这条狗在无意中打扰了女主人,女主人两次严厉命令杀死这狗。盖拉新最终并没有拒绝执行女主人的命令。执行以后,他不能用语言表述他的痛苦和反抗,却用行动表明他不能忍受这样的心灵摧残,他未得到主人允许就离开莫斯科,回到乡下去了。

屠格涅夫为了使结局有充分的必然性,强化了一系列前提条件。这里不但有一个喜怒无常的女主人,还有一个温顺愉快的受到盖拉新钟爱和保护的塔季雅娜,与之对照的是一个酒鬼以及人们对酒鬼的厌恶和敬而远之。所有这一切本与狗无关,但由于塔季雅娜几乎毁在酒鬼手中,无声的盖拉新只好把他的爱转移到一只狗身上。这本属低微之至,却使整个情节、场景的氛围达到相当的浓度,盖拉新不能说话的生理缺陷也加深了他的孤独感和抑郁情绪。

当他把感情寄托的对象从一个善良的女人降低为一条忠顺的小狗时,情景的氛围浓度已达到饱和,一旦连这一点也不能享有时,他的情感结构发生"突转"就十分自然而可信了。

如果达不到这样饱和的浓度,最终人物行为的突转就缺乏充分的可信性。在莫泊桑的《珂珂特小姐》中,莫泊桑并没有充分有效地强调珂珂特小姐(狗名)在弗朗索瓦心目中至关紧要的地位,读者还没感到狗在他情感中不可替代的地位时,主人公已经疯了。读者只是被动地得知他疯了,却没有主动地体验到失去珂珂特小姐的弗朗索瓦精神上的苦楚。

正因为此,读者只是震惊于这样的结局,却不可能受到饱和氛围的真正感染。

分析文学作品时,要清醒地认识到,调动一个因子,想象出一个新颖的结局来是不困难的,困难在于把人物感觉的层次、条件、情境、氛围的饱和浓度充分地、有条不紊地、逐步递增地显示给读者,诱使读者分享人物的一切感觉、感情,并且达到同样强烈的程度。

这是作家才气所在,这种才气比之设计情节更重要。正因为这样,它很值得深入分析。

前面曾经指出过,调动一个因子实际上是为了把人物打出常规环境。

应该严密关注的是,所谓环境不能简单地理解为某种社会经济条件、政治制度。自然,社会环境的性质是很重要的,但是让社会经济、政治条件直接作用于人物性格的因果关系有可能导致公式化、概念化的作品。在二十世纪六十年代曾经出现过一些作品,为了使落后人物转变,就来一段忆苦思甜,其结果是还没有达到充分饱和的氛围浓度,人物就转变了。

其实,由于调动的是与人物心理深层结构有关的因子,所以因子与人物之间的关系,事实上是人物情感与情感之间的关系,因而所谓把人物打入第二环境乃是把人物旧的心理关系打破,使之进入一个新的心理环境。

设置第二环境就是设置新的情感关系,使旧的情感关系的破裂成为新的情感调节的原因。为了让觉慧离开那个家,光让他看到觉新和梅表姐的悲剧是不够的,还得让他所爱的鸣凤突然死去。为了让宋江死心塌地上梁山,光让他杀死一个阎婆惜还不够,光那样,他半路上还是要当逃兵的,所以要让他上法场,差一点身首异处时让众兄弟劫了法场，接着又由他领着大军去打下了青州城，这样才能使他觉得没有退路了。

为了充分说明这个道理，我们来仔细分析一下茹志鹃的《百合花》。

茹志鹃笔下的小通讯员是个"刚开始生活，还没有涉足过爱情的幸福的小伙子"，这种见了女同志害羞的性格要与一个新娘子联系起来才能得以展示。茹志鹃说：

> 为什么要新娘子，不要姑娘也不要大嫂子？现在我可以坦白交待，原因是我要写一个正处于爱情的幸福之漩涡中的美神，来反衬这个年轻的、尚未涉足爱情的小战士。当然，我还要那一条象征爱情与纯洁的新被子，这可不是姑娘家或大嫂子可以拿得出来的。①

如果没有这样的前提条件，也许就只有性格感情表层的交往，而不可能达到后来心理氛围的饱和度。

氛围的饱和是人物与人物之间心理全方位交流、多层次发生连锁反应的准备状态。茹志鹃在《我写〈百合花〉的经过》中非常细致地说明这一点：

> 这位小通讯员的性格，能向纵深发展，还是在碰到新娘子以后。而且他碰到的，不是一个抽象的新娘子，是一位特殊情况下特殊性格的新娘子。如果换一个觉悟不高，或者脾气急躁的，干脆不借；或者换一个觉悟很高，情绪爽朗者，就一口答应。这样一来，一切问题都没有了，性格上的矛盾也没有了，于是两个人物也就没有了。②

这说明，提供前提条件，就是构成性格关系，而要构成性格关系，就得使性格在敏感的交结点上非常精致地契合，如果只是大致地相对立或模糊地发生矛盾，即使勉强地发展下去，也缺乏揭示人物心灵深处那种精微奥秘的功能。茹志鹃继续说：

> 而他碰到的偏偏是这样一位新娘子，又偏偏只有一条新被子。这位新娘子在借不借被子的问题上，不露声色地进行了一场内心斗争。当她悄悄改正自己的行为，把被子借出来的时候，又带出了一股顽皮相。……如果这时要她出来直白地道歉，一则无味，二则她也不是这样性格的人。③

更主要的是如果她道歉了，后来的氛围浓度就没了，最后那结构突变，即通讯员死后新娘子奉献上被子，就会因缺乏充分的氛围浓度变成多此一举了。

她忍了一肚子的笑料,不是不好意思的讪笑,而是一种顽皮的笑,亲切的笑。她笑这位同志弟倒霉,正碰上自己没一点思想准备,想不通的时候。④

这道出了作家的匠心,为了使结局充分必然就得设法使双方的心情恰好找不到沟通的机遇。所谓精致就精致在准确地找到了这种心理的错位:

从这个思想脉络推下去,到最后她把新婚被子劈手夺过来,盖在通讯员的遗体上,这一动作就有了内心依据。⑤

从前提条件(内心依据)到层层推演的过程(氛围浓度加强),直到最终的动作(结构质变),都要有严格的感情的逻辑性。而这种逻辑不同于理性逻辑,与理性逻辑相比,是有点自相矛盾、自我否定的。两条特异感情线索的交织,随时都可能随机发展,失去控制,作家的任务就是在千百种可能性、随机性的层层推演中,想象出一种前提条件、氛围浓度、质变效果最佳的方案来。这就是感情的逻辑严密性。

注:

①②③④⑤《茹志鹃研究专集》,浙江人民出版社1982年版,第43、44、45页。

祥林嫂真的是穷死的吗？
——情节的理性因果和情感因果

重点阐释作品

芦花荡/孙犁　　　　祝福/鲁迅

家/巴金

任何一种情节都始于人物的越出常轨。但越出常轨只是为情节提供了良好的、有充分发展余地的开端，情节的基本过程是亚里士多德所说的"结"和"解"。所谓"结"，就是悬念、危机。所谓"解"就是事情的转化。二者之间的关系是一种因果关系，由于有了危机，就有了解决危机的转化。设计情节就是设计危机和转化，也就是把危机当成原因，把转化当成结果，其间有一个独特的因果关系。任何情节都是一种因果转化的过程。

比如，有了祥林嫂的被逼改嫁、儿子死亡和受到歧视，就有祥林嫂的死亡。有了高太尉、高衙内层层加码的迫害，就有林冲忍无可忍逼上梁山的结果。从理论上说来，构成情节非常容易，但要构成好的情节实在非常困难，以至于在中国古典小说中，小说家独立创造的情节少之又少，而从前人因袭来反复改编的情节却非常之多。

这是因为纯用通常的因果性去构成情节常常容易变成概念化的、枯燥无味的情节。比如，在《今古奇观》中有一篇小说，说的是一个富户人家，每天吃完饭洗碗都会冲走许多米粒，这家的主人见了心疼，便叫家人把米粒沉淀下来，晒干了，储存起来。后来这家遭了变故，变穷了，幸而有那些储存起来的干米粒，才不致饿死。

这里虽然有充分的因果关系，但是一点趣味也没有，它不过告诉读者应该节约粮食的道理。

任何一个小说家在处理任何一个题材时，都可能遇到类似的考验。有时候，一个素材放在面前,就其结果来说,是很动人的,可是把寻找出来的充足理由加上去以后,情节完整了,趣味却完全消失了。

再如有这样一个故事,在抗日战争时期,在白洋淀地带,一个老渔民在水下布置了钓钩,引诱日本鬼子来游泳,结果他一个人用竹篙打死了好几个鬼子。要用这个素材构思情节,首先得寻找原因。老渔民为什么要这样做呢?自然是出于对敌人的仇恨。为什么对敌人这么仇恨?自然是因为敌人的残暴,例如日本军杀死了他的亲人之类。

如果这样去构思情节,因果性倒是有了,但肯定不会有什么艺术感染力。首先,这种因果是一种普通性因果,不管对什么人都一样适用,没有什么属于这个人物的特殊性。其次,这种因果是一种理性因果,没有表现任何属于这个人物的特殊情感。而艺术不同于科学之处,恰恰在于它主要是表现人的独特的情感和感觉的,而不是表现人的普遍的理性的。

因而要构成动人的情节,关键不在于寻求因果性,而在于寻求什么样的因果。如果是纯粹理性的因果则与艺术的关系不大。要成为艺术品,就必须寻求不同于理性因果律的情感因果。

我们且来看孙犁在《芦花荡》中是如何寻求情感因果的。在孙犁笔下,这个老渔民之所以要主动去打鬼子,原因并非简单出于爱国主义的民族意识。其直接原因是他的情感遭到了损害。本来,在白洋淀上,他负责接送干部出入,有绝对的自信和自尊,而恰恰就在他认为万无一失的时候,他护送的两个远方来的小姑娘中的一个,在敌人的扫射中受了伤。如果老人从纯理性因果来考虑,多次运送人员,偶尔有人受伤,在所难免,至多在总结工作时作个检查,提出改进工作的具体方法就成了。但如果孙犁也这样考虑问题的话,就不可能写出小说来了。孙犁之所以不同凡响,就是由于他在普遍的理性的因果以外,发现了属于这个老人独有的情感因果。

促使这个老人出动的原因是,他不能忍受他对工作的自信和自尊在来自远方的信任他的小女孩面前受到损害。他必须用行动在小女孩面前恢复自尊。这就引出了下面的情节,他诱使日本鬼子进入布满钓钩的水域,用竹篙打死鬼子,让那两个小女孩隐蔽在荷叶下,看着他把鬼子一个个打死。

这种因果性是独特的,不可重复的。这种因果性,并不是十分理性的,多少有一点个人冒险。老人并没有要求有关部门掩护,也没有准备在万一不利的情况下撤退,更没有为小女孩的安全作出万无一失的安排。

从纯粹理性的逻辑来推敲,老人此举也许并不明智,不一定符合组织性、纪律性的严格要求。也许正是因为这一点,这一篇和《白洋淀》同属一组的小说,长期以来,没有受到像《白洋淀》那样的宠爱。然而,这并不妨碍这篇小说比当时同类题材的作品,包括《白洋淀》,出类拔萃。相反,如果完全按照军事行动应该有的那种周密的理性来设计老人的行为,这篇小说就可能成为概念化的图解。

在理性上不充分的东西,在情感上可能是很动人的。许多小说家一辈子不能摆脱概念化、公式化的顽症,其原因之一,就在于他们把理性逻辑和情感逻辑混淆了,或者说,他们只看到理性逻辑和情感逻辑的统一性,而没有看到二者互相的矛盾性。这是因为他们未能在根本上分清审美的情感价值与科学的理性价值之间的区别。

光就因果关系而言,科学的理性逻辑要求充足的带普遍性的理由,而情感逻辑要求的则是特殊的、不可重复的、个性化的理由。对于科学来说,任何充足理由都应该是可以重复验证的,而对于艺术来说,每一个人物都有属于他自己的不可重复的理由,尽管这些理由是可笑的、不通的。科学的理由可能是不艺术的,艺术的理由又可能是不科学的,这是审美价值一个很重要的特点。要进入审美分析的领域,就得彻底弄清这个道理。这不仅是小说的规律,而且是一切艺术必须遵循的规律。

共工与颛顼争帝,怒触不周山,致使天不满西北,地陷东南,这是《山海经》对中国地形西北高、东南低、江河东流的解释,这是不科学的,但无疑是很艺术的。说谎的孩子鼻子会变长,一旦诚实了,鼻子就缩短,这种因果关系也是不科学的,但却是《木偶奇遇记》的一大创造,这是神话和童话的因果逻辑,它不合科学,却被中外古今广大读者所接受,原因是它与人的情感逻辑相通——把人的强烈的主观意愿放在了最突出的地位。其实这种现象是一切文学作品的规律,不仅对神话童话有效。成功的小说家在设计情节因果时,总会情不自禁地遵循情感因果规律,就必然会超越理性的科学因果规律。

正因为这样,祥林嫂之死,如果纯用理性的因果性来分析,是有点奇怪的。给她打击最大的是,虽然她捐了门槛,但在过年祝福之时却仍不让她去端福礼。如果纯从理性逻辑来考虑,不让端就不端,落得清闲,如果真能这样,她就不会为此痛苦得丧失了记忆力,丧失了劳动力,被鲁四老爷家解雇,最后终于死亡了。

在《祝福》中,"我"曾经向来冲茶的短工问起祥林嫂死去的原因。那个短工很淡然地回答:

"怎么死的?——还不是穷死的。"

按这个人的看法,《祝福》的情节因果是穷困导致死亡。如果真是这样的话,就是一种理性因果。《祝福》和当时以及以后许多表现妇女婚姻题材的作品,就没有什么两样了。

事实上,整个《祝福》的情节告诉读者的恰恰不是这些,从表面上看,她是流落为乞丐而后死去的,好像可以说是穷死的。但是,她为什么会流落为乞丐呢?因为她丧失了劳动力,连记忆力也不行了,才被鲁家解雇的。她本来不是很健康的吗,不是顶一个男人使唤的吗?她受的精神刺激太大了,她情感上太痛苦了。她痛苦的原因是:生而不能作为一个平等的奴仆,死而不能成为一个完整的鬼(两个丈夫在阎王那里争夺她,阎王要把她一分为二)。这不是迷信吗?不是不科学吗?然而,祥林嫂不但不因为这是迷信而不相信,相反她却为之而痛苦,为之摧残了自己的心灵和健康。由此可见,更深刻的因果是,祥林嫂由于对损害她、摧残她的迷信观念缺乏认识而导致死亡。可以说祥林嫂死于愚昧,死于缺乏反抗的自觉性。这是一种什么样的迷信?为什么这么厉害呢?它是不是仅仅是一种对鬼神的迷信呢?不全是。阎王要分尸给两个丈夫的说法,前提是女人,包括寡妇,不能第二次嫁人。谁再嫁,谁就得忍受残酷的刑罚。然而祥林嫂并未要求再嫁,她倒是拒绝再婚,而且反抗了,她逃出来了。在她被抢去嫁给贺老六时,她反抗得很"出格",头都碰破了。按道理,如果阎王真要追究责任,本该考虑到这一点,因为责任首先不在祥林嫂这一边,而应该在抢亲的策动者——她婆婆那一边。然而,阎王并不怎样重视理性逻辑。

正是阎王的惩罚,暴露了封建礼教的野蛮和荒谬。妻子属于丈夫,丈夫死了,妻子不能再嫁,她只能作为"未亡人"等待死亡的到来。任何女人一旦嫁了男人,就永恒地属于这个男人,这是一种得到普遍承认的"公理"。所以,祥林嫂是没有自己的名字的。她嫁给祥林,就叫祥林嫂。后来她又与贺老六成亲了,该叫什么呢。贺老六死后,她回到了鲁镇,本该研究一下,叫她祥林嫂好还是老六嫂好,然而鲁迅用单独一行写了一句:

大家仍然叫她祥林嫂。

连犹豫、商量、讨论一下都没有,就自动化地作出共同的反应。这说明"女子从一而终"在普通老百姓心目中如此根深蒂固。

但这只是问题的一面。

问题的另一面是,她的婆婆违反她的意志卖掉她,这不是违反了神圣的夫权吗?

然而又不。原因是还有一个族权原则:儿子是父母的财产,属于儿子的"未亡人",自然也就属于母亲,因而婆婆有权出卖媳妇。

更深刻的荒谬是祥林嫂之死,其最悲惨处不在于她物质上的贫困和精神上的痛楚,而在于造成物质贫困和精神痛楚的原因竟是自相矛盾的、不通的封建礼教。不但它的夫权主义和族权主义相矛盾,而且它的神权主义又与夫权主义和族权主义互相冲突。既然神是公正的,为什么不追究强迫改嫁者的罪责呢? 但是,按照神权的逻辑,应该受到惩罚的,还是祥林嫂。

《祝福》在表现祥林嫂死亡的悲剧的非理性原因方面,更为深邃的是,这种荒谬和野蛮的逻辑,不仅仅为上层阶级,如鲁四老爷和他的太太所持有,而且,被统治的下层人物,也一样认同。在一个受害的弱女子的如此可同情的悲剧面前,居然没有一个人,包括和她同命运的柳妈以及一般群众(如冲茶的短工),表示出同情,更没有任何一个人表现出对如此荒谬的封建礼教的愤怒,有的只是冷漠,甚至是冷嘲。

很显然,在这背后有悲剧的更深刻的非理性:群众对封建礼教的麻木。

《祝福》的深邃还不仅于此。

就连祥林嫂本人,对这样的逻辑也没有感觉到其间的荒谬野蛮。不能参与端福礼,本来,她可以无所谓。但她却痛苦得在精神和体质上都遭受到致命的打击。更令人毛骨悚然的是,连祥林嫂自己都不觉得有什么不合理。虽然在行为上,她曾经是一个反抗者,但在思想上她却是一个麻木者。

很显然,在这背后有悲剧的更深刻的原因:封建礼教对受害者的麻醉。

这种迷信和麻木虽然不是病,但和病一样是可以杀人的。祥林嫂的悲剧是没有凶手的,她是被一种观念杀死的。虽然这种观念是荒谬的。

正因为这样,鲁迅才放弃了学医,把改造中国人的灵魂放在第一位。如果思想上的麻木不改变,不管多么健康的人,都会走向死亡。

这是一场悲剧,不像《白毛女》,没有黄世仁那样的坏人可以复仇,就算把鲁四老爷拿来公审,也很难判他的罪。《药》里面华小栓的死亡,也是没有凶手的。正因为此,改造中国人的灵魂才显得特别重要。

这正是鲁迅作为一个伟大的启蒙主义者的思想特点。从这里我们可以看到,设计情节因果不仅仅关系到情感的生动,而且关系到思想的深刻。[①]

要达到情感的生动,就要避免纯用理性因果,因为理性因果就是概念化的因果。要达到思想的深刻就要避免表面的单层次的因果,以构成多层次的因果,让读者一层一层地像剥笋壳一样不断地体会到作品的深厚内涵。

当然,不管多么深刻的思想都不应该用人物或作者的嘴巴讲出来,蕴藏在情节和人物命运之中的思想比说出来的更丰富。因为用语言表达出来的往往是理性的,亦即概念化的因果。而人物情感的因果则很难用通常语言作线性的表达,它渗透在人物的语言、行为之间,是很复杂、很微妙、很丰富、很饱满的,一旦用线性逻辑的语言讲出来就很可能变得贫乏了。

要有真正的艺术鉴赏力就得不仅分清这两种不同的逻辑,而且要善于在人物的语言和行动中看到这两种逻辑所体现的两种不同的价值观念。特别要注意的是要尊重人物的情感因果,不要以为它不合理性而轻视它,更不能因为它不合自己心意去改变它。在《家》里面,当鸣凤得知自己面临着要成为冯乐山的小妾的危机时,她走到了觉慧的房间,看到觉慧忙着写文章竟没有把话讲出来,后来觉民又进来了,鸣凤便退了出来,决心投湖自杀以殉情了。

这不是很不合理性吗?但如果巴金把它写得很符合理性:鸣凤在外面等了一会儿,待觉民走了以后就跑到觉慧那里把一切都告诉了他,那么,鸣凤的生命虽然得救了,但鸣凤作为一个艺术形象的生命却可能就此结束了。

注:

① 从这个意义上说,审美就是情感和感觉的学问,是不够严谨的。因为比较深刻的文学作品,不光是情感和感觉的,往往都是有着自己独特的理念的。不论是屈原还是陶渊明,不论是古希腊悲剧还是安徒生的童话,作者的生命理念都是情感和感觉的基本内涵。大作家都是思想家。如果这一点没有错误,那么我们所说的审美范畴就有一点片面,应该把与情感联系在一起的理念考虑进去。一种智慧理性的追求,在二十世纪五十年代以后西方现代派文学中形成潮流,在理论上,甚至有著名作家宣称,他的小说就是他的哲学的图解。对这种倾向,我在一篇论文中,曾经把它叫作"审智"。审美和审智的结合,也可以在鲁迅的小说中得到验证。

把情感归结于审美价值,来源于康德。但是,二十世纪八十年代以来,人们片面理解康德,把审美仅仅归结于情感,过分强调他情感价值的美独立于实用理性的善和真,而忽略了康德同时也强调三者的互相渗透,特别是美向理性的善的提升这一点,是康德审美价值观念的一个重要支点。陈峰蓉在《祈向至善之美》(《东南学术》第三期,第 147 页)这样说,由于经验世界的不完美,人们心目中,自然会产生一种"零缺陷,最具审美效果的极致状态下的事物",有一种"祈向至善之美"的"最高范本"。而这种范本,在康德看来,"只是一个观念","观念本来就意味着一个理性概念,而理想本来就意味着符合观念的个体的表象"(康德《判断力批判》(上卷),宗白华译,商务印书馆版,1995 年,第 70 页)。

康德的"美"和理念,实际上是一种"美的理想",存在于心灵中,比之现实中的具体事物,它具有一种"范型"的意味,"圆满"的意蕴,催促祈向的主体向着最高目标不断逼近,又令祈向着的主体"时时处于不进则退的自我警策之中"(黄克剑:《心蕴——一种对西方哲学的读解》,中国青年出版社,1999 年,第 111—112 页)。美的超越性,超越感官,使美向善提升。康德虽然把美与善当作不同的价值观念,但他强调在更高的层次上,美与善可以达到统一,甚至最后归结到"美是道德的象征"(陈峰蓉《祈向至善之美》,《东南学术》第三期,第 147 页)。

从这个意义上讲,康德的审美价值论兼具"审善"和"审智"的双重取向。

关公不顾一切放走曹操为什么是艺术的？
——人物的情感逻辑超越人物的理性逻辑

重点阐释作品

三国演义/罗贯中　　　　　　水浒传/施耐庵

安娜·卡列尼娜/列夫·托尔斯泰　　家/巴金

许多作家都在刻意追求人物或性格的塑造，但成功者往往是少数。一般认为，这是因为作家没有抓住人物的个性，过多地把注意力放在了共性上，这个说法不无道理。但是，如何才能抓住个性呢？这是要进一步探究的问题。其实个性是一个外延很广泛的概念，可以有思想的个性，也可以有民族的个性，而这都不是人物个性的焦点，人物个性的焦点是情感的个性，亦即情感的独特的逻辑性。

要分析人物，应该从人物的独特情感和理性之间的矛盾开始。情感有它独特的逻辑性，不但作家不能任意左右它，就是人物自己的意志和理性也不能随便改变它。

《三国演义》写得最精彩的并不是诸葛亮，因为在诸葛亮身上表现得最突出的并不是情感，而是理性和智慧。凡写他的理智如何强大的地方，在艺术上都不是十分成功的。相反，写他理性与情感有矛盾的地方，如挥泪斩马谡，就比七擒孟获要动人多了。像"草船借箭"这样紧张的军事斗争，不可能万无一失，而孔明居然没有任何紧张情绪。作者的目的是为了强调人物的智慧超群，但把智慧强调到绝对的程度，就可能影响人的感情，削弱形象的感染力。鲁迅在《中国小说史略》中批评《三国演义》把诸葛亮写得"多智而近妖"。鲁迅的用语相当尖锐，不说他是被神化了，而说他是被妖化了。

鲁迅在《中国小说史略》中，特别称赞的形象是关云长。这是因为，关云长在理智上不是那么强大，时常感情用事。他的理智时时与感情矛盾，而且经常被感情所役。鲁迅在《中国小说史略》中曾特别引用关公在华容道释放曹操那一段，因为那一段把关公放在了理智与情感的尖锐矛盾之中。

在这以前,作者特别交代,诸葛亮不相信关公能够完成俘虏曹操的任务,而关公却主动请命,并且立下了军令状。这对关公的理性来说,已经到了别无选择的地步了,可是到了关键时刻,作者却听任关公的感情选择了违背理性的行动。

从理性逻辑来说,放走了曹操是不忠于刘备事业的表现,其后果是危及事业和自身的生命,而俘虏了曹操则是忠于刘备事业的表现,肯定能得到升迁和厚赏。然而按关公的情感逻辑却不然,曹操当年俘虏了他,不但不杀他,反而抬举他,还请傀儡皇帝封他为"寿亭侯",三日一小宴,五日一大宴,的确有厚恩于他。关公此人十分重视"有恩必报"的原则。曹操身边的程昱很懂得关公这种感情用事的性格,提议曹操和关公算一算情感的旧账。《中国小说史略》写《三国演义》一共才三页,光是引用关公放走曹操,就差不多占了大半页:

> ……(华容道上)三停人马:一停落后,一停填了沟堑,一停跟随曹操。过险峻,路稍平坦。操回顾止有三百余骑随后,并无衣甲袍铠整齐者。……又行不到数里,操在马上扬鞭大笑。众将问:"丞相何又大笑?"操曰,"人皆言周瑜、诸葛亮足智多谋,以吾观之,到底是无能之辈。若使此处伏一旅之师,吾等皆束手受缚矣。"言未毕,一声炮响,两边五百校刀手摆开,为首大将关云长,提青龙刀,跨赤兔马,截住去路。操军见了,亡魂丧胆,面面相觑。操曰:"既到此处,只得决一死战!"众将曰:"人纵然不怯,马力乏矣:战则必死。"程昱曰:"某素知云长傲上而不忍下,欺强而不凌弱;恩怨分明,信义素甚。丞相旧日有恩于彼,今只亲自告之,必脱此难矣。"操从其说,即纵马向前,欠身谓云长曰:"将军别来无恙!"云长亦欠身答曰:"关某奉军师将令,等候丞相多时。"操曰:"曹操兵败势危,到此无路,望将军以昔日之情为重。"云长曰:"昔日关某虽蒙丞相厚恩,然已斩颜良,诛文丑,解白马之围以报之。今日之事,岂敢为私废乎?"操曰:"五关斩将之时,还能记否?大丈夫以信义为重。将军深明《春秋》,岂不知庾公之斯追子濯孺子之事乎?"云长是个义重如山之人,想起当日曹操许多恩义,与后来五关斩将之事,如何不动心?又见曹军惶惶,皆欲垂泪,于是把马头勒回,谓众军曰:"四散摆开。"这个分明是放曹操的意思。操见云长回马,便和众将一齐冲将过去。云长回身时,前面众将已自护送操过去了。云长大喝一声,众皆下马,哭拜于地。云长愈加不忍,正犹豫间,张辽纵马而至。云长见了,又动故旧之情,长叹一声,并皆放之。(《三国演义》,第五十回"关云长义释曹操")

程昱抓住了关公情感逻辑的要害:"傲上而不忍下,欺强而不凌弱;恩怨分明,信义素甚。"更关键的是"丞相旧日有恩于彼",曹操心领神会,提起往事,希望关公放过一马,以报答当年的厚恩。关公的情感逻辑是:有恩自然要报。但是,只要报过,就一笔勾销了。当年他已经替曹操斩过袁绍的大将颜良与文丑,解了他的白马之围了,今天不能含糊。曹操顺着关公的情感逻辑进而提出:所有上述一切都已报答过了,可以一笔勾销,然而关公在出逃之时,过五关斩了曹操六员大将,曹操并没有派人去追赶,这笔恩情还没有报答。这一说打中了关公的要害,关公按自己的情感逻辑思忖,的确还欠着曹操一份恩情,只有放过曹操的残兵败将才能求得恩义的平衡。

关公的这种行为,好就好在不合理性逻辑。军事斗争中你死我活,是实用的,关公的情感逻辑显然不管这一套。他的情感逻辑显然是违反理性逻辑的,却仍然要贯彻到底,哪怕个人、事业受到严重的危害,也要"义无反顾"。

如果说,在罗贯中笔下,关公"义"的逻辑遇到理性逻辑就不中用了,那么关公的性格就显得软弱而苍白了。关公的形象之所以动人,就在于这种奇怪的不合理性的逻辑被一贯到底,甚至关公自己也控制不住自己,自己违反了自己的本来愿望。情感逻辑达到这样的一贯性和彻底性,人物性格就达到了一定的饱和度。《三国演义》写关公放曹操的一段之所以有个性,就在于他那情感逻辑的彻底性。

正是因为这样,鲁迅对《三国演义》虽多有保留,但对关公这一节,在《中国小说史略》中却破例大篇幅引用,一面说"孔明止见狡狯",一面称赞"羽之气概则凛然"。

让人物进入这种自我失控的情感逻辑中,是使人物获得自己的个性生命的关键。有时,这种逻辑是相当曲折的。

在《水浒传》中,宋江本来一直用理性抑制他对梁山朋友的感情,他力求在当县府小官的理性与同情梁山朋友的情感之间求得平衡。然而,由于阎婆惜与张文远的风情,宋江维持不了理性的优势,终于"一时性起",杀了阎婆惜,走上了去梁山的道路。可是走到半路上,他那暂时压抑下去的理性又冒了出来,踅回家中。然而这又引来了更大的灾难,弄得他被绑赴法场,这才使造反的情感占了上风,终于上了梁山。

这不是中国古典小说的特殊现象,而是外国经典小说也具有的共同特点。安娜·卡列尼娜从第一次见到伏隆斯基开始,就一直强迫自己抑制那被伏隆斯基吸引的感情,她甚至匆匆忙忙逃离莫斯科,却仍然不能摆脱伏隆斯基的吸引。后来,她陷入情网,并且怀了孕;安娜在难产垂危中,让卡列宁与伏隆斯基和好,自己也表示,待她病愈就与卡列宁和好。但这只是她理性的语言,待到她病愈以后,她的情感仍然不能接受卡列宁,终于和卡列宁离婚而去。

巴金的作品中有许多成功的人物,其中最成功的就是《家》中的觉新了。这是因为觉新和其他人物不一样,他的理性和情感的矛盾最为突出。不过,他和关公、宋江、安娜不同,他的理性总是抑制着他的情感。在行为上,他按照封建家族长子的规范作出惨痛的自我牺牲。不仅牺牲了他自己的爱情,牺牲了梅表姐的幸福,而且又牺牲了他自己贤良的妻子瑞珏的生命,但他始终没有扑灭自己的情感。正因为这样,他每次牺牲都不是弱化了他的情感,而是更强化、更激化了他的情感与理智的矛盾。这使他永远处于错误和悔恨之中。

即使他悔恨、流泪、哭喊,也无法改变自己在封建教条、迷信面前的软弱,而且还将继续错下去。这正是他性格悲剧美之所在。如果巴金手软了,不让梅和瑞珏死去,或者让觉新的理性和情感统一了,觉新这个形象的生命也就完结了。

对于一个小说家来说,最危险的事情就是以理性逻辑代替情感逻辑。由于理性逻辑在日常实用和科学研究及学校教育中,占据天然的优势,因而一个人的社会经验越丰富,文化教育的水平越高,理性逻辑的优势就越强,以理性逻辑代替人物的情感逻辑的可能性就越大,也就意味着概念化的危险越大。倒是在小孩子和文化水平不高的原始民族那里,情感逻辑往往具有相对优势。当然,每一个文明的成年人,特别是具有审美心理素质的人,都具有相当的情感体验。但是由于这种情感的逻辑性在日常生活中是不实用的,因而很容易被忽略、被忘却;又由于它的逻辑性与理性的科学性相矛盾,因而在学校教育中处于受压抑的地位。教育学中虽然提出美育的要求,但由于对美的理解众说纷纭,有些理解甚至局限于政治化的"五讲四美三热爱",因而很难集中到情感的教育上来。

然而,对于艺术家,尤其是小说家来说,他在接受理性教育时,要特别留意保持情感的活跃,不让它被强大的理性逻辑所吞没。同时,除了自我保护、自我体验以外,还要认真关注不同人物情感的特殊性。这一切,从表面上看来,是作家不可缺少的职业训练,实质上,应该是我们人文教育的一个重要组成部分。可惜的是,直到现在,我们的文学教育还没有形成切实可行的系统方法。

抓住人物的执迷不悟

——人物情感逻辑的起点

■重点阐释作品

阿Q正传/鲁迅　　水浒传/施耐庵

红楼梦/曹雪芹　　春蚕/茅盾

人物的情感逻辑是在分散的行为中表现出来的,对于一个缺乏经验的教师来说,找到它是不那么容易的。因为最容易看到的往往是孤立的表情、动作和行为。神龙见首不见尾,由于它不完整,因而很难从作品找出情感逻辑的内在逻辑性。

要找到人物情感的独特逻辑,最起码的方法就是从人物与人物之间的关系研究开始。英国作家亨利·费尔丁(1704—1754)在《汤姆·琼斯》卷十第一章中说:

> 优秀作家还有这样一种本事,那就是同是一种罪恶或愚蠢推动着两个人,而他能分辨出这两人之间细微的区别。

孤立的一个人看起来不鲜明,两个人对比起来就鲜明了。高尔基在《给康·谢·斯坦尼斯拉夫斯基的信》中非常生动地讲到了这一点:

> 假定在您面前有五个男人,五个女人;这就是说,你面前有十个关于人们怎样生活的未经过研究的(按:自发的)观念(按:情感逻辑),十个所愿望(按:当作"向往"的)的事物的模糊轮廓——十个不同的对您个人的态度。
>
> 五个男人中每人有自己所愿望(按:向往)的女人的观念;每一个女人也有自己对所愿望(按:向往)的男人的幻想。
>
> 五个男人中有一人觉得悭吝人不过是节俭的人;另一人觉得他本性上就是令人讨厌的;第三人认为他是可怜的和不幸的;第四人觉得他在一切方面都是滑稽

可笑的；第五人把他比做泼留希金（按：果戈理《死魂灵》中的吝啬地主），并以此感到满足。第五个人将是最平庸的。①

高尔基在这里说的是作家区别人物情感的方法，分析作品无疑也一样要遵循这样的方法。同样一种现象——吝啬，不同的人有不同的看法，有不同的逻辑，这显然不是理性逻辑。如果是理性逻辑，那就只能有一种统一的看法；然而按情感，则各有不同的观念，在这不同的观念中显示出不同的逻辑来。

在生活中是这样，在作品中更是这样。

这一切既不科学，也不实用，从科学和实用的观点来看，是有一点荒谬，但对分析艺术作品来说，却值得珍视，值得抓住不放。抓不住这个，就无法进入人物分析。

人物的情感逻辑本来很怪，由于生活中每一个人都有一点怪，因而人们也就见怪不怪了。通常人们并不是在同一个问题上，发生不同见解的。高尔基假定他们是在同一个问题上发生分歧，这样的对比度就鲜明了。高尔基唯恐问题还没有说清，又继续说那五个女人：

> 第一个女人她爱上了一个禁欲者，并战胜了他的禁欲主义；另一个女人爱上了一个淫荡者，并用自己的爱情使他变得高尚起来；第三个女人以为，造化既然把她生成女人，就是对她的嘲弄，所以她就不爱男人，而且妒忌他们的自由；第四个女人光想结婚做母亲，并对这个使命理解得很独特、深刻，但是，不知为什么她不能为这一使命服务；第五个女人把生命看得单纯，根本不考虑什么问题，她使别人痛苦，却真心感到惊讶，这是怎样发生的？
>
> 最后，您面前有十个虚荣心很重的人，他们每个人都愿意在生活中尽可能地超群出众。②

高尔基在这里以对待爱情和婚姻为例，说明不同的女人秉持如何不同的逻辑。这一点很值得教师们仔细体会。通常，我们很少愿意把人物分析得千人一面，我们也自发地追求不同人物的个性特点，但由于在观念和方法上不讲究，我们常常在人物的外表、外部动作、外部经历上用功夫。以为不同的外貌，不同的口头禅，不同的行为习惯，就是人物性格的全部了。其实，外部的表现，外部的经历，乃至外部的特征都是肤浅的，充其量只能成为人物性格的某种外部标志，而外部标志对于内在逻辑是可有可无的。鲁迅的《伤逝》、茅盾的《腐蚀》、果戈理的《狂人日记》、陀思妥耶夫斯基的《地下室手记》都只有内心独白，虽然人物毫无外部标志，但这些仍然是艺术珍品。相反，一些滥用外貌描写,对话拖沓的小说,其笔墨常常在表面上滑行,读之令人生腻。

高尔基非常强调人物之间的对比,但并没有走向绝对化,所以在最后,他指出,不管他所说的那些人有多大的区别,他们都仍然有共同点,那就是大家都有虚荣心,都愿意在生活中"超群出众"。这就是说,情感逻辑虽然各异,但异中有同,抓住这一点就可以避免片面性。

这是分析人物情感逻辑的第一个关键。

捕捉情感逻辑的第二个关键是要找到情感逻辑的起点。情感逻辑不同于理性逻辑之处,就是人物在某一点上着迷。艺术家为了把人物写活,常常把人物着迷的那一点加以强调。这个着迷点常常是很隐蔽的。高尔基曾经这样说过:

> 不管他是什么样的人——资产阶级也好,农民、工人、贵族也好——每个人总得有他的幻想和私欲,就是这些东西支配着人呀。就是这些东西是应该观察的呀![3]

高尔基在这里说的是推动、支配着人的一个总的动机,也就是"私欲"。但是这种私欲并不是很理性的,而是带着幻想的,也就是很主观、很不实际。正如他给斯坦尼斯拉夫斯基的信中所列举的五个男人和五个女人,他们对悭吝的观念,她们对婚姻和爱情的观念全都是非理性的,不现实的,但他们又是很固执的,这种固执就是着迷,这种着迷不是在个别问题上而是在一系列问题上贯彻到底的。

这种着迷,如果发生在一个"好人"身上,而且着迷的又是一种好事,分析它并非什么困难的事。但高尔基在这里说的是无论什么人,包括"坏人"。在"坏人"的情感中,他做的"坏事"就并不是丑恶的;相反,在他自己看来是十分美妙的。因为他对于自己的"私欲",不可能作理性的客观的评判,因为"私欲"总与某种"幻想"联系在一起。事实上,在情感作用下,每个人对自己的感觉都是一种幻觉,一种歪曲了的感觉。斯坦尼斯拉夫斯基在导演《奥赛罗》时,对于挑拨奥赛罗和黛丝特蒙娜的关系导致悲剧发生的雅古这个角色,有过这样的阐述:

> 扮演雅古的演员必须感到自己是个挑拨离间的艺术家,是挑拨这一部门中的伟大导演,他不但为自己的恶毒计划而动心,而且也为执行这一计划的方式而动心。[4]

这一点从客观上讲,是很虚幻的,但从角色本身来讲,却是很真诚的。角色在这虚幻的真诚境界中是很痴迷的,是有一点执迷不悟的。找到了执迷不悟的核心,人物的情感逻辑就不难分析了。

横在我们与人物情感逻辑之间的障碍是,我们的神经是正常的、不痴也不迷的,而人物的内心却是不正常的,既痴又迷的,执迷不悟的。我们若能把人物痴迷的核心抓住,就不难按着其自身的歪曲的逻辑把它推演出来了。

人物越是执迷不悟,越是生动。

分析越是抓住了执迷不悟,就越可能深刻。

以阿 Q 为例,本来他的出发点是病态的自尊,但在屡遭挫折以后,他的自尊心变得更加病态,更加痴迷,更加不合逻辑,但却更加符合他自己的"精神胜利法"了。明明是受了凌辱,遭到挫伤,却自我安慰,自我麻醉。阿 Q 头上有癞疮疤,他很自尊,很忌讳人家说"癞",甚至发展到忌讳别人说"光"。自尊到极点的时候,连别人说"灯"、说"烛"都不可以。阿 Q 对他们,口舌笨的便骂,气力小的便打,但往往打不过,只好"怒目而视"。这更引起人家故意调侃:"原来有保险灯在这里!"阿 Q 只得另想办法来维护自己的尊严:

你还不配。

这时候,逻辑歪曲了:他头上的癞疮疤从不光彩的缺陷变成了高尚而光荣的标记。

阿 Q 着迷于自尊,然而他维护自尊的逻辑是荒谬的。本来癞疮疤是自己特有的耻辱,别人没有,是别人的幸运,然而他却把有它变成独享的幸运,别人的幸运变成别人的不幸,即别人不配享有这样的光荣。这本是极其不合逻辑的,因为他把导致耻辱的原因变成了享有光荣的原因。然而阿 Q 对之不但不以为非,反而非常坚定,非常执著,非常着迷。他着迷于把一切客观上的不利和挫折变成主观上的有利和自豪。鲁迅把这种着迷点叫作"精神胜利"。阿 Q 的精神胜利的着迷点是:在事实上失败以后,不但没有收敛,反而以更强烈的形式表现出来。阿 Q 为维护自尊,和人打架,打败了,被别人揪住黄辫子,在墙上碰了四五下。鲁迅这样写下去:

阿 Q 站了一刻,心里想,"我总算被儿子打了,现在的世界真不像样……"于是也心满意足的得胜的走了。

以后再和别人打架时,别人不让他讲"儿子打老子",虽然他让步说是人"打虫豸"

却仍然被"碰了五六个响头"。闲人"以为阿Q这回可遭了瘟",然而不到十秒钟,阿Q也心满意足的得胜的走了。他觉得他是第一个能够自轻自贱的人,除了"自轻自贱"不算外,余下的就是"第一个"。状元不也是"第一个"么?

阿Q的这种情感逻辑,其执迷不悟的程度越是强烈,性格特征就越是鲜明。这种逻辑的着迷点就是对失败的麻木和对自己的欺骗。

这种执迷不悟,并不是讽刺作品或反面人物所特有的现象,而是一切人物共有的规律。一切人物由于其主体在心理、生理、气质、经历、环境等方面的不同,对任何一种现象,对自我的任何一种遭遇,都有一种主观的(不客观的)观感。这种主观的观感、言行在客观上看来是不科学的,不真实的,但从其主观的心灵特征来说却是很真诚、很坚定的。

不善于抓住这种表面的执迷不悟之处,就不可能抓住艺术的奥秘。

试想,祥林嫂至死仍念念不忘人死了以后有没有灵魂,家人能不能团聚(意味着她自己会不会被阎王劈成两半),不是一种主观的执迷不悟吗?她去庙里捐门槛,争取的不过是在过年祝福时能够像普通佣工一样去端"福礼"(一条鱼)。从局外人的理性逻辑来说,端不端有什么关系呢?不端不是更省力?不为这种无谓的事苦恼,就不会丧失记忆力和劳动力,也就不会被鲁家赶出来,也就不会成为乞丐了。然而祥林嫂居然"执迷不悟"到走上了死路。

贾宝玉说女人是水做的,男人是土做的,也一样不合逻辑,也是一种执迷不悟。然而他的性格核心也就在其中。

安娜·卡列尼娜对伏隆斯基十分迷恋,以至于不能忍受伏隆斯基的心里有任何东西分散他对她的注意。这已经有点不近情理了。可是为了惩罚伏隆斯基,她居然不是设法吸引他,而是去自杀,这就更不合理性逻辑,更加执迷不悟了。然而这正是安娜的情感逻辑最完整、悲剧性的感染力最强烈之处。试想,如果安娜不是这样,而是采取理性的措施,成功地吸引了伏隆斯基,恐怕安娜的性格就没有这么动人了。

性格逻辑或者叫作情感逻辑,有两方面特点:第一,和理性逻辑对比,它好像是不合理,不讲理的。第二,它又不完全是疯子的呓语,从主观上看,从感情用事的角度看,它还有它特殊的逻辑,有特殊的、深刻的原因。

文本分析的任务就是在这二者之间寻求对人物性格的把握,寻求人物性格中那种不合逻辑的逻辑。例如,林冲一直逆来顺受,在野猪林里,险些被害了性命,幸而被鲁智深救了。可他不但拒绝了鲁智深造反的建议,还拒绝打开手上的枷锁,认为"国家法度"不可侵犯。但是一旦他造了反,他就义无反顾,主动出击了,甚至是向陌生人讨酒不到时,也会发起火来把人家打个落花流水,还把人家的酒肉抢来吃了。后来在梁山上,火并王伦的是他,反对招安的也是他。

这里有林冲的性格逻辑在起作用:第一,这与他出身高级军官、在社会上有相当的地位有关,他不可能轻易放弃原来相当安逸的小康生活,因而他不可能像鲁智深那样,主动干预不平之事而上梁山,在这一点上他与武松、杨志有一点像。他们在上梁山之前,都有相当的社会地位。第二,林冲又是个血性男儿,对于飞来的横逆,一旦到了忍无可忍之时,他就义无反顾,不再抱任何恢复家园的幻想,不再作个人利益的盘算了。因而他与宋江也有所不同。宋江上梁山是因为被逼得走投无路,可上了梁山,他也只是把梁山当作权且栖身之地。一旦有机会,他仍然要走受招安的道路。从这一点来看,宋江算不上血性男儿。但在能够团结各式各样的人方面,作为一杆团结的大旗,林冲又不如宋江。

同样上梁山,不同的人物,有不同的情感逻辑。

文本分析之难,不是难在分析出人物的情感特点来,而是难在分析出他的情感逻辑来,更难在要为不同的人物分析出各不相同的情感逻辑来。

文本分析的难处还在于,不但要阐释作家的成功之处,还要洞察作家的失误。

有时,有些人物的情感,虽有特点,但不合逻辑,或者不甚合逻辑,哪怕是人物自身的逻辑。最著名的例子是《红楼梦》前七十回的贾宝玉和七十回以后的贾宝玉。在前七十回,宝玉那么反对"仕途经济",反对八股文,反对参加科举考试,可是到了高鹗所续的篇章中,他已决计要遁入空门时,却又去中了一个举人,还与薛宝钗结婚生了一个儿子。这就引起了二十世纪以来许多红学家的批评。同一人物前后的表现固然会很独特,但是不能不符合自身逻辑,违反了宝玉原来厌恶"仕途经济"、拒绝继承接班的着迷点。

由于人物情感的复杂性,这种逻辑的失误是很难完全避免的,哪怕是大艺术家也一样。茅盾的《春蚕》在现代文学史上是一篇经典性作品,但主要人物老通宝的情感逻辑却有值得推敲之处。在《春蚕》中,老通宝是一个相当保守的农民,他对一切新技术新事物都抱怀疑甚至敌视态度。但是他热衷于养蚕致富,甚至不顾儿子多多头的消极抵制,居然相当冒险地投入了全部的财力,还借了债。老通宝的情感中保守性的着迷点是相当突出的,这一点本应贯彻到一切方面,可是在老通宝作出相当冒险的决策时,他的保守性着迷点却忽然不起作用了。这就使老通宝情感的独特性和逻辑性发生了矛盾。北京大学教授、现代著名作家吴组缃先生指出,老通宝的冒险性决策更像茅盾《子夜》中的吴荪甫,而不像保守的老通宝。这是很有见地的。

这说明,哪怕是大作家,他的想象力的有限性也会与人物情感逻辑的无限性发生矛盾。他的人物不是有被他自己的情感逻辑同化的危险,就是有被他创造得最得心应手的人物的情感逻辑同化的危险。正因为此,任何一个作家都要善于让人物和自己、并和自己的人物拉开距离。

注:

①② 高尔基《文学书简》,人民文学出版社 1965 年版,第 426—427 页。
③④ 孙绍振《文学创作论》,海峡文艺出版社 2004 年版,第 712,714 页。

安德来公爵对同一棵橡树为什么先后有相反的感觉?
——找到人物的变异感觉、记忆和动机

重点阐释作品

狂人日记/鲁迅　　　　　　　　伤寒/契诃夫

文学教师/契诃夫　　　　　　　伤逝/鲁迅

一个忙碌的经纪人的浪漫史/欧·亨利　　战争与和平/列夫·托尔斯泰

第四十一/拉甫列涅夫　　　　　王昭君/曹禺

远大前程/狄更斯

抓住人物情感的着迷点,不过是找到了人物性格的逻辑起点,有了这个起点,就可以高屋建瓴地想象出人物性格的逻辑过程和终点来。但光有这些还只是有了人物灵魂,光有灵魂的人物仍然是很难动人的。要使人物活起来,还得把人物分析得有血有肉。特别是在小说中,人物不能把自己的情感像在莎士比亚的戏剧中那样直接表达出来,人物须在具体环境中,在与其他人物的交往中,把自己的情感间接表达出来。

而现代小说又和古代小说不同,人物不仅从自己的言语或行为中表达自己的感情,也通过人物的感觉和知觉来表达自己的感情。

在中国古典小说中,特别是在像《三国演义》一类的小说中,人物都是通过第三人称全能全知的口气叙述出来的,叙述者可以完全不涉及人物的感觉和知觉。例如,诸葛亮挥泪斩马谡,我们只看到他流泪,他自我谴责(说自己有负于刘备的信任和嘱托),但他此时对马谡的感觉和他信任马谡时的感觉有什么不同,叙述者就不管了。又如,林冲在野猪林差点被公差害了性命,幸得鲁智深搭救,但林冲不听鲁智深的建议,不去造反,还继续戴着枷走充军之路。此时,他看两个公差,他再戴上枷,再走上路,他对路、对枷、对人的感觉有何变化,这是现代小说家肯定要抓住不放大显身手的地方,而古典小说家却完全把这一切放在空白之中。古典小说重叙述,往往注重以外部动作和语言来表现内心情感的变化,而这些动作和语言是以第三者可以看得见、听得到为限的,凡第三人称不能直接看到、听到的,就不在叙述范围之列。在必要时,叙述者也会代替人物把内心的想法说出来,但那只是一个简单的思考结果,例如"智深想道……"之类。五四以后的白话小说,受到欧洲现代小说的影响,就不再满足于这种外部的行为、语言和内心思考结果的表述,转而探索人物内心感情对人物感觉知觉的冲击造成的变异。

中国现代小说不同于古典小说的特点就在于把人物情感的着迷点变为感觉的变异。

在找到了人物情感的着迷点以后的任务就是分析人物的感觉和知觉,具体地说,就是在着迷点作用下变异了的一系列感觉和知觉,以及和感觉知觉联系在一起的想象、行为、语言、回忆、动机等等。分析不到达这个层次,人物仍然是没有血肉的幽灵,学生仍然无从感知人物内心情感的变幻。要当一个文本分析的能手,就应善于分析感觉和知觉变异。

这种感知,不是纯生理的感知,也不是理性的感知,而是受到情感冲击以后变幻了的感知,要进入现代小说艺术的境界就要进入这种变幻了的感觉、知觉的境界,而要分析这种感知境界,首先就要分析它与正常的生理的和理性的感知的差异。

中国现代文学第一篇小说——鲁迅的《狂人日记》,既没有情节,也无所谓人物性格,有些研究者在私下甚至认为它只是一篇杂文,但它仍然是现代小说当之无愧的开山之作。这是因为它的全部情感逻辑都是通过变异了的感知来表达的:

今天晚上,很好的月光。

我不见他,已是三十多年;今天见了,精神分外爽快。才知道以前的三十多年,全是发昏;然而须十分小心。不然那赵家的狗,何以看我两眼呢?

我怕得有理。

这里因果逻辑完全是荒诞的,明明是怕得无理,他却说"怕得有理";至于看到月光和三十多年的发昏也构不成因果关系,但是在传达狂人的心理上,似乎又是有理的;对"赵家的狗"的恐怖的感觉和自身"精神分外爽快"的体验,也是一种变异的感觉,这变异的感觉正好传达了狂人那种不正常的心理逻辑。所有这种主观的、扭曲的感觉在中国小说中都是新鲜的,因为它是从欧洲小说中引进的。

为了说明问题的方便,这里引用契诃夫的《伤寒》为例。契诃夫以医生的准确性写了伤寒患者的症状。如果从医学的水平来看,契诃夫在这篇小说中并没有表现出多少创造性来。然而,契诃夫是个艺术家,他的创造性是把人物生理的病态转化为心理的病态,亦即扭曲了的、变异了的感觉。说得通俗一点,契诃夫在这篇小说中把伤寒病的症状翻译成一系列变异的感知。正是在这种感知的变幻中,契诃夫显示了他作为艺术家的才气。

《伤寒》的主人公是一个名叫克里莫夫的军官。他坐在火车上,起先,不知为什么觉得自己身体有点不舒服,感到回答坐在自己对面的芬兰人的问题是一件苦事,打心里讨厌他。甚至想从他手里把那咝咝作响的烟斗抓过来,丢在座位底下。一想到芬兰人,他就感到好像要呕吐。他虽然占着整个座位,可是他不能把自己的胳臂和腿安排得舒舒服服。他的嘴里又干又黏,他想要点水喝,可他的舌头不肯动弹。他看到别人吃烤肉,觉得那食物和人的嘴巴都惹得他恶心。一个漂亮女人正在跟一个军官谈话,那军官一笑就露出整整齐齐的白牙,可是他感到那白牙同样令他作呕。

微笑、白牙、女人本来是能引起人的愉快感觉的,好吃的东西(烤肉)本来是能引起食欲的,但此刻却只能引起他的恶心。一切描绘都以克里莫夫变异的感知为限,但字里行间又暗示了在扭曲的感知下事物本来的属性。正是在这二者的反差中透露出人物内在的烦躁和变态的情绪。艺术家的才气就在于他有这样强的想象力把人物生理病态和情绪变态造成的歪曲感知想象出来。

这还是属于正剧式的描绘,如果带上一点喜剧色彩,这种感知变异的幅度就更大了。胡屠户在范进中举发疯以后,不得已打了范进一个耳光,居然把范进打醒了,可这时他的感觉变异了,他的手忽然感到麻木,而且手指也弯不过来了。他认为这是天上的文曲星在怪罪自己了,连忙讨了一张膏药来贴上。

由于夸张性显得特别怪异,因而有了喜剧性。在现代和当代欧美小说中,尤其是短篇小说中,这种变异的感知不但是情节的血肉、情节的有机组成部分,而且在有些著名的短篇中成为情节的核心,成为悬念——突转的关键。这种突转的特点不是起因于外部的突然事变,而是内心的变异感觉的自我体验。契诃夫的小说《文学教师》就是这样。文学教师尼基丁对玛露霞由热恋转化为厌倦,并没有什么外部突然事变,只是他渐渐对玛露霞从娘家带来的宠犬的气味发生了感知变异,这种气味由一般气味变成了"动物园的气味"。气味的这种变化,表明尼基丁对玛露霞的感情孕育着根本性的变化,从此以后尼基丁对玛露霞的感情就面临死亡了。契诃夫是写这种内在转化、无声转化的大师。这种方法显然影响了鲁迅的《伤逝》。

在《伤逝》中,涓生对子君的爱情也经历了由热恋到感情消亡的过程,而转化的关键是涓生对子君饲养的小油鸡的感觉。这种感觉的变异流露出涓生对子君感情的消亡。

这种内在的转化,不同于亚里士多德式的突转,而是一种"暗转"。突转强调的是人的情感变化的外部动作,而"暗转"的特点是无声的、缓慢的,甚至是无意识的过程。

潜在的感觉和知觉的变化和外部的行为语言的变化(人物意识到了的变化)一样,对于文本分析来说同样是必须掌握的。在长篇小说中,内在感知变异为外在语言行为变化积累了相当的基础,外在的动作和语言的变化才有充分的可信性。在短篇小说中,因篇幅的关系,作家有更大的自由,能按构思的需要将其中一部分放在空白之中。

应该指出的是,内在感知变异,不仅仅限于感觉和知觉。感觉和知觉不过是人心理结构的表层,比感知稍稍深刻一些的是人的记忆和动机。这些都要受到处在深层的情感的影响。正是由于这种影响,不但人的感知,连人的记忆、动机都使人物自己的感觉带上某种虚幻的特点。

美国作家欧·亨利有一部短篇小说叫《一个忙碌的经纪人的浪漫史》,写一个经理成天忙得不可开交,他每天上班时都要提醒自己,下班时要早一点去向隔壁房间的小姐求婚,不能老是忙得顾不上,不要像往常那样,等到走过去,小姐已经走了。这一天,他及时赶到小姐面前,顺利地向她求了婚。他正紧张地等待小姐的回答,可小姐却说道:

亲爱的,我们不是昨天已经在教堂结过婚了吗?

原来这位经理的记忆发生了变异。因为在很长一段时间里,他很忙,忙到来不及走到小姐的房间去求婚,小姐就走了。这样的记忆多次发生,而且因为时间长久而被加深。而结婚却由于只发生过一次而记忆很淡。于是他的记忆发生了变异。在正常情况下,结婚的记忆由于其重要性,自然比求婚的记忆更深,然而由于这种变异,结婚被淡忘,而求婚的记忆反而压倒了它。作者用这种变异的记忆,表明这个人物由于长期紧张,神经发生了变态。

由于作家追求喜剧性,这种记忆的变异是经过夸张而导致怪异的。自然,变异的感知并非只适用于喜剧,如果不是很夸张到反常的怪异的程度,通常也是可以渗透着抒情效果的。

作为心理洞察家的小说家,他没有诗人那样直接抒写人物内心情感的充分自由,如果运用心理分析手法,就意味着要用逻辑的语言分析人物的情感,那很容易带来枯燥的理念。从十九世纪末开始,不论是传统现实主义的,还是后来的现代意识流小说家都不约而同地,通过感觉、知觉、记忆、动机、语言、行为的变异来间接暗示人物的情感。

为了强调情感决定感觉知觉的变异,对比是用得很普遍的。

在《战争与和平》中,安德来公爵由于受到一系列挫折,妻子死亡,自己受伤,感到生活在 31 岁时已经完结。后来偶然遇到妙龄少女娜塔莎,留下了极其美好的印象。他在偷听娜塔莎和女友谈话时,虽然他对自己说,她与自己生命是毫不相干的,但是又不知"为什么缘故希望她提到他,又怕她提到他"。这表明在意识表层,他还像往常一样平静,并没有感觉到娜塔莎已经吸引了他的感情;但在潜意识领域,已经发生了翻天覆地的变化,娜塔莎的出现已经从根本上改变了他的人生观。

这样的变化要是用心理分析的办法来写(例如,像司汤达尔那样),可能是很有条理、很深刻,又很明确的,然而那可能太理性,太干巴。更大的难处是,这些变化在根本上是安德来自己还没有明确意识到的,不适宜用明确的语言来表述。托尔斯泰用了感知变异的办法,把这种变异集中在一棵橡树上。又用对比的方法来突出他在遇到娜塔莎前后感知的迥异。

在安德来公爵见到娜塔莎以前,他对橡树的感觉是这样的:

> 路旁有一棵橡树。它大概比树林里的橡树老九倍,大九倍,高一倍。这是一棵巨大的,两人合抱的橡树,有些树枝显然折断了很久,破裂的树皮上带着一些老伤痕。它像一个年迈的、粗暴的、傲慢的怪物,站在带笑的桦树之间,伸开着巨大的、丑陋的、不对称的、有瘤的手臂和手指。只有这棵橡树,它不愿受春天的蛊惑,不愿看见春天的太阳。

在托尔斯泰笔下,人物的不可见的感情是由他对橡树的变异感觉来传达的。橡树"不愿受春天的蛊惑","不愿看见春天的太阳",暗示着安德来公爵自己对生活的感觉:虽然春天来了,爱情和幸福也存在于这个世界上,但已与老橡树无关,也就是与安德来无关。老橡树不受春天"欺骗",这说明安德来感到自己的生活已经完了,他从老橡树联想到的是一系列"绝望的、悲哀的"思想,他没有希望,不须开始做新的事情,不用做好事,也不愿做坏事。

但是在见了娜塔莎以后,他在回家的路上,又见到那棵老橡树:

老橡树完全变了样子,撑开了帐幕的多汁的暗绿的枝叶,在夕阳的光辉中轻轻地摆动着,激动地站立着。没有了生节瘤的手指,没有斑痕,没有老年的不满与苦闷——什么都看不见了。从粗糙的百年的树皮里,没有枝柯,便长出了多汁的幼嫩的叶子,使人不能相信这棵老树会生长它们。

　　从心理学来说,是由于情感的变化才引起了感觉知觉的变化。从文本分析来说,首先应该找到人物的感知变异才能揭示其情感的变幻。世界上有这样一些作家,要他揭示出人物的情感逻辑并不困难,但是要他写出与人物情感逻辑相应的感觉和知觉等等的丰富变异,就不那么得心应手了。苏联作家拉甫列涅夫的《第四十一》,在揭示人物表层和深层情感之间特异的逻辑关系方面,取得了很高的成就,但是这部作品在艺术上并不能列入世界经典文学作品之列,原因就在于它缺乏相应的感觉和知觉的变异的丰富描述,因而人物形象虽有很完整的骨架,却缺乏丰满的血肉。

　　当然,感知系统牵制的不仅是人物的情感,同时还有人物的动机、记忆、意志、想象、思维等等,它们之间的关系是互相联系、互相催生、又互相制约的。这些要素构成一个系统,形成一个结构,其中任何一个要素的变动都要引起其他因素的相应变化,正如象棋术语所描述的"一子动,百子摇"。

　　作家面临的人物心理,并不经常是一个要素的变动,如果是这样,那作家的劳动就简单得多了。人物的多个心理要素常常是不断地随机变动的。

　　有时,这种变动虽然无限复杂,但却表现在一个结果上。例如《王昭君》,在曹禺的剧作中它并不算是成功的范例,然而曹禺的朋友吴祖光却十分赞赏剧中的孙美人。这个人物从年轻时代选入宫中就一直等待皇帝召见,然而一直等到五十多岁,容华憔悴了,还是没有被召见。可以想象她的动机、记忆、意志、感知和思维各要素之间该发生多么丰富的互相掣动、互相刺激的变幻。要一一细加表现,几乎是不可能的,尤其是对话剧来说,更加不可能。曹禺巧妙地把这一切集中在一个效果上,那就是孙美人对自己形象的感知记忆的变态上。到了五十多岁,她还在等待皇帝的召见,她还觉得自己是个二十多岁的姑娘,而且在水面上照着自己的影子,一点也不觉得自己老了。

　　她对于自己等待被召见的记忆太强烈了,以致造成了她对自己的视觉的变异,这种记忆——感知效应就是她的着迷点,没有这种执迷不悟的变异感知,她的内心深层感情的强烈程度是很难表现出来的。

　　狄更斯在《远大前程》(电影改编为《孤星血泪》)中提供了另一种变异。一个在结婚时才发现被男人欺骗了的富家小姐,就一直坐在新房里,穿着结婚的礼服,她并没有像孙美人那样保持住自己的视觉记忆以致改变了自己的视觉功能,但她却保持住了对男人的痛恨,而且几十年不变,并且让她自己收养的一个女孩子长大了去报复毫不相干的男孩子。

狄更斯也许影响了曹禺,把众多感知变异集中到一个焦点上加以表现。这样高度集中的表现方法,很容易使作品带上某种喜剧性。一般地说,这种手法在长篇作品中的配角身上或短篇小说中运用,会比较讨巧。

如果是主要人物,用这种讨巧的方法就可能影响人物形象的丰满。在托尔斯泰的长篇小说中,很少运用这种方法,就是出场不多的次要人物,也很少运用。托尔斯泰惯用的方法是尽可能全方位的展开。

当托尔斯泰写到安娜与伏隆斯基出走国外,又回到国内,一切上流社会的社交界都对她关闭了。这时在某种心理补偿作用的支配下,她更强烈地想念她的儿子了。可是安娜如何进入这个离弃了的家呢?主要是她的感知系统该发生什么样的变异呢?她的听觉、视觉、记忆、动机、语言在这种场合,在强烈的情感冲击下,该如何发生变化呢?这曾经使托尔斯泰苦闷,经过反复的思考、想象,托尔斯泰终于找到了安娜全部的变幻的感知系统,他大为兴奋起来:"我能用安娜的感觉来感觉了。"

就这样,他写出了《安娜·卡列尼娜》中的经典片段。在这个片段里托尔斯泰展示了情感和听觉、视觉、动机、记忆、语言之间互相影响、互为函数的奇妙关系。本书在第五章对这一经典片段进行了专门分析。

自然,托尔斯泰所揭示的也并非人类心理结构变幻的终极,二十世纪初的意识流小说家就力图在感觉与情感、记忆、动机的关系的解剖上超越他。

在意识流小说家看来,人的意识并不像现实主义小说所揭示的那样充满了必然性的内在联系,人的意识、感觉、记忆是自由流动的,是一种偶然性极为突出的自由联想运动。这在心理学上也不是没有根据。他们据此作了种种尝试,并且在二十世纪中叶风靡一时。但总的来说,意识流小说还没有取得现实主义、浪漫主义小说那样经典性的成就,它的爱好者的范围也比较有限。这说明意识流作为一种艺术方法仍处于探索过程中。

李斯特尼次基为什么觉得奥尔加分外漂亮?
——人物肖像的表面感觉和纵深感觉

重点阐释作品
静静的顿河/肖洛霍夫

对于文本分析来说,要深入揭示人物心理的深层结构,就得从人物最表层的感觉入手,不管多么深刻的情感,都是潜藏在人物的表层感知系统之下的。因而最基本的训练就是坚持寻求人物自己的感觉知觉的纵深层次。满足于对人物感觉知觉的表面分析,对文本分析来说是没有出息的。

应该不惜工本地去防止感觉分析的表面化和肤浅化,要孜孜不倦地追求感觉的立体化和纵深化。哪怕是一个文本分析大家,要探索出一个次要人物的立体感知结构来也不是一件轻而易举的事。

在苏联作家肖洛霍夫的《静静的顿河》中,有一个次要而又次要的角色奥尔加·尼古拉耶夫娜。她是白军李斯特尼次基中尉的同事高尔察科夫的妻子。有一次,高尔察科夫邀请李斯特尼次基到他家中度假,李斯特尼次基遂与奥尔加结识。后来,高尔察科夫受重伤,临死前托李斯特尼次基照顾妻子。结果是李斯特尼次基娶了奥尔加。

为了寻找李斯特尼次基第一次见到奥尔加的感觉,肖洛霍夫对手稿进行了多次修改。在最初的手稿上,女主人的形象是这样的:

娇小的脑袋上梳着一个沉甸甸的、高高的发髻,李斯特尼次基仔细地端详着女主人。她脸上的线条是柔和的,虽不十分匀称,但却惹人爱看,眼睫毛浓密而清新,薄薄的嘴唇是玫瑰色的,干涩的……

如果单纯从所谓"肖像描写"的要求来说,分量已经足够,但是这里肖洛霍夫所追求的不仅是女人肖像,而且包含了男人的感觉效果:"惹人爱看。"可是,"高高的发髻""浓密的睫毛""柔和的线条"并没有提供"惹人爱看"的奥秘,因而肖洛霍夫很不满意,在另一页手稿上,他这样修改:

> 在午饭的时候,李斯特尼次基才仔细地看清楚了女主人,她脸上的线条是柔和的,虽不十分匀称,但却惹人爱看。可以说,她的脸是一张最平常的脸,唯有嘴部特别引人注目:在这金发女人的明亮的脸上长着一双薄薄的、深红色的、由于无名的焦灼而现出干裂皱纹的嘴唇。娇小的脑袋,与她的身材颇不相称,显出一副高傲的姿态,或许是由于沉甸甸的发髻才显得高傲。

肖洛霍夫在这里以"惹人爱看"这一男性着迷的感受为线索去寻求李斯特尼次基的纵深感觉和知觉。为了避免一般化的概括,他把感知限制在一个特定的时间(吃午饭的时候)。他从容地展开了他的感知,而且逐渐活跃起来,一些主观性很强的词语如"无名的焦灼",没有充分理由(只是"由于沉甸甸的发髻")的"高傲的姿态",并不完全是展示奥尔加的肖像,而是为了揭示李斯特尼次基的感受。但这仍然有些烦琐、紊乱,缺乏内在逻辑性,"无名的焦灼"与"高傲的姿态",缺乏外部的和内在的联系。特别是,这一切与李斯特尼次基的情绪,尤其是潜在的情绪有什么关系,连一点必要的暗示都没有。因而这样的描写给人一种杂乱的感觉。肖洛霍夫当然不能满意,又一次进行了改写:

> 在午饭的时候,李斯特尼次基才十分认真地看清了女主人,在她匀称的身段和脸上都显出了一种正在逝去的美,这种美在一个度过了三十个春秋的女人身上放着淡淡的光华。但在她一双透着讥笑意味的、多少有些冷冰的眼睛里,在她的举止中,仍然保持着尚未消尽的青春。她脸上的线条是柔和的,虽不十分匀称,但却十分惹人爱看。

这样一改的好处是把奥尔加的主要特征和李斯特尼次基的感受特征结合起来了,客观的信息变成了主观的感知流程,二者结合得相当紧密。从"正在逝去的美"和"放着淡淡的光华"中透露出李斯特尼次基隐隐约约的着迷,这种着迷把冰冷的眼睛,做作的笑容,热情的嘴唇,柔和的线条统一为"正在逝去的美"的直觉。表面上看,这里的感知没有明显的变异,但读者不仅感觉到了李斯特尼次基的表层感知,而且隐隐约约感到在他的潜意识中产生了一种被吸引的感觉。这种表层感觉和潜在感觉的结合,使他的感觉开始由平面趋向纵深。但此时还不太明显,因为被吸引的潜在感觉还不太强烈,两个人之间的关系还相当疏淡。这一点由冰冷的眼睛和高傲的姿态得以暗示,而做作的笑容又把二者的心理距离缩短。

肖洛霍夫就这样把读者引入李斯特尼次基心猿意马的纵深感知结构之中。但粗心的文本分析可能忽略,因而肖洛霍夫不能不以理性的语言提醒读者:

> 两个月以来,除了肮脏的女护士外没有看见过女人的李斯特尼次基,觉得她分外漂亮。

这一下把整个潜在的感知变异的内在逻辑揭示了出来。

表面上看来没有什么变异性的感知,原来也是有变异的,这是感觉的相对性在起作用。所有这一切都是潜在的受到压抑的性意识在起作用。肖洛霍夫唯恐这些仍然不够强烈,又特别在外部效果上强化了一下:

> 他看着奥尔加·尼古拉耶夫娜那姿态高傲的、梳着淡黄色发髻的脑袋,时常答非所问。①

这就不但向读者展示了人物的潜在感觉,而且把这种潜在的性意识作用(断断续续地抑制了人物的语言)表现了出来。

到了这个份儿上,人物就不但有了自己的感觉,而且不难按自己的性格逻辑行动了。

在这一点上,作家好像是演员。按照斯坦尼斯拉夫斯基的表演体系,每一个演员都应该忘掉自我,进入角色的规定情景,并且找到角色的自我感觉,这叫做进入角色。所不同的是,演员只要进入一个角色,找到一个人物的感觉,而作家却要进入每一个角色,为每一个人物找到自己的感觉。而每一个人物即使在同一个场合,他们对同一个对象和同样的环境都有着不同的变异感知。

每一个人物都有他自己的感觉世界,这个感觉世界应该与别的人物拉开距离,如果没有距离,这个人物的生命就完结了。

文本分析的难度与作家所面临的是一样的,就是要把不同人物的不同感觉和潜在的纵深的感觉揭示出来。

注:

① 孙夏玲《肖洛霍夫的艺术世界》,社会科学文献出版社 1994 年版,第 142—144 页。

海明威修改了三十九次的对话有什么妙处？
——人物的对话和潜对话

重点阐释作品

月照东墙/浩然　　　红楼梦/曹雪芹

永别了，武器/海明威　　摩尔·弗兰德斯/笛福

哭泣的骆驼/三毛

人物的感觉世界是多层次的，这是由于人的意识世界是一种立体的结构，由于意识有它的显性层次和隐性层次（潜意识），感觉也才有显感觉和潜感觉。意识的这种复合层次，不仅影响到人的感觉，而且影响到人的行为，因而人往往有下意识的行为，在特殊情况下，还有连意志也控制不住的神经质发作。安娜在伏隆斯基坠马以后的行为就属于这一类。这种行为主要由潜意识控制。这种行为变异，对于人物的社会交际来说是不利的，但对艺术家来说是十分珍贵的。除行为变异以外还有语言变异。语言变异，就会涉及人物的对话。

通常人们以为人物对话的职能就是把心里想的都说出来，其实，这是一种误解。

事实上，人物心理不是平面的，人物的语言也不是平面的。人的语言也像人的意识和人的感知一样有表层和深层的不同。事实上只有在歌剧和话剧的独白中，人物才倾向于把心灵深处的思绪倾泻出来。在小说对话中，人物很少直截了当地讲真话。只有在很独特的环境和条件下人们才讲真话，如在酒后或者特别的情绪爆发中……总之，是在情绪不受意志控制的情况下。还有一种情况，那就是还没有学会用意志控制自己的语言时，例如小孩子或者《红楼梦》中的傻大姐之类。除此以外，人们的对话是比较复杂的。雷班在《现代小说技巧》中说：

我们说的话，并不是心里所想的，我们说话时常常转弯抹角加暗示，然后就开

始绕弯子,我们用语言掩饰心里所想的。①

这个说法很精彩,对话的妙处并不是像一些马大哈的电视剧作家想象的那样,是直接表达人物的情感和思想的,恰恰相反,倒是绕着弯子去"掩饰心里所想的"才能显出对话的妙处。

浩然在小说《月照东墙》中写一个农民外出,他妻子难产。老队长尚友朋打算抬这个女人进城到医院抢救,可是他的老伴思想不通。草稿中是这样写的:

老头子放下碗,绑上一副担架,就要往医院里抬。尚大娘很生气,上前一把扯住老头,气哼哼地说:"我不能让你去!当队长没领这份钱,干一天活了,刚才你还喊腰痛,再抬个人跑几十里,你还要命不要?"②

这话说得很直,可谓直抒胸臆,但是浩然把它修改了:

尚大娘很不高兴,心想,干了一天活,刚才还喊腰疼,这么大岁数,再抬人跑几十里地,受得住吗?于是说:"你呀,越来越不守本分了,这是老娘们的事儿,你可掺乎什么?再说,你还是个叔公辈哩,一点伦理都没有啦。"③

这显然比原来的写法生动多了。第一,老太太心里想的是一回事,说出来的又是一回事,她的语言不是表达她的思想,而是掩饰她的思想,不过她找到一个堂而皇之的、使老伴几乎无法反驳的理由,这样说更符合她的身份,更符合她与老伴关系的特点和当时环境的特点;第二,从读者来说,不但看到了老大娘的表层语义,而且看出了她的深层语义。在表层与深层、在心与口的误差中,读者对人物的心灵有了新的领会。

可以说,凡是写得精彩的对话,都有这种心口误差的特点,正是在心与口不一致的地方,人物的对话显出了立体感。斯坦尼斯拉夫斯基表演体系强调,演员进入角色时,不但要理解人物的台词,而且要想象人物的潜台词。

其实,对话的最高艺术效果是由对话和潜对话的错位结构造成的。

《红楼梦》的对话十分精彩,其中绝大部分都有这样的特殊结构和特殊效应。例如《红楼梦》第二十四回,贾芸想讨好王熙凤以便钻进大观园混个差事,但自己又没钱送礼,就向舅舅卜世仁去赊一些料,不料反被训了一顿。贾芸听他唠叨得不堪,便起身告辞。世仁并不认真地说了一声:"你吃了饭再去吧。"

一句未完,只见他娘子说道:"你又糊涂了。说着没有米,这里买了半斤面来下给你吃,这会子还装胖子呢。留下外甥挨饿不成?"卜世仁说:"再买半斤来添上就是了。"他娘子便叫女孩儿:"银姐,往对门王奶奶家去问,有钱借二三十个,明儿就送过来的。"夫妻两个说话,那贾芸早说了几个"不用费事",去的无影无踪了。

这段对话的妙处在于,公开声言,不留贾芸是因为怕留他挨饿,及至留了,又去借钱买面招待他,看起来是非常慷慨的,而对实际情况,作者虽不置一词,读者已十分明白。这个女人明明是鬼也骗不了的,连她自己也骗不了的,然而她表演得那样认真,刚编了一通谎言,又激发出另一通谎言,编得这样有逻辑性,有这样的本事的人是很少的。尽管如此,读者仍然不难看到她表层慷慨的语言和深层吝啬的心机之间的反差。

这种很明显的心口误差在古典小说中是常见的,但在西方现代小说中,情况就不像这么简单了。如果没有一定的修养,是很难看出其中的妙处来的。

海明威的《永别了,武器》④,其结尾据作者说修改了三十九次。写的是主人公在第一次世界大战的战火中逃亡,与爱人会合,一起到中立国瑞士隐居,但妻子却因难产死了。作品的结尾就是写男主人公在得知妻子已死于产房后的心情:"我走进房去,陪着凯瑟琳,直到她死去。她始终昏迷不醒,没拖多久就死了。"这时,经历了许多悲欢离合和人世沧桑的主人公亨利先生该有多么强烈的内心震撼啊!但是善于"白痴一样叙述"的海明威,并不让他的主人公像莎士比亚作品中人物那样长篇大论地宣泄他心中的苦闷,也不像司汤达尔那样去剖析他内心的复杂思绪,甚至也不像托尔斯泰那样去展示他的感觉与潜感觉。海明威擅长的是用平静的对话掩盖不平静的潜对话。

在房外长廊上,我对医生说,"今天夜里,有什么事要我做的吗?"

这表明妻子死了,亨利好像很冷静,开始考虑善后。

"没什么。没有什么可做的。我能送你回旅馆吧?"
"不,谢谢你。我在这里再待一会儿。"

表面上很冷静的样子,可是内心并不冷静。明明没有什么事可做,却还要待在那里。这就留下了极大的空白,这里口头上讲的与心里想的开始有了误差。医生说:

"我知道没有什么话可以说。我没办法对你说——"

医生实际上要说的是,没有保全他妻子的生命,感到万分抱歉,但医生却无从说起。

海明威全部的努力都用来不让人物直接说出自己的心情,人物的语言只是他心情的一种线索,供读者去想象。

"晚安,"他说。"我不能送你回旅馆吗?"

"晚安"在英语中,用来告别,可是告别了,又提出送亨利回旅馆,可见医生的对话与潜对话的距离,读者的想象在这里有了激活的可能。

"不,谢谢你。"
"手术是唯一的办法,"他说。"手术证明——"
"我不想谈这件事,"我说。
"我很想送你回旅馆去。"
"不,谢谢你。"
他顺着走廊走去,我走到房门口。

在这一段海明威苦心经营的对话中,最动人之处在于,医生反复提出送亨利回旅馆,实际上是说不出的歉意在反复冲击着他的心灵,而亨利却无动于衷,这是为什么呢?待他走进了停着他妻子尸体的产房,敏感的读者才逐渐有所领悟。

"你现在不可以走进来,"护士中的一个说。
"不,我可以的,"我说。
"目前你还不可以进来。"
"你出去,"我说。"那位也出去。"
但是我赶了她们出去,关了门,灭了灯,也没有什么好处。那简直是在跟石像告别。过了一会儿,我走出去,离开医院,在雨中走回旅馆。

原来亨利潜在的意向是到停尸的产房去和妻子告别,因而他对医生的好意和歉意非常麻木,而且他的这种意向越来越强烈,护士的阻拦只能引起他的暴怒。

平静的应对和强烈的动机形成反差,外在的动作性越小,内心的动作性越大,二者的对比度就越强烈,这样的对话也就越能激活读者的想象力和理解力。

在二十世纪西方现代小说乃至电影的对话中,追求的就是这种对话与潜对话的反差效果,只要拿这段对话和笛福的《摩尔·弗兰德斯》中的对话一比较,就可以看出,不到三个世纪的历程中,对话作为一种艺术手段已经有了多么惊人的发展。笛福的那篇小说是用第一人称写的:

"亲爱的,"有一天他对我说,"我们到乡间去玩玩好不好?大约一个星期的时间。""噢,亲爱的,"我说,"你要去哪里?""哪里都可以,"他说,"我很想像贵人王公似的过一星期,我们就去牛津。""我们怎么去法?"我说,"我不会骑马,坐马车又太远。""太远!"他说,"乘六匹马的马车到哪里都不嫌远。我要你像个女公爵似的和我出去旅游一番。""好吧,"我说,"亲爱的,这虽然有点胡闹,可是只要你喜欢,我就依顺你。"

这样的对话用现代小说艺术的观点看,有点像中学生的作文,既没有表层语义的趣味,又没有深层语义的内在动作,更没有二者的反差造成的张力效果,口里说的和心里想的完全一致,甚至比心里想的还要啰唆。像这样的情景,在现代小说中无论如何不适合用对话来表现,而只能用叙述语言带过,甚至连叙述语言也不用,而应该放在叙述的空白中的。

尽管现代小说的对话艺术已经高度发展了,可是仍然有不少缺乏经验和才气的小说家用笛福那样毫无对话性的语言写对话,这就造成了当代小说对话水平的低落。有时,甚至在很有才气的作品中也会发现一些废话。许多作者写了多年小说还没有自觉地意识到小说中人物对话与生活中人们对话的区别,更不明白小说对话与话剧、歌剧人物对白、对唱在艺术原则性上的区别。

三毛是很会说故事的。这在《哭泣的骆驼》⑤中,可以清楚地看出来,故事一环扣一环,越读到后来,越让读者紧张。但是,在展开情节的时候,三毛很不善于概括地叙述,而常常用人物对话来发展情节。例如,在《哭泣的骆驼》中,环境和人物命运发生重大波折时,三毛竟用非常蹩脚的对话来交代。作品中的"我"问男主人公在这兵荒马乱的时候,回到这么危险的地方来干什么,男主人公回答说是来看女主人公。在这样的情况下用上一两句话,本来是情有可原的,但对话之平淡无奇与情势的紧张简直不能相称。这就使口味很高的读者感到倒胃口了。然而,三毛似乎并不知道自己在对话方面用笔是很拙的,所以她竟然把这种低水平的对话无节制地写下去。下面是"我"和男主人公接下去的对话:

"(你)一个人?"

他点点头。

"其他的游击队呢?"

"赶去边界堵摩洛哥人了。"

"一共有多少?"

"才两千多人。"

"镇上有多少是你们的人?"

"现在恐怕吓得一个也没有了,唉,人心啊!"

"戒严之前我得走。"巴西里坐了起来。

"鲁阿呢?"

"这就去会他。"

"在哪里?"

"朋友家。"

"靠得住吗?朋友信得过吗?"

巴西里点点头。

这样的对话至少有两点值得研究:一是不必要的冗长而且稀松,与作者所依仗的情节的戏剧性、变幻的紧张性不相称;二是缺乏内在的深度,人物的口头表达和人物的内心激动没有对比,没有张力。人物内心的复杂变幻本来是要用言外之意去提示的,可是三毛却没有注意到那口头表达不出来的"潜在的对话"的重要性。而没有"潜在对话"的对话是没有人物心理的立体感的。

注:

① ② ③ 参见孙绍振《文学创作论》,海峡文艺出版社 2000 年版,第 279 页。
④ 海明威《永别了,武器》,林疑今译,上海译文出版社 2004 年版。
⑤ 三毛《哭泣的骆驼》,中国友谊出版公司 1985 年版。

为什么猪八戒的形象比沙僧生动？
——拉开人物感知、动机和行为的距离

重点阐释作品

长恨歌/白居易　　　　西游记/吴承恩
家/巴金　　　　　　　老人与海/海明威

　　从人物形象的情感逻辑、人物的感知结构以及对话的表层语义和深层意向之间的关系来研究小说的特性是不够的，因为这仅仅把人物作为一个孤立的个体来加以考察，还没有涉及小说区别于诗歌散文的根本特点。在诗和散文中，作者可以抒写一个人的情感，但是在小说中（除了在意识流的小说中），绝大多数是描述人与人之间的心理交流的，因而孤立地研究一个人物的心理结构，其局限性是明显的。当然，单个人物的心理结构研究可以作为多个人物心理关系的研究基础。

　　在诗歌和散文中，也可以写一个以上的人物，但是在诗歌中，各个人物的情感往往有趋同的倾向。例如白居易在《长恨歌》中写李隆基与杨玉环的恋爱是一见钟情、至死不渝的，所谓"在天愿为比翼鸟，在地愿为连理枝"，"天长地久有时尽，此恨绵绵无绝期"，说的是爱不受时间的限制，爱是永恒的，绝对地超越了时间的。自然，在诗和散文中也有写到不同人物感情分化的，但是这种分化是有限度的，没有引起人事关系和心理结构连锁变化。丰子恺在抗战期间的一篇散文中写他经过颠沛流离，终于在"大后方"安顿下来时，把儿子放在膝盖上，问他最喜欢什么，儿子答："最喜欢逃难。"如果丰子恺与儿子的情感完全一致，例如同仇敌忾，那就有点诗意，但是他们没有趋同，而是分化了，这样就没有诗意了，反而有点散文的味道了。如果由分化而引起连锁反应，比如，儿子因之而出逃战区，就可能把人物打出常轨，引发一系列混乱，甚至产生严重的后果。这样就可能构成情节，变成小说了。

在小说中,由于人物越出了各自的轨道,原来微妙地分化了的变异感知变成了激烈的矛盾甚至冲突。由于冲突,人物各自变异的感知之间的距离就更加扩大了。

人物心理的距离保持扩大的趋势是小说艺术的根本特点。

传统理论认为小说的特点是情节、性格、环境等,其实都没有说到点子上。情节产生于人物心理距离的扩大,性格也依赖于人物心理拉开距离的趋势,而环境则是一种把人物心理打出常轨,强化变异感知,拉开距离的条件。

小说艺术的根本奥秘就在这里。

在一定限度内,人物心理(感知、情感、语言、动机、行为等)拉开的距离越大,其艺术感染力越强;人物心理的距离越小,其感染力越弱;当人物之间的心理距离等于零时,小说不是变成诗,就是走向结束或者宣告失败了。因而同样是李隆基与杨玉环的恋爱故事,在诗人白居易看来,两个人要心心相印才有诗意,尤其是"七月七日长生殿"里那一段生死不渝的誓言,可谓淋漓尽致。可是在小说家鲁迅看来恰恰相反,经过一场冲突以后,二人的真正感情已经完结,才需要赌咒发誓以取得对方信任。郁达夫在《历史小说论》中回忆说:

> L先生(按:指鲁迅)从前老和我谈及,说他想把唐玄宗和杨贵妃的事情来做一篇小说。他的意思是:以玄宗之明,哪里看不破安禄山和她的关系?所以七月七日长生殿上,玄宗只以来生为约,实在是心里已经有点厌了,仿佛是在说"我和你今生的爱情是已经完了!"到了马嵬坡下,军士们虽说要杀她,玄宗若对她还有爱情,哪里会不能保全她的性命呢?所以这时候,也许是玄宗授意军士们的。后来到了玄宗老日,重想起当时行乐的情形,心里才后悔起来了,所以梧桐秋雨,就生出一场大大的神经病来。一位道士就用了催眠术来替他医病。终于使他和贵妃相见,便是小说的收场。

这份材料所说的事实,在冯雪峰的《鲁迅先生计划而未完成的著作》中提到过,鲁迅在给山本初枝的信中也有过类似的意思,大意是,1924年因为想写关于唐朝的小说,到西安去了一次。可见,鲁迅这个念头动了很久,创作的冲动很强烈,很可惜,这篇小说并没有写出来,而且连带着这份重要的思想材料也被研究者们忽略了。[①]

鲁迅对李隆基和杨贵妃的恋爱关系的看法和脍炙人口的《长恨歌》大相径庭。粗粗看来,这仅仅是不同作家的不同风格所致,但仔细研究其间的差别,则不然。在白居易看来,那最富诗意的是生生死死、超越了时间和空间、永恒不变的爱情;可是在鲁迅的眼中恰恰是爱情已经不可挽回了，已经死亡了，而且在关键时刻被出卖了的表现。至于后来的天上人间的寻觅，只不过是神经病和催眠术而已。很显然，在诗人白居易眼中，以情感的永恒来强调诗意的地方，在小说家鲁迅看来恰恰是情感走向反面、绝对煞风景、毫无诗意可言的地方。

白居易和鲁迅对同一题材的不同理解，恰恰是诗意和反诗意的、追求诗意和逃避诗意的矛盾。在诗人看来感情的永恒是令人震惊的，让人感动的；可是在小说家看来，一见钟情，心心相印，不但毫无性格可言，就是连情节也无从发展。如果两个人不闹别扭，不发生摩擦，则永远是心灵的表层现象，二人的性格恰恰是潜藏在深层之中的。

形式主义者什克洛夫斯基分析了普希金的诗体小说《叶甫盖尼·奥涅金》之后，提出一个爱情小说的模式：

当 A 爱上 B，
B 觉得她并不爱 A；
在 A 经过努力，使 B 终于感到她已经爱 A，
A 却觉得不爱 B 了。②

这不是诗意的心心相印，而是心心相错。但这恰恰是小说的艺术生命所在。这不但可在成熟的古典小说中，而且可在现代、当代的小说中得到广泛的印证。它不但可以解释《欧也妮·葛朗台》和《安娜·卡列尼娜》中男女主人公之间的关系，而且可以解释《红与黑》和美国小说《飘》中男女主人公的关系。说起来有点奇怪，那些越是写得好的爱情小说，男女主人公往往越是陷于互相折磨的恶性循环中。相反，如果男女主人公一点矛盾也没有，没有互相折磨，没有心口不一，也没有动摇和变态，小说就没有什么看头了。然而在诗中，特别是在古典诗歌中，情形却恰恰相反。所以在诗人白居易看来，唐玄宗在"七月七日长生殿"讲的话是心口如一的：这一辈子爱不够，下一辈子再爱。可是在小说家鲁迅看来，这只是情感的表层，其深层的意思则是：宣布今生甚至永远爱情的死亡。一个已经加入了德国籍的朋友认为鲁迅比白居易深刻，白居易骗人，但骗得很舒服，鲁迅不骗人，可人觉得不舒服。

抓住潜在的心理错位并使之适当强化，是小说家的职责。

为什么《西游记》中最富于艺术感染力的人物不是沙僧，而是猪八戒呢？这是因为猪八戒和孙悟空、唐僧之间的心理距离拉得很大，而沙僧则一贯随大流，自己没有与别人迥然不同的动机和行为。在那些写得最好的章节中，一旦发生事故，唐僧、孙悟空、

猪八戒之间本来已经平衡的心理关系就要失去平衡，他们对同一对象的感知、思维就要发生分化。白骨精一出现，在孙悟空的眼中是一个邪恶的妖精，在唐僧眼中是一个善良的姑娘，而在猪八戒眼中则是一个颇具魅力的女性，唯独沙僧没有什么感觉。由于感知不同，就产生了不同的情感、动机和行为。孙悟空一棒子把白骨精打死，如果唐僧竖起大拇指大加赞赏：好得很！那就没有心理距离可言，也就没有性格可言，没有戏可唱了。正是由于感知的不同，造成了情感、动机、语言、行为的分化，而且发生了连锁反应，使分歧变得越来越大。猪八戒出于对女性的喜欢，常常挑拨孙悟空和唐僧的关系，以致孙悟空被唐僧开除了，错位幅度扩大了。这时，猪八戒、孙悟空和唐僧的性格才有了深度，他们的个性才有足够的反差。而沙僧，由于没有任何心理距离，也就没有任何艺术生命。

　　传统的小说理论强调人物要有个性，要在矛盾斗争中表现人物，这也许都没有错，但其缺点是离开了人物心理错位结构的具体分析。本来，每个人都生活在共同的世界里，但是由于情感的冲击，感知变异的分化，每一个人又生活在各自感觉到的世界里。每个人物会感知到不同的色彩和音响，此人物感到的，彼人物可能完全麻木不仁。同样一阵风吹来，一万个人物有一万种不同的变异感觉，在不同的感觉基础上产生了不同的动机。

　　如果在唐僧和孙悟空面对白骨精拉开了感觉距离之时，猪八戒完全同情孙悟空，或者与唐僧的感觉完全一致，那么，他就不可能有任何艺术生命。猪八戒之所以有艺术生命，就是因为他的感知和情感既不同于孙悟空，也不同于唐僧。在对待白骨精的问题上，猪八戒有他自己的潜在动机。他觉得自己平时老受孙悟空欺负，此时正好乘机刁难他一下。这种刁难并不纯系恶意报复，其中还包含着猪八戒意识不到的愚蠢和性意识。他与孙悟空为难，并非出于对唐僧取经事业的忠诚。他那猪耳朵中藏着二分银子，随时随地都准备在取经队伍散伙时，当作路费回到高老庄去当女婿。由于有了这样潜在的朦胧的深层动机，猪八戒就有了更加不同于孙悟空和唐僧的想象、梦幻、判断，乃至思维的逻辑。而且这种与唐僧、孙悟空拉开距离的感知和情感还相当强烈。而沙僧之所以缺乏艺术生命，就是因为他在任何事变面前，都没有自己的不同于上述三个人的动机、幻觉、情感和推理逻辑。在关键时刻，吴承恩不是把沙僧忽略、留在叙述的空白中，就是把他拉出来无感知、无动机地跑龙套。在《西游记》中有那么多妖魔鬼怪，艺术生命力普遍不强，原因就在于他们都只有一个共同的动机：千方百计吃唐僧肉，以求得长生不老，却没有任何在感知上、情感上互相拉开距离的特性。

　　拉开人物的感知距离，同时得拉开动机的距离。这里的动机主要不是意识层的动机,而是潜意识中的动机。人的感觉器官对于情感、动机,包括潜在动机以内的信息最为灵敏,而对于在此以外的信息则相当迟钝,有时甚至视而不见、听而不闻、嗅而不觉。

对文本分析来说,关键是要善于辨析人物潜在的初始动机的微妙差异。初始动机的差异也许极其细微,但经过反复打出常轨的连续性反应,后续动机的差异就可能递增性地扩大,从而引起整个心理系统的距离扩大。如果不善于作这样细致的辨析,则可能离开人物自身的心理深层运动,而求诸外部的表面的动作。

越是在关系亲密的人物之间洞察潜在的动机,反差就越是深邃。

巴金在《家》中,写了那么多的爱情,其中写得最动人的是觉慧和觉新的爱情悲剧,写得最不动人的是觉民的爱情。这是因为觉民和琴不但在感情上水乳交融,而且在行为上互相支持。在任何事变中,他们的动机都没有任何错位,因而其感知也完全统一,没有拉开任何距离。而觉慧与觉新在各自的爱情中,与对方在动机上都发生了微妙的错位。高老太爷要把鸣凤送给六十多岁的冯乐山为妾,鸣凤去找觉慧,如果顺利地告诉了觉慧,事情就不至于严重化。然而由于觉慧忙于办刊物,很少在家,拖延了时日。到了期限的最后一天,心急如焚的鸣凤不顾一切地冲进觉慧的房间。鸣凤的动机是把危机告诉觉慧,而觉慧却因忙得不可开交,请鸣凤等一两天,他会主动去找她。仅仅因为这一点小小的时间上的错位,便导致鸣凤产生了后续动机——自杀殉情。这是因为,在关键时刻,两个人处在不同的感知世界里。他们之间不但拉开了心理距离,还拉开了行为上的距离,而且是永远不可能缩短的距离,因而产生了悲剧的震撼力。如果巴金在此时心慈手软,把两个人暂时的动机错位取消,使之重合,二人的感觉、知觉、动机、行为逻辑很快合二为一,觉慧就可以带走鸣凤,发出比翼齐飞的豪言,这就成了郭沫若式的诗的概括了,恰恰与小说形式的审美规范背道而驰。

觉新的爱情悲剧更动人,这是由于他处在爱的三角关系中,每一方的动机都有相当大的错位,每一方的动机都不像觉慧那样单纯,都不是由一个因子,或者正反两个因子构成的,而是由一系列因子交错而成的。因而在他的情感结构中饱和着错位的潜在量。觉新和梅相爱甚深,然而不能结合。觉新和瑞珏结婚后,二人也甚相爱。但觉新由于梅的存在,与瑞珏有距离;梅与觉新之间则由于瑞珏的存在也有距离。梅与瑞珏在爱情上虽有矛盾,但在相处之间却互有好感。觉新沉溺于瑞珏的温存抚爱之中,又不能忘情于梅,他对梅的追寻和询问,得到的只是梅的回避。觉新的形象被有些评论家称为"世界性的典型",其特点是当他内心的动机与屈从外部环境的动机矛盾的时候,他总是在行为上扼杀自己内心的动机,然而在许多场合又杀而不死,还在行为上表现出来,结果是他的动机经过多层次的变异,变得畸形而扭曲。这种扭曲了的动机就注定他总是与他喜爱的,应该保护的人之间拉开心理距离。

拉开心理距离的规律在古典小说中就普遍存在,在现代小说中表现得更明显。古典小说特别是在草创前期,免不了受到当时已经很发达的诗的影响,因而在《十日谈》中,在唐宋传奇乃至宋元话本中,常常有男女主人公一见钟情,生死不渝,永远不拉开心理距离的故事。如《倩女离魂》《碾玉观音》《卖油郎独占花魁》之类,一旦爱上了,就永远心心相印了。但小说艺术越是发展,人的情感的纵深结构表现得越是复杂,爱的错位就越是突出。中国古典小说到了《杜十娘怒沉百宝箱》的时候,可以说小说艺术开始脱离诗的影响而走向独立发展的道路了。至于作为小说艺术的顶峰,《红楼梦》则更是把相爱的贾宝玉和林黛玉置于心理永远不能完全重合的境地,甚至直到林黛玉死去,也没有让他们心心相印,他们始终生活在不同的感知世界里。

自然,拉开的距离越大,就越能提高小说的艺术感染力,但也不是绝对的,而是有条件的。第一,拉开距离的人物必须有相当紧密的情感联系,如兄弟(觉新、觉慧)、情人(宝玉、黛玉)、战友等。严格地说,越是处在紧密的情感联系之中,越是拉开了心理距离,就越能提高形象的审美价值。第二,如果距离拉得太大,大到完全失去联系,比如梅出嫁以后,就再也不到觉新面前来了;觉新有了瑞珏以后,就把梅淡忘了。这样就不但不能导致审美价值的提高,反而会使审美价值下降。正是因为这样,巴金才找了一个避难的借口,让梅又出现在觉新面前。托尔斯泰也并没有让伏隆斯基不爱安娜,如果真正不爱了,就如心心相印一样,是很难激起人物心理立体纵深结构的充分调节和翻腾的。

这一点不但体现在情节的设计上,而且渗透在小说的一切细部之中,例如,许多第一人称小说中的"我"往往成为多余人物,原因是他们常常与某一主人公的心理完全重合。而在鲁迅《祝福》中的那个"我"和在《孔乙己》中的那个小店员,因为与祥林嫂和孔乙己拉开了距离才有了生命。如果祥林嫂问"我"人死了以后有没有灵魂,"我"回答说:"没有。"祥林嫂的心灵痛苦自然会减轻些,可是《祝福》的悲剧性却被大大削弱了。如果那个小店员不是对孔乙己怀着不以为然的态度,而是完全同情的,那《孔乙己》中轻喜剧的调子就该变成抒情的了。

中国古典小说中的大团圆之所以不好,除了不真实以外,还不艺术。人物的心理都重合了,还有什么好看的呢,所以近代西方小说避免写大团圆,即使不得不写这样的结尾,也大都写到接近大团圆就戛然而止了。有时情节已经结束了,作者还不罢笔,如果那不是败笔,就是很值得欣赏一下的了。例如,海明威在《老人与海》的结局之后加上了一个尾声。老人历尽千辛万苦得到的是一副鲨鱼骨架,横在海滩上,这副鱼骨头

的尾巴被潮水冲得晃来晃去。这时来了一群旅游者,其中一个女人问明白了这是鲨鱼骨头后大为赞赏起来:

"我还不知道鲨鱼有这么漂亮的、样子这么好看的尾巴呢。"
"我也不知道。"
在路那边,老头儿又睡着了。他依旧脸朝下睡着,孩子在一旁守护他,老头正梦见狮子。

这个女人很欣赏鲨鱼骨头的美,但是她并不了解这个老头子真正的美(那是一个海明威式的硬汉,一个失败的英雄)。她和老头子都沉浸在自己的感知变异的世界里,老头子梦见的狮子和女人赞赏的鲨鱼拉开了距离,这就使老头子的孤独感和女人的肤浅形成了反差,因而使整个小说的尾声变得特别的意味深长。这种意味对于读者是一种推动,让他去想象生活中人与人之间的种种隔膜,同时也是一种享受。聪明的读者一定会因为自己懂得了这情节以外的心理距离的作用,领会了艺术家的匠心而感到喜悦,并且会因为意识到自己的悟性高出于一般读者而自豪。

注:
① 孙绍振《诗人眼光和小说家眼光的交织》,见《挑剔文坛》,福建人民出版社 2001 年版,第 152 页。
② 什克洛夫斯基《故事和小说的构成》,见《小说的艺术》,社会科学文献出版社 1999 年版,第 86 页。

图书在版编目（CIP）数据

名作细读：微观分析个案研究/孙绍振著. — 修订本 — 上海：
上海教育出版社, 2009.6（2020.12 重印）
（魅力经典）
ISBN 978-7-5444-2378-6

Ⅰ. 名... Ⅱ. 孙... Ⅲ. 文学欣赏 – 世界 – 中学 – 教学参考资料
Ⅳ. G634.333

中国版本图书馆CIP数据核字(2009)第094526号

责任编辑　　张少杰
装帧设计　　王　慧

名作细读
微观分析个案研究
（修订版）

孙绍振　著

出版发行	上海教育出版社有限公司
官　网	www.seph.com.cn
地　址	上海市永福路123号
邮　编	200031
印　刷	上海商务联西印刷有限公司
开　本	700×1000　1/16　印张 27.5　插页 3
版　次	2009年6月第1版
印　次	2020年12月第20次印刷
书　号	ISBN 978-7-5444-2378-6/G·1908
定　价	48.00 元

如发现质量问题，读者可向本社调换　　电话：021-64377165